扬子学刊

YANGZIXUEKAN

·第二辑·

四川省扬雄研究会 编

巴蜀书社

目 录

扬子著述研究

扬雄学术评传

舒大刚

内容提要： 扬雄一生历官两朝四代，虽仕无显绩，而学有专精；他文采焕然，学问渊博；道德纯粹，妙极儒道。他不规规以今文章句自缚，“博览无所不见”“默然好深湛之思”，讲明训诂，“不为章句”，为东汉古文家法开辟了道路。他造《玄经》，著《法言》，长辞赋，制小学，撰史书，成就多面，影响深远。他宗孔孟，倡儒学，反迷信，纯道统，从本体论上丰富了儒学思想，独步儒林，为汉家两百年文化造就硕果。班固赞他“渊哉若人，实好斯文”；桓谭评其“文义至深”“度越诸子”；王充说他“鸿茂参圣之才”；韩愈赞其“大纯而小疵”，为“圣人之徒”；司马光更推尊其为孔子之后，超荀越孟的一代“大儒”。

关键词： 扬雄；传记；思想

扬雄是汉赋“四大家”之一，又是西汉末年的一代大儒，知识十分全面，成果非常丰富，身兼经学家、小学家、文学家、思想家、哲学家等多重身份，是当时少有的具有全面成就、深远影响的学者。《汉书·扬雄传》载其“年七十一，天凤五年（18）卒”（下引本传，不再注出处），则其生当在汉宣帝甘露元年（前53），享年71岁。扬雄一生历官汉成帝、汉哀帝、汉平帝及新朝王莽两朝四代。他文采焕然，学问渊博；道德纯粹，妙极儒道。王充说他有“鸿茂参圣之才”；韩愈赞他是“大纯而小疵”的“圣人之徒”；司马光更推尊他为孔子之后，超荀越孟的一代“大儒”；当时桓谭甚至说他的“玄学”思想，可与伏羲之“易”，老子之“无”，孔子之“元”，并称上古中国的四大哲学体系。

一、西蜀一廛氓，清静事无为

扬雄，字子云，蜀郡成都人。其《自叙》称“家产不过十金，乏无儋石之储”，家境几近贫困线。但若考其远祖，又可谓是王孙贵胄。班固据其《自叙》作成的《汉书》扬雄本传称：“其先出自有周伯侨者，以支庶初食采于晋之扬，因氏焉，不知伯侨周何别也。”扬邑处于“河汾之间”，唐时为河东扬县，在今山西洪洞县境。《左传》襄公二十九年载，司马叔侯曰：“虞、虢、焦、滑、霍、扬、韩、魏，皆姬姓也。”扬为姬姓后人所封，与周同姓，当是周王族支庶。不过，到底扬氏属于周王哪一支，因时代绵远，后裔衰微，到扬雄写传时已经不可详考了。扬雄又说：“周衰而扬氏或称侯，号曰扬侯。会晋六卿争权，韩、魏、赵兴而范、中行、知（智）伯弊。当是时，逼扬侯，扬侯乃逃于楚巫山，因家焉。”据此，扬雄的祖先春秋时曾自称“扬侯”，晋“六卿”（韩、魏、赵、范、中行、知）之乱中，扬侯受韩、赵、魏的逼迫，举家南迁至楚国境内的巫山地区，似乎扬氏是“败弊”的范、中行、智伯的同党。不过此说尚存两点可疑：一是扬氏称侯，侯乃五等诸侯（公侯伯子男）第二等，爵位不小，却不见于史载；二是范、中行、智伯不是同时被灭，扬氏何时受到牵连也不太清楚。东汉张衡对此有不同说法：“晋大夫食采于扬，为扬氏，食我有罪而扬氏灭。”如此看来，扬氏只是晋国的一个大夫，根本没有“扬氏称侯”这回事；扬氏南迁也不是由于韩魏赵三家之逼，而是扬食我有罪绝封，子孙才逃难南迁的。晋灼、颜师古极赞成此说。扬雄自叙的家谱容或有为祖先粉饰的嫌疑，“扬侯”也许是当时对有身份者的尊称，扬雄误以为五等爵的“侯”爵，亦未可知；但说扬氏出自有封邑的周室子孙，应当是没有疑问的，即便只是晋国大夫，也不影响他是周室血统的事实。

及至秦灭，继而楚汉相争，扬雄先人为避战乱，又溯江而上，“处巴江州”，巴郡江州即今重庆市。避乱时期扬雄的祖先们都没有事迹可述，直至其五世祖扬季才稍起其家，官至庐江郡太守。庐江郡在今安徽省庐江县。汉武帝元鼎年间，扬季因逃避仇家迫害，弃官，“复溯江上，处岷山之阳曰郫”。元鼎为汉武帝第五个年号，前116年至前111年，是时正是庐江舒人文翁为蜀郡守，开学宫、兴教化，蜀学蒸蒸日上，如火如荼的时候，扬季之来，不知是否与郡人文翁为官于此有关？郫即今四川省成都市郫都区，靠近郡邑成都，故本传又说扬雄是“蜀郡成都人”。今郫都区境内犹有扬雄墓、子云亭等遗迹，刘禹锡《陋室铭》中“西蜀子云亭”即指此。民国《乐山县志》引《名胜志》《屏山县志》《方舆考略》《蜀水经》说：“子云，江原人。初迁沐川；继迁犍为，居子云山，在犍为东南十五里，扬雄故宅在焉；再迁成都金花寺。”并按：

"当云：再迁乐山，四迁成都。"此外，扬雄有《绵竹颂》，今绵阳市又建有子云亭。似乎扬氏入蜀后曾屡迁其居，踪迹几遍川南川西。

扬季来到郫地，再度成为普通平民："有田一廛，有室一区，世世以农桑为业。"一廛即一百亩。《孟子》许行对齐王"愿受一廛以为氓"；晁错《论贵粟疏》说："今农夫五口之家，能耕者不过百亩，百亩之收不过百石。"可见一廛土地，在地广人稀的古代社会实在是个小数目，仅仅是战国秦汉时期五口之家维持生计和提供赋役的起码条件，属于普通自耕农，还够不上"小地主"水平。扬氏人丁素来单薄，雄自云："自季至雄，五世而传一子，故雄亡它扬于蜀。"在那个重资产、讲氏族的社会里，一个产业甚薄、人丁不旺的普通人家，要在人地生疏的环境里生存下来，委实不易，但是却孕育培养出扬雄这样的一代大儒，实属奇迹。东汉王充将其与平民出生的孔子、墨子相提并论，是有道理的："孔墨祖愚，丘翟圣贤；扬家不通，卓有子云。"（《论衡·自纪》）正指此而言。

扬雄幼时，家道仍无丝毫改观。其《自叙》说："家产不过十金，乏无儋石之储。"雄又曾作《逐贫赋》云："扬子遁居，离俗独处，左邻崇山，右接旷野，邻垣乞儿，终贫且窭。"有人将此赋叙入扬雄晚年，未必确实。因赋文明云"左崇山，右旷野"，正是他隐居岷山之南、卜筑成都平原的景象，因此该文应是早期作品。此时他穷困潦倒，几与乞儿为伍，"人皆文绣，余褐不完；人皆稻粱，我独藜餐"。到了食不果腹、衣不蔽体的地步了。为了生计，他不得不顶风冒雨，亲操耒耜，参加生产劳动："身服百役，手足胼胝；或耘或耔，沾体露肌。"是一个典型的农民形象。但是，他不甘自晦，胸怀大志，以圣人之业自任，不以产业为意，"不汲汲于富贵，不戚戚于贫贱"，对"既贫且窭"的家道，处之"晏如也"。他一心研读"圣人之书"，非此无所嗜好。如果说西汉初期的董仲舒是一个"三年不窥园""志在经传""富而好礼"的纯儒的话，那扬雄就是一位"忧道不忧贫"的君子，是颜回似的"饭疏食饮水"亦"乐在其中"的"癯儒"。

根据扬雄自叙，其为学有两个特点，一是"不为章句，训诂通而已，博览无所不见"。"章句"是西汉后期今文经学家的治学特点；"训诂"是东汉古文经学家的治学特点。扬雄不讲章句，只究训诂，其实开启了笃实厚重的古文家风。今文经学者世守师说，规规以师法章句为意，不敢越雷池一步；古文家则主张博览泛观，东汉初期的古文大师，如桓谭、班彪、班固、王充等人莫不"博览群书"，实皆首倡于此。可见冲破西汉今文章句，开创东汉古文家法，正是扬雄等人肇开其端。

二是深沉好思，清静无为。《自叙》说："为人简易佚荡，口吃不能剧谈，默而好深湛之思，清静亡为，少耆欲”；“不汲汲于富贵，不戚戚于贫贱，不修廉隅以徼名当世”。简易佚荡、清静无为、少嗜寡欲、淡泊名利等，是他受道家思想影响的表现。扬雄为人清高，不事俗品：“自有大度，非圣哲之书不好也；非其意，虽富贵不事也。”是一个好学、深思，同时又有高尚修养、不俗情操的儒者。而这些，又都得益于“尊道贵德”的蜀学风气和他那儒、道共治的老师——严君平的影响。

严君平，名遵，君平乃其字。成都人。本姓庄，后人因避汉明帝刘庄讳，改称其为严。博学高德，隐于市井，“专精《大易》，沈于《老》《庄》”，是一位民间的道学、易学、儒学高人。《汉书》说君平曾经卖卜于成都市井，借卜筮来宣扬正道，启迪人心：“与人子言依于孝，与人弟言依于顺，各因势导之以善。”不谋财利，以道学为乐，每日才阅数人，“得百钱足以自养，则闭肆下帘而授《老子》”。班固还说：严遵“博览亡不通，依老子、严周（庄周）之指，著书十余万言。扬雄少时从游学，以而仕京师显名，数为朝廷在位贤者称君平德”。扬雄《法言》亦赞君平：“蜀庄沈冥，蜀庄之才之珍也，不作苟见，不治苟得，久幽而不改其操，虽随和何以加诸？举兹以旃，不亦珍乎？吾珍庄也，居难为也。”“蜀庄”，即蜀人庄遵；“沈冥”，即潜隐自晦；“不作苟见”，不屑进见权贵。《汉书》说，杜陵李强与扬雄友善，雄曾屡次向李称道严君平美德。后来李强出为益州牧，希望君平出来做官；临行，扬雄告诫说：君备足礼数与之相见，此人可以得见，但不可使其屈身事人。李不以为然。及至成都，致礼相见，面对君平的飘然清高，李强终不敢提出让他做官辅助自己的事。“不治苟得”，即不贪财货，亦《礼记·曲礼》“临财毋苟得，临难毋苟免”之意。“久幽不改其操”，即长期隐居幽处，自甘淡泊，也不改自己清虚自守的操行。由此看来，扬雄“博览无所不见”，得益于君平“博览亡不通”；扬雄“清静亡为，少耆欲”，得益于君平治《老》《庄》《周易》之学以及他自己的“沈冥”之习；扬雄淡泊名利，得益于君平“不治苟得”；扬雄不事富贵，得益于君平“不为苟见”……凡此，俱可以看出君平对扬雄为人为学的深刻影响。无怪乎扬雄再三赞叹，比之于随侯之珠、和氏之璧了。《汉书》说：“君平年九十余，遂以其业终，蜀人爱敬，至今称焉。”据学者考定，“君平盖生于昭帝始元、元凤之间（约前86—前75），卒于王莽代汉之时，即公元10年左右”。君平能获得蜀人的普遍敬重，至东汉不绝，可见扬雄所称美，并非一家私言。

君平之外，扬雄还有一远亲即林闾翁孺，通明训诂，尤晓异代方言，扬雄从其学文字语言之学（时谓之“小学”），这段经历为扬雄后来成为一名有成就的文字学家（小学家），奠定了基础。扬雄《答刘歆书》说：“雄少不师章句，亦于《五经》之训所不解。尝闻先代𬨎轩之使奏籍之书，皆藏于周秦之室。及其破也，遗弃无见之者。独蜀人有严君平、临邛林闾翁孺者，深好训诂，犹见𬨎轩之使所奏言。翁孺与雄外家牵连之亲；又君平过误，有以私遇少而与雄也。君平财（才）有千言耳，孺翁梗概之法略有。”所谓“辅轩之使所奏言”（“辅轩之使奏籍之书”），即指周秦时期，朝廷所派使者收集的各地方言资料。当时藏于朝廷档案馆，从周至秦，递有收藏；及秦既亡，辅轩之书散在民间，中土“遗弃无见之者”，汉代博学如刘向者，亦只“但闻其官不详其职”。但在边远的巴蜀还略存梗概，严君平有数千言，林闾翁孺则其书略备。“扬雄闻而师之”，从学方言。翁孺死而无裔，其妻弃家改嫁，扬雄遂尽得林氏方言之书。后来扬雄作《辅轩使者绝代语释别国方言》（简称《方言》），就是以林氏所遗、已经略有“梗概之法”的底稿为依据的。

除师事近贤外，扬雄还远慕前辈乡贤司马相如。《自叙》说：“先是时，蜀有司马相如，作赋甚弘丽温雅，雄心壮之，每作赋，常拟之以为式。”扬雄也仿照司马相如制作大赋。雄又以为屈原之文远过相如，对屈原不遇明君、自沉于江的遭遇深表同情，惺惺惜惺惺，既悯其人，复“悲其文，读之未尝不流涕也”。不过扬雄并不以屈原自戕为然，“以为君子得时则大行，不得时则龙蛇，遇不遇命也，何必湛身哉!”将儒家爱国情怀与老庄放达态度结合起来，这是扬雄的进步之处，也是巴蜀儒道合一的学风使然。于是作《反离骚》，自岷山投于江中，以祭屈原。此外，他还依傍《离骚》，引申其意，作《广骚》；依傍屈原《惜诵》以下至《怀沙》一卷，作《畔牢愁》。一则以展示他的惠思匠心，同时也借以表现自己的爱国热忱。这些赋大致作于而立之年，《广离骚》有“汉十世之阳朔”的提法，阳朔是成帝年号，自前 24 年至前 21 年，共四年；十世，自高祖、吕后、惠帝，历文帝、景帝、武帝、昭帝、宣帝、元帝，至成帝为十世。后来雄作《甘泉赋》开篇即说“惟汉十世”，也是这种用法。

阳朔年间，正雄 30 至 34 岁之时。其时扬雄尚在蜀中，兹后扬雄又作有《县邸铭》《王佴颂》《阶闼铭》和《成都城四隅铭》（《文选》李周翰注，还说他作有《绵竹颂》）等辞赋，大都是对家乡山水景物的歌颂，给扬雄蜚声京华带来契机。汉赋讲究“弘丽温雅”，弘即博大，铺张扬厉，气势磅礴；丽即富有文采，华美可观；温即温和含蓄，借物托意；雅即典雅，盛陈典故。总之即要求做到气势宏、文采好、寓意深、学问大。一篇好赋，往往集作者辞章、才气、哲思与数典于一体，辞赋其实也是文人才学识德等素质的综合表现。因此许多文人为了一篇好赋，常常搜肠刮肚，冥思苦想，甚至为了搜集合适的典故，合理谋篇布局，耗费十数年工夫。是故张衡写《二京赋》花了十年，左思作《三都赋》用了一纪（十二年）；而扬雄在而立之年便已写成这样多的赋篇，充分显示了他的博学、高情与逸才。桃李不言，下自成蹊，扬雄的才华不久便被当朝天子知道了。

二、一赋动天子，京华赋奇文

扬雄《答刘歆书》说："雄始能草文，先作《县邸铭》《王佴颂》《阶闼铭》及《成都城四隅铭》。蜀人有杨庄者，为郎，诵之于成帝。成帝好之，以为似相如，雄遂以此得外见。"《文选·甘泉赋》李周翰注："扬雄家贫好学，每制作慕相如之文，尝作《绵竹颂》。成帝时直宿郎杨庄诵此文，帝曰：'此似相如之文。'庄曰：'非也，此臣邑人扬子云。'帝即召见，拜为黄门侍郎。"两处所载，只在赋名和篇数上有分歧，但其人为杨庄所荐则是一致的。扬雄《自叙》亦谓："孝成帝时，客有荐雄文似相如者，上方郊祠甘泉泰畤、汾阴后土，以求继嗣，召雄待诏承明之庭。"这里的"客"即杨庄是也。

但是《汉书·扬雄传》班固《赞》却说："初，雄年四十余，自蜀来至游京师，大司马车骑将军王音奇其文雅，召以为门下史，荐雄待诏，岁余，奏《羽猎赋》，除为郎，给事黄门，与王莽、刘歆并。"《华阳国志》卷十从之。似乎扬雄受知成帝，是王音所荐。这是不确切的。首先，班固说扬雄年四十余接受大司马王音召荐，在时间上有问题。扬雄生于甘露元年（前 53），四十余岁即成帝永始三年（前 14）以后。考《汉书·成帝纪》和《百官公卿表》，阳朔三年（前 22）九月，王音为大司马车骑将军，其时雄年三十二；永始二年（前 15）王音卒，其时雄年三十九。都不合"四十余"之数。前人已注意及此，清周寿昌《汉书注校补》在详细整理了扬雄时间表后，就说："案古四字作三，传写时由三字误加一画，应正作'三十余'始合。"今人亦有从其说者。其实班固说"雄年四十余自蜀来游师"在年岁上不误，雄《自叙》中"客"荐扬雄时"上方郊祠甘泉泰畤"云云，又具体罗列：正月从上甘泉奏《甘泉赋》，三月从祀河东后土上《河东赋》，十二月从羽猎奏《羽猎赋》，明年秋从胡人射猎长杨上《长杨赋》等全过程。案之《汉书·成帝纪》及《郊祀志》，甘泉泰畤、汾阴后土、雍五畤、陈仓陈宝四祠的恢复，在永始三年（前 14）十月。其后，成帝曾四幸甘泉泰畤，分见于永始四年，延元二年、四年，绥和二年的正月；四幸河东祠后土，分见于永始四年，延元二年、四年，绥和二年的三月。《成帝纪》元延二年载："冬，行幸长杨宫，从胡客大校猎，宿萯阳宫，赐从官。"将冬十二月的羽猎和次年秋与胡客猎合为一事，并同归于元延二年。《通鉴考异》断本纪有误，认为当从扬雄《自叙》。但两者记载元延二年冬成帝曾举行狩猎活动却是一致的，那么，扬雄奏《羽猎赋》的时间就非元延二年莫属（其余《甘泉》《河东》二赋作于元延元年，《长杨赋》则作于元延三年）。班固《赞》语所说"荐雄待诏，岁余，奏《羽猎赋》（即《校猎赋》），除为郎”，也与《自叙》所述一年内的活动相符。扬雄时年 43 岁，则其被荐应在元延元年，时年 42 岁。如果是 30 余岁，则在阳朔年间（前 24—前 21），甘泉诸祠已罢，绝无“上方郊祠甘泉……”之事。可见“年四十余”之说为不诬。只是班固在“待诏年余”前加入了“大司马车骑将军王音奇其文雅，召以为门下史”一节，是不确切的。

其次，班固之说与扬雄自己的记述不符。《汉书·扬雄传》前半部系采自扬雄《自叙》，班固在《赞》语中有明确交待，唯“赞曰”以后文字是班固补充。如前所揭，扬雄《自叙》称“客”荐，《答刘歆书》又明云“杨庄”所荐，俱不言及王音。一者出于扬雄《自叙》，一者出于后人追记，从史料价值上看，自然以《自叙》为可靠。当然，也有一种“可能是表示扬雄不愿谈到他和王音的关系”，不过这种可能性不大。王音是王莽从叔，王太后远房侄子，他虽是以外戚身份继王凤为大司马，但在王氏诸侯中还是比较贤明的。《汉书·元后传》说：“王氏爵位日盛，唯音为修整，数谏正，有忠节，辅政八年，薨。”是可信的。看来扬雄如果真是得力于王音，没有理由隐讳不言。又有人怀疑《汉书》“王音”是“王根”之误，或“王商”之误。班固明明说扬雄受荐后，“除为郎，给事黄门，与刘歆、王莽并”，作为同僚的刘歆，对扬雄的出处进退，肯定清清楚楚，扬雄要在他面前掩遮真相，讳言王音（或王根、王商），岂不欲盖弥彰，弄巧成拙？显然，扬雄受知王音的说法是不可靠的，但说他“年四十余”才游京师，并以辞赋获得官职却是事实。

《汉书》本传说雄“为郎给事黄门”；《陈遵传》称“黄门侍郎扬雄”，知雄当时任为黄门侍郎。郎官本为皇帝近卫之官，无定员，备宿卫、侍从，与皇帝颇为亲近；郎也是汉代官僚“预科班”，为郎者经过考核合格，可以做执掌实权的京官和地方长官，当时叫“郎选”。因此汉代许多有名望、有成就的大僚多为郎选出身，绝少例外。可是扬雄就是这“例外”中的一个。他自 40 余岁来京师，43 岁为黄门侍郎，直到 71 岁逝世，在京师共度过了 30 年的宦游生涯，经历成帝、哀帝、平帝和王莽两朝四代，只在王莽当政初转过一次官，做过 10 年中散大夫，竟 20 年间未曾徙官！扬雄的京师 30 年，可分成两段：成帝朝，他做文学侍从，擅长文赋，蜚声京华；哀、平、新莽时，他大隐于朝，潜心学术。

扬雄自元延元年被荐待诏，至绥和二年（前 7）三月成帝崩，在成帝朝供职 5 年余。5 年中，扬雄主要是出入侍从，以文赋服务于帝王。据雄《答刘歆书》，他接受成帝诏命，似乎不是为了仕宦腾达，只是为了求得在生活有保障后，随心所欲地从事学术研究和文学创作。他说：“雄为郎之岁，自奏少不得学，而心好沈博绝丽之文，愿不受三岁之奉（供职），且休脱直事（值班）之繇（差役），得肆心广意，以自克就。”三岁之奉，即三年一考绩的地方官；直事之繇，即轮流值班的朝廷官员。沈博绝丽，即既有思想（沈）又有内容（博）、文采焕然（绝丽）的文章。他自己奏请既不愿做地方官，也不愿做朝官，只希望做个有俸禄的专业文人和学者。这倒也符合成帝招置文学侍从的需要，于是“有诏可不夺奉，令尚书赐笔墨钱六万，得观书于石室”。皇帝下令永不夺俸，让他终身享受“政府津贴”；尚书台给“学术事业费”（笔墨钱）六万，还特许他在国家档案馆（石室金柜）看书。扬雄如愿以偿，成了一个由皇家供养的专业作家和专职研究员。

这样过了一年，扬雄又写了《绣补》《灵节》《龙骨》诗铭三章。成帝读了非常满意。从此，扬雄获得更多的机会出入侍从，以文学服务于皇帝。故王充《论衡·佚文》说：“孝武善《子虚》之赋，征司马长卿；孝成玩弄众书之多，善扬子云，出入游猎，子云乘从。……故曰玩扬子云之篇，乐于居千石之官；挟桓君山之书，富于积猗顿之财。”这一时期扬雄尚存的作品主要有《甘泉赋》《河东赋》《羽猎赋》《长杨赋》四大赋，亦即本传赞所说“辞莫丽于相如，作四赋”的“四赋”。

扬雄作四赋免不了禀承皇帝意旨，有歌功颂德之嫌；在形式上又多模拟相如作品，有东施效颦之憾。但是扬雄每作赋都精思熟虑，十分用功，范文澜先生说：“（扬雄）用思构辞，还保留有自己的特殊性。西汉辞赋家扬马（司马相如）并称，就在于扬雄的模拟不同于一般庸者陈陈相因的模拟。”事实正是如此。桓谭《新论》说：“子云亦言，成帝至甘泉，诏使作赋，为之卒，暴倦卧，梦具五脏出地，以手收之，觉大少气，病一岁余。”说扬雄奉诏作《甘泉赋》，赋成，疲倦困卧，梦中五内剧痛，醒来大病了一年。汉代还有雄作《甘泉赋》成，“明日进卒”的传说。可见其用思之专，真是“语不惊人死不休”的前辈。此外，作为一位深受儒家爱民裕民思想和道家清静无为思想熏陶的正直学者，扬雄也不满足于辞赋的形式美，而是非常注意辞赋的思想内容，常常以赋施讽谏，寓讽于颂。其时，成帝受晚年无子烦恼的困扰，祈鬼事神“以求继嗣”。在扬雄被荐待诏前两年，成帝要母后王太后下诏恢复久已废止的甘泉泰畤、汾阴后土、雍五畤、陈仓陈宝四祠，隔年举行一次盛大的行幸祭祀。活动排场之大，修饰之盛，自古少有；巫风鬼气，劳民伤财。成帝晚年，又沉溺声色，与赵飞燕、赵合德姐妹纵情淫乐，将政事一委王氏外戚掌管，王氏五侯，气焰熏灼，终于积重难返，酿成后来王莽篡逆之祸。

成帝还醉心于飞鹰走狗，逐兽狩猎，他常常亲率宫廷侍卫出郊外。有时甚至下令长安附近的人民停业罢产，到南山捕获野兽，放回皇家猎场，再行猎狩，严重妨碍了人民的正常生活和自由生产。对于皇帝的这些胡作非为，扬雄在辞赋中进行了必要的劝诫。本传说：

正月，从上甘泉，还奏《甘泉赋》以风（讽）。

《甘泉赋》全文载于《汉书》本传之中。扬雄《自叙》创作意图说：甘泉宫本秦朝建筑，武帝时增建通天、高光、迎风三殿，远近建筑群鳞次栉比，游观“奇屈瑰玮”，大大违反“木摩而不雕，墙涂而不画”的古意，更迥异于“周宣所考，盘庚所迁，夏卑宫室，唐虞棌椽三等之制”。虽然甘泉宫不是成帝所建，但成帝纵情奢侈，王氏五侯的连云府第，早已有过之而无不及了。于是扬雄将甘泉宫称作神话中的帝室“紫宫”，想告诉皇帝这已超出人力的范围，只有天神才能雕琢，与后来诗人“此曲只应天上有，人间能得几回闻”的讥刺有异曲同工之妙。

当时赵飞燕正大幸于成帝，皇帝每次行幸甘泉，赵氏皆盛备车骑，招摇过市，大有令神仙却步，叫山神开道的气势，于是扬雄在赋中又以“屏玉女，却伏妃”来讽刺她：

> 其三月，将祭后土，上乃帅群臣横大河，凑汾阴。既祭，行游介山，回安邑，顾龙门，览盐池，登历观，陟西岳以望八荒，迹殷周之虚，眇然以思唐虞之风。雄以为临川羡鱼不如归而结网，还，上《河东赋》以劝。

成帝行幸河东，远祠后土，沿途历观殷周故土圣迹，大有企羡三代之治的用意。扬雄以为“临渊羡鱼，不如退而结网”，与其兴师动众，祈求神灵，不如踏踏实实地勤政修已，还可望实现天下大治。

> 其十二月羽猎，雄从。……故聊因《校猎赋》以风（讽）。

扬雄认为，古时二帝三王，从不侵夺百姓种植桑麻和粮食的肥田美地，宫馆、台榭、沼池、苑囿、林麓、薮泽的收入足以供给郊庙、维持正常邦交、保证皇室百僚的膳食了。人民百姓，女子纺织有所剩余，男子耕作有所积储，国民殷富，上下丰足。因此，甘露、醴泉、凤凰、黄龙、麒麟、神爵等祥瑞之物，不求自至；人民殷实，社会自然就太平无事。从前禹任用伯益做虞官管理山林，上下和谐、草木茂盛；成汤爱好田猎，天下却十分充足；文王有百里园囿，人民还以为太小；可是齐宣王只有四十里，人民却嫌其太大。这就是“裕民”与“夺民”的区别。

到了汉家，武帝广开上林苑，南傍南山，北循渭水，周围数百里；又大开昆明池，广建离宫别馆，模仿传说中的蓬莱、方丈、瀛洲，“游观侈靡，究妙极丽”。一旦举行羽猎活动，兵车、戎马、器械等所设，往往“尚泰奢丽夸诩”。非特武帝如此，纵情声色犬马的成帝又何尝不是这样？这就是扬雄《羽猎赋》创作的背景。

元延三年（前10）秋，成帝为了在来朝的胡人面前炫耀汉家富于珍禽异兽，命令右扶风驱使人民入南山，西自褒斜，东至弘农，南驱汉中，张罗置网，“捕熊罴、豪猪、虎豹、狖玃、狐兔、麋鹿”，用“槛车”运到长杨射熊馆。再放到用网罗木桩建成的围场之中，“令胡人手搏之，自取其获”，成帝则在围场外欣赏。这种无聊行为，使

“农民不得收敛”者弥月。扬雄曾随成帝到射熊馆，亲睹其状，于是“还，上《长杨赋》”。赋中扬雄藉“翰林主人”与“子墨客卿”的对话，对长杨射猎作了非常夸张的描写，亦希望统治者对这“扰于农民，三旬有余”的荒唐做法有所反省和收敛。

后来扬雄作《法言》说：“禽兽食人之食，土木衣人之衣，谷人不足于昼，丝人不足于夜，之谓恶政。”（《先知》）“禽兽食人之食”，指因狩猎而影响农民劳作；“土木衣人之衣”，指祭祀偶像而侵夺人民衣服。这两大恶政都是成帝为之而不悟的弊政。针对成帝晚年沉溺酒色，扬雄还作有《酒赋》，赋中虚设“酒客”与“法度士”相互论难，“以讽谏成帝”。无处不表现出他尽忠报国的心愿。

由于扬雄赋兼具思想性、艺术性二美，大受正直的人们称赏。王充《论衡·效力》就说：“世称力者，常褒乌获，然则董仲舒、扬子云，文之乌获也。”将扬雄与西汉大儒董仲舒相提并论，说他们都是文章圣手，笔力千钧，可以力敌古代大力士乌获。后生晚辈，更是步其后尘，模仿习作，当时年仅十三岁的翩翩少年、后来的大思想家桓谭即是其中一个。《新论》有云：“予少时见扬子云丽文高论，不量年少，猥欲逮及，尝作《山赋》。用思太剧，而立感动发病。”桓谭自叙说，曾经有感于扬雄“丽文高论”，想比齐于他，结果作了一篇《山赋》，却由于“用思太剧”闹出一场病来。就像当年颜子陪孔子同登泰山，绝顶之上，孔子可以看到鲁都曲阜；颜回也极目远眺，结果由于目力不及，以致“决眦流血”。扬雄、桓谭，都是大思想家，惺惺相惜，后来二人遂成忘年之交。

可是，至高无上的专制君王，是一群只望天佑、不怕天罚的无耻之辈，群臣进谏，说重了将犯逆鳞，引起震怒；说轻了又被当耳旁风，无济于事。汉成帝虽说不上是拒谏饰非的暴君，却也不是从谏如流的明主。刘向、谷永上书直谏，成帝也只是“心善其言”，“然终不能用”。何况赋体雍容委婉，劝十讽一，规谏的效果值得怀疑。作者为了写好一篇辞赋，必搜罗奇事妙语，推类极致，将事物渲染得无以复加，最后才笔锋一转，归结到劝谏的正道上来。但是讽谏之辞并不明显，全靠自觉的读者细心领会。然而，读者佯若不知，就会“劝而不止”。从前汉武帝好神仙，司马相如上《大人赋》“欲以讽”，武帝读后，反而“飘飘有凌云之志”。王充《论衡·谴告》就说：“孝武皇帝好仙，司马长卿献《大人赋》，上乃仙仙有凌云之气。孝成皇帝好广宫室，扬子云上《甘泉颂》，妙称神怪，若曰非人力所能为，鬼神力乃可成。皇帝不觉，为之不止。”正是指的这一情况。况且既是应命制作，自然首先得讨皇帝欢心，就像俳优弄臣一样，处处小心，有违赋诗言志、采风观俗的古训。

鉴于此，成帝末年，扬雄除了用赋来抒发自己的感受与牢骚之外，便“辍不复为”了。他晚年作《法言》就对此事做过反省：“或问：吾子少而好赋？曰：然，童子雕虫篆刻。俄而曰：壮夫不为也。或曰：赋可以讽乎？曰：讽乎！讽则已，不已，吾恐不免于劝也。”

三、潭思浑天术，草拟《太玄经》

扬雄不再作政治讽喻赋，又不愿卷入外戚专权的斗争中去，于是他转向天文历法，研究“浑天之术”，为将来撰写《太玄》做准备。本传说：扬雄意识到“赋劝而不止”，“辍不复为”后，遂“大潭思浑天”。

四川自来有重视天文历法的传统，据蒙文通考证，大概周灵王时，明于历数的苌弘贬死于蜀，天文历数之学遂传于巴蜀。至西汉落下闳，而大放光华。落下闳，字长公，阆中人，汉武帝时征诣待诏太史，与太史公司马迁、鲜于妄人等同造《太初历》，他的成绩是阐明“浑天说”，将“四分法”的《颛顼历》，改造为“八十一分法”的《太初历》；又制造浑天仪（又称浑仪）来模拟天体运行，计算时节，比较合乎天体运行规律。因此自《太初历》制定之后，历代历法都只在此基础上做某些微调校正，实质并无根本改变。

蒙文通考论：“辞赋、黄老和卜筮、历数是古巴蜀文化的特点。”扬雄的前辈学人，司马相如擅文赋，落下闳长天数，严君平兼黄老、卜筮，扬雄既从严君平求学，习黄老、易卜之术，是一位思想家；又依仿相如为辞赋，是汉末杰出的文学家；今又传落下闳之业，研算天文历法。于是，古代巴蜀传统四学，扬雄兼而有之，最为全面，最为博洽。

扬雄接受“浑天术”还有一番曲折。自落下闳被诏入都后，蜀中似已不传浑天之术，故扬雄初时学习的仍然是“盖天说”。桓谭《新论》：“通人扬子云，因众儒之说天以为盖，常左旋，日月星辰随而东西……余难之……子云无以解也。”盖天说以《周髀算经》为代表，认为天如车盖，地如车舆，天盖自东而西旋转，日月星辰也就随之出现东西交替。这显然只是古代先民们观察天文现象的直观感受。扬雄到长安待诏黄门后，才改习浑天说。

浑天说认为天地如鸡蛋，地和天宇的关系，就像蛋黄与蛋壳的关系一样。天地皆乘云气和水而立，天旋地转，彼此互有上下，因而呈现出日升月落，节候变化现象。这显然比盖天说要进步得多。扬雄改从浑天，主要得力于两个人，一是同辈讲友桓谭，二是当时在黄门做浑天仪的老工人。桓谭《新论》说：“扬子云好天文，问之于黄门作浑天老工，曰：‘我少能作其事，但随尺寸法度，殊不达其意。’”“黄门作浑天老工”，即黄门官署中能制浑天仪的老工人，他告诉扬雄，年少时只能按照设计图纸和尺寸，依样制作，但不知道其中原理。可巧，桓谭就是能知道其中奥秘的浑天派学者。

桓谭，字君山，成帝时亦为郎，博学多通，遍习五经，能文章，尤好古学，“数与刘歆、扬雄辩析疑异”。辨析的内容，当然包括天文学。《新论》还记载了一场戏剧性的故事：桓谭曾与扬雄一道奏事，坐在白虎殿廊庑下等待回报，因天气很冷，就背对着太阳取暖。一会儿，日光离开人背，不再照晒着他们了。桓谭借此对扬雄说：如果像盖天论所说天盖西转，日月西行，阳光应该一直照着我们并向廊庑的东头深入，不该离开我们。现在日光离去，正好证明浑天法则，太阳乘云气浮沉，改变了方位。扬雄受此启发，立即改信浑天说。他从此成了浑天说的忠实拥护者，并公开与盖天说论难，著《难盖天人事》与人论战。其《法言·重黎篇》说：“或问浑天，曰：洛下闳营（阐明）之，鲜于妄人度（计算）之，耿中丞（寿昌）象（模拟）之，几乎几乎，莫之能违也。请问盖天，曰：盖哉盖哉，应难（论难）未几（近于道理）也。”认为浑天说与天体运行规律十分接近（几），而盖天说则于事无验（未几）。

尤其可贵的是，扬雄运用浑天说原理入《太玄》，创作了一部新的模拟天道人事运动变化规律的哲学著作。《自叙》说：“而大潭思浑天，参摹而四分之，极于八十一。旁则三摹九据，极之七百二十九赞，亦自然之道也。”正是讨论其用浑天入《太玄》的原理。

扬雄作《太玄》，具体在哀帝朝。当时，外戚丁氏、傅氏及佞幸之臣董贤先后当权用事，一些趋炎附势之徒依附他们，多平步青云，起家为二千石大官。扬雄不屑同流合污，无所依傍，淡泊自守，草拟《太玄》以寄托天人之思。还有无知之徒嘲笑他“不能画一奇，出一策，上说人主，下谈公卿”，以便“历金门，上玉堂”，谋取荣华富贵，却来作什么《太玄》。为经五千，为说十万，虽然“深者入黄泉，高者出苍天，大者含元气，纤者入无伦”，巧思极虑，可以说是无思不用其极了，可是还是“位不过侍郎，擢才给事黄门”，官卑职微。岂非为玄不玄，功夫未到，“其玄尚白”乎？对此，扬雄作《解嘲》一篇，忠告热衷进取的势利之人：

> 炎炎者灭，隆隆者绝；观雷观火，为盈为实，天收其声，地藏其热。高明之家，鬼瞰其室。攫拏（妄取）者亡，默默者存；位极者宗危，自守者身全，是故知玄守默，守道之极；爰清爰静，游神之廷；惟寂惟寞，守德之宅。世异事变，人道不殊，彼我异时，未知何如。今子乃以鸱枭而笑凤皇，执蝘蜓而嘲龟龙，不亦病乎！子徒笑我玄之尚白，吾亦笑子之病甚，不遇臾附、扁鹊，悲乎！

到底是谁嘲笑他作《太玄》今已不可详知，但在众人皆竞奔于势路利津之时，做这样一件自苦无益的事，实在令许多人不能理解。本传载，《太玄》书成，刘歆看后，对扬雄说：“空自苦！今学者有利禄，然尚不能明《易》，又如《玄》何？吾恐后人用覆酱瓿。”《答刘歆书》亦载：“（张伯松）又言：恐雄为《太玄》经，由鼠坻之与牛场也。如其用则实五稼，饱邦民，否则为秪粪，弃之于道矣。”张伯松即张竦，鼠坻即鼠穴，牛场即牛栏。张氏也是扬雄的朋友，对扬雄所作《方言》十分推崇——“是悬诸日月不刊之书”。但他对《太玄》独不推许，比喻为鼠窝、牛栏中的粪肥，如果被采用则可生长五谷，滋养人民，如若不用则形同粪土，被弃道边。王充《论衡·齐世》甚至说：“扬子云作《太玄》，造《法言》，张伯松不肯一观。与之并肩，故贱其言。”可见，当时对扬雄作《太玄》不理解的大有人在。

扬雄清楚地看到了当时社会的严重危机，预测到得志的当权者们乍荣必乍衰的可悲前景。他不便明说，只借用老子“物极必反”的道理来回答问难之人。物极易衰，位高难全。祸兮福所倚，福兮祸所伏。今之得意者，安知不有危险潜伏着呢？今之横行者，安知不有坎陷在等待着呢？得意而骄人、弄权而傲人者，都是不知福祸盈虚道理的愚人。吾“玄”虽白，尚能长守此清贫；君位虽高，却已潜伏着难以禳除的危机。就像当年李斯一样，虽一时位极人臣，但一朝失势，面临腰斩结局，求为“上蔡逐兔儿”已不可得了。

不久真应验了扬雄的预言：哀帝驾崩，董贤罢官自杀，丁、傅外戚退出历史舞台，王氏卷土重来。从前得意于一时的衮衮诸公的种种荣华，一夜之间都烟消云散了。当然，一批新贵也因依附王氏势力而重新被呼唤出来，可又如何呢？在以利相倾、以势相交的游戏中，势无常胜，利无常主，朝露夕花，也将随着世事的转移而转瞬即逝。扬雄的那位同僚好友刘歆，虽然因附会王莽而再度得势，并在王莽新朝一度走红、位至国师，但结果还不是在权力竞争中失利，落得个杀身而死的下场。这便是扬雄《解嘲赋》已有其意却未便明说的主题。

扬雄虽然官位低下，但却有学自守，而且还有一个聪明的儿子与他一道研几讨玄，更是人间一大快事也。《太平御览》卷三八五引刘向《别传》说：“扬信字子乌，雄第二子。幼而聪慧，雄算《玄》经不会，子乌令作九数而得之。雄又拟《易》‘抵羊触藩’，弥日不就，子乌曰：‘大人何不云荷戈入榛？’”这里的《别传》，前人以为是刘向所著《别录》。但刘向卒于成帝绥和元年（前 8 年。据荀悦《汉纪》），其时《太玄》未著，“其玄尚白”，刘向无由预言于前。疑刘向《别传》别为一书，乃后人撰著、以刘向为传主之传记文献。扬雄《法言·问神》也说：“育而不秀者，吾家之童乌乎？九龄而与我《玄》文。”常璩《华阳国志》卷一〇上也说：“雄子神童乌，七岁预雄《玄》文，九岁而殁。”这里在童乌年岁上与《法言》相抵牾，但说童乌幼而聪慧，在孩童时代即已参与《太玄》的撰著，则是一致的。有子而慧，此乐何极！可惜“苗而不秀”，过早地夭折了。另外，王应麟《汉书艺文志考证》记：“《太玄》润色于君平。”似乎《太玄》还得力于扬雄的老师严遵老先生，《太玄》一书真是老、中、少三代心血之结晶。

《太玄》用“浑天术”、《太初历》等天文学知识，仿照儒学经典《周易》的形式，贯彻“道德仁义礼智”的政治伦理思想。其《自叙》曰：

（雄）而大潭思浑天，参摹而四分之，极于八十一。旁则三摹九据，极之七百二十九赞，亦自然之道也。故观《易》者，见其卦而名之；观《玄》者，数其画而定之。《玄》首四重者，非卦也，数也。其用自天元推一昼一夜阴阳数度律历之纪，九九大运，与天终始。故《玄》三方、九州、二十七部、八十一家、二百四十三表、七百二十九赞，分为三卷，曰一二三，与《泰初历》相应，亦有颛顼历焉。

“参摹”，即模仿三才，分天玄、地玄、人玄，故玄数用三。“四分”，即西汉方、州、部、家的社会结构，《太玄》以四重表示。《太玄》八十一首，当《易》六十四卦；每首九赞，当《易》六爻。《易》数二分，以拟阴阳，用⚊、⚋表示，二加倍为四象，以拟四时；四加倍为八卦，以拟“天地水火风雷山泽”八种自然现象；八卦加倍为六十四卦，以拟万事万物。《太玄》则采用三分法，以拟天、地、人，用⚊、⚋、𝌀表示；占筮时都以三为倍数：一玄三方，一方三州，为九州；一州三部，共二十七部；一部三家，共八十一家，此即《太玄》九赞、八十一首的来源。八十一首共七百二十九赞，相当于《易》三百八十四爻。一赞为昼，一赞为夜，再加“踦”“嬴”两赞，共三百六十五日半，以拟一年之数。一部《太玄》就是天、地、人（宇宙秩序）、方州部家（社会秩序）、三百六十五日关（《太初》历法）的完整模拟。

《自叙》又说：

筮之以三策，关之以休咎，絣之以象类，播之以人事，文之以五行，拟之以道德仁义礼知（智）。

这里是说《太玄》的卜筮方法和内容。对于筮物（如蓍草），《周易》以四来分数，《太玄》以三来分数。其中有休咎祸福的道理，用象数表达出来，还将五行原理与人事利害互相发明，宣扬“道德仁义礼智”等伦理观念。

又说：

为其泰曼漶而不可知，故有《首》《冲》《错》《测》《摛》《莹》《数》《文》《掜》《图》《告》十一篇，皆以解剶《玄》体，离散其文。

这是说《太玄》传的结构。《首》《冲》《错》《测》《摛》《莹》《数》《文》《掜》《图》《告》十一篇都是解释《太玄》经文的，是《太玄》的传，犹《周易》之有“十翼”，《太玄》也有十一篇传。《四库全书总目》所说：“雄书本拟《易》而作，以

《家》准卦（辞），以《首》准彖（辞），以《赞》准爻（辞），以《测》准象（辞），以《文》准《文言》，以《摛》《莹》《数》《文》《掜》《图》《告》准《系词（辞）》，以《数》准《说卦》，以《冲》准《序卦》，以《错》准《杂卦》，全仿《周易》。”正是对《太玄》结构的准确揭示。

《易经》是儒家“六经”之一，汉代推为“六经”之首、大道之源。扬雄拟《易》作《太玄》，敢做圣人才能做的事情，这在“罢黜百家，表彰六经”，以经为典宪的汉代，还是需要勇气的；这个行为，在当时也不太被人理解。本传就说：“诸儒或讥以为雄非圣人而作经，犹春秋吴楚之君僭号称王，盖诛绝之罪也。”《太玄》写成后，由于思维独特，文字艰深，“观之者难知，学之者难成”，有人就批评说：美味要合众人的口味，音乐要让众人感到悦耳，著书也要使众人喜好。而今扬雄之书则不然：“吾子乃抗辞幽说，闳意眇指，独驰骋于有亡之际，而陶冶大炉，旁薄群生，历览者兹年矣，而殊不悟！”责怪他振振有词地讲幽远玄妙的内容，必欲探讨有无相生，万物衍化之原理，让人长年研读，也不知其所云。

但有识之士却大加称赞，视其与圣人同功。桓谭《新论》说：“扬雄作《玄》书，以为玄者天也、道也，言圣贤制法作事，皆引天道以为本统，而因附属万类、王政、人事、法度，故宓羲氏谓之‘易’，老子谓之‘道’，孔子谓之‘元’，而扬雄谓之‘玄’。”将扬雄《太玄》所建立的“玄兼三才”的理论体系，与伏羲氏“八卦”所体现的“变易”哲学、老子《道德经》所阐述的“道”论思想、孔子《春秋》所表达的“元始”观念，相提并论，奉为第四大思想体系。

桓谭又说：“扬子云何如人邪？答曰：‘扬子云才智开通，能入圣道，卓绝于众，汉兴以来，未有此人也。’”又说：“子云所造《法言》《太玄》，经也；《玄经》，数百年，其书必传。”在人们对扬雄作《太玄》普遍不理解的时候，桓谭竟将其人其书视为汉朝建立以来未曾有过的奇才奇书，并进而将他与宓羲、老子、孔子等量齐观，推许他“能入圣道”，可与圣人方驾并驱，绝非真正了解扬雄、自己深究道妙者所不能为也！

后来大思想家王充也称赞说：“扬子云作《太玄经》，造于助思，极窅冥之深，非庶几之才，不能成也。孔子作《春秋》，二子（扬雄、阳城子长）作两经（《太玄经》《乐经》），所谓卓尔蹈孔子之迹，鸿茂参贰圣之才！”（《论衡·超奇》）又说：“阳成子长作《乐》，扬子云造《玄》，二经发于台下，读于阙掖，卓绝惊耳，不述而作，材疑圣人。”（《对作》）大科学家张衡也说：“吾观《太玄》，方知子云妙极道教，乃与‘五经’相拟，非徒传记之属，使人难论阴阳之事，汉家得天下二百岁之书也！复二百岁，殆将终乎？所以作者之数，必显一世，常然之符也。汉四百岁，《玄》其兴矣！”二人皆极尽夸赞之能事。

众口难调，世事难料。扬雄《太玄经》文理艰深，因此受人非难；后来王充《论衡》极通俗，又有人说他浅露。道理永远在无所事事、专事挑剔的批评者手里。针对难客，扬雄又作《解难》一篇答之，曰："大味必淡，大音必稀；大语叫叫，大道低回。是以声之眇者不可同于众人之耳，形之美者不可棍于世俗之目，辞之衍者不可齐于庸人之听。"如此看来，以《玄》文艰深而非议之，不过是无知厌学者的世俗之见而已，奚足道哉！

四、载酒作奇字，卫道著《法言》

哀帝短命，平帝嗣位，曾与扬雄同列郎官的王莽为大司马，位至三公，"权倾人主，所荐无不拔擢"，可是这等好运却与扬雄无缘，他自成帝至哀、平，"三世不徙官"，真是一个本位老郎中、本色大学者。班固称其"恬于势利乃如是"，大有屈平"举世皆浊我独清"之概。但他并未消极混世，无所事事，而是"好古乐道"，积极有为，"欲求文章成名于后世"，一如既往地从事学术研究。平帝时期，扬雄继《太玄》之后，又撰写了《法言》一书。

《太玄》探讨宇宙万物及天、地、人三才关系，《法言》则探讨政治人伦、家国天下等人生、社会问题。《法言》共十三篇，采用语录体，设为问对，一仿《论语》。其自叙《法言》的创作意图说：

> 雄见诸子各以其知舛驰，大氐诋訾圣人，即以怪迂，析辩诡辞，以挠世事，虽小辩，终破大道而惑众，使溺于所闻而不自知其非也。及太史公记六国，历楚汉，讫麟止，不与圣人同，是非破谬于经。故人时有问雄者，常用法应之，譔以为十三卷，象《论语》，号曰《法言》。

战国时期，诸子争鸣，各家学说互相排斥，大多以非议孔圣为标的。他们用诙怪的巧说来扰乱人心，也许都各自持之有据，言之成理，但到底有碍于对真理的认识，对人心的调正。这些人自以为是，还不知道错在哪里。司马迁著《史记》，载六国、秦、汉初之事，是非标准与圣人和"六经"不同。扬雄为阐明正道，弘扬孔教，根据平时人们的疑问著成一书，结构仿照《论语》，语言可为法则，故叫《法言》。

扬雄著《法言》态度十分严肃，措辞十分审慎，当时即享有极高的声誉。其书对于世事，或褒或贬，很有权威，大有当年孔子作《春秋》"一词之褒胜于华衮，一语之贬严于五刑"之势。蜀中隐德君子严君平、谷口郑子真就是因《法言》所载而知名当代、流传后世的。有位富豪希望留名，就贿赂扬雄请求笔之于书，被扬雄严词拒绝。

《论衡·佚文》记："扬子云作《法言》，蜀富人赍钱十万，愿载于书，子云不听，曰：'夫富贾无仁义之行，犹圈中之鹿，栏中之牛也，安得妄载！'"晁公武亦说："《法言》称谷口郑朴子真、蜀人李仲元与严君平，蜀人闻之，有愿载名于《法言》者，雄谢之，虽林翁儒犹不得与也。"林翁儒即林间翁孺，扬雄文字学之师，扬雄只在《答刘歆书》中称说他，《法言》未及一语。可见其书取材之严，褒贬之慎。

《法言》如此严肃认真，又采用当时的语体文，故比《太玄》更为流行，习之者众，享誉极高。班固说："自雄之没至今四十余年，其《法言》大行，而《玄》终不显。"《太玄》以艰深滞，《法言》以义正显，人心对扬雄还是比较公平的。他的《法言》比《太玄》更早获得了更多读者，在东汉初年就已十分流行了。

《法言》末尾说："周公以来，未有汉公之懿也，勤劳则过于阿衡。汉兴二百一十载而中天，其庶矣乎？辟雍以本之，校学以教之，礼乐以容之，舆服以表之。""汉公"即安汉公王莽，可见《法言》一书作于王莽未篡之时。制舆服、兴学校在元始三年(3)；越年，加莽阿衡，奏立辟雍，大兴教化。"汉兴二百一十载"，自刘邦于前206年在汉中称王，至元始四年（4），正好210年。可见《法言》作于平帝朝，成于元始四年。

扬雄还仿《仓颉》作《训纂》，亦在元始年间。《汉书·艺文志》："至元始中，征天下通小学者以百数，各令记字于庭中，扬雄取其有用者作《训纂篇》，顺续《苍颉》，又易《苍颉》中重复之字，凡八十九章。"《训纂》是一部汉字单词字书，后佚，今有清人辑本，见于《玉函山房辑佚书》中。是年朝廷曾更改十二州名，扬雄有《十二州箴》，当作于同时。

大约在这时，扬雄家遭不幸，痛失二子，为了归葬爱子于蜀，扬雄因此一贫如洗。桓谭《新论》说："扬子云为郎，居长安，素贫，比岁亡其两男，哀痛之，皆持归葬于蜀，以此困乏。"如前所引，《法言》说"苗而不秀吾家之童乌乎，九龄而与我《玄》文"，童乌即其所失二子之一，其亡当在元始四年《法言》成书之前。老而丧子，家道中衰，其晚景之凄凉可想而知。

五、无事自投阁，寂寞度余生

元始五年（5）平帝驾崩，次年王莽居摄，三年后，王莽篡汉，建立新朝。王莽以符命篡位，一时之间，无聊文人，投机士夫，"用符命称功德获封爵者甚众"。可是扬雄仍然不为所动，故未获得升迁。后因年老久未转官，才被升了一格："以耆老久次转为大夫。""大夫"仍是一个闲散的位置。据《北堂书钞》卷一〇〇引《扬雄集》所称扬雄官衔，知扬雄当时转官中散大夫。“中散大夫”，本无固定职掌。扬雄的工作乃是“校书天禄阁上”，是一个典型的古籍整理工作。可是由于接受了王莽的提升，后世他又落得个“莽大夫”的不雅称号。

新朝时期，扬雄有时也作一些应景文字，如新朝初立，他曾作《剧秦美新》颂，这也是一篇颇遭物议的文章；又作《琴清音》等音乐著作四篇，王莽将其与阳城子长的《乐经》一并立于学官；元帝后、成帝母、王莽姑母王政君死，王莽诏扬雄作诔文以悼之；等等。但他的主要精力仍放在学术研究之上。

后期扬雄的学术著作，主要有《续史记》和《方言》。《论衡·须颂》：“司马子长记黄帝以至孝武，扬子云录宣帝以至哀平。”既是迄于哀、平，其著作时间当在王莽之时。

《史通·史官建置》也载：“司马迁既没，后之续《史记》者，若褚先生、刘向、冯商、扬雄之徒，并以别职来知史务。”（又见《古今正史篇》）扬雄著《法言》时，即对司马迁《史记》“是非颇谬于圣人、进奸雄而退处士”而深表不满，故有《续史记》之作。王充说扬雄《续史记》的内容乃“录宣帝以至哀、平”，这就使西汉的历史，从司马迁《史记》继“迄麟止”之后，得到完整记录，为班固后来撰著《汉书》留下比较完整的资料。

《方言》全称是《輶轩使者绝代语释别国方言》，盖因循两周派遣輶轩使者调查各地风俗语言的掌故。如前所说，扬雄《方言》书稿，最初得力于蜀人严君平和林闾翁孺。扬雄至京师后，又坚持数十年亲自访求各地方言俗语，随时加以增补整理。其《答刘歆书》说：“故天下上计孝廉及内郡卫卒会者，雄常把三寸弱翰，赍油素四尺，以问其异语，归即以铅摘次之于椠，二十七岁于今矣。”“三寸弱翰”即毛笔，“油素四尺”即油漆过的白绢记录本。扬雄常带着这些记录工具，采访上计使者及四方来客，记录各地方言，回家后再摘录下来，写在正式简册之上。如此持续了 27 年，增增补补，一直没有定稿，也没有向外界公布。至王莽新朝天凤三年（16）刘歆编《七略》，向他索取《方言》稿本，扬雄才在《答刘歆书》当中，将搜集撰著此书的甘甘苦苦、曲曲折折、原原本本地披露出来。

《方言》是一部记录当时全国各地语言资料的工具书，是当时活生生的语言资料。对促进语言语音的统一，消除当时社会交往中的语言障碍，为巩固祖国统一奠定语言基础，都具有重大的意义。但是宋洪迈《容斋三笔》因其书在《汉书·艺文志》没有著录，怀疑扬雄对本书的著作权，后来也有不少人争相附和。细审各项记录，这种怀疑是没有必要的。

一则扬雄《答刘歆书》明确记录了本书的撰著经过，而且明确告诉我们在刘歆编录时尚未定稿，扬雄拒绝借阅，因此刘氏《七略》不曾著录。后来根据《七略》删削的《汉书·艺文志》不载此书，是可能的。况且东汉博学淹通的著名学者应劭已在《风俗通义序》中说："周秦常以岁八月遣輶轩之使，求异代方言，还奏籍之，藏于秘室……扬雄好之，天下孝廉卫卒交会，周章质问，以次注续，二十七年，尔乃治正，凡九千字。其所发明，犹未若《尔雅》之闳丽也。"与扬雄《答刘歆书》所载相合。东晋常璩《华阳国志》更明确地说，扬雄认为"典莫正于《尔雅》，故作《方言》"（卷一〇上）。可见《方言》为扬雄之书，汉晋之间并无异说。何况《汉志》未录的西汉著作不在少数，我们正可借汉晋时期的其他材料加以补充，不能因不见于《汉志》就断其为赝作。

此外，旧史还载扬雄著《蜀王本记》，此书是关于古代蜀国的地方史。有人因《华阳国志·序志》称：司马相如、严君平、扬子云、阳城子长与谯周等人，"各集传记以作《本记》"，认为《蜀王本记》乃严君平、阳城子长、谯周等人所作，司马相如、扬雄只因文名极盛而被人假托，二人并未作有《蜀王本记》。不过，也许各家都曾作《蜀王本纪》，正如《方言》，严君平"才有数千言"，林闾翁孺"颇有其书"，至扬雄乃集其大成。诸家之书，前后相承，而书名相同。只是扬雄的《蜀王本记》，不知作于何时；今存残篇，何者为司马、严、扬所著，何者为阳城、谯所续，已经不可详考了。

扬雄晚年，本欲远离政治，却偏偏卷入一次政治危机，害得他差点丢了老命。王莽新朝始建国三年（11），刘歆之子刘棻制造符命，犯了王莽忌讳，被杀。在审讯时，凡涉及此案者，一概收斩，不用请示。因此牵连死者数百人。当时扬雄正校书天禄阁上，刘棻曾向扬雄请教文字，办案人员欲收捕扬雄，雄恐不免死于囹圄，从天禄阁上投下，几乎摔死。后来审理清楚，刘之于扬，只是"尝从雄学作奇字"，别无牵扯，故王莽发话，饶了这个当年同僚的老命。但仍然引得刻薄文士的讥诮，作歌曰："惟寂寞，自投阁；爰清静，作符命。"上下两联的首句，皆袭用雄《解嘲》中语句（"爰清爰静，游神之廷；惟寂惟寞，守德之宅"），嘲讽他主观上希望远离政治、追求逍遥，但客观上却难以摆脱现实、牵惹官司的矛盾状态。

投阁事件发生时，扬雄已经 67 岁，这无疑使这个垂暮老人深受创伤。事变之后，扬雄曾"因病免"。不久"复召为大夫"。传称雄"家素贫，嗜酒，人稀至其门，时有好事者载酒肴从学"。扬雄家道窘贫，晚年尤甚，门庭冷落，嗜酒无钱，只有靠向人传授古文字学，来换取几斗白酒。这就是一个正直士人不与统治者合作，不愿意同流合污的下场。在一个没有是非公道的社会里，要保持清高的人格真是谈何容易！

扬雄晚年是在丧子、失意、横祸、贫窘中度过的，好在他收了一个好的学生，即钜鹿侯芭。侯芭，字铺子，在扬雄最困难的时候追随他，师从他研习当时人们并不理解的《太玄》和《法言》，这是非常难能可贵的。王充《论衡·案书》称赞说："当今未显，使在百世之后，则子政（刘向）、子云之党也。韩非著书，李斯采以言事；扬子云作《太玄》，侯铺子随而宣之。非斯共世，云铺同朝，睹奇见益，不为古今变心易意。实事贪善，不远为术，并肩以迹相轻，好奇无已，故奇名无穷。"侯铺子，即侯芭。天凤五年（18），扬雄在凄凉失意中死去，终年 71 岁。还是这位关门弟子侯芭负土作坟，又如当年孔门弟子一样，为老师"心丧"三年，尽礼乃已。扬雄的生前好友桓谭给他起祠茔，"平陵如子礼"。公卿们也派遣长子与郎吏一道为之送葬。这位一生老于郎吏的寂寞之人，生荣死哀，总算有一个了结。

六、博学通六艺，卓尔参圣人

扬雄继承了古代巴蜀文化中天文历法、艺文辞赋、阴阳占筮和黄老道术等传统文化，他既是天文学家、辞赋大家，又是精研《易》学的大师和清静无为的玄学家。不过从思想体系上说，扬雄更是一位博学的儒者，与董仲舒、刘向一样。班固说："董生下帷，发藻儒林；刘向司籍，辩章旧闻；扬雄覃思，《法言》《太玄》。皆及时君之门闱，究先圣之壶奥，婆娑虖术艺之场，休息虖篇籍之囿，以全其质而发其文，用纳乎圣德，列炳于后人，斯非其亚与?"（《汉书·叙传》）说他在理论上深究圣人之困奥，同时又有艺术修养，游戏于文字之间，是多才多艺的杰出人物。司马光更推尊说："扬子直大儒耶！孔子既没，知圣人之道者，非扬子而谁？孟与荀殆不足拟，况其余乎？"（《说玄》）认为他是孔子之后第一人，孟子、荀子都无法与他比拟。那么，他是怎样的一位大儒呢？竟值得诸公如此赞誉！

一是鄙薄诸子，独崇孔圣。汉代，虽然董仲舒已提出"罢黜百家，推明孔氏"；汉武帝举贤良，亦罢黜申韩苏张之术、"表彰六经"之文，但是终汉之世，本以"霸王道杂之"，儒术虽行，而申韩不废；黄老虽退，而"六经"尤歧。司马迁著《史记》，"是非颇谬于圣人"；汉武帝行聚敛，桑弘羊实为申商之学；更有自汉文之君、汉景之臣以来相传的黄老家言，亦长期流行，淮南、衡山所治即其大者。至扬雄之师严君平，亦兼治黄老（兼容儒术）者也。虽然在汉代诸子争鸣、毁弃大道的局面没有出现，但奇说异行，"是非"谬于圣人与"六经"者，亦时有发生。

扬雄少年虽从君平研习黄老道学，但他更多地继承了自文翁在蜀郡立学弘扬儒术以来的崇儒传统，对孔子之学、圣人之书，十分倾心，"非圣哲之书不好也"。及其立说，亦以排斥诸子，发明圣道为职志。他说："古者杨、墨塞路，孟子辞而辟之，廓如也。后之塞路者有矣，窃自比于孟子。"（《法言·吾子》。下引此书只注篇名）扬雄以孟子辟杨墨、卫孔道为榜样，表示自己也要效法孟子廓清异说，捍卫圣学。他的《法言》一书就是辟异说、阐孔学的专门著作。

他说孔子是先秦诸子中最伟大的圣人，他的智慧“和同天人之际”（《问道》）；他的著作、言行与天地齐一：“圣人之书、言、行，天也。”（《君子》）如果研习圣人之言就可远知万事，否则将于室内之治亦有所不知：“大哉圣人，言之至也。开之廓然见四海，闭之閛然不睹墙之里。”（《问道》）孔子与诸子比较，那简直就像太阳月亮与列星繁宿、圣人与凡人一样：

> 视日月而知众星之蔑也，仰圣人而知众说之小也。（《学行》）

自然，人欲学道就舍孔圣莫属了：

> 委大圣而好乎诸子者，恶睹其识道也？山径之蹊，不可胜由矣；向墙之户，不可胜入矣。曰：“恶由入？”曰：“孔氏。”（《吾子》）

不学大圣，而习诸子，那是不能认识大道的。必须循由孔氏，方可适于至道。那么怎样才能循由孔氏呢？扬雄说，人在从其人，人死由其书：

> 或曰：“人各是其所是而非其所非，将谁使正之？”曰：“万物纷错则悬诸天，众言淆乱则折诸圣。”或曰：“恶睹乎圣而折诸？”曰：“在则人，亡则书。其统一也。”（同上）

孔子在世时，七十子就取则于夫子，所以成了贤人；而今孔子既殁，就只能取则于他留下的书了，即“五经”。扬雄说，孔子的“五经”是天下绝对真理的载体，是至道的渊薮：

> 惟“五经”为辩，说天者莫辩乎《易》，说事者莫辩乎《书》，说体（践履准则）者莫辩乎《礼》，说志者莫辩乎《诗》，说理者莫辩乎《春秋》。舍斯，辩亦小矣。（《寡见》）

讲说天道、政事、人伦、情感、礼义诸道理，没有比儒学“五经”更辩博的了，学者欲求至道，固舍此而莫由。

在尊经崇孔的同时，扬雄又对包括黄老在内的诸子展开了全面的批评：“庄、杨荡而不法，墨、晏俭而废礼，申、韩险而无化，邹衍迂而不信。”（《五百》）不法、废礼、无化、不信，都各偏于一隅，不足以宣教治世。即便是曾被文景皇帝奉行和其师君平信守的黄老之学也不无弊端：

> 老子之言道德，吾有取焉耳；及捶提仁义，绝灭礼学，吾无取焉耳。（《问道》）

又说：

> 或曰：“庄周有取乎？”曰：“少欲。”“邹衍有取乎？”曰：“自持。至周罔君

臣之义，衍无知于天地之间，虽邻不觌也。”（同上）

老子言道德，庄子讲寡欲，其中都有卓绝可取之处；但是他们鄙薄仁义、绝灭礼法、抛弃君臣大义，要超脱人世现实的一切义务和羁绊，就不是世间法了，是治世所不可取则的。桓谭说：“昔老聃著虚无之言两篇，薄仁义，非礼学，然后世好之者，尚以为过于‘五经’，自汉文景之君及司马迁皆有是言。”崇尚黄老，一直是西汉的传统，扬雄公开在著作中批评黄老之学，这在汉代著作中尚不多见。

扬雄对那种只追求世治而忽略人性的残酷政治，也是深恶痛绝的。这主要表现在他对申韩之术的谴责上：

申韩之术，不仁之至矣！若何牛羊之用人也？若牛羊用人，则狐狸蝼螾不蝼腊也欤！（《问道》）

申韩之学片面追求社会的秩序，把人当成会说话的牲口（“牛羊用人”），而忽略了人的本性，真是不仁不义之至！如果为政者像使用牛羊一样用人，那必然死人太多，狐狸蝼螾就会有饱吃人肉的盛宴了。此外，韩非死于说秦，其行不由礼义（《问明》）；公孙龙“诡辞数万”，其言虽辩，但不合“先王之道”（《吾子》）。诸子百家之所以不可取，主要在乎不由仁义、不率王道。

二是摒弃迷信，纯洁儒学。雄既辟诸子、崇孔教，又对汉以来俗儒之学进行了批评。汉世之儒，董仲舒引阴阳五行入儒学，喜谈灾异，后来俗儒，溺于迷信，多谈禨祥。至西汉末年，遂行为谶记图纬之学。他们托言孔圣，假造逸经，整个学术界一派巫风鬼气。扬雄继承孔子“不语怪力乱神”的求实风格，对于汉世迷信化的儒学进行了批评：

或曰：“赵世多神，何也？”曰：“神怪茫茫，若存若亡，圣人曼云。”（《重黎》）

公开表示对鬼神的不相信。

针对董仲舒以来的灾异之学，扬雄也持怀疑态度，认为：“圣人德之为事，异（灾异）亚之。故常修德者本也，见异而修德者末也。”（《孝圣》）大力提倡儒学重视德教、轻视灾异的优良传统。这实际上也是对当时大儒刘向、谷永等人侈言灾异的一种规劝。

秦皇汉武虽皆英明一世，但却未能超脱生死，求仙事不死，劳民伤财。针对有人问长生之事，扬雄说长生“非人力所及”，求仙亦无益也：“吾闻伏羲神农殁，黄帝尧舜殂落而死，文王毕，孔子鲁城之北，独子爱其死乎？非人力所及也。仙亦无益子之汇（类）矣！”（《君子》）他说圣人注意力在求知，不默念生死：“圣人之于天下，耻一物之不知；仙人之于天下，耻一日之不生。曰：‘生乎生乎，名生而实死也。’”即使仙人能长生，但无所事事，虽生犹死。于是他明确地宣布："有生必有死，有始必有终，自然之道也。"（同上）一切怪力乱神、升仙长生都是徒劳的，也是没有意义的。

三是协调孟荀，重建儒统。为清除汉儒消极的庸俗之学，使儒学朴质理性之光重放异彩，扬雄对先秦儒学的两大名师孟子、荀子的学说也进行了清理。二家之中，扬雄最推崇孟子，但也承认荀子是孔门中人，只是各立门户了。《法言·君子》记载：有人问孟子是否"知言之奥，知德之奥"。扬雄说："非苟知之，亦允蹈之。"孟子不仅知道言和德的底蕴，而且能严格遵守蹈习。问者又说：你看不起诸子，孟子不是诸子之一吗？他说：所谓诸子，是指思想与孔子不同的人，孟子则不是这样。问者又说：荀子《非十二子》，对诸子多加批驳，其他诸家倒有可非，至于非议子思、孟子，就太过分了。扬雄说："吾于孙卿欤，见同门而异户也。"按照扬雄的评论，孟子言论不异于孔子，是孔子学说的嫡传和忠实继承者；至于荀子，虽在儒门，却已自成一家、别具一格了。扬雄对孟子十分推崇，说他是"勇于义、果于德"的纯儒：

> 或问勇。曰："轲也。"曰："何轲也？"曰："轲也者，谓孟轲也。若荆轲，君子盗诸。""请问孟轲之勇。"曰："勇于义而果于德，不以富贵贫贱死生动其心，于勇也，其庶乎！"（《渊骞》）

扬雄崇孟而轻荀，已开唐宋之儒道统之说。韩昌黎说："晚得扬雄书，益尊信孟氏，因雄书而孟氏益尊，则雄者亦圣人之徒欤？……孟氏醇乎醇者也，荀与扬，大纯而小疵。"就是明证。

扬雄比较孟、荀并崇孟抑荀，但并不将荀子一概骂倒，而是取其学说之合理内核，为统一儒学和再造经典服务。这突出表现在他对孟、荀人性论思想的融合上。孟子主性善，荀子主性恶。孟子由性善而力主贵在开启人类自觉意识的仁义之教；荀子由性恶而力主重在强制外铄的礼乐之化。性善性恶，不可两立；重仁重礼，似难两全。扬雄并不这样绝对，也不走极端。他认为人性有善有恶，故提出"人性善恶混"的著名命题：

> 人之性善恶混，修其善则为善人，修其恶则为恶人。（《修身》）

人性既不如孟子所说纯然为善，也不如荀子所云天然是恶，而是具有趋善趋恶、可善可恶的两种可能。培育人的善性就为善人，诱导人的恶性就成恶人。人并无先验固定的善恶，全在乎后天的教导。他说："天下有三门：由于情欲，入自禽门；由于礼义，入自人门；由于独智，入自圣门。"（《修身》）无疑，在解决人性善恶问题上，扬雄比喜走极端的孟子、荀子都要聪明得多，也合理得多。扬雄在人性善恶混认识基础上，在对待仁义礼乐问题上，继承董仲舒的"五常"学说，认为仁义礼智信五者皆重，不可偏废：

或问仁义礼智信之用。曰："仁，宅也；义，路也；礼，服也；智，烛也；信，符也。处宅、由路、正服、明烛、执符，君子不动，动斯得矣。"（《修身》）

仁是人应当经常保持的爱人品德；义是人的行为准则；礼是人的面貌外观；智是人认识是非的能力；信是人取信于人的保证。一个君子要想有所成功，就必须以仁为居，以义为路，以礼为饰，以智辨物，以信取信。仁义礼智信五者，同等重要，都不是可有可无的、多余的东西。

扬雄又继承了蜀学自王褒、严遵以来构建的核心价值观，说：

道、德、仁、义、礼，譬诸身乎？夫道以导之，德以得之，仁以人之，义以宜之，礼以体之，天也。合则浑，离则散。一人而兼统四体者，其身全乎！（《问道》）

用道作为行动指南，用德来获取人们的归附，用仁来爱人，用义来做准则，用礼来立身处事。这五者协调相配（合）就成为浑然一体的全人（浑），离开了（离）就不成风格（散）。一个人具有道德仁义礼这些品质，就可以全身保性。可见，孟氏仁义，荀氏礼乐，都有所需，不可或缺。这是将儒学内部孟、荀的纷争弥缝起来了。

四是援道入儒，丰富儒理。扬雄贬诸子，斥黄老，但并不是不分精华和糟粕地一概排斥，他充分注意到道家的合理内涵，力图援引道学精华以丰富儒学理论。如前所述，扬雄一方面批评老子"捶提仁义，绝灭礼学"，另一方面又赞赏老子的"道德"学说（《问道》）。一方面批评庄子"荡而不法"（《五百》），指出庄子"齐生死，同贫富，等贵贱"的诡辩学说不同乎"圣人之说"（《君子》），另一方面又赞赏庄子的淡然"少欲"（《问道》）。扬雄一生"清静亡为，少耆欲""恬于势利"，正是受老庄思想的深刻影响。如果说"崇道德""少耆欲"还属于修身范围，那么，扬雄从老庄那里继承的"道法自然""物极必反"和他所建立的庞大的"玄学"体系，则是他援引道学对儒学的重大补充。

先谈自然。扬雄继承老子"道法自然"的思想，说："作者贵其有循而体自然。""循"即因循，指历史的继承性；"体自然"即遵照自然法则，是客观的规律性。前者是儒家"因循"重史的传统，后者是道家自然无为的精神。前者重视人文的经验，后者重视自然的法则。扬雄将二者有机地结合起来，主张既"循"又"体"，继承历史的经验，依准自然的规律，相辅相存。他说："其所循也大，则其体也壮；其所循也小，则其体也瘠；其所循也直，则其体也浑；其所循也曲，则其体也散。"继承历史的东西越浩大、率直，他体验出的自然法则就越壮盛、浑厚；否则继承历史的东西越细小、迂曲，其体验的自然法则也就越微薄、疏散。在人文和自然的关系上，扬雄认为自然是主干，人文是表末："故质干在乎自然，华藻在乎人事也。"（《太玄·玄莹》）

人事有增减，历史经验也有损益：“夫道有因有循，有革有化。因而循之，与道神之；革而化之，与时宜之。故因而能革，天道乃得；革而能因，天道乃驯。”（同上）如果所循有碍于识道，就应当变革损益。因循的目的是使道发挥神奇的效用；损益的目的是合乎时宜，顺应现实。能因能革，天道才能顺利地体现出来。自然是无为，因革是有为，扬雄说：“夫物不因不生，不革不成。故知因而不知革，物失其则；知革而不知因，物失其均。革之匪时，物失其基；因之匪理，物丧其纪。”因循和变革是事物生长、成就的条件，这分明就是有为；但因革又必须得其时，这就是体自然，这又是无为。扬雄用“循”和“体”将道家的自然无为和儒家的积极有为结合起来了，更准确地说是在儒学有为中加入了道家自然无为的内容。

其次谈“物极必反”。老子指出差别来源于对待，对立的双方可互相转化；庄子则否认差别，妄图取消对待以达到事物的齐一；儒家则不然，认为差别出于自然，反对“不揣其本而齐其末”的愚蠢做法，主张承认差别，因物之别而制定合理法则，维护社会等级秩序。扬雄继承了老子“物极必反”的观点，同时也继承了《周易》“履霜坚冰至”的条件转化论，认为互相对待的事物存在互相转化的可能，但是转化必须是有条件的。他说：“一判一合，天地备矣；天日回行，刚柔接矣；还复其所，终始定矣；一生一死，性命莹矣。”（《太玄·玄摛》）又说：“天地相对，日月相刿（会），山川相流，轻重相浮，阴阳相续。”（《太玄·玄告》）这里是承认对立面的转化矣。接着他又说：“阳不极则阴不萌，阴不极则阳不牙（芽），极寒生热，极热生寒，信（伸）道致诎（屈），诎道致信。”（《太玄·玄摛》）又说：“盛则入衰，穷则更生，有实有虚，流止无常。”（同上）又说：“极盛不救，天道反也。”（《太玄·玄测》）指出转化的条件是“极”、是“盛”，是事物发展推进到了必须突破稳定性的极限之时。这与《周易》“夫易，穷则变，变则通，通则久”的学说相似。比庄子不讲条件、不分场合而奢谈转化、主观齐一要现实得多，也要合乎客观实际得多，同时他也对先秦儒家处于萌芽状态的条件转化说做了更生动的说明和论证。

再次谈“玄学”体系。如前所述，《太玄》是扬雄妙极天文历数知识的杰作，也是他融合儒、老、易道论的典范。“玄”是什么？桓谭说扬雄所说的“玄者，天也、道也”，即“宓羲氏之‘易’，老子之‘道’，孔子之‘元’”。宓羲之“易”，指原始《易经》的八卦，讲运动变化；孔子之“元”，即《文言》之“乾元”“坤元”，讲“万物之始”和“万物资生”。扬雄《太玄·玄图》曰：“夫玄也者，天道也，地道也，人道也。兼三道而天名之。”《易·系辞传》曰：“易有天道焉，有地道焉，有人道焉。”《老子》也分道为“常道”和“非常道”，“玄”为“易”为“道”，似无可辩。扬雄的“玄”就是老子的“道”、宓羲的“易”、孔子的“元”，似乎扬雄只是将名字改了一下。以“玄”易“道”不是扬雄《太玄》的可贵之处，可贵的是他创立了一个以“玄”为名的宇宙生成系统。

《老子》说：“道生一，一生二，二生三，三生万物。”《易·系辞传》说：“易有太极，是生两仪，两仪生四象，四象生八卦，八卦定吉凶，吉凶成大业。”如果以《老子》之“一”当《易》之“太极”、《老子》之“二”当《易》之“两仪”（阴阳）的话，则在《易》的“太极”之外，当还有一物，即是“道”。是故宋儒有“无极而太极”之说。这是儒、道分歧之处，也是儒、道水火之点。

在此，扬雄抛弃了《易经》而取《老子》，将“道”字易以“玄”字，于是改造成“玄一摹而得乎天，故谓之有天；再摹而得乎地，故谓之有地；三摹而得乎人，故谓之有人”（《太玄·玄告》）的生成模式。“玄”即是天道、地道、人道的总和，又是天、地、人产生的本源，这与老子“道”的功能基本一致。但这并不意味着他弃儒而从道，相反，扬雄取的只是老子“道”论的形式，推行的却是儒学的实质。他自叙造《玄》的宗旨说：“播之以人事，文之以五行，拟之以道德仁义礼知（智）。”“人事”是《太玄》要说明的主题，“五行”是《太玄》所使用的哲学原理，“道德仁义礼智”则是《太玄》的主体内容和核心价值观。扬雄在《太玄》中贯彻了儒家的“五行”“五常”学说，其《太玄·玄数》一篇就是玄数与五行、五方、五季、五味、五常等配伍的一览表。《太玄》不仅有五行、五常，而且有阴阳学说，他说：“玄者摛措（作用）阴阳而发气。一判一合，天地备矣。”玄既然能驱动阴阳来发气开辟天地，那么《太玄》之中自然就有阴阳的原理了。他又说：“莹天功、明万物之谓阳也；幽无形、深不测之谓阴也。阳知阳而不知阴，阴知阴而不知阳。知阴知阳，知止知行，知晦知明者，其唯玄乎？”《太玄·玄摛》明确指出玄书有阴阳，玄理备阴阳。将阴阳、五行与儒家伦理结合，这是董仲舒以来西汉新儒学的特点，扬雄的“玄”也继承了这一儒学定势。《太玄》即是以《老子》道论为外壳，以阴阳五行为原理，以道德仁义礼智等理论为内容的新经典，是阴阳五行、儒家理论与老子道论的又一种组合形式，是儒老易学融合的新哲学。

此外，在政治观、伦理观上，扬雄更纯然以儒者自居，极力宣传儒家的仁政德治主张。他反对“禽兽食人之食，土木衣人之衣，谷人不足于昼，丝人不足于夜”的恶政，力倡“老人老，孤人孤，病者养，死者葬，男子亩，妇人桑”（《先知》）这种令人民怀思向往的仁政。同时还发挥孔子重德轻刑的思想，认为应效法天道“先春后秋”法则，以德驭民。至于对仁义礼智信、孝悌忠恕勤的强调，在扬雄的著作中，更是随处可见。前文已有论述，兹不复及。

结　语

综观扬雄的一生，不规规以今文章句自缚，他“博览无所不见”“默然好深湛之思”，讲明训诂，“不为章句”，抖落了俗儒曲学的陈腐之习，开创了简易朴质的东汉古文家法。他淡于名利，潜心学术，造《太玄》，著《法言》，还长于辞赋，制作小学及史学著作，是一位十分渊博的学者。他曾说：“通天地人曰‘儒’，通天地而不通人曰‘伎’（方术）。”（《君子》）上通天文，下明地理，中习人事，正是他自身的真实写照。班固称赞他说：“渊哉若人，实好斯文。”一点也不夸张。他一生著述，宗孔孟，倡儒学，反迷信，纯道统，从本体论上丰富了儒学思想，是当时独步儒林的思想家，是汉家二百年文化造就的硕果，也是秦汉以下迄于五代少有的纯德儒者。桓谭评说：“今扬子之书，文义至深，而论不诡于圣人，若使遭时君，更阅贤知，为所称善，则必度越诸子矣。”（《汉书》本传）说他如果有幸遇到明主，得到重用，将比先秦任何一位学者做出更伟大的业绩，不幸，扬雄没有遇上明君，中国历史也没有再现“伊尹遇商汤”“吕尚遇文王”等君明臣良、再造盛世的雅事。不过，北宋孙复说：“自汉至唐，以文垂世者众矣，然多杨、墨、佛、老虚无报应之事，沈、谢、徐、庾妖艳邪侈之辞。始终仁义，不叛不杂者，唯董仲舒、扬雄、王通、韩愈。”扬雄讲明义理，避免了杨墨佛老的虚无和俗套；擅长文章，又避免了六朝时人的四声八病等形式主义；理论上坚持仁义，态度上信守孔学，是与董仲舒、王通、韩愈并列的古代社会少有的几位大儒！他反对今文杂说，清除黄老余论，捍卫孔子正道，贡献特大，被时人称为“圣人”实在是当之无愧的。

（作者单位：四川大学中华文化研究院、古籍整理研究所）

扬雄《太玄》成书及原本考论

刘韶军

内容提要：《太玄》是西汉扬雄的重要著作，根据存佚情况，其版本分为亡佚本和现存本两大类。在亡佚本中，最重要的是扬雄亲手写定的《太玄》，笔者称之为《太玄》原本。本文据考述，认为：该本在汉哀时尚在草《玄》阶段，其写定是在平帝在位期间；《太玄》本来的分卷是按天玄、地玄、人玄之三玄而分为三卷的，后来各种版本中出现了多种不同的分卷，均非扬雄本人最初分法；《太玄》一书本来只用此名，后来在诸人的称赞声中逐渐被加上了“经”字，比拟五经，最后则著录为《太玄经》之名；其书的传授，最初只有钜鹿侯芭为之作注，南宋时人曾见之，此后则无人言及，则此注本亡于南宋时。

关键词：扬雄；《太玄》；成书；原本

《太玄》是西汉扬雄的重要著作，由于研究者较少，其版本情况一直不太清楚。笔者在长期研究《太玄》的过程中，对其版本做了全面考查。根据它们的存佚情况，分为亡佚本和现存本两大类。前者是以往曾有流传，今天已不存在的版本，但据前人的各种记载，仍可考知其一般情况。后者是至今仍然存在的版本，根据前人的各种记载和题跋，结合其版本本身，可对《太玄》的版本情况有更清楚的认识。此两类版本，虽然存亡情况不同，但其间有一定关系，必须结合起来，才能看出《太玄》版本的整体情况。

据笔者统计，自汉至清，《太玄》有超过百种以上的版本，其中亡佚本65种，现存本共56种[①]，包括刻本和抄本47种、校本9种，总计则为121种[②]。在亡佚本中，最重要的是扬雄亲手写定的《太玄》，笔者称之为《太玄》原本。它是《太玄》后世各种版本的祖本，但早已不存于世。要考察《太玄》后世各种版本的流传与相互关系，必须首先考察《太玄》的这个原本，因此把此本从亡佚本中独立出来单独进行考察。为考察《太玄》的原本情况，就必须考察《太玄》成书的情况，由此展开说明《太玄》原本的相关问题。对于《太玄》的各种版本，一直无人进行全面整理，所涉及的文献材料问题丛生，歧说误记随处可见，因此在考察《太玄》原本成书情况过程中，必须对相关史料中的各种问题进行分析考证，以期弄清《太玄》成书及原本的真实情况。

扬雄在世时撰成《太玄》一书，并最终写定的原本，是后世抄、写、刊、影、翻、批、校各本之祖。原本乃扬雄在西汉哀帝、平帝时所作，其内容即《汉书·扬雄传》所说："《玄》三方、九州、二十七部、八十一家、二百四十三表、七百二十九赞，分为三卷，曰一、二、三"，"为其泰曼漶而不可知，故有《首》《冲》《错》《测》《摛》《莹》《数》《文》《挩》《图》《告》十一篇，皆以解剥玄体"，书名为《太玄》或简称《玄》而非后世所称的《太玄经》，最初接受扬雄亲传其学者，只有侯芭一人。所谓《太玄》原本，即扬雄当年完成《太玄》时所定之本，亦为后世抄、写、刊、影、翻、批、校诸本之祖。宋司马光《太玄集注》中称之为"扬子旧本"，故笔者称之为"扬雄手定《太玄》原本"。以下考述该本问世时间、各篇名目、全书卷数篇数及书名演变和传授情况等。

一、《太玄》写定的时间

《汉书·扬雄传》："哀帝时，丁、傅、董贤用事，诸附离之者或起家至二千石。时雄方草《太玄》，有以自守，泊如也。"这是扬雄创作《太玄》的大致时间。具体之，则如近人李勖《扬子之研究》[③] 所言："《太玄》一集在自序传中谓作于丁、傅、董贤用事之时[④]，兹考丁、傅、董贤用事，皆在哀帝之时，而稍有先后之分。丁、傅当国在哀帝建平之世，董贤秉政在哀帝元寿之间[⑤]。又案：此集内容丰富，含义奇奥，当非一朝一夕所能成，是其殆始述于哀帝初年，而集成于其末叶。故自序传于此如此云也。"

---

① 此仅指中国大陆所存版本，不包括中国台湾及国外版本。

② 另有旧注26种。

③ 载《瓯风杂志》1935年13期。

④ "自叙传"，指《汉书·扬雄传》，这是段玉裁的看法，详见王念孙《读书杂志》。

⑤ 建平元年（前6），傅喜为大司马，二年正月免。四月，丁明为大司马卫将军，元寿元年（前2）九月，免。十二月，以董贤为大司马卫将军，二年六月，董贤自杀，三氏用事前后六年。

此说大体可以成立，如谓《太玄》作于哀帝重用丁、傅、董等人时，以及《太玄》“非一朝一夕所能成”，但李勖未仔细注意“作”与“草”与最后完成的区别，故仍不能简单断定《太玄》写定于哀帝时。之所以这样说，是从下面这条记载中看出问题的。

据《扬雄传》，扬雄草《玄》之时，有人嘲笑雄“以玄尚白”，扬雄于是作《解嘲》一文以答之。其中提到“顾而作《太玄》五千文，支叶扶疏，独说十余万言”①。这里出现了两个数字，一个是“五千文”②，一个是“十余万言”。前者是《太玄》的本体，即本传所谓的“七百二十九赞”赞文，而后者又是《太玄》的哪一部分呢？据《扬雄传》，赞文之外，《太玄》另附有解说性质的“十一篇”，二者相加才是《太玄》的全部内容。关于“十一篇”，本传称“为其泰曼漶而不可知，故有《首》《冲》《错》《测》《摛》《莹》《文》《捝》《图》《告》十一篇，皆以解剥玄体，离散其文，章句尚不存焉”。这里所说“泰曼漶而不可知”者，即“五千文”的赞文，“《首》《冲》《错》《测》”等，即十一篇的篇名。这十一篇今仍完整保存在《太玄》中，并无脱佚，字数共计一万四千六百一十，与所谓“十余万言”不合。如果说《太玄》“非一朝一夕所能成”，则加上“五千文”及“十一篇”之外的“十余万言”，就更不是“一朝一夕所能成”的了。

“五千文”与“十一篇”相加，不过二万余字，明显与《解嘲》所谓“十余万言”不合，对此矛盾，前人已有注意。清王鸣盛以为即使将扬雄的两部著作《太玄》与《法言》相加，也达不到十余万之数，故谓之“不可解”③。不过传文又有“章句尚不存焉”的说法，于是有人以为扬雄另有“章句”之作。如荀悦《汉纪》云：“依《易》著《太玄经》，义合五经，而辞解剥玄体，复为章句。”梁阮孝绪《七录》云：“《太玄经》九卷，扬雄自作章句。”《隋书·经籍志》亦据阮说而载录之。如果确有章句之作，那“支叶扶疏”所说的“十余万言”也许可以找到下落了。但所谓的“章句”，除了“章句尚不存焉”一句外，从来没有详细记载，历代也无著录与传本，众人皆不得见，若扬雄当时真有此“十余万言”的“章句”之作，必不会如此，经笔者仔细考察，可以断定扬雄实未自作章句。

再来看“章句尚不存焉”，该句是在说明十一篇时最后提到的：《首》《冲》《错》《测》等十一篇“皆以解剥玄体，离散其文，章句尚不存焉”。颜师古认为：“玄中之文，虽有章句，其旨深妙，尚不能尽存，故解剥而离散也。”宋祁以为“离散也”当作

---

① 见《汉书·扬雄传》。

② “五千文”者，约数也。如《史记》称《老子》书“五千余言”，《老子》今本四千九百余字，《太玄》赞文，今本五千九百四十六字，故言“五千文”。

③ 见王鸣盛：《十七史商榷》。

“离散之”，如此一改，意思有变。若作“离散也”，盖谓章句因其旨深妙而不能尽存，所以成为“解剥而离散”的状态。若作“离散之”，意思就是此于理难通。若作“离散之”而依颜氏之说，意谓章句以其深妙而不能尽存以至于散佚[①]。此亦非。如果章句因深妙而离散不存，则较章句更为深妙的《太玄》正文必更易于离散而难存。而实际上《太玄》正文五千言今皆具存，并无亡佚，其深妙不及章句反皆散佚不存，此于事理岂可通耶？可知颜说亦非。此当依刘敞《汉书刊误》之说：“言此十一篇财以离散玄文[②]，未有章句也。”不过刘氏未做详论，兹有数事可为补证。

《扬雄传》云：“雄少而好学，不为章句，训诂通而已。”可知扬雄素恶章句之学，于其自著的《太玄》亦不当例外。且《太玄》对其七百二十九条赞文，已专门作了十一篇来做补充解释，必无复为繁琐章句之理。此其一。汉儒为学，或自为造作，如《汉书·艺文志》所载陆贾之二十三篇，刘敬的三篇，贾山的八篇，孔臧的十篇，贾谊的五十八篇之类；或为五经作章句传注，如《汉书·艺文志》所载《易》之施雠、孟喜、梁丘贺的章句各二篇，《书》的欧阳章句三十一卷之类，均无为自己的著作作章句者，扬雄亦不当违背此例。此其二。《汉书·扬雄传》关于《太玄》的记载，或谓“顾而作《太玄》五千文”，或谓“七百二十九赞分为三卷”，或谓“故有《首》《冲》《错》《测》《摛》《莹》《数》《文》《掜》《图》《告》十一篇”，并不言作章句及其卷数或篇数，可证扬氏未作章句。此其三。扬雄《法言·问神篇》曰：“书不经，非书也。言不经，非言也。言书不经，多多赘矣。”本传亦云：“苟非其事，文不虚生。”此皆崇尚文约意丰，不为赘文之意。其作《太玄》五千文而复作《首》《错》等十一篇，亦仅一万余言，与此意相合。且十一篇既已解剥玄体，则必不复作章句以成赘疣之文。此其四。又据本传：《太玄》既成，“观之者难知，学之者难成”，人皆“难《玄》太深，众人之不好也”。扬雄《解难》亦云：《太玄》“抗辞幽说，闳意眇指”，“历览者兹年矣而殊不寤”，可见时人以《太玄》为深奥难知。若扬雄作有章句以解说之，则众人必不复叹其难知难学了。以此亦可知扬雄未自作章句。此其五。又据《汉书·扬雄传》，《太玄》之作是模仿《周易》的体例，故有八十一家七百二十九赞，这与《周易》的六十四卦三百八十四爻相当，又有《首》《错》等十一篇，这与《周易》的十翼相当。而且班固在《扬雄传》末肯定地说《太玄》的“篇籍具存”，即无佚失的部分，可知其中根本没有章句的部分，则他不曾作章句，也就可以断定了。此其六。本传所谓“章句尚不存焉”者，《说文》：“尚，曾也。”其意盖谓章句不曾存在，即不曾有章句之作。

---

① 解、离，都是散的意思；剥，落也，也是失散的意思。

② “玄文”指《太玄》正文，不是十一篇中的《玄文》篇。

既无章句之作，则“支叶扶疏，独说十余万言”者必非章句，然此“十余万言”者亦非乌有，且必与《太玄》有关。本传云哀帝时，“雄方草《太玄》”，此一“草”字，表明当时扬雄正在草创《太玄》，而《太玄》的定本只有两万余言，而这“十余万言”必在《太玄》定本之外，只能是《太玄》草稿的文字之数。据《汉书·扬雄传》称，为构思《太玄》的玄理玄文，扬雄“大潭思浑天”，复“观象于天，视度于地，察法于人”，其于天地人之道所思既广且深，据《太玄·玄文篇》称：“夫玄也者，天道也，地道也，人道也，兼三道而天名之”，“筮之以三策，关之以休咎，绯之以象类，播之以人事，文之以五行，拟之以道德仁义礼知”，为此他必须广泛搜集相关资料，无论天文、地理、人事以及阴阳、五行、占筮、物类、伦理，皆在其范围之内。纵横其思，极尽天地人及万物万类古往今来一切沧桑变迁的奥义秘理与玄机。在此基础上，他草创《太玄》，除了写出五千文的赞文以为《太玄》的主干骨架，亦必定搜集整理了大量的相关资料，作为写定《太玄》的基础材料。这样的东西，才可称之为“支叶扶疏”，才有可能达到“十余万言”之多。扬雄在“草玄”之时，会有“十余万言”的各类参考资料，但不会全部写进《太玄》，按当时的著作通例及扬雄的一贯风格，他又不会将这些资料编成章句一类的著作，因此本传称他在“顾而作《太玄》五千文”时，另有“支叶扶疏”的“独说十余万言”，而在《太玄》既成之后，这些资料也就不复有利用的价值，故“不存焉”。

综上所述，可知哀帝时扬雄尚在草《玄》阶段，所写作者有赞文五千余言及参考资料十余万言，这些东西，还不能视为《太玄》的定本。故李勖所谓《太玄》一集成于哀帝末年者，仍属《太玄》之草。此时只可谓《太玄》初成，但不能断言已经全部写定。复据事理而言，草稿初具，扬雄则必继之以分析综合、整理归纳、删繁就简、抽玄钩要的工作，以便最终用精练简洁的语言表明《太玄》之意，而删汰大量繁复芜杂的具体事例，最终将“支叶扶疏”的十余万言整理为一万四千多字的《首》《冲》《错》《测》等十一篇以解说《太玄》本体。即在略去其事的基础上，仅保存阐说其理的内容。此外根据扬雄喜好艰深之文的性格，信奉“闳言崇议，幽微之涂，盖难与览者同也”，“声之眇者，不可同于众人之耳，形之美者，不可棍于世俗之目，辞之衍者，不可齐于庸人之听”的原则，他亦必摒弃十余万言的繁琐之文，而仅以简要之文叙述玄理。所以等他的《太玄》完成之后，众人苦其难知难成，也就是一个必然的结果了。试想一下，如果没有此种加工写定，仍以“支叶扶疏”的十余万言行世，则其事显见易知，人皆能读，甚至成为故事丛谈，岂非有失扬雄抗辞幽说、大音必希、大道低回之意？且“支叶扶疏”的十余万言难免繁杂凌乱，致人茫无头绪、漫无要领之讥，此岂扬雄作《玄》之意？若未将十余万言简约到一万四千余字的十一篇，众人又怎会有难知难成之叹呢？由是言之，哀帝之世，雄之《太玄》止草创初成，其后又必费若干时间始将“观之者难知，学之者难成”的《太玄》写定，根据一般情况，这一过程必需不短的时间，该书不会在短期内很快完成。如果是在哀帝重用丁、傅、董诸人时，“雄方草《太玄》”，则将十余万言整理成一万余字的十一篇及五千文的七百二十九赞，肯定会超出这一时期。由于哀帝元寿二年的九月平帝就已即位了，因此可以判断《太玄》的最后写定，只能是平帝在位期间。

二、《太玄》的卷数篇数

《太玄》手定本的卷数，《汉书·扬雄传》已有明确说明：“《玄》三方、九州、二十七部、八十一家、二百四十三表、七百二十九赞，分为三卷，曰一、二、三”，此三卷之分，是按照《太玄》自身的结构而形成的划分，即《太玄》首先分为方、州、部、家四重，每重又分别分为一、二、三，故有3、9、27、81、243、729之数，三卷之分即据三方而定。三卷之内，单独成篇者，实为八十一家，即相当于周易的六十四卦，其余的方、州、部、表、赞都不能单独成篇。每家之内，各有九赞，三赞为一表，故三表九赞合为一家，为一单独之篇。八十一家虽可单独来看，但都统一于《太玄》的结构之中，前后连贯，不能独立成篇。《太玄》的独特结构及其分卷，虽《汉书·扬雄传》已有明记，而后人或不深察，常将卷数随意分割，如宋衷分为九卷，陆绩又分为十卷，后人更有六卷、十卷诸种分法，都不符合扬雄当时手定《太玄》的本意，此亦不可不知。

《太玄》正文三卷之外的《首》《冲》《错》《测》《摛》《莹》《数》《文》《掜》《图》《告》十一篇，都是独立的篇章，各从一定的角度阐说《太玄》的思想意旨，这在《汉书·扬雄传》中也已明记，但后人的记载中，常有误说，如肖该《汉书音义》云：“刘向《别录》：扬雄经目有玄首、玄冲、玄测、玄舒”，“今人不见《太玄经》及《别录》，以《玄冲》《玄摛》下有《玄莹》《玄数》《玄文》《玄掜》《玄图》《玄告》《玄问》，合十二篇。今《汉书》只有《首》《冲》《错》《测》《摛》《莹》《数》《文》《掜》《图》《告》十一篇”。桓谭《新论》亦云：“《玄经》五千余言，而传十二篇也。”[①] 这种“十二篇说”，都不可靠。

关键在于肖该文所引刘向《别录》有问题，这在宋代龚畴已提出怀疑：“《太玄》自汉宋衷作《解诂》，吴陆绩作《释文》，范望作《赞》，以至唐及国朝为之注解及音

---

① 桓谭语见《后汉书·张衡传》李贤注及《通鉴》卷三八胡三省注。其所谓“经”，指《太玄》正文的七百二十九赞，“传”指《首》《冲》等十一篇。

义之类者非一家，皆止有十一篇，不知该所谓《别录》者，果何书也。”[①] 清姚振宗《汉书艺文志条理》则云：“考刘中垒卒于成哀之间，而子云于哀帝时方草《太玄》，书尚未成，何由于《别录》中载其篇目？”此说是，然则肖该文所引刘向《别录》很不可靠，必不可信。深思一步，不仅刘向《别录》不得载《太玄》篇目，即刘歆《七略》亦不曾载《太玄》篇目。

今《汉书·艺文志》是班固在刘歆《七略》的基础上，“删其要”而形成的。刘歆《七略》约成书于哀帝初年，《汉书·刘歆传》：“哀帝初即位，大司马王莽举歆宗室，有材行，为侍中、太中大夫，迁骑都尉、奉车、光禄大夫，贵幸。复领五经，卒父前业，歆乃集六艺群书，种别为《七略》。”《艺文志》：“会向卒，哀帝复使向子侍中、奉车都尉歆卒父业，歆于是总群书，而奏其《七略》。”刘向校书时，“每一书已，向辄条其篇目，撮其指意，录而奏之”。即刘向校成一书，奏上一书，各书定其篇目，叙其旨意，作为一书的提要，随书奏上。此外又将各书提要汇为一书，名为《别录》，但未对群书区分部类。刘歆继承父业，其方式就有所不同，他在其父校书提要的基础上，进行区分部类的工作，再做总体的编排，即所谓集群书，种别为《七略》。相比之下，这个工作较为容易，故不必如刘向那样费时二十年进行整理校雠。这个工作大约在哀帝即位不久就完成了[②]，故不可能载录当时尚未问世的扬雄《太玄》一书。刘向的《别录》不载《太玄》，则刘歆的《七略》亦不会载《太玄》。且《七略》成书时间亦在扬雄《太玄》成书之前，故《七略》中无《太玄》可断定也。至班固据《七略》撰《汉书·艺文志》，其基本方法是“删其要，备其篇籍”，即删了自刘向以来的各书提要，只保留了书目及其分类，此外又据班固所见，增补了《七略》中未载之书，如《太玄》之类。这一点在《汉书·艺文志》中也可找到证明。如其诸子略儒家中有“扬雄所序三十八篇”，班氏自注云：“《太玄》十九，《法言》十三，《乐》四，《箴》二”，又儒家类末尾“右儒五十三家，八百三十六篇”下注云：“入扬雄一家，三十八篇”，此言“入”，知扬雄一家为班固所补入者，而非刘歆《七略》原载者。或曰《汉书·扬雄传》赞载刘歆尝观《太玄》，并嘲以覆酱瓿之语，岂可言刘歆未见《太玄》？查《汉书》原文，此乃王莽始建国二年之事，时距刘歆完成《七略》已有十五六年。《七略》既已完成奏上，并无再作补录的记载，则刘歆后来见到扬雄的《太玄》，虽是事实，而《七略》中不载《太玄》，亦为不诬。

肖该文中又称《首》《冲》等篇，“皆以解剥玄问一篇，故云十一”，似以七百二十九赞为玄问一篇，此亦误。《汉书·扬雄传》明言“七百二十九赞合为三卷，曰一、

---

① 转引自王先谦：《汉书补注》。

② 《通鉴》将此事系于成帝绥和二年（前7）五、七月间，这时实际已是哀帝四月即位以后。

二、三”，并非一篇，又未有“玄问”之名。除此之外，各篇名皆与本传合，唯所言玄问者，素无记载，来历不明，恐是肖该误记，不足为据。肖该以外，又有桓谭《新论》谓“《玄经》五千文，传十二篇”，《太玄》在扬雄手定之时并无经传之分，而《太玄》是否称经亦属疑问（详下），则桓氏所说亦不可为据。所谓的十二篇，并未列出名目，故《四库全书总目提要》云：“桓谭《新论》，则世无传本，惟诸书递相援引，或讹‘十一’为‘十二’耳。以今本校之，其篇名篇数一一与本传皆合，固未尝有脱佚也。”此说虽无本证，然以情理推之，本传既明言十一篇，且自后汉宋衷以下，历代注家所见皆十一篇，则桓谭所谓十二篇者，实不足据。司马光《太玄集注》云：“扬子旧本分玄之赞辞为三卷，一方为上，二方为中，三方为下，次列《首》《冲》《错》《摛》《莹》《数》《文》《掜》《图》《告》，凡十一篇”，《集注》据宋衷、陆绩等七家注本而成，其说可以信从。

《汉书·艺文志》班氏自注称《太玄》十九，兹以七百二十九赞之三卷加上首等十一篇，亦仅止十四，与十九之数不合。《四库全书总目提要》：“疑汉志所云十九篇，乃合章句言之，今章句已佚，故篇数有异。”朱一新曰：“《太玄》本十四篇，据《别录》，有玄问一篇，合十五篇，《新论》亦称经三篇，传十二篇，与《别录》合。本传谓‘章句尚不存焉’，则此亡佚之四篇，当为章句无疑。”[①] 如前所述，扬雄实未作章句，则以章句当十九篇之数者，难以成立。夏敬观亦云：“《玄首》三卷，赞三卷，《测》三卷，合以《冲》《错》《摛》《莹》《数》《文》《掜》《图》《告》，加章句乃十九篇也。”[②] 此以章句为一篇，与《四库提要》以章句为五篇稍有不同，但都是以章句补足十九篇之数，均非是。此外他以《首》、赞、《测》各为三卷，合为九卷者亦误。本传明言以七百二十九赞为三卷，以《首》《测》各为一篇，列于十一篇之中，并未言《首》《测》亦为三卷。今本《首》《测》已分散到各赞之下，故夏氏以为《首》《测》亦各三卷。以首、测分属赞下，非扬雄当时所定，始自晋范望作《太玄解赞》时，《解赞》称“并《首》一卷本经之上，散《测》一卷注文之中”，即把《首》之文打散分属于八十一家之前，又把《测》之文分散系于七百二十九赞之下。夏氏或据此而以为《首》与《测》亦各为一卷，实本为一篇而已。因刘歆《七略》中不载《太玄》，故班固撰《汉书·艺文志》时，据当时所见补入了《太玄》一书，而称其为十九篇者，可能是班固所见《太玄》版本的篇次，已与扬雄手定《太玄》不合，后人未细考察，而欲补足十九篇之数，多与本传所言不

① 转引自王先谦：《汉书补注》。
② 见夏敬观：《太玄经考》，载《艺文》1936年第一卷第二期。

合[①]，均难以成立。

根据以上考察，可知《太玄》本来的分卷是按天玄、地玄、人玄之三玄而分为三卷的，后来各种版本中出现了多种不同的分卷，均非扬雄本人最初分法，这是了解《太玄》版本时必须注意的一个问题。

以上按三玄所分的三卷，是指《太玄》八十一首的分卷法。此外则有《首》辞、《测》辞的系联问题。本来二者并未系联于八十一首及七百二十九赞之辞，晋范望《解赞》卷首序曰："并《首》一卷，本经之上，散《测》一卷，注文之中，训理其义，以测为据，合为十卷。"可知现在这种系联法，也非扬雄本来的面貌。不过这种系联有助于理解各首与诸赞的文义，后来的这种改动，在今天看来仍可予以保持，因为这样便于阅读，所以不必再将它们分开。

南宋时两浙东路茶盐司曾翻刻范望的《太玄解赞》，并在书中加上了当时的校语[②]，提到《太玄》版式的一些问题，如谓"扬氏始作之本，已画方州部家四位，定五行之数，分七百二十九赞，为天、地、人三玄。惟宋、陆注本不画首象，其余侯芭、虞翻注本，并画首象。近世林氏撰《玄后序》云：'瑀今以旧经方州部家随首画象，以四位之数列首之下，五行之性，参次其中，三材之仪，各从方立，升测之辞，散于赞末。'若此数事，皆范叔明注时所定，今林氏以为己意，未知孰是"。

《太玄》三卷由八十一首组成，每首即方州部家之家，都按其所属方、州、部而有一个数，这个数则由一个象表示。所谓的象，又称画象，就是用一（⚊）、二（⚋）、三（𝌅）三种画组成，如同周易用阴阳两种爻（⚊、⚋）组成的卦象。方、州、部、家各占一位，四位都各有一个画（或一或二或三），合而表示一定的数，由此来区分八十一首在《太玄》中的位置。由于这种画及它所组成的象不是文字，所以《太玄》的不少版本在传写过程中往往省略或者弄错，两浙东路茶盐司刊刻此书时对此问题做了专门的考察，所以有如上的校语。

三、《太玄》书名原无"经"字

扬雄《太玄》写定之时，其书直名"太玄"，并不称"经"，《汉书·扬雄传》均只称"太玄"可证："时雄方草《太玄》"，"顾而作《太玄》五千文"，"故默然独守吾《太玄》"，"以为经莫大于《易》，故作《太玄》"，"钜鹿侯芭常从雄居，受其《太

① 段玉裁谓《汉书·扬雄传》是录扬雄《自序》而成，且"不增改一字"，虽不能绝对如此，但其可靠性则无可怀疑，后人诸说，均不可信。

② 见明代万玉堂翻刻宋本《太玄解赞》，《四部丛刊》影印本。

玄》《法言》”，或简称《玄》：“然则靡《玄》无所成名乎”，“观《玄》者数其画而定之”，“故《玄》三方九州”，“《玄》文多故不著”，“客有难《玄》太深”，“刘歆谓雄曰……又如《玄》何”，“而《玄》终不显”，绝无称《太玄》为经者，亦无扬雄自称作经的记载。

班固于《汉书·扬雄传》后赞中提到：“诸儒或讥以为，雄非圣人而作经，犹春秋吴楚之君僭号称王”，知班固时谓扬雄作经已为儒生间普遍看法，所以产生这种看法，并非《太玄》书名中有“经”字，而是由于《太玄》之作是模拟五经之一的《周易》。这种说法盖因扬雄自己有这样的意思，班固所作《扬雄传》中也有明文：“以经莫大于《易》故作《太玄》”，故使儒生有以上看法，但在当时其书名中并未加上“经”字。

至桓谭《新论》，始称《玄经》：“《玄经》五千余言，而传十二篇”，“《玄经》三篇，以纪天地人之道”，“《玄经》数百年外其书必传”，细查其原文之意，可知是以《太玄》赞文为经，以十二篇为传，此仿当时五经有经有传并列对称而言。但在此时仍未直用“太玄经”之名，其于《太玄》书名，亦止称《太玄》或《玄》：“扬雄作《玄》书”，“子云所造《法言》《太玄》也”，“若遇上好事，必以《太玄》次五经也”。据此可知，当时尚未以《太玄》归入五经之列，若未入学官，则必不能名其书曰《太玄经》。

此后至王充《论衡》始称之为《太玄经》：“扬子云存中郎之官司，故能成《太玄经》，就《法言》”，“扬子云作《太玄经》”，但也没有一律使用《太玄经》之名，有时仍称为《太玄》或《玄》：“扬子云作《太玄》”，“扬子云造《玄》”①。班固与王充同时，其《汉书·艺文志》中仍称《太玄》，不称《太玄经》，可知当时的正式名称仍是《太玄》，并未冠以“经”名。则诸儒所讥者，也只是因为扬雄“非圣人而作经”，并非直因其书名有“经”字。其后张衡极为推崇《太玄》，他“谓崔瑗曰：‘吾观《太玄》，方知子云妙极道数，乃与五经相拟’”②。此时虽推崇可与五经相拟，但也没有称之为经。到荀悦《汉纪》才与五经相比而称之为《太玄经》：“雄乃依《易》著《太玄经》，义合五经，而辞解剥玄体，复为章句”，这是根据《汉书·扬雄传》以来各种说法而合成的一种新说法，明确比为五经而称《太玄经》。王充称《经》时，尚不太肯定，故有时称经，有时不称经，荀悦则肯定地将其比为五经而称“经”了。其后到《隋书·经籍志》始正式著录为《太玄经》，之后的学者大多沿仍不改，并未觉察到其中的缘故，这也表明后代称经之例不如汉代之严。

总之，《太玄》一书本来只用此名，后来在诸人的称赞声中逐渐被加上了“经”字，比拟五经，最后著录为《太玄经》之名。其实扬雄当时著书，虽有模拟《周易》

---

① 王充诸语见《论衡》的《书解》《超奇》《书案》《对作》诸篇。

② 见《后汉书·张衡传》。

之意，实无称“经”之心，这是由于当时一书称为经书必须得到官方认可、随意称经必遭舆论谴责等习惯所决定的，扬雄不会违背这些惯例，其他学者也都遵循这种惯例对待《太玄》一书的名称。所以，《太玄》一书正式名称，只能依据《汉书·扬雄传》的记载，其他人的说法都与其实际情况不符。自《隋书·经籍志》定名为《太玄经》之后，人们都未再注意此事，直到宋代陈渐作《演玄》时才来纠正视听：“子云《法言》《解嘲》等书止云《太玄》，然则‘经’非子云自称，当时弟子侯芭之徒从而尊之耳”，司马光作《太玄集注》时引用其说，表示赞同，只是陈氏以为“经”是扬雄的弟子侯芭等人所加，而未有史料可以证明，仅是他的推测而已，“经”字的增加过程当如上述。

四、扬雄在世时的《太玄》传授

扬雄《太玄》既已写定，又作《法言》一书以维护孔子之道，此二书是扬雄一生心血所萃，只是由于扬雄恬于势利，用心于内而不求显于外，又由于《太玄》一书过于艰涩，故对其书问津者甚少，当时学者之中只有刘歆、范逡敬重扬雄，但刘歆也不能理解《太玄》之作，以为其书于世无用：“恐后人用覆酱瓿。”如此遭遇，使扬雄只能寄希望于将来，求知者于后世。至其晚年，家贫如洗，而又嗜酒，当时的情景是“人希至其门，时有好事者，载酒肴从游学”，这些人并非皆由扬雄传授《太玄》，其中只有“钜鹿侯芭常从雄居，受其《太玄》《法言》焉”，这是《太玄》写定之后唯一可靠的关于其书传授的记载。侯芭之后又传于何人，即班固作《汉书》时亦未言及，则《太玄》的扬雄手定本之情况，今天所知仅是如此而已。此手定本并未留传下来，故属《太玄》已经亡佚的版本之列。

关于侯芭的情况，《汉书·扬雄传》的赞文中只提到侯芭从扬雄受《太玄》等书，并未说侯芭为《太玄》作注，此事在其他史书也并无记载。只有明万玉堂刊刻的晋范望《太玄解赞》的卷首题记下所引的南宋校勘官张寔校语中提到侯芭曾有《太玄》的注本[1]：“惟宋、陆注本不画首象，其余侯芭、虞翻注本并画首象。”[2]《隋书·经籍志》中有汉侯苞《韩诗翼要》十卷、《法言注》六卷，清姚振宗以为此侯苞即侯芭：“苞与

① 万玉堂《太玄解赞》是据南宋两浙东路茶盐司本翻刻的，末题“右迪功郎充两浙东路提举茶盐司干办公事张寔校勘”，故知该本校语出自张寔。

② “首象”，指《太玄》用来表示其八十一首（家）每首所处方州部家位置的特定符号，是模仿《周易》的八卦画象而制定的符号，用—、--、---表示一、二、三，自上而下重叠为四层，代表一首所属的方州部家之数。此即《扬雄传》所说的“观《玄》者，数其画而定之”的“画”，以及“《玄》首四重者，非卦也，数也”的“四重”，合而言之，就是用“四重”之“画”构成每首之象，故称“首象”。

芭形声相近，非别为一人，即扬雄弟子钜鹿人也。”[1] 侯苞其人，史书无载，很可能就是侯芭的异写，故姚说可从。

唐王涯《说玄·立例篇》云[2]：“钜鹿侯芭子常亲承雄学”，则侯芭字子常，而东汉王充《论衡·案书篇》云：“扬子云作《太玄》，侯铺子随而宣之”，则铺子又似其名，也可能是转写字误，而根本没有子常或铺子之名。

明万玉堂刊晋范望《太玄解赞》书后有《太玄经释文》一卷，题记云：“此本自侯芭、虞翻、宋衷、陆绩互相增损，传行于世，非后人之所作也。”此亦张寔校勘时所题，然谓释文传自侯芭则非是，因为后汉时尚未有反切注音，可知用反切注音的释文与侯芭无关。

侯芭注本，只有张寔的校语中提及，他处更无一见。清姚振宗辑《后汉书·艺文志》中有侯芭《太玄经注》一条，谓“已上诸说则侯芭有《太玄注》[3]，后人又从注本中辑出为《释文》。芭之注本，则雄原定天地人三篇[4]，冲、错、测、摛、莹、数、文、掜、图、告十一篇，凡十四篇也”。除了“后人又从注本中辑出为《释文》”一句所说有误外，余皆是。侯芭注本，南宋时人曾见之，并据以校范望《太玄解赞》，此后无人言及，则此注本亡于南宋时。

（作者单位：华中师范大学历史文化学院）

① 见姚振宗辑：《后汉书·艺文志》。

② 王涯《说玄》，附于万玉堂本《太玄解赞》之后。

③ 指以上所引《汉书·扬雄传》《论衡·案书篇》以及张寔的校语和王涯的《说玄》中有关侯芭的内容。

④ “天地人三篇”，即《汉书·扬雄传》所谓“七百二十九赞，分为三卷”者。

《太玄》与魏晋玄学

潘殊闲

内容提要： 扬雄在先秦“玄”论的基础上，打通儒道，建构起以“玄”为根本的哲学体系。魏晋士人在逐渐式微的两汉经学的大背景下，在扬雄对“玄”的改造、提升与增益的基础上，对“玄”之内涵、氛围、境界有了特别的向往、专注、论述与体认。扬雄及其《太玄》之学，实乃从先秦儒道分判至魏晋玄学儒道杂糅的过渡与桥梁，在中华玄学史上具有里程碑的意义与影响。

关键词：《太玄》；先秦“玄”论；魏晋玄学；过渡；桥梁

在中国哲学史和中国文化史上，魏晋玄学是一个重要的学术概念，它既是时代之学，又是流派之学。扬雄曾仿《周易》作《太玄》。在扬雄《太玄》之前，先秦时期的《周易》与《老子》已反复言及“玄”。先秦之“玄”与扬雄之《太玄》是何关系？《太玄》与魏晋玄学又是何关系？检索相关文献可知，学界目前尚未有系统的梳理。本文试图就这个问题做一次初步的探讨，以求教方家。

一、先秦时期“玄”的概念

先秦时期，对“玄”的认识最深刻、影响最大的主要是《老子》和《周易》。《老子》凡十六次使用“玄”字：

《老子》第一章云：“道可道，非常道；名可名，非常名。无，名天地之始；有，名万物之母。故常无，欲以观其妙；常有，欲以观其徼。此两者，同出而异名，同谓之玄。玄之又玄，众妙之门。”① 这一章重点在阐释“道”。由“道”而引申出“有”与“无”的概念。“有”与“无”，“同出而异名”，即有共同的来源，而表现为不同的名称，这种“同”，老子称之为“玄”。“玄之又玄”，乃谓之“众妙之门”。后世“玄妙”一词，盖源于此。依照老子的意思，世界上的有与无，是相对立而存在的，是一种奇妙的现象，其现象的背后就是一种莫可名状的幽深与幽邃，老子用一个词概括，这就是“玄”。世界上一切现象的背后，的确有一种高深莫测的玄妙之理，这是老子的直觉发现，也是理性感知。对此，王弼这样阐释：“凡有皆始于无，故未形无名之时，则为万物之始。及其有形有名之时，则长之育之，亭之毒之，为其母也。言道以无形无名，始成万物。以始以成，而不知其所以，玄之又玄也。”又说：“玄者，冥也，默然无有也，始母之所出也。不可得而名，故不可言。同名曰玄，而言谓之玄者，取于不可得而谓之然也。谓之然，则不可以定乎一玄而已。”②

《老子》第六章云：“谷神不死，是谓玄牝。玄牝之门，是谓天地根。绵绵若存，用之不勤。”这里提出“玄牝”的概念。“谷”，是一种虚空的表述，“神”是对这种变化莫测的形容。“不死”，喻其永不停歇的变化。“牝”与“牡”对应，“牝”指雌性的动物，“牡”指雄性的动物。由此也引申出“丘陵为牡，溪谷为牝”③，因雌性动物有繁殖功能，故以“玄牝”代指微妙的母性，陈鼓应说：“‘道’（谷神）生殖天地万物，整个创生的过程却没有一丝形迹可寻，所以用‘玄’来形容。‘玄’，即幽深不测的意思。”④

《老子》第十章云：“涤除玄览，能无疵乎。”涤除，排除，清除。“玄览”，王弼解释为：“玄，物之极也，言能涤除邪饰，至于极览。能不以物介其明。疵之其神乎。”⑤ 此处的“玄”，也是幽深之意。帛书《老子》乙本此处作“玄鉴”，“鉴”为镜，此言“喻心灵深处明澈如镜”⑥，镜有览照功能，所以，“玄览”与“玄鉴”是相通的。

《老子》第十章最后还有一句：“生而不有，为而不恃，长而不宰，是谓玄德。”这里的“玄德”，用了三句话形容，即生长万物而不占有，畜养万物而不依恃，统领万物而不为所欲为。王弼解释说：“不塞其原，则物自生，何功之有？不禁其性，则物自

---

① 陈鼓应：《老子注译及评介》，中华书局 1984 年版，第 53 页。本文所引《老子》，如未特别注明，均据该书。

② ［魏］王弼注：《老子道德经》上篇，见扫叶山房辑《百子全书》第八册，浙江人民出版社 2013 年版，第 39—40 页。

③ ［汉］戴德撰：《大戴礼记》卷一三，文渊阁四库全书本。

④ 陈鼓应：《老子注译及评介》，中华书局 1984 年版，第 85 页。

⑤ ［魏］王弼注：《老子道德经》上篇，见扫叶山房辑《百子全书》第八册，浙江人民出版社 2013 年版，第 45 页。

⑥ 陈鼓应：《老子注译及评介》，中华书局 1984 年版，第 98 页。

济，何为之恃？物自长足，不吾宰成，有德无主，非玄而何。凡言玄德，皆有德而不知其主，出乎幽冥。”[①] 所以，这里的“玄”，实际上也是幽深的意思。这一小段与《老子》第五十一章有重复。

《老子》第十五章云：“古之善为士者，微妙玄通，深不可识。”此言古之善于为“士”的人，细致、深远而通达，深刻到一般人难以理解。这里的“玄”，也是指幽深的意思。

《老子》第五十六章云：“知者不言，言者不知。塞其兑，闭其门，挫其锐，解其分，和其光，同其尘，是谓玄同。”这一章谈“知者”，也即“智者”的境界。老子从六个维度概括：“塞其兑，闭其门，挫其锐，解其分，和其光，同其尘。”这种境界，老子称之为“玄同”，玄妙齐同的境界，陈鼓应解释这种境界是“消除个我的固蔽，化除一切封闭隔阂，超越于世俗褊狭的人伦关系之局限，以开豁的心胸与无所偏的心境去待一切人物”[②]。

《老子》第六十五章云：“古之善为道者，非以明民，将以愚之。民之难治，以其智多。故以智治国，国之贼；不以智治国，国之福。知此两者亦稽式。常知稽式，是谓玄德。玄德深矣，远矣，与物反矣，然后乃至大顺。”这一章谈治国理政之法则。容易产生歧义的是“愚”字，有人照着原字解释为愚昧，其实，这里“愚”与“明”对应，王弼的解释：“明谓多见巧诈，蔽其朴也。愚谓无知守真，顺自然也。”[③] 这是有道理的。“愚”当为淳朴、真朴，与巧诈、黠滑相对应。稽式，乃法式、法则。老子将明白这种治国理政法则的统治术称为“玄德”。这种玄德深远，与事物的返“朴”归真类似。

《周易》共四次使用“玄”字。

《坤卦・上六》：“龙战于野，其血玄黄。”[④] 对此，《坤卦・文言传》首先有自己的解释：“阴疑于阳必战。为其嫌于无阳也，故称龙焉；犹未离其类也，故称血焉。夫玄黄者，天地之杂也，天玄而地黄。”坤卦本是言牝马，但到上六，已居于“太上皇”之位，所以，有一种狂傲，“目中无人”，所以用乾卦的“龙”象喻之，即所谓“称龙焉”。但实质上“犹未离其类”，故又“称血焉”。侯果曾云：“坤十月卦也，乾位西

---

① ［魏］王弼注：《老子道德经》上篇，见扫叶山房辑《百子全书》第八册，浙江人民出版社 2013 年版，第 46 页。

② 陈鼓应：《老子注译及评介》，中华书局 1984 年版，第 283 页。

③ ［魏］王弼注：《老子道德经》上篇，见扫叶山房辑《百子全书》第八册，浙江人民出版社 2013 年版，第 100 页。

④ 陈鼓应、赵建伟注译：《周易今注今译》，商务印书馆 2005 年版，第 34 页。本文所引《周易》，如未特别注明，均据该书。

北，又当十月，阴穷于亥。穷阴薄阳，所以战也。故《说卦》云‘战乎乾’是也。六称龙者，阴盛似龙，故称龙也。”[①] 两强相遇，必有一战。“龙战于野”即指真龙“乾”与假龙“坤”在野外“交战”。这里的“交战”，有的理解为“搏斗”，如宋人胡瑗解释道：“龙者，阳之气；战者，战敌之称；野者，非龙之所处。言阴之为物，至微至柔，积而不已，至于彰著，必成坚冰。盖自‘履霜’，若能积其善，杜其恶，及其终则有黄裳之大吉。若不能杜其恶，以至害于而家，凶于而国，终有龙战之灾也。夫奸臣贼子之为心，其祸乱之萌，包藏之久，至此既不可遽灭之，则必有贤明之君起而诛讨之。然而以阳来胜阴，不无相伤，故血玄黄也。玄者，天之色；黄者，地之色。言上下相伤之甚也。《象》曰‘龙战于野，其道穷也’者，言自细恶而不辨，至于盛大以及于战，是其道之穷极也。”[②] 也有将“战”理解为“交合”。如陈鼓应、赵建伟的《周易今注今译》，其依据是孔鲋《小尔雅·广言》云“战，交也”。《国语·郑语》云“夏之衰也，褒人之神化为二龙以同于王庭”，《论衡》将此说成“二龙战于庭，吐漦而去”。《史记·夏本纪》载此事云“夏后氏德衰，诸侯畔之，天降龙二，有雌雄”。“血”，为二龙交合后所遗下的精液，即《系辞》“男女构精”之“精”（《国语》记载“二龙同于王庭”时说“遗漦而去”，旧注释“漦”为血、为“津”、为“精气”）。“玄黄”，暗红色（《诗经·七月》“八月载绩，载玄载黄；我朱孔阳，为公子裳”）。“古人以雌雄龙、雌雄蛇、雌雄虹之‘昼合’‘昼降’为凶兆，故上六虽只言象，而有悔之占已寓其中。”[③] 其实，《国语》中未见“遗漦而去”之语，其原文为“《训语》有之曰：夏之衰也，褒人之神化为二龙，以同于王庭，而言曰：余，褒之二君也。夏后卜杀之与去之与止之，莫吉。卜请其漦而藏之，吉。乃布币焉而策告之，龙亡而漦在，椟而藏之，传郊之”[④]。漦，本义为涎沫，这里指龙涎。而《论衡》则用的是“吐漦而去”。“吐”与“遗”含义大变。“天玄地黄”中的“玄”，本指黑色，所以《诗经》中有“天命玄鸟，降而生商”（《诗经·商颂·玄鸟》）之诗，“玄鸟”即燕子。

《周易·说卦传》云：“震为雷，为龙，为玄黄，为旉，为大涂，为长子，为决躁，为苍筤竹，为萑苇……”何以“震”为玄黄？唐人李鼎祚阐释为：“天玄地黄。震，天地之杂物，故为玄黄。”[⑤] 宋人林栗阐释为：“为玄黄，天地之始交也。”[⑥]

综上所述，《老子》使用“玄”最多。除直接使用“玄”外，还有玄牝、玄览、

---

① ［唐］李鼎祚撰：《周易集解》卷二，文渊阁四库全书本。
② ［宋］胡瑗撰：《周易口义》卷一，文渊阁四库全书本。
③ 陈鼓应、赵建伟注译：《周易今注今译》，商务印书馆2005年版，第37—38页。
④ 陈桐生译注：《国语》，中华书局2013年版，第576页。
⑤ ［唐］李鼎祚撰：《周易集解》卷一七，文渊阁四库全书本。
⑥ ［宋］林栗撰：《周易经传集解》卷三五，文渊阁四库全书本。

玄德、玄通、玄同等复合词。其所有这些单音词或复合词，“玄”都含有幽深、幽远、幽妙等意义。《周易》四次使用，实际上都是“天玄地黄”的离与合，其关键点都在对天之“玄”的认识。天玄系指天的深色，因为天高远遥深，莫见涯涘，充满太多的未知数，所以，古人用“玄”概括。其实，这与老子所习用的“玄”字之义是完全相通的。

二、扬雄对“玄”的重新建构

扬雄是蜀人擅长创新思维、逆向思维的典范①，“以为经莫大于《易》，故作《太玄》”②。易道广大悉备，无所不包，蕴含了丰富的自然科学与人文知识，《易》被称为“群经之首”“大道之源”。扬雄志向高远，“欲求文章成名于后世”③，所以，取法乎上，以《易》为准的，别创一天地，名之曰《太玄》。从其以“玄”为书名可以看出他对《老子》和《周易》的踵继。扬雄在其《太玄赋》中有明确的提示：“观大《易》之损益兮，览老氏之倚伏。省忧喜之共门兮，察吉凶之同域。”④ 在扬雄看来，“玄”是一种最高的范畴：“玄者，幽摛万类而不见形者也。”⑤ 玄具有如同“易”一样的广大悉备的能力：“资陶虚无而生乎规，关神明而定摹，通天古今以开类，摛措阴阳而发气。一判一合，天地备矣。天日回行，刚柔接矣。还复其所，终始定矣。一生一死，性命莹矣。”⑥ “故玄聘取天下之合而连之者也。缀之以其类，占之以其觚，晓天下之瞶瞶，莹天下之晦晦者，其唯玄乎。”⑦ 但玄毕竟玄远幽妙，所以，“玄晦其位而冥其畛，深其阜而眇其根，攘其功而幽其所以然者也。故玄卓然示人远矣，旷然廓人大矣，渊然引人深矣，渺然绝人眇矣。嘿而该之者，玄也；擢而散之者，人也。稽其门，辟其户，叩其键，其后乃应”⑧。玄既如此高深莫测，如能洞幽烛微，那就功力无边了，扬雄这样赞美道：“故玄者，用之至也。见而知之者智也，视而爱之者仁也，断而决之者勇也，兼制而博用者公也，能以偶物者通也，无所系轹者圣也，时与不时者命也。虚形万物所道之谓道也，因循无革天下之理得之谓德也，理生昆群兼爱之谓仁也，列敌度宜之谓义也，秉道德仁义而施之之谓业也。莹天功、明万物之谓阳也，幽无形、深

① 潘殊闲：《扬雄与蜀文化》，《西华大学学报》（哲社版）2018 年第 1 期。
② ［汉］班固撰，［唐］颜师古注：《汉书》卷八七下《扬雄传下》，中华书局 1999 年版，第 2659 页。
③ 同上。
④ ［汉］扬雄著，张震泽校注：《扬雄集校注》，上海古籍出版社 1993 年版，第 138 页。
⑤ ［汉］扬雄撰，郑万耕校释：《太玄校释·太玄摛》，中华书局 2014 年版，第 255 页。
⑥ 同上。
⑦ 同上。
⑧ 同上，第 256 页。

不测之谓阴也。阳知阳而不知阴，阴知阴而不知阳，知阴知阳，知止知行，知晦知明者，其唯玄乎。”①

扬雄在《太玄》中虽然也直接引用《老子》的“玄德”，《周易》的“玄黄”，也将其“玄道”与《周易》的“三才”勾连：“夫玄也者，天道也，地道也，人道也。兼三道而天名之。”② 但必须看到，在《周易》中，玄本指天，而扬雄将其打通天地人，最后，用天之名“玄”名之。实际上，扬雄是用《老子》对“玄”的幽远、幽妙、幽深的含义重新阐释了《周易》的“三才”，所以，扬雄说：“玄者神之魁也。天以不见为玄，地以不形为玄，人以心腹为玄。”③ 范望对这段话的注深得扬雄的本义：“魁，藏也，言神藏于玄之中也；（天）以其高远不可得而分明，故以玄妙言之也；地之广远不可形别，亦以玄言之也；人之心腹不可忖知，犹天地之高远，故偬以玄名也。”④

基于这样的体认，扬雄事实上已经重新建构了他的“玄学”体系，郑万耕先生曾有过梳理，认为“玄”在《太玄》中，有多重含义：其一是指《太玄》书；其二是指《太玄》的哲学体系；其三是指事物变化的规律或法则；其四是指事物神妙莫测的变化；其五是指世界的最高本原，天地万物的根本⑤。此梳理概括应该说是比较全面的。当然，如要再细绎，扬雄的“玄”还包含见仁见智、阴阳化感、启深悟远等含义。

为了体现对这种幽远、莫测、高深的“玄”的描述，扬雄利用其整理研究文字学与方言的便利，使用了不少生涩繁难的文字，使其“玄”学从形式上就给人一种陌生之感。不要说一般人会望而却步，即使如司马光这样的大学问家，也须狠下功夫：“初则溟涬漫漶，略不可入，乃研精易虑，屏人事而读之数十过，参以首尾，稍得窥其梗概。”⑥ 故扬雄之“玄学”，大矣，深矣，难矣。

三、魏晋士人对“玄”的体认与表达

凡事物极必反。自汉武帝采纳董仲舒“罢黜百家，独尊儒术”之后，儒家地位空前。伴随着儒学地位的隆盛，儒学的神秘化、繁琐化、功利化乃至谶纬化、妖异化成

① ［汉］扬雄撰，郑万耕校释：《太玄校释·太玄摛》，中华书局 2014 年版，第 256 页。
② 同上，第 349 页。
③ 同上，第 367 页。
④ ［汉］扬雄撰，［晋］范望注：《太玄经》卷一〇，文渊阁四库全书本。
⑤ ［汉］扬雄撰，郑万耕校释：《太玄校释·前言》，中华书局 2014 年版，第 12 页。
⑥ ［宋］司马光《读玄》，载［汉］扬雄撰，［宋］司马光集注，刘韶军点校：《太玄集注》，中华书局 1998 年版，第 1 页。

为一种无法逃脱的宿命。诚如《汉书・艺文志》所言：“后世经传既已乖离，博学者又不思多闻阙疑之义，而务碎义逃难，便辞巧说，破坏形体；说五字之文，至于二三万言。后进弥以驰逐，故幼童而守一艺，白首而后能言；安其所习，毁所不见，终以自蔽。此学者之大患也。”①

儒学在过度的“兴奋”以至“亢奋”之后出现衰微。与学术思想的驳杂、混乱相对应的是朝政的动乱与黑暗。事实上，从 2 世纪中叶开始（东汉桓帝、灵帝统治期间），国家就已经进入动乱年代。整个魏晋南北朝时期，中国都处于动乱、分裂、分治的状态，直到隋朝，中国才又恢复统一。

魏晋时期的学术文化被称为“玄学”。“玄学”的主要文本是所谓的“三玄”：“《庄》《老》《周易》。”②

魏晋士人对“玄”的直观体认与援用都有哪些？不妨来看看他们著述中的使用情况。

韩康伯在接续王弼对《周易》的注解中，多次提到“玄”，并以“玄”释解。如“玄照”。在解释《系辞下传》“几者，动之微，吉之先见者也”时有云：“几者，去无入有，理而未形，不可以名寻，不可以形睹者也。唯神也，不疾而速，感而遂通，故能朗然玄照，鉴于未形也。合龟之木，起于毫末；吉凶之彰，始于微兆，故为吉之先见也。”③ 显然，“朗然”是对“玄照”的形容，即烛幽显微的观照体认。再如对“阴阳不测之谓神”的解释：“神也者，变化之极，妙万物而为言，不可以形诘者也，故曰阴阳不测。尝试论之曰：原夫两仪之运，万物之动，岂有使之然哉？莫不独化于大虚，欻尔而自造矣。造之非我，理自玄应；化之无主，数自冥运，故不知所以然，而况之神。是以明两仪以太极为始，言变化而称极乎神也。夫唯知天之所为者，穷理体化，坐忘遗照，至虚而善，应则以道，为称不思，而玄览则以神为名。盖资道而同乎道，由神而冥于神也。”④ 这里的“玄览”是对《老子》“涤除玄览”的援用，是对“阴阳不测之谓神”的描述。

“玄冥”本是《庄子》中的用语，见于《庄子・大宗师》和《庄子・秋水》。郭象解释其为“玄冥者，所以名无而非无”⑤，“是以神器独化于玄冥之境，而源流深长

① ［汉］班固撰，［唐］颜师古注：《汉书》卷三〇，中华书局 1999 年版，第 1365 页。

② ［北齐］颜之推撰，王利器集解：《颜氏家训集解》卷三《勉学篇第八》，上海古籍出版社 1980 年版，第 179 页。

③ ［晋］韩康伯撰：《周易注》卷八，文渊阁四库全书本。

④ ［晋］韩康伯撰：《周易注》卷七，文渊阁四库全书本。

⑤ ［晋］郭象注：《庄子注》卷三，文渊阁四库全书本。

也”[①]。嵇康也对“玄冥”之境表示了自己的认可：“栖心于玄冥之崖，含气于莫大之涘。”[②]

嵇康对“玄”有特别的钟情，他自言“玄居养营魄，千载长自绥”[③]，又云“飘飖戏玄圃，黄老路相逢”[④]，“大人玄寂无声，镇之以静自正”[⑤]，感叹道“心之忧矣，孰识玄机”[⑥]，“流咏太素，俯赞玄虚”[⑦]。他在《卜疑集一首》中表达了“宁如老聃之清净微妙，守玄抱一乎”[⑧] 的思想。在《重作四言诗七首》之五中反复吟诵其“玄”：“绝智弃学，游心于玄默。绝智弃学，游心于玄默。遇过而悔，当不自得。垂钓一壑，所乐一国。被发行歌，和者四塞。歌以言之，游心于玄默。”[⑨] 此诗凡三次吟咏“游心于玄默”，可见，嵇康对“玄默”这种状态的喜爱。在《养生论一首》中，嵇康描绘了他如神仙一般的心境与生活：“善养生者则不然矣。清虚静泰，少私寡欲。知名位之伤德，故忽而不营，非欲而强禁也；识厚味之害性，故弃而弗顾，非贪而后抑也。外物以累心不存，神气以醇泊独著，旷然无忧患，寂然无思虑。又守之以一，养之以和，和理日济，同乎大顺。然后蒸以灵芝，润以醴泉，晞以朝阳，绥以五弦，无为自得，体妙心玄，忘欢而后乐足，遗生而后身存。若此以往，庶可与羡门比寿，王乔争年，何为其无有哉。”[⑩]

张湛在《列子》注中，反复谈“玄”论“玄”，如“若夫万变玄一，彼我两忘，即理自夷，而实无所遣”[⑪]；“至于圣人，心与元气玄合，体与阴阳冥谐，方圆不当于一象，温凉不值于一器，神定气和，所乘皆顺”[⑫]；“所谓神者，不疾而速，不行而至。以近事喻之。假寐，一昔所梦，或百年之事，所见或绝域之物，其在觉也，俯仰之须臾，再抚六合之外，邪想淫念，犹得如此，况神心独运，不假形器；圆通玄照，寂然凝虚

---

① ［晋］郭象注：《庄子注·原序》，文渊阁四库全书本。

② ［三国魏］嵇康著，戴明扬校注：《嵇康集校注》卷四《答难养生论一首》，中华书局2014年版，第305页。

③ ［三国魏］嵇康著，戴明扬校注：《嵇康集校注》卷一《述志诗二首》之二，中华书局2014年版，第62页。

④ ［三国魏］嵇康著，戴明扬校注：《嵇康集校注》卷一《游仙诗一首》，中华书局2014年版，第62页。

⑤ ［三国魏］嵇康著，戴明扬校注：《嵇康集校注》卷一《知慧用有为》，中华书局2014年版，第69页。

⑥ ［三国魏］嵇康著，戴明扬校注：《嵇康集校注》卷一《酒会诗七首》之六，中华书局2014年版，第130页。

⑦ ［三国魏］嵇康著，戴明扬校注：《嵇康集校注》卷一《杂诗一首》，中华书局2014年版，第133页。

⑧ ［三国魏］嵇康著，戴明扬校注：《嵇康集校注》卷三《小疑集一首》，中华书局2014年版，第237页。

⑨ ［三国魏］嵇康著，戴明扬校注：《嵇康集校注》卷一《重作四言诗七首》，中华书局2014年版，第82页。

⑩ ［三国魏］嵇康著，戴明扬校注：《嵇康集校注》卷三《养生论一首》，中华书局2014年版，第255页。

⑪ ［晋］张湛注，［唐］殷敬慎释文：《列子》卷一，文渊阁四库全书本。

⑫ ［晋］张湛注，［唐］殷敬慎释文：《列子》卷二，文渊阁四库全书本。

者乎”[①]；“智者不知，而自知者也；忘智故无所知，用智则无所能。知体神而独运，忘情而任理，则寂然玄照者也”[②]；“夫无言者，有言之宗也；无知者，有知之主也。至人之心，豁然洞虚，应物而言，而非我言；即物而知，而非我知。故终日不言，而无玄默之称；终日用知，而无役虑之名。故得无所不言，无所不知也”[③]；“至于达人，融心智之所滞，玄悟智外之妙理，豁视听之所阂远，得物外之奇形”[④]；“神者，寂然玄照而已，不假于目”[⑤]；“夫死生之分，修短之期，咸定于无为天理之所制矣。但愚昧者之所惑，玄达者之所悟也”[⑥]；“祸福岂有内外，皆理之玄定者也”[⑦]。

如此多的玄言玄语，从一个侧面集中彰显了魏晋士人谈“玄”、论“玄”、体“玄”的时代背景与话语特色。

需要指出的是，除这些语中带“玄”的表达外，更多的是语言文字中不带“玄”字，而充满玄机、玄趣、玄意、玄理的表述。从某种程度而言，魏晋风度正是这种“玄谈”的一种表征。如何晏曾云：“有之为有，待无以生；事而为事，由无以成。夫道之而无语，名之而无名，视之而无形，听之而无声，则道之全焉。故能昭音响而出气物，包形神而章光影，玄以之黑，素以之白，矩以之方，规以之圆，圆方得形而此无形，白黑得名而此无名也。”[⑧] 这段话纵论有、无之奥义与表征，回环往复，玄意磅礴，机理无限。

四、《太玄》对魏晋玄学的启示与贡献

如前所述，“玄”之概念自先秦时期早已有之，作为儒家的经典《周易》与作为道家的经典《老子》都在论述。扬雄被称为“西道孔子”[⑨]，当然属于儒家学派。但扬雄对道家老、庄之学多有吸收，故其仿《周易》而作的《太玄》，实际上已显现出“援道说儒”的学术特性。所以，桓谭这样评论道：“扬雄作《玄》书，以为玄者，天也，道也，言圣贤制法作事，皆引天道以为本……故宓羲氏谓之易，老子谓之道，孔

---

① ［晋］张湛注，［唐］殷敬慎释文：《列子》卷三，文渊阁四库全书本。
② ［晋］张湛注，［唐］殷敬慎释文：《列子》卷四，文渊阁四库全书本。
③ 同上。
④ ［晋］张湛注，［唐］殷敬慎释文：《列子》卷五，文渊阁四库全书本。
⑤ 同上。
⑥ ［晋］张湛注，［唐］殷敬慎释文：《列子》卷六，文渊阁四库全书本。
⑦ 同上。
⑧ ［晋］张湛注，［唐］殷敬慎释文：《列子》卷一引何晏《道论》，文渊阁四库全书本。
⑨ ［东汉］桓谭撰，［清］严可均辑：《桓子新论》卷中，四川大学古籍整理研究所、中华诸子宝藏编纂委员会编：《诸子集成补编》二，四川人民出版社 1997 年版，第 230 页。

子谓之元，而扬子谓之玄。”① 可见，扬雄的“玄”，打通孔、老，综合儒、道，开启了真正意义上的“玄学”的大门。

而魏晋玄学也恰好是杂糅儒道，援道说儒，出儒入玄。魏晋士人所尚之“清言”“清谈”“玄言”“玄谈”，莫不是这种儒道相混相杂的结果。追根溯源，扬雄实乃“导乎先路”。换言之，在先秦之后，是扬雄最早对“玄”的概念做了最全面的阐释，也是将《周易》与《老子》“玄”的概念进行综合阐扬的第一人，从而建构起“玄”体系与范畴。魏晋士人在逐渐式微的两汉经学的大背景下，在扬雄对“玄”的改造、提升与增益的基础上，对“玄”之内涵、氛围、境界有了特别的向往、专注、论述与体认。嵇康在《兄秀才公穆入军赠诗十九首》中就曾直言：“息徒兰圃，秣马华山。流磻平皋，垂纶长川。目送归鸿，手挥五弦。俯仰自得，游心太玄。嘉彼钓叟，得鱼忘筌。郢人逝矣，谁可尽言。”② 此“太玄”虽然吴钞本、《文选》胡刻本写作“泰玄”，但其实是一样的。李善注云：“泰玄，谓道也。”③ 如前所述，“太玄”正是一种对“道”的描述。扬雄的《太玄》正是对这种“道”的弘传，嵇康受扬雄的影响，不言而喻。

扬雄的“玄”论，强调“玄”作为万物根本的幽深玄妙的特点，直言：“玄者，幽攡万类而不见形者也。”④ 攡，铺陈，展现。“玄”这种东西能够展现、体现万物，但却无法看到其形象与样貌。魏晋玄学“玄言”的核心话题就是有无、本末、一多、言意、自然与名教等。从扬雄对“玄”的阐释来看，这不正体现有与无的关系吗？扬雄自己就曾这样申述自己：“乃抗辞幽说，闳意眇指，独驰骋于有亡之际，而陶冶大炉，旁薄群生……譬画者画于无形，弦者放于无声。”⑤“有亡”即“有无”。

在言意关系上，扬雄也对魏晋玄谈有启示。《法言·五百》云：“言可闻而不可殚，书可观而不可尽。”⑥ 殚与尽，同义。

在自然与名教的认识方面，扬雄也是有超前认识的：“夫作者贵其有循而体自然也。其所循也大，则其体也壮；其所循也小，则其体也瘠。其所循也直，则其体也浑；其所循也曲，则其体也散。故不攫所有，不强所无。譬诸身，增则赘，而割则亏。故质干在乎自然，华藻在乎（人事）人事也。具（其）可损益欤？”⑦ 这与“名教出于自然”的玄学论断可谓异曲同工。

---

① ［东汉］桓谭撰，［清］严可均辑：《桓子新论》卷下，四川大学古籍整理研究所、中华诸子宝藏编纂委员会编：《诸子集成补编》二，四川人民出版社 1997 年版，第 237 页。

② ［三国魏］嵇康著，戴明扬校注：《嵇康集校注》卷一，中华书局 2014 年版，第 24 页。

③ ［梁］萧统编，［唐］李善注：《文选》卷二四，上海古籍出版社 1986 年版，第 1129 页。

④ ［汉］扬雄撰，郑万耕校释：《太玄校释·太玄摛》，中华书局 2014 年版，第 255 页。

⑤ ［汉］扬雄著，张震泽校注：《扬雄集校注·解难》，上海古籍出版社 1993 年版，第 200 页。

⑥ 《诸子集成》（七），中华书局 1954 年版，第 24 页。

⑦ ［汉］扬雄撰，郑万耕校释：《太玄校释·太玄莹》，中华书局 2014 年版，第 275 页。

有学者甚至认为，“扬雄对初期玄学家的精神影响不仅表现在思想理论上，而且存在于学术师承关系中。扬雄太玄学对东汉一代偏离儒家经学而带有异端思想的学者产生了重要影响”[①]。据《隋书·经籍志》等记载，汉末以来为《太玄》作注的人不少，如宋衷、陆绩、虞翻、王肃、陆凯、蔡文邵等[②]，可以想见，《太玄》一书当时受到学界的重视程度。

综上所述，扬雄的《太玄》建构了以“玄”为根本的哲学体系，是从先秦儒道分判至魏晋玄学儒道杂糅的过渡与桥梁，在中国玄学史上具有里程碑的意义与影响。

（作者单位：西华大学地方文化资源保护与开发研究中心）

① 李军：《论魏晋玄学生成的学术渊源与理论逻辑》，《杭州大学学报》1997 年第 3 期，第 95 页。

② ［唐］魏徵撰：《隋书》卷三四，中华书局 1999 年版，第 671 页。

扬雄《太玄》中的文学批评要素

张思齐

内容提要： 扬雄的文学批评具有独特的体系，它建立在易学之上而又有所发展。《周易》与扬雄《太玄》有联系，亦有区别。前者主张二要素论，后者主张三要素论。天地人三要素，乃阴阳二要素加上作为批评主体的人。扬雄突出了人在文学批评中的主体作用，并用它建构了一套完整的文学批评的模式，这是扬雄在中国文学批评史上的突出贡献，而且在这一点上西方各国的文学批评家尚无人能与扬雄相比。扬雄在文学创作和学术研究两方面都秉持发展的前进的立场，此可以概括为发展的批评观。这是因为，在发展前人的文学和学术时，作为主体的作家和学者已经对前人进行过批评活动了。扬雄的文学创作客观上为我们提供了一种可供尝试的批评范式：尽可能多地涉道。在《太玄》中，扬雄还建构了四组对偶范畴。

关键词： 扬雄太玄；批评要素；综合研究

扬雄（前53—18）是西汉时期的文学家和思想家，他的文学批评体系建立在易学之上而又有所发展。

扬雄在文学创作和文学批评上都有建树，《汉书》卷八七下《扬雄传下》："实好古而乐道，其意欲求文章成名于后世。"① 扬雄的一生跌宕起伏，他那传奇般的人生赋予其著作瑰奇的色彩，他那旺盛的生命力在多个领域留下了印迹。扬雄的文学批评观点集中在《太玄》和《法言》这两部专著中。扬雄对屈原《离骚》发表的看法代表了他的文学批评实践活动。扬雄在语言学和文字学方面有湛深的造诣。扬雄的文学创作

① ［汉］班固：《汉书》，中华书局2007年版，第872页。

涉及多种体裁而以辞赋方面的成就最为突出。《甘泉赋》《河东赋》《羽猎赋》和《长杨赋》是扬雄的杰作，人称四大名赋。《蜀都赋》也是其赋作，但它在历史地理学方面的成就更为突出。因为扬雄曾长期从事创作，所以其文学批评多甘苦之言，能中肯綮。扬雄《蜀王本纪》属于历史著作，它涉及越南早期的历史。

扬雄的文学批评，著作量较大，且前人的议论已不算少。这里仅就其《太玄》一书中的文学批评思想进行剖析和评论。

扬雄著《太玄》又称《太玄经》。《太玄经集注》，或曰《集注太玄》，由北宋司马光（1019—1086）集注。在《太玄经集注》卷首，有司马光撰写的三篇文章，它们分别是《太玄序》《说玄》和《读玄》。司马光《太玄序》：

> 汉五业主事宋衷，始为《玄》作《解诂》。吴郁林太守陆绩，作《释正》。晋尚书郎范望，作《解》《赞》。唐门下侍郎、平章事王涯，注经及《首》《测》。及宋兴，都官郎中、直昭文馆宋惟干，通为之注；秦州天水尉陈渐，作《演玄》；司封员外郎吴秘，作《音义》。庆历中，光始得《太玄》而读之，作《读玄》。自是，求访此数书，皆得之，又作《说玄》。疲精劳神，三十余年，讫不能造其藩篱。以其用心之久，弃之似可惜，乃依《法言》，为之集注，诚不知量，庶几来者或有取焉。其直云宋者，仲子也。云小宋者，昭文郎中也。元丰五年六月丁丑序。

这篇序文的题目又作《集注扬子太玄序》。司马光《太玄经集注》为现存最完备的注本。它汇集了七家的注文。在这七位注家中，除了三国吴人陆绩（188—219）和唐代的王涯（764—835）之外，其他人的生平已难于详考，而司马光《太玄序》保存了他们的资料。七家注侧重文字训诂，为我们阅读《太玄经》扫清了语言上的障碍。

司马光《说玄》和《读玄》，从总体上发掘了《太玄经》的精蕴。

扬雄《太玄经》具有特殊的结构。《太玄经》的结构，虽然与《周易》有关联，但是并不相同。清朱彝尊撰《经义考》卷二六八《扬氏雄太玄经章句》录司马光《说玄》：

> 《易》与《太玄》，大抵道同而法异。《易》画有二，曰阳，曰阴。《玄》画有三，曰一，曰二，曰三。《易》有六位。《玄》有四重。《易》以八卦相重，为六十四卦；《玄》以一、二、三，错于方、州、部、家，为八十一首。《易》每卦有六爻，合为三百八十四爻。《玄》每首有九赞，合为七百二十九赞，皆当期之日。《易》有元、亨、利、贞，《玄》有罔、直、蒙、酋、冥。《易》大衍之数五十，其用四十有九。《玄》天地之策各十有八，合为三十六策。地则虚三，用三十三策。《易》揲之以四，《玄》揲之以三。《易》有七、九、八、六，谓之四象；《玄》有一、二、三，谓之三摹。《易》有《象》，《玄》有《首》。《易》有爻，

《玄》有赞。《易》有《象》，《玄》有《测》。《易》有《文言》，《玄》有《文》。《易》有《系辞》，《玄》有《攡》《莹》《掜》《图》《告》。《易》有《说卦》，《玄》有《数》。《易》有《序卦》，《玄》有《冲》。《易》有《杂卦》，《玄》有《错》。殊途而同归，百虑而一致，皆本于太极、两仪、三才、四时、五行，归于道德仁义也①。

以上是司马光《说玄》的纯文本。在《百子全书》本中，《说玄》一文为加注本，即在每句话的后面，都有一段司马光自己添加的注释。在上文中，“皆当期之日”，《百子全书》本作“皆当期以日”，其余文字相同。司马光《说玄》揭示了《太玄经》的结构。有以下四点值得注意。

其一，“卦”的笔画与“首”的笔画。《易》画有二，曰阳，曰阴。《易经》中的每一卦，均由阴阳两个基本符号组成，它们是阴爻（--）和阳爻（—）。《玄》画有三，曰一，曰二，曰三。《太玄经》中每一首的笔画，均由三个基本符号组成。前两个基本符号，借用《易经》的卦画，即阴爻（--）和阳爻（—）。第三个基本符号，为扬雄所独创，我们不妨称之为人爻（---）。

其二，六十四卦与八十一首。在《易经》中，阴爻和阳爻先组成八卦，八卦即《乾》《坤》《震》《巽》《坎》《离》《艮》《兑》，它们分别象征天、地、雷、风、水、火、山、泽。八卦都是三画卦，它们是构成六十四卦的基础，称为经卦。在这里，“经”的含义是“基本的”。然后，八卦两两相重，演化为六十四卦。六十四卦象征更加复杂的事物。六十四卦都是六画卦，称为别卦。在这里，“别”的含义是“重叠的”。扬雄仿照易卦的构成原理，建构了玄经的“首”。首，一共八十一个，即三的四次幂。

其三，卦的位次与首的位次。《易》有六位。每一个经卦，都有其卦象。每一个卦象，都由六爻组成。六爻分处高低不同的位置，称为爻位。六级爻位自下而上依次递进，名曰：初、二、三、四、五、上。在描画卦象的时候，正确的方法是从下往上描画。阴爻通称为“六”，于是就有了这样的称呼：初六、六二、六三、六四、六五、上六。阳爻通称为“九”，于是就有了这样的称呼：初九、九二、九三、九四、九五、上九。无论阴爻还是阳爻，须注意第一爻和最后一爻，其命名方式与其他四爻不同。《玄》有四重。《太玄经》共有八十一个首。每一首，均由四爻构成，分别代表方、州、部、家，故而称为四重。值得注意的是，首的描画顺序，与卦的描画顺序不同，它采用从上往下的方式。比如，《太玄经》卷一所载第八首，首先是玄象，从上往下它由四爻组成，分别是阳爻、阳爻、人爻、阴爻，下边的说明是：“一方、一州、三部、

① ［清］朱彝尊：《经义考》，中华书局1998年版，第1354页。

二家。”① 即一长横、一长横、三短横、两短横。由此可知，称说玄象，其实是很方便的。《太玄经》在每一首的玄象下面的说明语，相当于《易经》在每一卦的卦象下面的卦辞，我们不妨称之为首辞。

其四，《周易》的十翼与《太玄》的十一传。《周易》包括《易经》和《易传》两部分。《易传》，或曰“十翼”，相传是孔子为了说明《易经》的大旨而写作的七种十篇文章。这十篇文章，犹如“经”的十只“羽翼”。十翼即《彖上传》《彖下传》《象上传》《象下传》《系辞上传》《系辞下传》《文言传》《说卦传》《序卦传》《杂卦传》。与此相仿佛，扬雄写了十一篇文章来说明《太玄经》的大旨，而且它们与“十翼”有着对应的关系。具体说来，《玄首》对应《彖传》，《玄测》对应《象传》，《玄文》对应《文言传》，《玄摛》《玄莹》《玄掜》《玄图》和《玄告》这五篇合在一起对应《系辞》，《玄数》对应《说卦传》，《玄冲》对应《序卦传》，《玄错》对应《杂卦传》。

由此可知，扬雄《太玄》一书，与《周易》确有联系，然而二者也有明显区别。这里牵涉到文学批评的方法论问题。要言之，《周易》主张二要素论，《太玄经》主张三要素论。

所谓《周易》的二要素，即阴阳。关于阴阳，李约瑟有一个精辟的看法。李约瑟《作者的话》：“不言而喻，今天凡是有正负电的地方都有阴阳，也就是说阴阳就存在于物质世界的基础之中，在亚原子的基本带电粒子质子和电子中。”② 对立统一规律是宇宙间的根本法则，它在自然界、人类社会和人的思维中普遍地存在。文学作品所反映的对象不外乎自然界、人类社会以及人的思维，故而对立统一规律也适用于文学的研究。《周易》昭示人们，要从对立统一的立场去考察文学。扬雄《太玄》是仿照《周易》而建立起来的思想体系。既然是仿照，也就蕴含了承认。换言之，扬雄赞成用对立统一的规律来认识各种文学现象。

进而言之，《周易》蕴含着二进制的科学思想。近代以来，人们加强对二进制的研究，并在此基础上发明了电子计算机，或曰电脑，它极大地改变了人类的生活。在文学批评中，目前数量统计这一批评方法方兴未艾。这得益于电脑的应用。追本溯源，我们得感谢《周易》的作者。《周易》的作者，从前认为是伏羲、文王和孔子。实际上，伏羲、文王和孔子都只不过是一种文化符号。《周易》绝非成书一时之间或数人之手，它是中华民族智慧的结晶。扬雄极大地发展了《周易》，进而自行撰写了《太

---

① 浙江古籍出版社编：《百子丛书》上册，浙江古籍出版社 1998 年版，第 601 页。

② ［英］李约瑟著，鲁桂珍协助，邹海波译：《中国科学技术史》第五卷《化学及相关技术》第五分册《炼丹术的发现和发明：内丹》，中国科学出版社 2011 年版，第 XIX 页。

玄》。每当我们使用电脑来进行文学批评的具体工作的时候，我们也应当感谢扬雄。扬雄是在他那个时代具体地应用《周易》来进行批评的大家。扬雄的批评，范围广大，包括宇宙、自然、社会、思维、天文、地理、历法、人事，也包括文学。

所谓《太玄经》的三要素，即天、地、人。世界是复杂的，除了阴阳的对立，还有种种的中间状态。关于物质状态的多样性，李约瑟也有精彩的看法。李约瑟《作者的话》："五行完全可以被看作是预示了今天所认识的三种物态（固态、液态和气态），它们充当了表达显示在自然现象中的种种微妙的相互关系的象征语。道家对回复、逆流、再生和返回的强调在现代科学中可能没有完全相对应的东西，但它的确使人想起生长、分化、反分化、再分化的许多迫切需要解开的奥秘。"① 三要素天、地、人，古人称之为三才。其实质是阴阳二要素加上作为批评主体的人。阴阳，对应乾坤，而乾坤，对应父母。《张子正蒙·乾称篇上》："乾称父，坤称母。"② 父母的工作，最基本的就是造化工程，亦即生产人。一切文学批评的工作，毕竟都是由人来进行的。人是文学批评的主体。这就是扬雄，他明确地突出了人在文学批评中的主体性作用，并且用它来建构文学批评的模式，这是扬雄在中国文学批评史上的最大贡献。而且这一点，在西方各国的文学批评史上尚且无人能够与扬雄相比。

进而言之，《太玄》隐含着三进制的科学思想。世界的多彩，可以归之于红色、黄色、蓝色这三种基本的颜色，人们称之为"三原色"。三进制的思想，在管理学上有广阔的运用前景。拿经济活动来说，有生产者，有消费者，还必须有市场。没有市场，生产者就白白地生产了。没有市场，消费者就买不到任何东西。况且，很多问题，并不只是一个简单的是与非的问题。有对，有错，还有既不全对又不全错的千差万别的种种情形。有黑，有白，还有灰色地带。清晰地认识中间问题，及时地恰到好处地处理中间问题，这是对管理工作者的极大考验。如果不能恰当地处理各种中间问题，那么最终会导致治理的失败。文学批评也是这样，一个问题，说得越具体入微，就越具有说服力。又如，杜甫的诗，并非都是忧国忧民的大篇，更多是描写他面对生活时产生的种种情愫。再如，在宋词中，豪放词和婉约词都有一些，但是更多的词作既不豪放，也不婉约，它们描写的是词人触景而生的感情，或因感情而别有所见的人物、动物、景物、器物。

扬雄《太玄经》具有深刻的意蕴。司马光《读玄》一文，从总体上揭示了扬雄《太玄经》的深刻意蕴。《宋文鉴》卷一二六录司马光《读玄》：

---

① ［英］李约瑟著，鲁桂珍协助，邹海波译：《中国科学技术史》第五卷《化学及相关技术》第五分册《炼丹术的发现和发明：内丹》，中国科学出版社2011年版，第XIX页。

② ［宋］张载撰，［清］王夫之注，汤勤福导读：《张子正蒙》，上海古籍出版社2000年版，第231页。

余少之时，闻《玄》之名而不获见，独观扬子之《自序》，称玄盛矣。

及班固为《传》，则曰刘歆尝观《玄》，谓雄曰："空自苦！今学者有禄利，然尚不能明《易》，又如《玄》何？吾恐后人用覆酱瓿也。"雄笑而不应。诸儒或讥，以为雄非圣人而作经，犹春秋吴楚之君僭号称王，盖诛绝之罪也。固存此言，则固之意，虽愈于歆，亦未谓《玄》之善如扬子所云也。余亦私怪扬子，不赞《易》而别为《玄》。《易》之道，其于天人之蕴备矣。扬子岂有以加之！乃更为一书，且不知其焉所用之。故亦不谓扬子宜为《玄》也。及长学《易》，苦其幽奥难知，以为《玄》者贤之书，校于《易》，其义必浅，其文必易。夫登乔山者，必践于坱埤；适沧海者，必沿于江汉，故愿先从事于《玄》，以渐而进于《易》，庶几乎其可跂而望也。于是求之积年，乃得观之，初则溟涬漫漶，略不可入。乃研精《易》，虑屏人事，而读之数十过，参以首尾，稍得窥其梗概。然后喟然置书叹曰：呜呼，扬子真大儒者邪！孔子既没，学圣人之道者，非扬子而谁？孟与荀，殆不足拟，况其余乎！观《玄》之书，昭则极于人，幽则尽于神；大则包宇宙，细则入毛发；合天、地、人之道以为一。刮其根本，示人所出，胎育万物，而兼为之母。若地，履之而不可穷也；若海，挹之而不可竭也。天下之道，虽有善者，其蔑以易此矣。考之于浑元之初，而玄已生；察之于当今，而玄非不行；穷之于天地之末，而玄不可亡。叩之以万物之情，而不漏；测之以鬼神之状，而不违；概之以六经之言，而不悖。藉使圣人复生，视《玄》必释然而笑，以为得已之心矣。乃知《玄》者，所以赞《易》也，非别为书，以与易竞也。何歆、固知之之浅，而过之之深也。或曰：《易》之法与《玄》异，扬不遵《易》而自为之制，安在其赞《易》乎，且如与《易》同道，则既有《易》矣，何以《玄》为？曰：夫畋者，所以为禽也。网而得之，与弋而得之，何以异哉？书者所以为道也。《易》，网也，《玄》，弋也，何害？不既网而使弋者为之助乎？子之求道亦谬矣。且扬子作《法言》所以准《论语》，作《玄》所以准《易》，子不废《法言》而欲废《玄》，不亦惑乎！夫《法言》与《论语》之道，庸有异乎！《玄》之于《易》亦然。大厦将倾，一木扶之，不若众木扶之之为固也。大道将晦，一书辨之，不若众书辨之之为明也。学者能专精于《易》，诚足矣。然《易》，天也。《玄》者，所以为之阶也。子将升天而废其阶乎？先儒为《玄》解者，多矣。然扬子为文，既多训诂，指趣幽邃，而《玄》又其难知者也。故余疑先儒之解，未能尽契扬子之志，世必有能通之者，比终且学焉①。

① ［宋］吕祖谦编：《宋文鉴》（摛藻堂钦定四库全书荟要本）第二册，吉林出版集团有限责任公司2005年版，第1353页。

司马光《读玄》一文，其要义有如下五端。

其一，司马光撰写《读玄》一文，主要的目的是述说他一生研究《太玄》的心得体会。这一点主要体现在这篇文章的首尾部分。司马光称赞扬雄撰写的《太玄经》是一部伟大的著作。《太玄经》的要旨固然与《周易》一致，然而《太玄经》，较诸《周易》，在篇幅上要长得多，在语言上稍浅切，在文义上更畅达，例证更丰富、论证更详密，与日常生活的联系更多，因而是人们进一步学习《周易》的阶梯。

其二，司马光认为，在继承孔子的学说方面，扬雄做得比孟子和荀子更好。孟子通过阐扬子思的学说，继承和发展了孔子的思想，史称思孟学派。战国时，儒分为八，孟氏之儒为其一。历代封建统治者以思孟学派为孔门儒学的正宗。到了唐代，伴随着古文运动的兴起，孟子的地位变得更高了，韩愈《原道》："曰：斯吾所谓道也，非向所谓老与佛之道也。尧以是传之舜，舜以是传之禹，禹以是传之汤，汤以是传之文武周公，文武周公传之孔子，孔子传之孟轲，轲之死，不得其传焉。"[①] 韩愈提出道统说。韩愈认为，孟子为孔子之道的唯一继承者。《元史》卷三四《文宗本纪三》："（至顺元年闰七月）戊申，加封孔子父齐国公叔梁纥为启圣王，母鲁国太夫人颜氏为启圣王夫人，颜子兖国复圣公，曾子郕国宗圣公，子思沂国述圣公，孟子邹国亚圣公，河南伯程颢豫国公，伊阳伯程颐洛国公。"[②] 元至顺元年（1330）孟子被封为邹国亚圣公，从此人们尊称孟子为亚圣，以肯定他对圣人孔子的完美继承，孟子是仅次于圣人孔子的第二位圣人。荀子长期在稷下学宫，与各派学者颇多交流，他广泛地吸收了各家学说，在许多问题上达到了先秦时期思想的高峰，对孔子的思想做了重要的发展。司马光说，即使圣人们在某一天复生，当他们看到《太玄经》的时候，也必定会放心地畅怀欢笑，因为他们的学说后继有人了。这个后继者，不是别人，正是扬雄。扬雄传达了他们的心声。在司马光的心中，扬雄是大圣人。

其三，司马光批评了刘歆和班固的论调。刘歆对扬雄的讥嘲，载于班固撰《汉书》卷八七下《扬雄传下》，原文如下："雄以病免，复召为大夫。家素贫，耆酒，人希至其门。时有好事者载酒肴从游学，而钜鹿侯芭常从雄居，受其《太玄》《法言》焉。刘歆亦尝观之，谓雄曰：'空自苦！今学者有禄利，然尚不能明《易》，又如《玄》何？吾恐后人用覆酱瓿也。'雄笑而不应。年七十一，天凤五年卒，侯芭为起坟，丧之三年。"[③] 在对待学问的态度上，侯芭与刘歆形成了鲜明的对比。侯芭珍视扬雄的学问，他跟随扬雄虚心地学习。刘歆则显得势利，他认为做学问是自找苦吃。这说明，扬雄

① ［唐］韩愈著，钱仲联、马茂元校点：《韩愈全集》，上海古籍出版社 1997 年版，第 122 页。
② ［明］宋濂等：《元史》第一册，二十四史简体字本，中华书局 2000 年版，第 517 页。
③ ［汉］班固：《汉书》，中华书局 2007 年版，第 873 页。

有作为学者的自觉，他能够坦然地对待一切，不为世风所动摇，不从俗流而逐波。

班固本人对扬雄的讥嘲，亦载于《汉书·扬雄传下》，原文如下："时大司空王邑、纳言严尤闻雄死，谓桓谭曰：'子尝称扬雄书，岂能传于后世乎?'谭曰：'必传。顾君与谭不及见也。凡人贱近而贵远，亲见扬子云禄位容貌不能动人，故轻其书。昔老聃著虚无之言两篇，薄仁义，非礼学，然后世好之者尚以为过于《五经》，自汉文、景之君及司马迁皆有是言。今扬子之书文义至深，而论不诡于圣人，若使遭遇时君，更阅贤知，为所称善，则必度越诸子矣。'诸儒或讥以为雄非圣人而作经，犹春秋吴楚之君僭号称王，盖诛绝之罪也。自雄之没至今四十余年，其《法言》大行，而《玄》终不显，然篇籍具存。"① 桓谭（约前24—56），东汉沛国相（今安徽濉溪）人，字君山。桓谭是大学者，他好音律，博学多识，遍及五经，精通天文历数，主张浑天说。扬雄《太玄经》的体系，当时很多学人都不理解，唯独桓谭洞见其高明，他预见到了《太玄经》一书在未来的命运。桓谭坚信，扬雄《太玄经》必将流传。

班固是《汉书·扬雄传》的作者，他既然采录了桓谭的言论，按理说，也就应该纠正自己对扬雄《太玄经》的偏见。然而，班固却固执己见，他将自己对扬雄《太玄经》的偏见写进了正史之中。顺便指出，班固在撰写《屈原传》的时候，也有类似的失误。德国史学家兰克（Leopold von Ranke，1795—1886）指出："如实直书（Wie es eigentlich gewesen）。"这对每一位历史学家都是一种警示。孔子作《春秋》，尽可能少发直接的评论，可谓高明。司马光吸取了以往历史学家的经验教训，在他编撰《资治通鉴》的时候，也尽可能地让事实本身来说话。

其四，"玄"作为"道"，是万物的本体，这是扬雄作《太玄经》的出发点和归宿。太玄，伟大的玄。玄，幽深的难于言说的宇宙本体。《老子》一章："此两者同出而异名，同谓之玄，玄之又玄，众妙之门。"② 何谓此两者呢？一指始，一指母。始，天地之始。母，万物之母。天地之始和万物之母，都出自幽深的、难于言说的宇宙本体。此两者都出于道。在老子的语汇中，宇宙的本体在大多数的场合叫作"道"，有时也叫作"玄"。在扬雄的语汇中，宇宙的本体大多数场合叫作"玄"，有时也叫作"道"。因为宇宙的本体幽深，难于言说，不具备可触性（intangible），所以给人的思维留下了巨大的空间。《老子》一章："道可道，非常道，名可名，非常名。无名天地之始，有名万物之母。"③ 老子采用描述的方法来说明什么是道，这样就避免了直接下定义的困难。

---

① ［汉］班固：《汉书》，中华书局2007年版，第873页。
② ［魏］王弼注，楼宇烈校释：《老子道德经注》，中华书局2011年版，第2页。
③ 同上。

扬雄的太玄体系建立在老子《道德经》的体系之后。在东汉时期人们对道的理解已经比战国时期深刻了许多，故而扬雄有条件在老子的基础上前进一步。扬雄尝试给“玄”下定义，《太玄·玄摛》：“玄者，幽摛万类而不见形者也。资陶虚无而生乎规，关神明而定摹。通同古今以开类，摛措阴阳而发气。一判一合，天地备矣。天日回行，刚柔接矣。还复其所，终始定矣。一生一死，性命莹矣。”① 玄幽深而其形状不可见。玄创造出万物来，虽然这个造化工程有一定的规律，但是这规律关乎神明而难于状摹。玄创造万物的工作从古至今都在进行，于是事物的种类越来越多。从根本上说，玄之创造万物，其原理是通过阴阳两种不同性质的原初物质相互作用。万物创造出来之后，便开始了自身的矛盾运动。玄使得万物舒张开来，万物一张一合，天地渐趋完备。天体在运行，刚柔相结合，周而复始，有始有终，但是无穷。有的事物诞生了，它们欣欣向荣而可喜；有的事物死去了，它们找到了自己的归宿，这并不可悲。生和死都是生命的运动，而生命的运动总是晶莹闪亮的。进而，扬雄指出，所谓“玄”，其实就是“道”，《太玄·玄图》：“夫玄也者，天道也，地道也，人道也，兼三道而天名之。”② 显然，“玄”就是“道”，“道”就是“玄”，这两个名词所指的都是宇宙的本体。

其五，以发展的眼光看待学术。扬雄以发展的观点看待文学创作。《汉书》卷八七上《扬雄传上》：“先是时，蜀有司马相如，作赋甚弘丽温雅，雄心壮之，每作赋，常拟之以为式。又怪屈原文过相如，至不容，作《离骚》，自投江而死，悲其文，读之未尝不流涕也。以为君子得时则大行，不得时则龙蛇，遇不遇命也，何必湛身哉！乃作书，往往摭《离骚》文而反之，自岷山投诸江流以吊屈原，名曰《反离骚》；又旁《离骚》作重一篇，名曰《广骚》；又旁《惜诵》以下至《怀沙》一卷，名曰《畔牢愁》。”③ 屈原是伟大的辞赋家，屈原的《离骚》是一部伟大的政治抒情诗，可以与意大利作家但丁的《神曲》媲美。那么，屈原是否可以被超越呢？许多和扬雄同时代的人不敢超越屈原和《离骚》，后世的许多学者也认为不可超越屈原和《离骚》。由于不敢和以为不可，绝大多数人都放弃了超越屈原和《离骚》的努力。既然放弃了超越某一目标的努力，那么也就没有超越它的实践活动了。既然没有超越某一目标的实践活动，那么也就没有超越它的某种成就产生出来了。

扬雄的思路却不是这样，他认为，一代人有一代人的生活，一代人有一代人的作为，一代人应当也有可能超越前人。扬雄针对屈原《离骚》而作的辞赋有三篇，即《反离骚》《广骚》（又叫《广离骚》）和《畔牢愁》。其中，《畔牢愁》和《广离骚》

① 浙江古籍出版社编：《百子丛书》上册，浙江古籍出版社1998年版，第619页。

② 同上，第625页。

③ ［汉］班固：《汉书》，中华书局2007年版，第859页。

两篇已经亡佚，唯有《反离骚》今存。扬雄《反离骚》是否超越了屈原《离骚》固然是一个可以讨论的问题，然而不可否认扬雄《反离骚》是一部杰出的辞赋作品。扬雄矢志超越前人的精神毕竟是可贵的。刘歆和班固之所以讥嘲扬雄，乃是因为扬雄在已有经典的基础上又撰写了几部书，而且还公开申明，他就是要这样做。扬雄还信心满满地认为，他的著作对已有的经典有所超越。《汉书》卷八七下《扬雄传下》："以为经莫大于《易》，故作《太玄》；传莫大于《论语》，作《法言》。"① 中国学术史已经证明，《法言》有独立于《论语》之外的学术价值，《太玄》有独立于《周易》之外的学术价值。《太玄经》的这个"经"字，不仅是扬雄自己的期许，它也得到了后世的证明。扬雄在文学创作和学术研究两方面都秉持发展的前进的立场。这种立场可以概括为发展的批评观。这是因为，在发展前人的文学和学术的时候，作为主体的作家和学者已经对前人进行了一番批评活动。扬雄秉持发展的批评观，对此司马光表示赞赏。扬雄的学术发展观，后来得到了很好的继承。到了宋代，邵雍（1011—1077）仿照扬雄《太玄经》的体式而撰写了一部学术著作《皇极经世书》。

扬雄关于"玄"的观点，不仅系统而全面地体现在《太玄经》一书中，而且也部分地体现在他的一些单篇文章之中。比如，扬雄《太玄赋》就是如此。其词曰：

> 观大易之损益兮，览老氏之倚伏。省忧喜之共门兮，察吉凶之同域。皦皦著乎日月兮，何俗圣之暗烛！岂愒宠以冒灾兮，将噬脐之不及。若飘风不终朝兮，骤雨不终日。雷隆隆而辄息兮，火犹炽而速灭。自夫物有盛衰兮，况人事之所极。奚贪婪于富贵兮，迄丧躬而危族。丰盈祸所栖兮，名誉怨所集。熏以芳而致烧兮，膏含肥而见焫。翠羽微而殃身兮，蚌含珠而擘裂。圣作典以济时兮，驱蒸民而入甲。张仁义以为纲兮，怀忠贞以矫俗。指尊选以诱世兮，疾身没而名灭。岂若师由聃兮，执玄静于中谷。纳僑禄于江淮兮，揖松乔于华岳。升昆仑以散发兮，踞弱水以濯足。朝发轫于流沙兮，夕翱翔乎碣石。忽万里而一顿兮，过列仙以托宿。役青要与承戈兮，舞冯夷以作乐。听素女之清声兮，观宓妃之妙曲。茹芝英以御饿兮，饮玉醴以解渴。排阊阖以窥天庭兮，骑騂騩以踟蹰。载羡门与偭游兮，永览周乎八极。乱曰：甘饵含毒，难数尝兮。麟而可羁，近犬羊兮。鸾凤高翔，戾青云兮。不挂网罗，固足珍兮。斯错位极，离大戮兮。屈子慕清，葬鱼腹兮。伯姬曜名，焚厥身兮。孤竹二子，饿首山兮。断迹属娄，何足称兮。辟斯数子，智若渊兮。我异于此，执太玄兮。荡然肆志，不拘挛兮②。

扬雄从少年时代起就喜欢辞赋，他最服膺的辞赋家是屈原和司马相如。越南人一

---

① ［汉］班固撰《汉书》，中华书局2007年版，第872页。

② ［汉］扬雄著，张震泽校注：《扬子云集》，上海古籍出版社1993年版，第138页。

直视扬雄为中国的文学家和思想家。扬雄至今在越南仍受到广泛的尊崇。阮宪黎《中国史》：

> 正如诗在唐代、词在宋代一样，赋在汉代很盛行。赋是一种介于诗歌与散文之间的有调有韵的文体。赋体发生自楚辞；在战国末期已经有了宋玉及其《招魂》《九辨》各篇；赋在整个汉代得到普及。多数作者用这种文体来歌颂升平的景象和帝王的才德；语辞华丽，调子悠扬，但内容很平常（王充贬赋语）。最有名的是司马相如，他有浪漫的才华，引诱到了一个寡妇，即年轻、有钱的娘子卓文君。他写过相当多的赋，而《子虚赋》得到武帝的喜爱，后来拜中郎，为使臣，进入巴蜀（他的家乡），以晓谕父老们服从汉室。其他各位文人，如扬雄，也传下了几篇赋，但是最有价值的还是贾谊哀吊屈原的那一篇赋，语言淋漓，因为他的心事像屈原，他也热忱爱国，也被人谗构，遭流放而远至长沙。（拙译）①

越南史学家阮宪黎认为，扬雄是司马相如和贾谊之后的第三位大赋家，此评价大体公允。司马相如是教授扬雄作赋的老师。贾谊的生年远早于扬雄。因此，越南人一般将扬雄列为第三位伟大的赋家。这是越南学术界较新的看法。还有一种较早的看法，叫作“汉赋八大家”。越南士人对汉赋有湛深的研究，他们仔细研究过六十余位汉赋的作者，又复将汉赋的发展历程分为三个阶段，并确定了其中的名家。他们认为，早期汉赋的名家是贾谊、枚乘，中期汉赋的名家是司马相如、刘向，后期汉赋的名家是扬雄、班固、张衡、赵壹。这就是越南士人服膺的“汉赋八大家”。“汉赋八大家”是越南士人仿照古文的“唐宋八大家”而提出来的一个概念。在越南人民的心中，扬雄是汉赋八大家之一。再者，扬雄于越南古代史深有研究，因此越南人民非常热爱扬雄。张汉超（Truong Han Sieu，？—1354）所作《白藤江赋》（*Bach Dang giang phu*），属于越南文学的经典之作，其中可以看到张汉超受到扬雄赋的诸多影响。

在历史悠久的越南文学中，赋是一种发达的文体。在越南的民族文字发明之前，越南士人只得采用汉字来进行文学创作。越南的汉字文学，诗赋是其强项，同时诗赋也是科举考试的内容。相传越南陈朝人韩诠（Han Thuyen，1247 年太学生）创制了越南的民族文字“字喃”。字喃是一种仿效汉字结构的越语化的方块象声文字。字喃产生以后，越南文学的强项是长篇的叙事文学诸体，包括小说、传记、演歌、叙事诗等。即使在越南的长篇叙事文学中，也不时出现赋的句式。17 世纪中叶，用拉丁字母拼写的越南文字“国语字”基本形成。此后，国语字的使用范围逐渐扩大，并成为用于文学创作的文字。1945 年 8 月革命胜利之后，国语字和国语成为越南民族和越南民主共

---

① Nguyen Hien Le，*Su Trung Quoc*（Tp Ho Chi Minh：NXB Tong Ho Tp Ho Chi Minh，2006）196.（阮宪黎：《中国史》，胡志明市综合出版社 2006 年版，第 196 页。）

和国的正式文字和标准语。此后，在越南的各体文章中仍然不时出现赋的句式。这是因为，越南人写的文章，其句子绝大多数为六八句式。当前的越南语文章不乏欧化的长句，一句可长达数行，但是它们大都可以拆分为六八句式。而且，那些八言句，大都可以再拆分为两个四言句。简言之，四六句式迄今为止依然是越南文章的主流句式。诵读的经验告诉我们，四六句式带有浓郁的辞赋色彩。笔者曾逐篇分析过越南小学一、二年级“越语”（相当于中国的“语文”）课本中的全部课文，它们几乎全为六八句式，因而容易默写，容易背诵。研究扬雄亦有当下的意义。两千余年来，越南人民一直高度评价扬雄的成就，故而研究扬雄也具有国际意义，那就是助推“一带一路”倡议在越南和东南亚各国落地生根，开花结果。

扬雄终生喜爱辞赋。扬雄《法言·吾子》：“或问：吾子少而好赋。曰：然。童子雕虫篆刻。俄而曰：壮夫不为也。”① 其实，扬雄壮年以后所不为的仅仅是那些以歌颂讽喻为题材的赋。每当扬雄觉得某些题材更适合用赋这一文体来表现的时候，他仍然欣然命笔，作起赋来。比如，《解嘲》《解难》和《太玄赋》就是扬雄壮年以后的赋作。

扬雄《太玄赋》有三方面值得我们注意。

第一方面是玄本体论。在《太玄赋》中，扬雄再次阐明了他对玄的认识：“玄”作为“道”，是万物的本体。《太玄赋》的起首四句是对玄本体论的概括性的表述：“观大易之损益兮，览老氏之倚伏。省忧喜之共门兮，察吉凶之同域。”在这几句话中，有四个关键词。（一）损益。损益指事物的消长、衰盛、枯荣、降升。在《易经》中有《损卦》和《益卦》，它们象征事物的消长。（二）倚伏。倚伏指事物的相互依存，相互影响，相互转化。（三）共门。门，类别。共门，同属于一个类别。忧喜共门，忧和喜同属于情感这一类别。（四）同域。域，领域，同，同一。同域，同属于一个领域。吉凶同域，吉与凶同属于征兆这一领域。

事物总是处于变化之中，《周易》教导人们从阴阳两方面认识事物变化的总体规律，《太玄》教导人们从天、地、人三个方面去认识事物变化的具体情形。《周易》和《太玄》都教导人们从本体上去把握事物。清朱彝尊《经义考》卷二六八：“桓谭曰：扬雄作玄书，以为玄者天也，道也。言圣贤制法作事，皆引天道以为本统，而因附续万类。王政人事法度。故宓牺氏谓之易，老子谓之道，孔子谓之元，而扬子谓之玄。《太玄经》三篇，以纪天地人之道；立三体，有上中下，如《禹贡》之陈三品。‘三三而九，因以九九八十一，故为八十一卦’，以四为数，数从一至四，重累变易，竟八十

① ［汉］扬雄撰，韩敬注：《法言注》，中华书局1992年版，第25页。

一而遍，不可损益，以三十五蓍揲之。《玄经》五千余言，而传十二篇。"[①]《经义考》所引"桓谭曰"一段，出自桓谭《新论》。《后汉书》卷二八上《桓谭传》："初，谭著书言当世行事二十九篇，号曰《新论》，上书献之，世祖善焉。"[②] 桓谭《新论》二十九篇早已亡佚。清严可均校辑《全后汉文》卷一三至卷一五有《桓子新论》。严可均校辑《桓子新论》将辑文分类排比，列为十六类。其中，《闵友十五》载有以上"桓谭曰"一段，文字基本相同。唯上引"以三十五蓍揲之"，下有注曰："当作六。"[③] 上引"而传十二篇"，作"而传十三篇也"[④]。在上引桓谭的话中，术数学的意味很浓。'三三而九，因以九九八十一，故为八十一卦'，意思是说，扬雄以天、地、人三才，来概括万事万物。三的四次幂为八十一，而八十一这个数字恰好是《太玄经》中的八十一"首"。《太玄经》的"首"是个单位词，其含义与《易经》的"卦"相似。易、道、元、玄，这四个词都用来指万物的本体，只是各家用语不同罢了。

第二方面是道教前史。在《太玄赋》中，扬雄所言及的人物，分为三种类型。（一）道教前史上实存的历史人物。许由、老聃（即老子）、屈子（即屈原）、孤竹二子、伯姬，属于这一类型。许由，一作许繇，尧时的贤人。许由隐于沛泽，帝尧听说其贤，欲以天下让之。许由不欲接受权位，就逃到颍水北岸的箕山之下。帝尧又打算征召许由为九洲长。对于这个召命，许由连听都不愿意听，于是他跑到颍水之滨，以清水洗涤自己的耳朵。孤竹，一作觚竹，商周时的诸侯国，辖境在今河北卢龙南。商朝末年，孤竹国君有两个儿子，名叫伯夷和叔齐。他们逊让君位，便往周朝跑去。半路上，他们遇到伐纣途中的周武王，于是叩马进谏，立了大功。商朝灭亡后，这两个有功之人却不食周粟，最终饿死在首阳山上。伯姬，宋伯姬，鲁女，嫁宋公。为了守礼，伯姬宁愿焚死于火中。（二）道教前史上经过神格化的人物"神仙""女仙"。傿、禄、赤松子、素女、宓妃，属于这一类型。傿、禄是两位神仙的名字，相传她们在江淮得道。赤松子，神农时的雨师。素女，古代的神女。宓妃，伏羲的女儿。（三）兼具以上两种特征者。王子乔，属于这一类型。王子乔，一作王乔，即周太子晋，后来得道登仙。此外，那些道教前史上实存的历史人物，包括老子和屈原等人，在道教成立之后都被陆续纳入道教的神系。以此之故，扬雄《太玄赋》中所提及的那些人物，几乎都可以归入这一类型。

其三，批评范式。范式（paradigm），也译作"规范""范型"，本是美国哲学家托

---

① ［清］朱彝尊：《经义考》，中华书局 1998 年版，第 1353 页。
② ［南朝宋］范晔：《后汉书》，中华书局 2007 年版，第 290 页。
③ ［清］严可均校辑：《全上古三代秦汉三国六朝文》第一册，中华书局 1958 年版，第 551 页。
④ 同上。

马斯·撒母耳·库恩（Thomas Samuel Khun，1922—1996）的用语。我们常说学科建设，文学批评是一个学科，它也需要学科建设。那么，学科是什么呢？学科是按照学问的性质而划分的门类。一个学科就是相关人员所进行的专业活动之集合。相关的人员从事性质相同的研究，他们组成学科共同体。在这个共同体中，大家都按照一定的规范来进行活动。在常规时期，这些规范支配着大家去解决一个个疑点，从而进行高度定向的研究活动。规范自身也有着它们的生命周期。这表现为两种情形。（一）当原有的规范不足的时候，一个学科就会陷入危机，从而导致新的规范出现，以代替旧的规范。（二）那些业已被替代的旧的规范，在某些情况下重新被学科共同体的成员们唤醒，从而开始新一轮的生长，再度发挥作用。范式这个术语，其原初的意义是语法中的词形变化表。大多数西方的语言都属于综合性语言，其动词、形容词、名词、代词等往往有繁复的形态变化。按照惯例，动词变化表叫作动词范式，形容词变化表叫作形容词范式，其他以此类推。

扬雄通常被认为是一个大儒，然而在其作品中，涉及道教的因素却非常多。鲁迅《1918 年 8 月 20 日致许寿裳》："中国根柢全在道教。"[①] 既然道教是中国文化的根柢，那么在剖析中国文学作品的时候，只要有可能，就应该将其中蕴含的涉及道教和道学的因素，尽可能多地发掘出来。扬雄通过自己的文学创作无形中向我们展示了一个范式，那就是如能涉及道教或道学，那么就尽可能多地涉及它们。此就文学创作而言。既然文学创作的过程如此，那么文学批评则可以做逆向的运动，以再现其中的种种奥妙。扬雄本人在这方面为我们树立了一个榜样，他的文学创作实际上为我们提供了一种可供尝试的批评范式：发掘作品所涉及的道教和道学意蕴以洞见作家的创作意图，罗列作品所涉及的道教和道学要素以拓展作品的精神内涵。我国有诸子百家，在研究文学的时候各家学说的意蕴都有发掘的价值。尽管如此，涉及道家、道教和道学的各种要素，其开拓之价值毕竟还是更大一些。这是因为，涉及道家、道教和道学的内容蕴含较多的神话成分。世界文学告诉我们，神话是浪漫主义的主要来源之一。神话赋予文学作品以浪漫主义的色彩。以此之故，含有神话成分的那些作品其文学性更强，更能触动读者的心灵。

扬雄是大儒，但是他不是淳儒。这是因为，在扬雄的思想中有许多道教思想的成分。《太玄经集注》一书收入《道藏》太清部，这就是一个明证。

明道、征圣、宗经是扬雄所建立的文学模式，或可谓之顶级范式。此所谓文学模式，其实是一个统称，因为它既是文学创作的模式，又是文学批评的模式。《太玄经》

① 鲁迅：《鲁迅书信集》上卷，人民文学出版社 1976 年版，第 18 页。

卷四："次六，鸿文无范，恣于川。测曰：鸿文无范，恣意往也。"[①] 晋范望注："鸿，大也。范，法也。六为宗庙。宗庙之中，礼以辅成。在文之世，故曰文。文章奂然，故无法也，如川之流，从所投也。"[②] 伟大的文章不受某些特定规范的约束，它们是自由的表征。作者在创作这些鸿文的时候，可以恣意前往精神的王国。这样看来，仿佛就没有什么范式了。其实不是的，在扬雄的文学创作中，顶级范式俨然存在于其中，只是它不怎么显露痕迹罢了。明道，这是玄奥的指向。同样一个道理，只有经过繁复的层层推导的详密的论证，才有人相信。在西方，托马斯·阿奎那（St. Thomas Aquinas，1225—1274）在其《神学大全》（*Summa Theologiae*）中这样做了，他做得很成功。在东方，扬雄在《太玄经》中这样做了，他做得非常成功。征圣，其要义在于人作用于人。人是一切实践活动的主体，人也是文学批评活动的主体。扬雄以天、地、人三才而发展了《周易》的阴阳二元，人的主体性由此得到了正式的确立。扬雄的功劳大矣！宗经，这是浅切的指向。宗经，其最简单的做法是引用经典，其最高级的做法则是，仿照已有的经典而另外建构著作，并且在属文之前就矢志让它成为经典。扬雄这样做了，他做得很成功。

扬雄《太玄》的另一个突出的特色，就是讲究阴阳对立并以人为主体而展开具体的批评实践活动，故而其批评体系中含有对偶范畴。扬雄在《太玄经》中建立的对偶范畴，主要有以下四组。

第一组对偶范畴：因与革。《太玄经集注》卷七《太玄·玄莹》："夫道，有因有循，有革有化。因而循之，与道神之；革而化之，与时宜之。故因而能革，天道乃得；革而能因，天道乃驯。夫物，不因不生，不革不成。故知因而不知革，物失其则，知革而不知因，物失其均。革之匪时，物失其基。因之匪理，物丧其纪；因革乎因革，国家之矩范也。矩范之动，成败之效也。"[③] 这就是道，它既有前后相承的一面，又有变革、变化的一面，前者为因循，后者为革化。扬雄说，注意因循，就会得到神的帮助。然而，不能一味地因循，也需要适当的改革。改革的成败，其关键在于把握时机。因循和革化是辩证的统一，因循而又适时革化，天道方能完满。革化而又适当因循，天道方能渐进。如果完全没有因循，那么新的事物就无从产生。如果没有革化，那么一个事物就不能完成其发展的历程。因循而不知革化，事物就会失去等级。知革化而不知因循，事物就会失去协调。革化而不适时，事物就会失去基础。因循而无条理，事物就没有统绪。对于国家来说，因革沿创是大法则。大法则的变动关系到事业的成

① 浙江古籍出版社编：《百子丛书》上册，浙江古籍出版社 1998 年版，第 609 页。
② 同上，第 610 页。
③ 同上，第 621 页。

败。就文学而论，复古与革新、模拟与创造是一对矛盾。明道、征圣和宗经是一个宏大的范式，这个范式既有固定的一面，也允许灵活变通。

第二组对偶范畴：袭与新。《太玄经集注》卷九《太玄·玄文》："新故更代，阴阳迭循，清浊相废。将来者进，成功者退；已用则贱，当时则贵。"① 新陈代谢是生物变化的法则。阴阳交互作用是自然变化的法则。清浊相互否定是音韵变化的法则。诚如英国作家莎士比亚所云，世界是一个舞台，人人都是演员。当来者将登上舞台，成功者必退居幕后。已经起过作用的一方，其地位自当下降。正在发挥作用的一方，其地位必然重要。这样的情况也发生在文学的领域。《南齐书》卷五二《文学传论》："在乎文章，弥患凡旧。若无新变，不能代雄。"② 在文学上，创新始终是必要的。又《太玄经集注》卷七《太玄·玄摛》："其动也，日造其所无，而好其所新。其静也，日减其所为，而损其所成。"③ 行动高于空想和悬想，每日都应当有所创造，永远不要停止追求新事物的步伐。如果一心追求宁静，思欲静止而逐日减少作为，那么就会一事无成。在现实生活中，我们常常见到，有些人水平不低然而却不爱动笔，久而久之他们便堕入眼高手低的状态，而最终一事无成。这就是教训。

第三组对偶范畴：文与质。这是文学理论中的一个老话题，而扬雄提出了新的见解。《太玄经集注》卷七《太玄·玄莹》："人道象焉，务其事而不务其辞，多其变而不多其文也。不约，则其指不详；不要，则其应不博；不浑，则其事不散；不沈，则其意不见。是以文以见乎质，辞以睹乎情。观其施辞，则其心之所欲者见矣。"④ 人界诸事，万般不同，那么应该怎么办才好呢？《周易》说，上天会通过种种迹象告诉人们怎么办。扬雄作《太玄》，继承并发展了《周易》的这一观点。人应该从上天垂示的种种迹象中去把握事情的本质，而不是仅仅赏玩那些迹象本身。如果把这个原则运用到文章之上，那么我们就应该将精力较多地放在事理之上。文辞固然重要，然而它毕竟不是第一位的。好文章，多变化，但并不一定篇幅长。重要的事情，要说得简约，否则读者反而不明白。文章不简要，相信的人反而少。文章不浑括，影响力就扩展不开。文章不深沉，其意义就显不出来。通过文采来表现情质，通过文辞而亮出情感。这些都是必要的。这是因为，作者的意图毕竟是通过文辞而表现出来的。扬雄的这一番话，说明他无愧于文章大家。扬雄主张美文（belles lettres）。中外文学发展史都表明，美文是文学自觉的象征。又，《太玄经集注》卷七《太玄·玄错》："中始周旋，

---

① 浙江古籍出版社编：《百子丛书》上册，浙江古籍出版社1998年版，第624页。
② ［南朝梁］萧子显：《南齐书》，二十四史简体字本，中华书局2000年版，第617页。
③ 浙江古籍出版社编：《百子丛书》上册，浙江古籍出版社1998年版，第620页。
④ 同上，第621页。

羡曲毅端。睟文之道，或淳或班。"[①] 睟，颜色纯一。怎样才能把文章写得好呢？扬雄说，他的诀窍是或淳或班，既可以写得干净利落，又可以写得斑斓多彩。究竟怎么做呢？那得根据实际需要来定。笔者认为，太玄之"玄"也可以简单地理解为旋转。爱尔兰诗人叶芝（William Butler Yeats，1865—1939）《第二次降临》（*The Second Coming*）诗写道：Turning and turning in the widening gyre，/The falcon cannot hear the falconer；/Things fall apart；the center cannot hold；/Mere anarchy is loosed in the world.[②]（旋转复旋转在拓展的螺旋中，/猎鹰腾空它听不见驯鹰人的话，/万物发散而中心再难把它们搂住；/在世界上只有那无序松开来散在各处。——拙译）螺旋是叶芝诗歌中常见的意象。天地在旋转，万物在旋转，天道端呈于那看似无序的一切之中。周而复始，回旋往复，盘旋渐升，这正是美丽其文之道。

第四组对偶范畴：华与实。《太玄经集注》卷七《太玄·玄莹》："夫作者贵其有体，而体自然也。其所循也大，则其体也壮；其所循也小，则其体也瘠；其所循也直，则其体也浑；其所循也曲，则其体也散。故不攫所有，不强所无，譬诸身，增则赘，而割则亏。故质干在乎自然，华藻在乎人事，人事也，具可损益欤？"[③] 相传王羲之时时刻刻都在练字。当闲坐的时候，他也用指头在膝盖上练字。有一天，王羲之夫妻坐在庭院中纳凉。王羲之的指头画着画着，无意中画到夫人的膝盖上去了。王夫人微微嗔责道：你画到哪里去了啊？你自己有体啊！王羲之恍然大悟，从此书道大进，有了自己的体——王羲之体。书法与文学，都属于艺术，其技艺相通。扬雄认为，作家贵在有体，即有自己的风格。风格从哪里来呢？说到底，作家的风格从大自然中来。勤学苦练固然重要，大自然才是风格的源泉。接着，扬雄用了一系列例子来说明这个道理。莎士比亚《哈姆莱特》第三幕第二场："［哈姆莱特］特别要注意到这一点，你不能越过自然的常道；因为任何过分的表现都是和演剧的原意相反的。自有戏剧以来，它的目的始终是反映自然，显示善恶的本来面目，给它的时代看一看它自己的演变发展的模型。"[④] 这就是莎士比亚提出来的悬明镜、照自然的"镜子说"。镜子说的核心内容，与扬雄关于华与实对偶范畴的看法相一致。文章可以华丽，也可以朴实，其间的分寸，以不违背自然的常道为准的。

从对偶范畴的角度来把握文学创作的规律，来进行文学批评的实践活动，这是扬雄一贯的主张。在《法言》一书中，扬雄讨论了三组对偶范畴，它们是文辞与事理、

① 浙江古籍出版社编：《百子丛书》上册，浙江古籍出版社1998年版，第619页。

② W. B. Yeats, *The Yeats Reader*, ed. Richard J. Finneran, revised edition (New York: Macmillan Library Reference USA, Inc. 2002) 80.

③ 浙江古籍出版社编：《百子丛书》上册，浙江古籍出版社1998年版，第620页。

④ ［英］莎士比亚著，朱生豪译：《莎士比亚全集》第九册，人民文学出版社2016年版，第68页。

浸润与沉浮、诗人之赋与辞人之赋。以上三组范畴，笔者已有专文论述，兹不赘言。

扬雄是重要的文学批评家。就汉代文学批评史而论，确是如此。就中国文学批评史而论，还是如此。扬雄以太玄立论，在他的话语中难免有某些神秘主义的成分。其批评话语略带神秘的色彩，故而扬雄的言论宜用于诗歌批评和介于诗歌与散文之间的赋的批评。诗无达诂，诗歌批评不宜说尽，而神秘的氛围正有助于诗歌批评在语意上的萦绕。不过，从扬雄那个时代的学术潮流看，扬雄是古文经学派的思想家。在扬雄的思想中，虽然有神秘主义的成分，但是这毕竟不占其思想的主流。在扬雄的思想中，处于主导地位的还是朴素唯物主义的思想倾向。在今天，扬雄留下的精神财富，仍然值得我们加以大力继承和发扬。

（作者单位：武汉大学文学院）

《法言》与典故

嘉濑达男

内容提要： 学界一般认为扬雄作《法言》是仿效《论语》，本文认为《法言》模仿《论语》的部分表现为对话形式、取于首语的篇名、语气等，而《法言》也选用了《论语》以外的很多经典词句。《法言》的经文选用方式有两种：一是选出经典词句化用为《法言》对话中的方式，另一种是只选用经典措辞的方式。西汉诸书也选用很多经典词句，然而一般都用引用方式来选用经文，这与《法言》的选用方式有明显区别。扬雄《法言》不用引用方式，而选用经典词句巧妙地融合扬雄的思想而撰新经典。《法言》的这种表达方式，正如《文心雕龙》所说，是从扬雄才开始使用的典故技法，后世撰文普遍用典故。另，本文探讨《法言》书名，认为"法言"二字不仅是合乎有先王以来的礼法、规律之语言的意思，也有"合适"时代变化的新经典表达的语言的意思。这意味着扬雄在《法言》中要追求"合适"时代变化的新经典。最后，本文考察了扬雄使用典故的作品和时间，发现扬雄在其早期作品《反离骚》中已用了典故，以《离骚》的词句巧妙地融合自创的文章。扬雄的典故技巧没有像后世文学家那样，以多种多样经典的词句自由自在地融合于文章中。虽然扬雄的"典故"技法是比较简单的，但作为典故技法的创始者，扬雄影响深远。

关键词： 扬雄；《法言》；典故；模仿

扬雄《法言》依于《论语》执笔，学界一般认为是仿效《论语》而撰的。于是晁公武说："雄之学，自得者少。其言务拟圣人，靳靳然若影之守形。"[①] 确切地说，《法

① 晁公武：《郡斋读书志》卷一〇，李氏注《法言》十三卷。上海古籍出版社1990年版，第434页。

言》模仿《论语》的是对话形式、取于首语的篇名、语气等部分。从词句、句法来看，《法言》也选用了《论语》以外的很多经典词句。

《汉书》本传所载的《法言自序》说："象《论语》，号曰《法言》。"赞曰："传莫大于《论语》，作《法言》。"① 但是真像《论语》的只是一部分，词句、句法上却选用了《论语》以外的经典词句。关于这种选用经典词句、修辞、句法上的表现特点，《文心雕龙·事类》已有说明：

> 事类者，盖文章之外，据事以类义，援古以证今者也。……观夫屈、宋属篇，号依诗人，虽引古事，而莫取旧辞。惟贾谊《鵩赋》始用鹖冠之说，相如《上林》撮引李斯之书，此万分之一会也。及扬雄《百官箴》颇酌于《诗》《书》，刘歆《遂初赋》历叙于纪传，渐渐综采矣。至于崔（骃）、班（固）、张（衡）、蔡（邕），遂捃摭经史，华实布濩，因书立功，皆后人之范式也。……夫经典沈深，载籍浩瀚，实群言之奥区，而才思之神皋也。扬（雄）、班（固）以下，莫不取资②。

《事类》是"据事以类义，援古以证今者"，也即所谓的"典故"。刘勰在这段说明典故的历史时说，西汉初期、中期贾谊、司马相如用过典故，但用例并不多。之后西汉末期，扬雄、刘歆多用典故，到东汉崔骃、班固、张衡、蔡邕，搜集经史编文。总之，从用典故的历史变迁可以得知，西汉末期扬雄"颇酌于《诗》《书》"，渐渐多用典故的情况。《法言》也"颇酌于《诗》《书》"等经典词句，在写作史上具有承前启后的意义。本文由此研讨《法言》跟典故之关系及特色。

一、《法言》与经典

《法言》选用的经典词句很多，看一看汪荣宝《法言义疏》便容易理解。以下内容通过举例，研讨《法言》如何选用经典词句的问题。

《法言》的经文选用方式有两种。一是选出经典词句化用为《法言》对话中的方式，另一种是只选用经典措辞的方式。两种方式的差异在所选词句的长短。前者的经典词句比较长，在《法言》里的意义跟原来的经文没有太多改变。但后者所采取的词句比较短，短句在《法言》里已失去经文原来所有的含义，只能见到经文的句法、语气。

（一）选出经典词句化用为《法言》对话中的方式

《法言》屡次选出若干经典词句，配合起来进行对话。经文不短，保留原文的意

---

① ［汉］班固：《汉书·扬雄传》，中华书局1962年版，第3580页。

② ［南朝梁］刘勰著，范文澜注：《文心雕龙注》，人民文学出版社1958年版，第614—615页。

思。如《法言·学行》篇的文章就代表这种方式。

> 或问："进。"曰："水。"或曰："为其不舍昼夜与。"曰："有是哉。满而后渐者，其水乎。"或问鸿渐。曰："非其往不往，非其居不居，渐犹水乎。"请问木渐。曰："止于下而渐于上者，其木也哉。亦犹水而已矣。"①

这段对话的内容，是有人问"进步"，扬雄用"水"的比喻来回答。对话中采用的词句有：

> 《论语·子罕》：子在川上曰，逝者如斯夫，不舍昼夜②。
>
> 《孟子·离娄下》：原泉混混，不舍昼夜。盈科而后进，放乎四海③。
>
> 《周易·渐卦·爻辞》：鸿渐于干……鸿渐于磐。
>
> 《周易·渐卦·象辞》：山上有木，渐④。

这章文字在四个地方选用经典词句，配合起来说明"进步"和"水"的共同性质而以此进行对话讨论。特意介绍《周易》的"鸿渐""山渐"的解释，表达跟"水"的进度也有类似性。扬雄选用本来没有关系的《论语》《孟子》的词句和《周易》的词句，配合起来进行对话。这样巧妙运用经典的本领，除博通经典的扬雄以外，应该不多。

就作者的观点来说，撰《法言》极为困难。但对读者来说，如果不通《论语》《孟子》《周易》等经典，不会理解这章对话的真谛。即使理解一点，也不会有太深入的了解。因此如不知其所根据的蓝本，则不能理解深奥的《法言》，这就是化用为典故的技巧意义。

（二）只选用经文措辞的方式

这种方式有下列《孝至》篇的文章可以代表。

> 孝，至矣乎。一言而该。圣人不加焉⑤。

这章表示"孝"的崇高价值，选用的经典词句就有：《周易·系辞上》"子曰，易，其至矣乎"，《论语·雍也》"子曰，中庸之为德也，其至矣乎"。《法言》跟《周易》《论语》的关系不太密切，可《法言》以《周易》的"易"、《论语》的"中庸"改变为"孝"，结果只采用"至矣乎"一句。而《法言》里所见的经典词句仅仅三字，只能见到经文的语气，《周易》《论语》原来所有的含义已消失，跟《法言》几乎没有思想上的关系了。

---

① ［汉］扬雄撰，［晋］李轨等注：《宋本扬子法言》，国家图书馆出版社 2017 年版，第 76—77 页。
② ［魏］何晏注，［宋］邢昺疏：《论语注疏》，中华书局 1980 年版《十三经注疏》本，第 2491 页。
③ ［汉］赵岐注，［宋］孙奭疏：《孟子注疏》，中华书局 1980 年版《十三经注疏》本，第 2727 页。
④ ［魏］王弼注，［唐］孔颖达正义：《周易正义》，中华书局 1980 年版《十三经注疏》本，第 63 页。
⑤ ［汉］扬雄撰，［晋］李轨等注：《宋本扬子法言》，国家图书馆出版社 2017 年版，第 305 页。

以这种方式，不知《周易》和《论语》的词句也会理解《法言》所说的意图。然而了解《周易》和《论语》的词句之后再阅读《孝至》篇，其含义更丰富，文学表达更简洁，文学性也更高。这种方式也需要了解蓝本，才可以确认是否使用了典故。为了便于理解，我们可以比较西汉诸书与经典的关系。

二、西汉诸书与经典

以上研讨《法言》选用经典词句的两种方式。但《法言》的选用方式跟西汉诸书的方式完全不一样。西汉诸书也选用很多经典词句，一般都用引用方式来选用经文。举两个例子说明。

> 孔子曰："君子务本，本立而道生。"（《论语·学而》）夫本不正者末必陭，始不盛者终必衰。诗云："原隰既平，泉流既清。"（《诗·小雅·黍苗》）本立而道生。（《说苑·建本》）①
>
> 天之且风，草木未动而鸟已翔矣。其且雨也，阴曀未集而鱼已噞矣。以阴阳之气相动也。故寒暑燥湿，以类相从，声响疾徐，以音相应也。故易曰："鸣鹤在阴，其子和之。"（《周易·中孚卦·爻辞》）（《淮南子·泰族训》）②

如上西汉诸书的选用经文方式多是引用方式。这种方式大概以"某某曰（云、言）：'……（经典词句）'"的形式来引用经文。而所选用的经文作为文章的前提条件、论据，或者结论。上面《说苑》里的《论语》是前提条件，《诗经》是论据，《淮南子》里的《周易》是结论。如此选用的经文对于西汉诸书有重大价值。如果没有经文，这些文章的论点就站不住脚。又西汉时期的大部分著作和散文都选用经文词句作为前提或论据或结论③。

然而《法言》几乎没有这种引用方式。扬雄已批评太史公说："不与圣人同是非，

① ［魏］何晏注，［宋］邢昺疏：《论语注疏》，中华书局 1980 年版《十三经注疏》本，第 2457 页。［汉］郑玄笺，［唐］孔颖达疏：《毛诗正义》，中华书局 1980 年版《十三经注疏》所收，第 495 页。［汉］刘向：《说苑》第 3 卷，商务印书馆 1919 年版，第 1 页。

② ［魏］王弼注，［唐］孔颖达正义：《周易正义》，中华书局 1980 年版《十三经注疏》本，第 71 页，"鸣鹤"误作"鹤鸣"。［汉］刘安撰，何宁集释：《淮南子集释》，中华书局 1998 年版，第 1374 页。

③ 管见所及，古代诸书中引用经典的有下列书：《论语》《春秋左氏传》《孝经》《礼记》《韩诗外传》《大戴礼记》《墨子》《孟子》《荀子》《管子》《庄子》《吕氏春秋》《晏子春秋》《韩非子》《（陆贾）新语》《（贾谊）新书》《淮南子》《春秋繁露》《新序》《说苑》《（桓谭）新论》《白虎通》《盐铁论》《论衡》《潜夫论》《申鉴》《中论》《国语》《战国策》《史记》《汉书》《（前）汉纪》《吴越春秋》《越绝书》《东观汉记》《风俗通义》《释名》《马王堆汉墓帛书五行篇》《马王堆汉墓帛书战国纵横家书》。没有引用经典的有下列书：《诗经》《书经》《春秋》《春秋公羊传》《春秋穀梁传》《易经》《周礼》《仪礼》《尔雅》《楚辞》《老子》《孙子》《吴孙子兵法》《公孙龙子》《尉缭子》《商君书》《马王堆汉墓帛书黄帝四经》《慎子》《鹖冠子》《山海经》《黄帝内经素问》《九章算术》《周髀算经》《法言》《太玄经》《方言》。

颇谬于经”(《法言序》),而引用经文来做前提、论据,结论是理所当然。《法言》为何没有使用当时常用的引用方式,而采用化用经典的方式?这个问题估计跟扬雄的经典观念有关系。

三、扬雄的经典观念和典故

《法言》与西汉诸书同样以经典为贵。《问神》说:“大哉。天地之为万物郭,五经之为众说郛。”《吾子》说:“舍舟航而济乎渎者,末矣。舍五经而济乎道者,末矣。”都主张五经之伟大和尊贵。这些观点跟西汉诸书没有多大差异。不过要注意的是《法言》有经书随时改变的思想观念。

> 或曰,经可损益与。曰,易始八卦,而文王六十四。其益可知也。诗、书、礼、春秋,或因或作,而成于仲尼。其益可知也。故夫道非天然,应时而造者,损益可知也。(《问神》)①

> 或曰,以往圣人之法治将来,譬犹胶柱而调瑟。有诸。曰,有之。曰,圣君少而庸君多。如独守仲尼之道,是漆也。曰,圣人之法,未尝不关盛衰焉。昔者尧有天下,举大纲,命舜、禹,夏、殷、周属其子。不胶者卓矣。唐、虞象刑惟明,夏后肉辟三千。不胶者卓矣。尧亲九族,协和万国,汤、武桓桓,征伐四克。由是言之,不胶者卓矣。礼乐征伐自天子所出,春秋之时,齐、晋实予。不胶者卓矣。(《先知》)②

《问神》说:“经……其益可知也”,“道非天然,应时而造者,损益可知也”,说明经书随时代的变化而有损有益的经典观念。《先知》四次反复说“不胶者卓矣”,都表达了“圣人之法”随时有变化。

当时的经学是很保守,遵守师承,像“绣其鞶帨”③ 的。扬雄是“少而好学,不为章句,训诂通而已”④,肯定不能赞同当时今文经学,而认为“经……其益可知也”。扬雄撰《法言》是一定有要撰随时代、合适时代的新经书的目的。扬雄反对当时保守经学,强调经典要适应时代而仿效《论语》自撰《法言》,所以《法言》应该是作为随时合时的新经典而撰的。

---

① [汉]扬雄撰,[晋]李轨等注:《宋本扬子法言》,国家图书馆出版社 2017 年版,第 143 页。

② 同上,第 219—221 页。

③ 同上,第 183—185 页。“或问,司马子长有言曰,五经不如老子之约也。当年不能极其变,终身不能究其业。曰,若是则周公惑,孔子贼。古者之学耕且养,三年通一经。今之学也,非独为之华藻也,又从而绣其鞶帨。恶在老不老也。或曰,学者之说可约邪。曰,可约解科。”

④ [汉]班固:《汉书》,中华书局 1962 年版,第 3514 页。

现在我们再思考一下《法言》为何使用典故。上面已经写过扬雄引用经文来做论据是理所当然，但《法言》没有使用当时常用的引用方式而用典故方式。如今我们了解《法言》是作为随时合时的新经典而撰的，就没有使用引用方式。而用典故方式的理由，是编撰随时合时的新经典。用当时常用的引用方式来选用经典是非常容易的，可是以经典引用做论据就很保守。西汉诸书同样遵守师承“绣其鞶帨”的方式，不会撰随时合时的新经书。因此扬雄没有使用引用方式而用典故方式，选用经典词句巧妙地融合其思想而撰新经典。引用方式是依据经典，没有革新，却运用典故方式，创作新的写作技巧。

晁公武虽说：“其言务拟圣人，靳靳然若影之守形”，但《法言》的典故方式是一种新的写作技巧。正如《文心雕龙》所论，《法言》这种化用典故的表达方式，是扬雄巧妙融合经典词句所创造的新的用典技巧。后世撰文普遍用典故，忘掉谁开始用典故，然后以为《法言》只是《论语》的模仿作品，不能理解《法言》新创的写作技巧。

四、《法言》书名考

以上探讨了《法言》的典故方式、为何用典故等问题。总体来说《法言》的典故是一种撰新经典的写作技巧。根据这个结论，现在我们对《法言》的书名进行一点研讨。

一般认为依下列三个句子命名为《法言》①，其意为合乎先王礼法、规律之言：

> 非先王之法服不敢服，非先王之法言不敢道，非先王之德行不敢行。是故非法不言，非道不行。（《孝经·卿大夫》）②
>
> 子曰，法语之言能无从乎。改之为贵。巽与之言能无说乎。绎之为贵。说而不绎，从而不改，吾未如之何也已矣。（《论语·子罕》）③
>
> 夫两喜必多溢美之言，两怒必多溢恶之言。凡溢之类妄。妄则其信之也莫，莫则传言者殃。故法言曰，传其常情，无传其溢言，则几乎全。……克核太至，则必有不肖之心应之，而不知其然也。苟为不知其然也，孰知其所终。故法言曰，

① 汪荣宝：《法言疏证》吴县汪氏金薤琳琅斋排印1911年版，卷一第1叶，题注说：“《论语·子罕》篇云：法语之言，能无从乎。《孝经·卿大夫》章云：非先王之法言不敢道。《荀子·大略》篇：少言而法，君子也。此扬君名书之恉也。《庄子·人间世》篇记孔子答叶公子高语，再引，‘故法言曰’，则似孔子之时已有传记名法言者，扬君袭之。”

② ［唐］玄宗注，［宋］邢昺疏：《孝经注疏》，中华书局1980年版《十三经注疏》本，第2547页。

③ ［魏］何晏注，［宋］邢昺疏：《论语注疏》，中华书局1980年版《十三经注疏》本，第2491页。

无迁令，无劝成，过度益也。(《庄子·人间世》)[①]

就《法言》是“先王之法言”，先王以来的规律之语言的意思。这种解释不会有矛盾。现在我们已明确《法言》是选用经典词句撰的“随时合时”的新经典。因此我们会想到《法言》的“法”字有先王之“礼法”“规律”的意思，此外还包含有“合适”时代的意思。如果“法”字只有“规律”的意思，《法言》的含义比较死板，表示墨守成规。追加“合适”的含义，会包含本文考证的“适应”时代，也“适应”经典的意思，又可以符合扬雄有损有益的经典观念。

“言”字也可以研讨一下。《法言》像《论语》，据上面《子罕》名叫“法语”比较合理。估计“言”字跟“语”字有区别。《法言》中的“语”字例有：“昔之隐者，吾闻其语矣”(《渊骞》)，“世无仙则焉得斯语”(《君子》)等，都是过去谈论语言的意思。却“言”字例有：“闻先生相与言则以仁与义”(《学行》)，“君子言则成文，动则成德”(《君子》)等，示出语言表达行动。因而《法言》意味着过去先王的谈论，就要名为“法语”。名叫“法言”的话，包含着当时时代表达的语言。

总之，《法言》的意思合乎有先王以来的礼法、规律之语言，又有作为“适应”时代变化的新经典表达的语言的意思[②]。

五、扬雄与典故

扬雄除了《法言》以外，还有不少作品。比如《太玄》《方言》等著作，《反离骚》《甘泉赋》《河东赋》《校猎赋》《长杨赋》等辞赋，还有《剧秦美新》《赵充国颂》《解嘲》《解难》等文章。那么哪些作品用典故？扬雄的一生中，是什么时候开始用典故的呢？我们进行一个初步考查。

扬雄早期作品有《蜀都赋》《反离骚》和《甘泉》《河东》《校猎》《长杨》四大赋。《蜀都赋》中几乎看不到典故技巧。只能散见出于经典和司马相如赋的几个单词[③]。例如：“岩岩”(《诗·鲁颂·閟宫》)，“丰隆”(《楚辞·离骚》)，“缤纷”(《楚辞·离骚》)，“芒芒”(《诗·商颂·长发》)，“蔓蔓”(《楚辞·九歌·山鬼》)，“岎崯(岑崟)”(司马相如《子虚赋》)，“康濭(沆溉)”(司马相如《上林赋》)，“连卷”(司马相如《上林赋》)。还有“观鱼”可能基于《左传·隐公五年》鲁隐公故事，“迎夏”基于《礼记·月令》，但“观鱼”和“迎夏”两词只出现在《古文苑》所收的

---

① [清]郭庆藩集释：《庄子集释》，中华书局1961年版，第157、160页。

② 关于以上内容，请参阅嘉濑达男：《〈法言〉的表现》，《学林》，中国艺文研究会，2003年。原为日文。

③ 详细情况请参阅嘉濑达男：《扬雄〈蜀都赋〉译注》，《学林》，中国艺文研究会，2010年。原为日文。

《蜀都赋》中，《艺文类聚》《太平御览》《文选注》等所收的《蜀都赋》佚文中没有发现。因此我们认为《蜀都赋》中还没有运用典故技巧。

关于《反离骚》，扬雄本人说："摭《离骚》文而反之"，全篇无疑是基于《离骚》，从《离骚》选出的词汇不胜枚举[①]。《反离骚》没有《文心雕龙》所说"颇酌于《诗》《书》"，即是"颇酌于《离骚》"。而且对于《反离骚》，扬雄本人说："摭《离骚》文而反之"的方式非常类似于"选出经典词句化用为《法言》对话中的方式"（参看本文第一节）。不过至今没有人说《反离骚》用典故，人们一般只是批评扬雄模仿《离骚》。当然，《反离骚》是"摭《离骚》文而反"《离骚》或屈原的，内容上"摭《离骚》文"而已，不是将《离骚》化用为典故的。即《反离骚》中"摭《离骚》"的写作技巧不能被认为是用典故，可以认为《反离骚》的写作技巧是扬雄追求的新式方法。《反离骚》是扬雄第一次开始以经典的词句巧妙地融合而自创的文章。

《甘泉》《河东》《校猎》《长杨》四大赋没有像《反离骚》摭拾特定文章。四大赋风格上类似司马相如，而只有句"酌于《诗》《书》"，但不算很多[②]。"酌于《诗》《书》"的情况在《元后诔》《百官箴》中也可以看到[③]。但《赵充国颂》的情况跟这些作品不一样。《赵充国颂》是《汉书·赵充国传》和《文选》卷四七所收，扬雄应成帝之诏，为了"追美（赵）充国"，"即充国图画而颂"的作品[④]。文章四字一句，共32句，总计128字。笔者曾经讨论过《赵充国颂》，结果论断《赵充国颂》是将《诗·大雅·常武》作为蓝本的韵文[⑤]。这种情况类似于《反离骚》将《离骚》化用为典故，我们可以认为《赵充国颂》也是将《诗·大雅·常武》化用为典故的。

对于《太玄》笔者也讨论过扬雄写作《太玄》的动机，推断《太玄》的执笔过程[⑥]。特别是在考察扬雄的生涯和学问的基础上，探讨了《太玄》所具的特色，考查了《太玄》与《周易》的异同，《太玄》的画、首、首辞和《周易》的爻、卦、卦辞的关

---

① 详细情况请参阅嘉濑达男：《读扬雄〈反離騒〉》，《（小樽商科大学）Language studies》，小樽商科大学语言中心，2011年。原为日文。

② "酌于《诗》《书》"的部分请参阅张震泽校注：《扬雄集校注》，上海古籍出版社1993年版。关于四大赋笔者最近进行初步讨论。请参阅嘉濑达男：《献赋与扬雄赋》，《第十三届国际辞赋学学术研讨会论文集》，中国辞赋学会，2018年。

③ 关于《元后诔》笔者有《扬雄〈元后诔〉的背景与文体》，《学林》，中国艺文研究会，2008年。关于《百官箴》请参阅佐藤达郎：《汉代的古官箴·译注篇上、下》，《大阪樟荫女子大学学艺学部论集》39号、41号，大阪樟荫女子大学学艺学部学术研究委员会，2002年、2004年，福井佳夫：《关于扬雄的〈百官箴〉上、下》，《汉文教室》143号、144号，大修馆书店，1982年、1983年。以上论文都原为日文。

④ ［汉］班固：《汉书·赵充国传》，中华书局1962年版，第2994—2995页。

⑤ 嘉濑达男：《论扬雄的〈赵充国颂〉》，《〈文选〉与〈文选学〉：第5届文选学国际学术研讨会论文集》，学苑出版社2003年版。

⑥ 请参阅嘉濑达男：《扬雄〈太玄〉的写作目的》，《第11届汉代文学与思想国际学术研讨会》，台北·政治大学中国文学系，2018年。

系基本相同。但《太玄》并未采用《周易》最根本的原则——阴阳二元，而是将其改为天地人三画。这种改动已超出模仿的范围。《太玄》除了改动《周易》最根本的原则以外，还采用了“天文”“数”“律历”“五行”等术数学知识。其目的是让《太玄》729赞与年历相组配。还有，《太玄》一部首辞、赞辞用《周易》文句，但《太玄》的改动主要在数理部分。《太玄》数理部分组成了《太玄》的骨干，因此我们可以推断《太玄》是借用《周易》的体式和某些文句，还局限于模仿《周易》。对于《太玄》与《周易》的这种关系，我们不能认为是“典故”。不过也可以认为《太玄》像《法言》一样，是扬雄追求新经典的一种写作技巧。

以上关于扬雄的文章技巧和典故，据笔者的初步考查，确认了一些作品用了典故。其他作品笔者还没有更深入分析，但扬雄的一生中，我们认为在他早期作品《反离骚》中已用了典故，是以《离骚》的词句巧妙地融合而自创的文章。扬雄的典故技巧不是像后世文学家那样，以多种多样经典的词句自由自在地融合于文章中。扬雄的“典故”技法是比较简单的，但扬雄作为典故技巧的创始者，影响深远。

（本文表达上有王许林先生和章天明先生的部分修改。又，本文已在《蜀学》第十六辑刊登，承蒙《蜀学》编辑部的同意在此转载。）

（作者单位：日本·小樽商科大学）

扬雄四大赋蕴含的文学理念

王定璋

内容提要： 本文以《甘泉》《河东》《羽猎》《长杨》等赋为审视对象，探索其蕴含的文学思想及美学主张。比如说“缘事而发，有感而作的文学指向”“着眼现实，关注民瘼的情感表达”“深闳博衍，巨丽敷陈的审美旨趣”。

关键词： 扬雄；《甘泉赋》；《河东赋》；《羽猎赋》；《长杨赋》；文学理念

扬雄是汉代最为著名的文学家、史学家、语言学家和哲学家。他的著述极为丰富广博。本文无意于全面涉及，拟从其文学方面的辞赋入手，撷取其四大赋切入，探讨其蕴含的文学理念及其理论建树，兼及他对赋的理论认知。

作为文学家的扬雄，其文学造诣主要体现在辞赋创作上。他的四大赋《甘泉赋》《河东赋》《羽猎赋》《长杨赋》是奠定其文学家地位的重要作品。笔者准备以此四大赋为审视对象，探索其蕴含的文学思想及美学主张，以就教于有识之士。

一、缘事而发，有感而作的文学指向

扬雄出生于蜀中成都，成长于天府之国，少而好学，博览群书，不为章句之学，务求通达古今，虽然因其口吃不能剧谈，却默而好深湛之思。史称其“清静亡为，少耆欲，不汲汲于富贵，不戚戚于贫贱，不修廉隅以徼名当时……自有大度，非圣哲之书不好也；非其意，虽富贵不事也，顾尝好辞赋”（《汉书·扬雄传》）。

由于对辞赋的喜爱，扬雄十分仰慕同为成都人的汉赋大家司马相如，“作赋甚弘丽温雅，雄心壮之，每作赋，尝拟之以为式”（《汉书·本传》）。可见，扬雄对赋的喜爱并染翰辞赋创作，实受司马相如的影响，并有意以其为效法对象，但扬雄仍然有着自己鲜明的创作个性和明显的时代特征。《甘泉赋》是汉成帝郊祭甘泉泰畤、汾阴后土，以求继嗣时扬雄向成帝所奏的作品，这是扬雄因人所荐初入朝廷待诏承明庭之时。赋的开篇即云：

惟汉十世，将郊上玄。定泰畤，雍神休，尊明号，同符三皇，录功五帝，恤胤锡羡，拓迹开统……

表明《甘泉赋》的写作背景与成帝郊祭希望达到的目的。汉高祖定鼎华夏，至汉成帝时已经历了高祖、惠帝、高后、文帝、景帝、武帝、昭帝、宣帝、元帝九代，至成帝则有十世之久。于是郊祠上玄（即上天），定泰畤（天子祭天神处），雍神林（佑护以休美之祥），其目的是盼望神灵辅佑成帝，赐以嘉祥和子嗣，疆域广拓而稳固。这就是扬雄创作《甘泉赋》的缘由。以下便是扬雄以辅放展衍的笔触，锐意描绘郊祠的宏衍巨丽的场景。赋末的乱曰：“崇崇圜丘，隆隐天兮……辉光眩耀，隆厥福兮。子子孙孙，长亡极兮。”正好与求嗣祈福相照应（即“恤胤锡羡”），确系缘事而发，有感而作的作品。

《河东赋》也是事出有因而撰写的篇章。《汉书·扬雄传》：“其三月，将祭后土，上乃率群臣横大河，凑汾阴。既祭，行游介山，回安邑，顾龙门，览盐池，登历观，陟西岳以望八荒，迹殷周之墟，眇然以思唐虞之风。（扬）雄以为临川羡鱼不如归而结罔。还，上《河东赋》以劝。”

此赋是汉成帝祭毕后土之后，带领群臣渡大河，游晋中，登华山观天下而思慕殷周帝业、唐虞圣明之后，扬雄劝讽成帝与其仰慕古代先贤宏伟帝业之辉煌，还不如励精图治，再创美政而作。颜师古在注释此文时说：“言成帝追观先代遗迹，思欲齐其德号，故（扬）雄劝令自兴至治，以儗帝皇之风。”可谓深谙此赋的创作意蕴。确系有感而发，针对性极强的劝讽之作。所谓“伊年暮春，将瘗后土……”极写祭土仪式之庄严宏盛与仪仗之整饬。点睛之笔是劝勉成帝“嗟文公而愍（介子）推兮，勤大禹于龙门……喜虞氏之所耕，瞰帝唐之嵩高兮，脈隆周之大宁”。继武贤圣帝王，以达到“敦众神使式道兮，奋《六经》以抒颂。逾于穆之缉熙兮，过清庙之雝雝；轶五帝之遐迹兮，蹑三皇之高踪。既发轫于平盈兮，谁谓路远而不能从”。确系颂圣的规劝之词，立意明确。

关于《羽猎赋》的问世，《汉书》做了这样的叙述：“其十二月羽猎，（扬）雄从。”他直接参预其事，现实针对性更显豁；“以为昔在二帝三王，宫馆台榭沼池苑囿林麓薮泽财足以奉郊庙，御宾客，充庖厨而已，不夺百姓膏腴谷土桑柘之地……”然后指出武帝广开上林，南至宜春、鼎胡、御宿、昆吾，旁南山而西，游观侈靡，奢丽夸诩，非尧、舜、成汤、文王等明君圣主之意，为针砭侈靡之弊而创作《羽猎赋》。创作意愿是十分明晰而属意讽劝后“复修前好，不折中以泉合”。

至于《长杨赋》则作于《羽猎赋》作后不久的次年。《文选》卷九载：“明年，上将大夸胡人以多禽兽，秋，命扶风发民入南山，西自褒斜，东至弘农，南驱汉中，张罗罔置罘，捕熊罴豪猪虎豹狖玃狐兔麋鹿，载以槛车，输长杨射熊馆。以罔为周阹，纵禽兽其中，令胡人手搏之，自取其获，上亲临观焉。是时，农民不得收敛。（扬）雄从至射熊馆，还，上《长杨赋》，聊因笔墨之成文章，故藉翰林以为主人，子墨为客卿以风。”把扬雄缘事而发，有感而作的创意意图表现得异常明白。然后通过子墨客卿与翰林主人的对话问答，以讽讪“淫览浮观，驰骋秔稻之地（肥沃农田上的农作物），周流梨栗之林（硕果累累的果林），蹂践刍荛（肥美草原），夸诩众庶，盛狖玃之收，多麋鹿之获”之可哀可悲！

总而言之，考察扬雄四大赋的创作缘由，无不表明其缘事而发，有感而作的创作动机，四大赋并非为文造情的无病呻吟，也非炫耀才华词藻的文字游戏。现实针对性与文学的指向性是异常清楚的。

二、着眼现实，关注民瘼的情感表达

扬雄以哲人的观察视角，文学家的才情气质，默而好深湛之思的睿智思索，不汲汲于富贵，不戚戚于贫贱，不修廉隅以徼名当世的人生态度从事学术研究和文学创作，且不论其学术造诣之独步当世，就是他的四大赋里也展示其汉赋创作的戛戛独造之辉煌。其着眼社会现实，情系国计民生，体察民情民病的襟怀是极为突出的，应予充分的肯定。

《甘泉赋》本以汉成帝无子而祈求神灵赐子赐福为归依，即所谓“恤胤锡羡，拓迹开统”。却把声势搞得惊天动地，扰攘八方。作为“待诏承明庭”的扬雄，皇帝的初衷无非希望侍从文人歌功颂德，作些润色鸿业的赞美文字而已，可扬雄在规讽天子“澄心静魂，储精垂思，感动天地，逆厘三神”之后，毫不掩饰其对皇帝“想西王母欣然而上寿兮，屏玉女而却虙妃。玉女亡所眺其清庐兮，宓妃曾不得施其蛾眉。方揽道德之精刚兮，侔神明以之为资”的讥讪。所谓“屏玉女而却虙妃”，当然是规讽皇帝杜绝女色引诱，用情专一，始可祈得子嗣，正如李善在注释此文时所述：“言既臻西极，故想王母而上寿，乃悟好色之败德，故屏除玉女而及虙妃，亦以此微谏也。”扬雄敢在做宫廷文人时写出如此具有讽谏意味且尖利的文字来，体现了知识分子的良知和道德使命感来。《汉书·扬雄传》中的这段文字值得注意：

甘泉本因秦离宫，既奢泰，而武帝复增通天、高光、迎风……游观屈奇瑰玮，非木摩而不雕，墙涂而不画，周宣所考，盘庚所迁，夏卑宫室，唐、虞棌椽三等之制也。且为其已久矣，非成帝所造，欲谏则非时，欲默则不能已，故遂推而隆之，乃上比于帝室紫宫，若曰此非人力之所为，党鬼神可也。

又是时赵昭仪方大幸，每上甘泉，常法从，在属车间豹尾中。故雄聊盛言车骑之众，参丽之驾，非所以感动天地，逆厘三神。又言"屏玉女，却虙妃"，以微戒齐肃事。赋成，奏之，天子异焉。

甘泉宫本为秦代离宫，即林光宫，已很华丽奢侈，而汉武帝又增其华，扩容改造。扬雄出于社会良知，对此不置一词显然有悖于直廉忠梗之夙性。汉成帝祈神赐嗣，乃严肃庄重之事，却还带着赵昭仪，因此，扬雄才以"屏玉女，却虙妃"以谏之。其实成帝当然清楚扬雄讽谏之意，故有"天子异焉"的结果。看来，成帝可谓有道之君，竟然没有降罪扬雄，扬雄才有犯颜的勇气。史称汉成帝"博览古今，容受直辞"（《汉书·成帝纪赞》），绝非溢美。皇帝之太子，乃一国之储君，实为社稷之未来与根本，扬雄关注皇帝子嗣，间接关注到国计民生。这等大事不能漠然。

《河东赋》所涉及的内容，是追思唐虞盛世，继承殷周恢宏国运，再造升平于当下的头等国家大事。览前世圣君明主遗迹而思效法并发扬光大之，是赋作者关注的内容。"以览乎介山，嗟文公而愍（介子）推兮，勤大禹于龙门……乐往昔之遗风兮，喜虞氏（舜耕历山）之所耕。瞰帝唐之嵩高兮，脈隆周之大宁。"扬雄称美历代圣主，意在规劝成帝发扬其帝业，再续辉煌。

《羽猎赋》针砭时弊的色彩更为显著，举列代贤明之主，眷眷忠悃般地告诫："昔在二帝三王，宫馆台榭沼池苑囿林麓薮泽财足以奉郊庙，御宾客，充庖厨而已，不夺百姓膏腴谷土桑柘之地。女有余布，男有余粟，国家殷富，上下交足。"为此，扬雄描写了二帝三王（即尧、舜，夏、殷、周）时民丰物阜的富足景象："故甘露零其庭，醴泉流其唐（庙中路），凤凰巢其树，黄龙游其沼，麒麟臻其囿，神爵栖其林。"这是何等富庶丰足的生存环境啊！更令人羡称的是贤王圣主主其事："昔者禹任益虞而上下和，草木茂；成汤好田而天下用足；文王囿百里，民以为尚小；齐宣王囿四十里，民以为大：裕民之与夺民也。"

扬雄认为，贤明有道之君，有忠臣辅弼，会使人们生态环境美好，人文气氛和畅。园囿的大小固然重要，使民众富裕才是国运的根本所在，更为可贵的是扬雄竟能在《羽猎赋》中抨击汉武帝，面讽当朝成帝。"武帝广开上林，南至宜春、鼎胡、御宿、昆吾，旁南山而西，至长杨、五柞，北绕黄山，濒渭而东，周袤数百里。穿昆明池象滇河，营建章、凤阙、神明、驱娑，渐台、泰液象海水周流方丈、瀛洲、蓬莱。游观侈靡，穷妙极丽。虽颇割其三垂以赡齐民，然至羽猎田车戎马器械储偫禁御所营，尚泰奢丽夸诩，非尧、舜、成汤、文王三驱之意也。又恐后世复修前好，不折中以泉台，故聊因《校猎赋》以风。”真可谓极一时之巨丽豪奢之营建，与当初二帝三王“郊庙御宾客，充庖厨”重简朴讲实用的基本功能不啻霄壤之别。孟子在《梁惠王》下中指出：“齐宣王问曰：‘文王之囿方七十里，有诸？’孟子对曰：‘于传有之。’曰：‘若是其大乎？’曰：‘民犹以为小也。’曰：‘寡人之囿方四十里，民犹以为大，何也？’曰：‘文王之囿方七十里，刍荛者往焉，雉兔者往焉。与民同之，民以为小，不亦宜乎。’”

足见，皇家苑囿，不在大小，而在功能。私家独享，虽小犹大；与民共用，虽大犹嫌不足。孟子进而讽刺齐宣王：“臣闻郊关之内，有囿方四十里，杀其麋鹿者如杀人之罪，则是方四十里，为阱于国中，民以为大，不亦宜乎？”这样的苑囿，“杀麋鹿如杀人之罪”，普通民众又怎敢入内？穷奢极欲的汉武帝营造皇帝苑囿宏齐广袤，其害民扰民的情景，不难想象。而扬雄冒着犯龙颜的生命危险，揭露皇室的豪奢扰民，其用意十分明显，那就是告诫成帝及后来者，“恐后世复修前好，不折中以泉台”。

此赋以“或曰”设问，论者作答而展开。“或称羲农岂或帝王之弥文哉？”李善注云：“假为或人之意，言古之朴素而合礼者，咸称羲农（伏羲、神农），是则岂或谓后代帝王，弥（稍稍）加文饰，而不合礼哉！”颜师古云：“设或人云，言俭质者皆举伏戏，神农为首，是则岂谓后代帝王弥加文饰乎？故论者答之于下也。论者，雄自谓也。”

扬雄对此的回答是否定的，他认为：“各亦并时而得宜，奚必同条而共贯。”社会发展，时代进步，经济繁荣了，仍然墨守羲皇、神农那一套原始古朴的范式是没有必要的。体现了他发展变化的睿智眼光，值得充分肯定。扬雄认为当时的情况是：“富既与地乎侔訾，贵正与天乎比崇。齐桓曾不足使扶毂，楚严未足以为骖乘。狭三王之阨僻，峤高举而大兴；历五帝之寥廓，涉三皇之登闳；建道德以为师，友仁义与为朋。”这当然是颂扬炎汉繁荣强大，文治武功兴盛的溢美之词。《庄子》有云：“莫神于天，莫富于地。”而此赋夸大的汉室强盛，“丽哉神圣”，齐桓、楚之绩未可比肩，三皇五帝差可相提。道德仁义，兴隆可喜。

由此展衍铺陈，大肆渲染羽猎的壮观场景，武士奋勇，剑戟光寒，禽殚（尽）中衰，斩获丰盈……武功之余，更兼文治；“修唐典，匡雅颂，揖让于前。昭光振耀，响忽如神，仁声惠于北狄，武谊动于南邻。是以旃裘之王，胡貉之长，移珍来献，抗手称臣”。武功的辉耀，文智的勃郁，真是不可一世。夷狄臣服，四垒靖宁。甚至群公溢美曰：“崇哉乎德，虽有唐、虞、大夏、成周之隆，何以侈兹！太古之觐东岳，禅梁基，舍此世也，其谁与哉？”

在群臣的一片谀颂声中，皇帝也意识到过誉失实，才有“奢云梦，侈孟诸，非章华，是灵台，罕徂离宫，而辍游观”之悟，认为云梦、孟诸奢侈过当，以楚章华台豪丽为非，而以周文王灵台简朴实用为尚。少去离宫享乐，多理国事，停止游观佚乐。

作者在赋的结尾部分写道：“土事不饰，木功不雕，承民乎农桑，劝之以弗怠，侪男女使莫违，恐贫穷者不遍被洋溢之饶，开禁苑，散公储，创道德之囿，弘仁惠之虞，驰弋乎神明之囿，览观乎群臣之有亡；放雉兔，收罝罘，麋鹿刍荛与百姓共之，盖所以臻兹也。”关注农桑，安定家庭和社会，散公储以富民众，让百姓丰衣足食始可重道德，守礼义……所有这一切关乎国计民生的大事，才是明君圣主应当倾力所为之的，也是“立君臣之节，崇贤圣之业”的国之大事。体现了扬雄着眼社会现实，深知民生多艰的可贵见识。

至于《长杨赋》的创作缘由就更为显豁。据《文选》载：“明年，上将大夸胡人以多禽兽……”已详于前。作者借客卿之口，指出猎长杨“颇扰于民”，认为不过娱乐之游，穷览极观之举，不值得炫夸。为此，翰林主人说出了深刻的缘故，先从汉高祖除暴秦建汉祚开始，文景二代勤政爱民，杜绝声色之乐，贱珠毁玉以创“文景之治”的业绩为继，“玉衡正而太阶平”，汉武大攘四夷，建不世之殊功，使“海内澹然，永无边城之灾”。指出兵戎武备，实为国家必须重视之大事。到了成帝时代，“振师五柞，司马长杨”，是“奉太尊（高祖）之烈（业绩），遵文武之度，复三王之田，复五帝之虞”的武备所必需的，其目的是要实现“使农不辍耕，工不下机，婚姻之时，男女莫违；出恺弟，行简易，矜劬劳，休力役”的治国目标。这自然是最为紧要的民生问题，也是治理国家的头等要务。此番宏论，墨客听罢稽首悦服。充分体现了扬雄四大赋“体物写志”的旨趣所在。

三、深闳博衍，巨丽敷陈的审美旨趣

扬雄的文学成就，较为集中地体现在他文赋之中。除《蜀都赋》外，四大赋皆可谓体制闳博，极尽敷张巨丽之作，展现了深玮的艺术特质。

刘勰在《文心雕龙·诠赋》中指出：“赋者，铺也，铺采摛文，体物写志也。”铺叙手法是汉赋的主要特征。《甘泉赋》破题交代明晰是成帝“恤胤锡羡，拓迹开统”之后，即以铺陈的手法，描绘仪仗之威武整饬：“于是乃命群僚，历吉月，协灵辰，星陈而天行。诏招提与太阴，伏钩陈使当兵……”而“乘舆乃登夫凤凰兮翳华芝，驷苍螭兮六素虬”直至“驰阊阖而入凌竞”，以夸衍富丽的笔触，极写车骑仪仗的严整浩荡，其“敦万骑于中营，方玉车之千乘”的气势便赫然在目。这就是《汉书·扬雄传》所称“故（扬）雄聊盛言车骑之众，参丽之驾，非所以感动天地，逆厘三神”的阵容。

《羽猎赋》场面的闳阔壮观也是由铺放夸张的笔墨，皴染呈现。读者如有兴趣，不妨细品“于是玄冬季月，天地隆烈，万物权舆于内，徂落于外，帝将惟田于灵之囿”一段，自可明瞭。至于“上犹谦让而未俞，方将上猎三灵之流，下决醴泉之滋，发黄龙之穴，窥凤凰之巢”一段直至“背阿房，反未央”，最能体现作者以深闳博衍的笔调，状物写志的审美趣尚。

扬雄自己对赋的理解是：“赋者，将以讽也，必推类而言，极丽靡之辞，闳侈巨衍，竟于使人不能加也。既乃归之于正，然览者已过矣。”（《汉书·扬雄传》）扬雄的赋自然也有这个特征，丽靡典雅，气势恢宏。他也认识到，由于赋的极度夸饰，典丽精艳，以至于赋作者原本讽谏的意蕴被浓丽华贵外衣所掩盖，为读者所忽略，未免有买椟还珠之失。为此，扬雄进而认识到：“往时武帝好神仙，相如上《大人赋》，欲以风，帝反缥缥有凌云之志。由是言之，赋劝而不止，明矣。”而司马相如也曾诠及他对赋的认知，据《西京杂记》卷二载：“司马相如为《子虚》《上林》赋，意思萧散，不复与外事相关。控天引地，错综古今，忽然如睡，焕然如兴，几百日而后成。其友人……尝问以作赋。相如曰：合纂组以成文，列锦绣以为质，一经一纬，一宫一商，此赋之迹也。赋家之心，苞括宇宙，总览人物；斯乃得之于内，不可得而传。”

这就把赋的艺术旨趣（赋迹）和作赋的艰苦构思与结撰成篇说得更为详细。至于赋家之心是“不可得而传”的，扬雄在《法言·吾子》中曾诠及赋：“或问：‘吾子少而好赋？’曰：‘然。童子雕虫篆刻。’俄而曰：‘壮夫不为也。’或曰：‘赋可以讽乎？’曰：‘讽乎？讽则已。不已，吾恐不免于劝也。’”显然，扬雄也认识到赋有讽劝的作用，但影响有限。因为作为赋而言，其劝讽的意味只能蕴含于华丽的艺术形式之内，“主文而谲谏”而已，否则是行不通的。

难能可贵的是扬雄对当时流传的赋的分类见解：

> 或问：景差、唐勒、宋玉、枚乘之赋也益乎？曰：必也淫。淫则奈何？曰：诗人之赋丽以则，辞人之赋丽以淫。如孔氏之门用赋也，则贾谊升堂，相如入室矣。

扬雄将赋分为诗人之赋和辞人之赋两类，指出二者的区别是“丽以则”和“丽以淫”。丽靡是赋的共同特征，不同的是诗人之赋华丽有度，而辞人之赋则丽靡过甚，这个见解有一定的道理，但不全面。丽而有度，则具古诗之义；丽而淫靡，则为虚词滥说。前者寓含讽人之致，后者则情义淡薄，却有悦乐功能。二者均有存在的价值，不能以个人的好恶否定其社会意义。《汉书·王褒传》载：“上（宣帝）令褒与张子侨并待诏，数从褒等放猎，所幸宫馆，辄为歌颂，第其高下，以差赐帛。议者多以为淫靡不急，上曰：‘不有博弈者乎，为之犹贤乎已！’”辞赋大者与古诗同义，小者辨丽可喜。譬如“女工有绮縠，音乐有郑卫，今世俗犹皆以此娱悦耳目，辞赋比之，尚有仁义风谕，鸟兽草木多闻之观，贤于倡优博弈远矣”，应当说是很有见解的，人君器度存焉。

综上所述，扬雄对辞赋的见解，少年时代“顾尝好辞赋”，并以司马相如作为模仿对象。到了晚年，视赋为“雕虫篆刻”、壮夫不为的小技。综观扬雄的一生成就，辞赋固然是其文学事业的重要成果之一，而较之于他在史学、哲学、语言学方面的建树而言，只是他不太看重的部分了。扬雄在《法言·吾子》中回答或问“雾縠之组丽”时说，雾縠这种用绉纱编织的如云霞般的绶带是对女工身心的残害，所谓“女工之蠹也”！设问的人的意思是说“雾縠”之美就像辞赋一般，扬雄显然是持贬抑态度的。无怪李轨在注释中说：“雾縠虽丽，蠹害女工；辞赋虽巧，惑乱圣典。”由此可见，晚年扬雄对辞赋的态度了。

（作者单位：四川省人民政府文史研究馆）

扬雄《剧秦美新》与汉代的王道观

王允亮

内容提要：《文选》中扬雄《剧秦美新》的“奋三为一”，李善和五臣均释为于《尧典》《舜典》外，新作帝典一篇，合三篇而为一。这种解释实为误解，扬雄时《古文尚书》十六篇未列于学官，其所习为欧阳《今文尚书》，无《尧典》《舜典》分立的情况。“奋三为一”源于“王道通三”观念，指王者抟合天、地、人为一体，构建出理想的王道盛世。“王道通三”为汉人王道观中的核心命题，它汇纳旧说，廓开新义，是汉大一统帝国时代精神的高度体现。

关键词：奋三为一；《文选》误注；《古文尚书》；《今文尚书》；王道通三；天人相应

今本《文选》卷四八符命类载扬雄《剧秦美新》一文，其中有云：“宜命贤哲作帝典一篇，旧三为一，袭以示来人，摛之罔极。”李善注曰：“言宜命贤智作帝典一篇，足旧二典而成三典也，谓《尧典》《舜典》。”① 五臣本《文选》与李善本有异，作：“宜命贤哲作典一篇，奋三为一，袭以示来人，摛之罔极。”此处“帝典一篇”作“典篇”，“旧三为一”作“奋三为一”，余处均同。刘良注云：“宜作帝典一篇，述至德，令振尧、舜之典，合三篇以为一书，袭行于时，以示来世，舒于臣下之心，使无极也。”② 然两说均有不通之处，李善注以扬雄此句用法同乎司马相如《封禅文》“被饰厥文，作《春秋》一艺，将袭旧六为七，抒之亡穷”，指在《尧典》《舜典》的基础上加一篇成为三篇，然如此当作“旧二为三”，不能说“旧三为一”，且旧《尧典》《舜

① ［南朝梁］萧统编，［唐］李善注：《文选》，中华书局1977年版，第681—682页。

② ［南朝梁］萧统编，［唐］李善注：《六臣本文选》，中华书局1987年版，第916页。

典》亦只有二，并没有三。五臣注“奋三为一”亦云另作帝典一篇，与原来的《尧典》《舜典》合为一书，新帝典同时具有统合尧、舜二典的功能，此说虽较李善说稍胜，然亦难以让人信服。

由于涉及文字的差异，李善本和五臣本哪个更正确，则不能不予以辨析。幸好敦煌文书法藏 P. 2658 所存抄本《文选》中有相关文字：“（宜命贤）哲作典篇，奋三为一，以示来人，摛之罔极。”[①] 据敦煌本《文选》可知，该句中李善本和五臣本中的“袭”字为衍字，李善本中的“帝典一篇”，敦煌本和五臣本均作“典篇”，在李善本难以解释清楚的“旧三为一”处，敦煌本与五臣本同作“奋三为一”。李善据“旧三为一”文本，引《尧典》《舜典》解释文句，然而却矛盾重重，根本无法自圆其说。因此，李善本的“旧三为一”当是因繁体“舊”字与“奮”字形近而产生的讹误，正确文本应是五臣本和敦煌本中的“奋三为一”。

后世注家纷纷，然无论据何版本，对于这一句的解释，无不沿袭《尧典》《舜典》之成说。如清何焯《义门读书记》卷四六：“旧，一作奋。前言仲尼不遭用，《春秋》因斯发。此言宜命贤哲作帝典一篇，奋三为一袭。雄盖以自负也。”[②] 又梁章钜《文选旁证》卷四〇曰：“按《封禅文》：‘袭旧六为七。’此倒用其句，置‘袭’字于下耳，仍读作‘一袭’为是。”[③] 两人均“一袭”连读，与李善、五臣断句不同，何释“一袭”为一套，梁主张“袭”字为倒装句，应列句首[④]。然均主张为在《尧典》《舜典》的基础上增加一篇，然旧典仅只有二，为何称之为三？三和一所指各为何物？对这些关键词句的解释，仍存在着很大的问题。

最早提出《尧典》《舜典》说的是李善，他所据的《五经正义》本《尚书》，在清代阎若璩《古文尚书疏证》出来后，已被定为魏晋时期的伪作，不是扬雄所能见到的《尚书》文本。那么扬雄时期《尚书》传授情况如何？其所习《尚书》中《尧典》与《舜典》是分还是合？这两个问题就成为理解“奋三为一”的关键。只有这两个问题解决了，才能正确理解“奋三为一”的含义。

---

① 饶宗颐编：《敦煌吐鲁番本文选》，中华书局 2000 年版，第 72 页。

② ［清］何焯：《义门读书记》，中华书局 1987 年版，第 967 页。

③ ［清］梁章钜：《文选旁证》，福建人民出版社 2000 年版，第 1114 页。按：孙志祖《文选李注补正》亦载此说，见中华书局 1985 年版，第 78 页。

④ 当代学者基本沿袭何焯的说法，如张震泽：“一袭犹言一套。旧有《尧典》《舜典》二典，今做帝典一篇，与《尧典》《舜典》共三篇为一套也。”见氏著《扬雄集校注》，上海古籍出版社 1993 年版，第 231 页。郑文：“帝典《艺文类聚》一〇作典引。一袭：犹言一套。旧三为一袭，言合旧有二《典》而成三，成为一套也。”见氏著《扬雄文集笺注》，巴蜀书社 2000 年版，第 250 页。林贞爱：“旧三为一：谓与旧有的《尧典》《舜典》及莽新作的《帝典》，合三为一，以示后人。”见氏著《扬雄集校注》，四川大学出版社 2001 年版，第 221 页。然据敦煌本《文选》，“袭”字属衍字，将“一袭”连读解释为一套和解释为倒装列于句首，均系由文本讹误引起的歧解。

一、汉《古文尚书》与《舜典》

汉代通行的《尚书》有两个系统，一个是伏生系传下来的《尚书》，共有二十九篇，后世称之为《今文尚书》，分为欧阳、大夏侯、小夏侯三家，立于学官传授；另一个则是《古文尚书》，包括孔壁古文和杜林漆书古文两种，其中漆书《古文尚书》篇目与今文《尚书》相同[①]，孔壁古文不仅在文字形态上跟今文《尚书》不同，而且篇目上也比《今文尚书》要多十六篇，它和解读《剧秦美新》“奋三为一”的关系较大，需要细致辨析。

最早对《古文尚书》作记载的是《史记·儒林传》：

> 自此之后，鲁周霸、孔安国，洛阳贾嘉，颇能言《尚书》事。孔氏有《古文尚书》，而安国以今文读之，因以起其家逸《书》，得十余篇，盖《尚书》滋多于是矣[②]。

此处只说孔氏有《古文尚书》，并没有说出《古文尚书》的来历，也只说比《今文尚书》多十余篇，具体数字也没有点出。至刘歆《移太常博士书》则云：

> 及鲁恭王坏孔子宅，欲以为宫，而得古文于坏壁之中，逸《礼》有三十九，《书》十六篇。天汉之后，孔安国献之。遭巫蛊仓卒之难，未及施行[③]。

此处明确提出三点信息：一是《古文尚书》出自孔壁，二是其比《今文尚书》多出十六篇，三是遭遇巫蛊之祸，不得立于学官。后世记载遂多袭此说。如《汉书·儒林传》：

> 孔氏有《古文尚书》，孔安国以今文字读之，因以起其家逸《书》，得十余篇，盖《尚书》兹多于是矣。遭巫蛊，未立于学官[④]。

又《汉书·艺文志》：

> 《古文尚书》者，出孔子壁中。武帝末，鲁共王坏孔子宅，得《古文尚书》及《礼记》《论语》《孝经》凡数十篇，皆古字。孔安国者，孔子后也，悉得其书，以考二十九篇，得多十六篇。安国献之，遭巫蛊事，未列于学官[⑤]。

可以看出，这两处记载中言孔安国献书遭巫蛊之祸未得立，及逸《书》多十六篇均由刘歆《移太常博士书》而来。由于《史记·孔子世家》记载孔安国早卒，而天汉

---

① 刘起釪认为漆书古文系以古文字转写的二十九篇《今文尚书》本。参氏著《尚书学史》，中华书局1989年版，第130页。

② ［汉］司马迁：《史记》，中华书局2013年版，第3770页。

③ ［汉］班固：《汉书》，中华书局1962年版，第1969页。

④ 同上，第3607页。

⑤ 同上，第1706页。

已到汉武帝晚年，所以《汉书》载孔安国天汉年间献书，已经和《史记》有冲突①。另外，十六篇逸《书》篇目也无人记载。这个版本的《尚书》，直到王莽主政的平帝时期才得以立于学官②。

至于《古文尚书》的传授谱系，《汉书·儒林传》中这样记载：

> 安国为谏大夫，授都尉朝，而司马迁亦从安国问故。迁书载《尧典》《禹贡》《洪范》《微子》《金縢》诸篇，多古文说③。都尉朝授胶东庸生。庸生授清河胡常少子，以明《穀梁春秋》为博士、部刺史，又传《左氏》。常授虢徐敖。敖为右扶风掾，又传《毛诗》，授王璜、平陵涂恽子真。子真授河南桑钦君长。王莽时，诸学皆立。刘歆为国师，璜、恽等皆贵显④。

据此可知《古文尚书》自孔安国始即流传有绪⑤，直到王莽时期被列于学官，研习者刘歆、王璜、涂恽均身份显贵。《后汉书·贾逵传》载："父徽，从刘歆受《左氏春秋》，兼习《国语》《周官》，又受《古文尚书》于涂恽，学《毛诗》于谢曼卿，作《左氏条例》二十一篇。逵悉传父业。"可知逵父贾徽曾向涂恽学习《古文尚书》，然后再授予贾逵。到东汉后期，《古文尚书》在马融、郑玄手里发扬光大⑥。

然而，马、郑所习虽为《古文尚书》，郑玄注解《尚书》采用的却是与今文相同的二十九篇本，而不是四十六篇的古文本⑦，这不能不引起我们的注意。既然其所传是《古文尚书》，自应以四十六篇本为依据，为何弃彼而取此呢？据《尚书正义·尧典》题下马融《书叙》所云是："逸十六篇，绝无师说。"⑧

---

① 荀悦《汉纪·成帝纪》："鲁恭王坏孔子宅，以广其宫，得《古文尚书》，多十六篇，及《论语》《孝经》。武帝时孔安国家献之，会巫蛊事，未列于学官。"此处将孔安国献之改成"孔安国家献之"，这是注意到《史记》和《汉书》间矛盾做出的调停之说。

② 《汉书·儒林传》载："平帝时，又立《左氏春秋》，《毛诗》，逸《礼》，《古文尚书》，所以罔罗遗失，兼而存之，是在其中矣。"

③ 清臧琳《经义杂记》，陈寿祺《左海经辨》，崔适《史记探源》，皆考证《史记》所引《尚书》多为今文经说。

④ ［汉］班固：《汉书》，中华书局1962年版，第3607页。

⑤ 刘起釪对孔安国传《古文尚书》说表示怀疑，认为其说多出后人依托。参氏著《尚书学史》，中华书局1989年版，第124—125页。

⑥ 马融、郑玄所习为杜林派漆书二十九篇《古文尚书》，和贾逵所受的《古文尚书》有别。然《后汉书·儒林传》："扶风杜林传古文尚书，林同郡贾逵为之作训，马融作传，郑玄注解，由是《古文尚书》遂显于世。"是贾逵亦曾为杜林《古文尚书》作训，可知其时两派已经合流，马、郑俱以贾逵为先师，则其为学非谨守二十九篇漆书者。东汉习《古文尚书》者，还有孔僖、孔彦章、孔季章、周防、刘佑、孙期、度尚等人，唯不明所习为何派《古文尚书》。详参刘起釪《尚书学史》，中华书局1989年版，第125—127页。

⑦ 《尚书正义·尧典》题下云："是郑意师祖孔学，传授胶东庸生、刘歆、贾逵、马融等学，而贱夏侯、欧阳等；何意郑注《尚书》，亡逸并与孔异，篇数并与三家同？又刘歆、贾逵、马融之等并传孔学，云十六篇逸，与安国不同者，良由孔注之后，其书散佚，传注不行。以庸生、贾、马之等惟传孔学经文三十三篇，故郑与三家同，以为古文。而郑承其后，所注皆同贾逵、马融之学，题曰《古文尚书》，篇与夏侯等同，而经字多异。"

⑧ ［清］阮元刻：《十三经注疏》，中华书局2009年版，第248页。

除了“绝无师说”之外，我们其实还应该考虑的一个问题是，马、郑到底有没有见过这十六篇逸《书》？孔颖达《尚书正义》中载郑玄《书序》注于《武成》序下注云：“著武道至此而成。《武成》，逸《书》，建武之际亡。”可知《武成》在郑玄时已经不存在了。又《咸有一德》，郑玄于序下注云：“《咸有一德》已逸。”然郑注《礼记·缁衣》中“尹吉曰”语下云：“吉，当为告，古文诰字之误也。尹告，伊尹之诰也。《书》以为《咸有一德》，今亡。”这说明《咸有一德》在他注《书序》时也已亡佚。而且，郑玄的十六篇逸篇《书序》注，多随文敷衍，很少超出书序原文所言，这很可说明他并没有见到十六篇逸《书》。清段玉裁即云：“是篇（《咸有一德》）本逸，而云今亡者，逸篇十六，至康成时亡之。如《武成》逸篇，建武之际亡，然则马、郑亦未全见十六篇也。”①

马、郑没有采用四十六篇本《古文尚书》作注，不管是由于十六篇逸《书》已不存世，还是因为它绝无师说，其问题都值得探究②。《古文尚书》自刘歆提倡，在王莽的支持下立于学官之后，一直传授不绝。贾逵是马、郑先师，自他至马、郑之间，社会局势平和，且汉章帝还十分重视《古文尚书》③，按理说它应该能完整地传授下去，很奇怪的是十六篇逸《书》至马、郑时却失传了。这种情况至少说明一个事实：十六篇逸《书》平帝时并没有立于学官，一是因为它没有师说，这决定了它无法在学官讲授；二是如果它曾立于学官讲授，就不可能莫名其妙地失传。清段玉裁《古文尚书撰异》卷三二即云：“郑以有目无书者谓之亡，有书而不立学官者谓之逸，分别甚明。”

---

① 段语见《古文尚书撰异》，《续修四库全书》第46册，上海古籍出版社2002年版，第291页。另刘起釪也怀疑马融、郑玄并没有见过逸《书》十六篇。参《尚书学史》，中华书局1989年版，第146—147页。钱穆说：“孔安国《尚书》，后汉殆未有见者。”此亦不以马、郑曾见十六篇逸《书》为然。钱说见《两汉经学今古文平议》，商务印书馆2001年版，第254页。

② 马融《书序》曰：“《泰誓》后得，案其文似若浅露。又云：‘八百诸侯，不召自来，不期同时，不谋同辞。’及‘火复于上，至于王屋，流为雕，至五，以谷俱来。’举火神怪，得无在子所不语中乎？又《春秋》引《泰誓》曰：‘民之所欲，天必从之。’《国语》引《泰誓》曰：‘朕梦协朕卜，袭于休祥，戎商必克。’《孟子》引《泰誓》曰：‘我武惟扬，侵于之疆，取彼凶残，我伐用张，于汤有光。’《孙卿》引《泰誓》曰：‘独夫受。’《礼记》引《泰誓》曰：‘予克受，非予武，惟朕文考无罪。受克予，非朕文考有罪，惟予小子无良。’今文《泰誓》，皆无此语。吾见书传多矣，所引《泰誓》而不在《泰誓》者甚多，弗复悉记，略举五事以明之亦可知矣。”见《尚书正义·泰誓》序下。马融虽判断《尚书》中《泰誓》有伪，仍为之解说，如果其能见十六篇逸《书》，当不会置而不论。

③ 《后汉书·贾逵传》：“肃宗立，降意儒术，特好《古文尚书》《左氏传》。建初元年（76），诏逵入讲北宫白虎观、南宫云台。帝善逵说。”又《后汉书·章帝纪》载章帝建初八年诏书：“《五经》剖判，去圣弥远，章句遗辞，乖疑难正，恐先师微言将遂废绝，非所以重稽古，求道真也。其令群儒选高才生，受学《左氏》《穀梁春秋》《古文尚书》《毛诗》，以扶微学，广异义焉。”

亦谓十六篇逸《书》未曾立于学官①。

不唯如此，十六篇逸《书》既然可能在马、郑时已亡佚，可是孔颖达在《尚书正义·尧典》疏中却说郑玄注《书序》时指出了它们的名称，那么郑玄又是如何知道这些的呢？而且郑之《书序》注，是现存关于十六篇的最早记载。这便不能不提到西汉的另外一件伪《古文尚书》案，《汉书·儒林传》载：

> 世所传《百两篇》者，出东莱张霸，分析合二十九篇以为数十，又采《左氏传》《书叙》为作首尾，凡百二篇。篇或数简，文意浅陋。成帝时求其古文者，霸以能为《百两》征，以中书校之，非是。霸辞受父，父有弟子尉氏樊并。时太中大夫平当、侍御史周敞劝上存之。后樊并谋反，乃黜其书②。

张霸的百两篇《尚书》共一百零二篇，其中一百篇为正文，另两篇为《书序》。这个赝品《古文尚书》，虽被当场识破，但百篇《书序》却流传下来。一直到东汉时期，马、郑还以为《书序》出于孔子之手而替它作注③。孔颖达《尚书正义·尧典》疏中云：

> 前汉诸儒知孔本有五十八篇④，不见《孔传》，遂有张霸之徒于郑注之外伪造《尚书》凡二十四篇，以足郑注三十四篇为五十八篇。其数虽与孔同，其篇有异。孔则于伏生所传二十九篇内无古文《泰誓》，除《序》尚二十八篇，分出《舜典》、《益稷》、《盘庚》二篇、《康王之诰》为三十三，增二十五篇为五十八篇。郑玄则于伏生二十九篇之内分出《盘庚》二篇、《康王之诰》、又《泰誓》三篇，为三十四篇，更增益伪书二十四篇为五十八。所增益二十四篇者，则郑注《书序》，《舜典》一，《汨作》二，《九共》九篇十一，《大禹谟》十二，《益稷》十三，《五子之歌》十四，《胤征》十五，《汤诰》十六，《咸有一德》十七，《典宝》十八，《伊训》十九，《肆命》二十，《原命》二十一，《武成》二十二，《旅獒》二十三，《冏命》二十四。以此二十四为十六卷，以《九共》九篇共卷，除

---

① 段说载《续修四库全书》第46册，上海古籍出版社2002年版，第287页。另清刘逢禄《书序述闻》以此十六篇，亦《逸周书》之类，未必出于孔壁，其中《舜典》《大禹谟》《弃稷》之篇且为刘歆增窜，故东汉初治古文者卫、贾诸子，皆不为注说，以致遂佚。刘说载《续修四库全书》第48册，上海古籍出版社2002年版，第351页。清今文派学者每指刘歆伪造经典，此固属武断。然刘云此十六篇近《逸周书》，无人注解，遂而亡佚则实合情理。既无人予以注解，当亦不能立于学官。《古文尚书》据传由孔安国开始释说，而孔的身份则是《今文尚书》博士，他可能是利用《今文尚书》知识，对《古文尚书》中与今文相同的二十九篇进行讲解，而多出来的十六篇则付之阙如。由于这十六篇逸《书》没有师说，所以无法立于学官传授，以至于后来慢慢亡佚。徐复观也认为孔壁古文除孔安国以今文读之的二十九篇外，其多出的十六篇实未行于世。参氏著《徐复观论经学史二种》，上海书店出版社2002年版，第96页。

② ［汉］班固：《汉书》，中华书局1962年版，第3607页。

③ 参刘起釪《尚书学史》，中华书局1989年版，第108—109页。

④ 据《尚书正义·尧典》疏云《别录》载《古文尚书》有五十八篇。另《太平御览》卷六〇八引桓谭《新论》也载：“《古文尚书》旧有四十五卷，五十八篇。”可见五十八篇被认为是《古文尚书》篇目之总数。

八篇，故为十六。[①]

这段文字一则言“张霸之徒于郑注之外伪造《尚书》凡二十四篇”，再则言“所增益二十四篇者，则郑注《书序》”，可见张霸伪造的二十四篇《尚书》，即是郑注《书序》中列于逸篇的二十四篇，郑玄《书序》所注逸《书》篇目即张霸本而来。孔颖达这段话，正可解释郑玄为何没有见到十六篇逸《书》，却可以记录它篇目。我们还需要注意的是，据《新唐书·儒林传》载，孔颖达所习即为郑氏《尚书》，孔氏熟知郑玄《尚书》学的源流本末，且得见当日尚存的汉石经《今文尚书》及《书》序诸文献，故其所言当有据可信，非如后世多悬测臆断而已[②]。

据此，郑注《书序》逸《书》中虽有《舜典》，但《百两篇》既为张霸杂凑而成，则逸《书》有无《舜典》仍成疑问。清崔述《唐虞考信录》曾专论尧、舜之典不可分，他先列举强分尧、舜为二典的三谬，然后说：

> 然则二帝何以合为一典也？曰：天下之所以治，万古之所以开，由于禹、稷、契、皋陶诸圣人，而诸圣人之用由于舜，舜之举由于尧，故《虞书》记天下之治必归功于尧，而记尧之功必放于舜命官熙绩之后，然后尧得人之仁可见也。尧之逊位也，曰：“汝能庸命巽朕位？”舜之命官也，曰：“有能奋庸熙帝之载？”然则一篇之中所命皆尧之命，所为皆尧之事，舜特终尧之事云尔，舜固不自有其功也。二帝之身虽异，二帝之治则相首尾，史臣不得而分之也。故并舜之事而统名曰《尧典》：称尧则足以兼舜，称舜则不足以兼尧也。《史记》于两人事相首尾者则为合传，夫《尧典》亦若是而已矣[③]。

足见《尧典》本已包含尧、舜二帝之事迹，二者相辅相成，不可强为分开。舜之经历既已载于《尧典》，《舜典》即无存在的必要[④]。缘此，东晋伪《古文尚书》所列篇目虽有《舜典》，却又声称亡失，只能就《尧典》中析分《舜典》[⑤]。

---

① ［清］阮元刻：《十三经注疏》，中华书局2009年版，第247页。又清廖平也认为《书序》由《百两篇》来，系张霸之伪作，顾颉刚以为其说甚是。见《顾颉刚读书笔记》卷六，中华书局2011年版，第225—226页。

② 清人江声、王鸣盛等认为郑玄所传二十四篇《尚书》为真古文篇目，孔颖达指作张霸伪造为误识，然孔氏本身就是郑氏《尚书》学者，而且他所见到的有些文献资料清人已无从得见，故其所言当较江、王之说可信。江说见《尚书集注音疏述》，王说见《尚书后案序》《尚书今古文》，均载徐世昌等编《清儒学案》，中华书局2008年版，第3册，第2926、2949、2961页。

③ ［清］崔述：《崔东壁遗书》，上海古籍出版社2013年版，第53页。

④ 刘逢禄《书序述闻》云：“《史记》云逸《书》得十余篇，而不言其确数，不详其篇目，且所作《舜本纪》亦无出《尧典》所述之外，可知非别有篇矣。”此说极有理。见《续修四库全书》第48册，上海古籍出版社2002年版，第351页。徐复观以为今文尚书亦有百篇《书序》，司马迁得见其文，并在撰写《三代本纪》时进行征引，说极有理。参氏著《徐复观论经学史二种》，上海书店出版社2002年版，第96页。但观《史记》所征引者并无《舜典》，这说明《今文尚书》在二十九篇之外的亡失部分亦无《舜典》。

⑤ 清皮锡瑞以为：“然则据《书序》之文，所谓古文逸篇分《尧典》《舜典》为二者，其所分裂已与伪孔本无大异，不过虚张篇目以示异于今文。伪孔分‘甚徽五典’以下为《舜典》，正袭《书序》之说而小变之者也。”此正说明《书序》之不足据。见氏著《今文尚书考证》，中华书局2004年版，第484页。

总之，现存《尧典》述舜事本较完备，汉十六篇逸《书》中有无《舜典》已不可知，且逸《书》在平帝时实未能列于学官，流传范围有限，扬雄撰文不大可能据此以尧、舜事分属二典。另外，还有一个不能不考虑的问题，既然《今文尚书》中《尧典》是统括《舜典》的，那么扬雄所习的《尚书》是属于今文还是古文呢？如果他学习的是今文，那么他在写作时就更不可能把《尧典》和《舜典》分成两篇。接下来，将就这一问题做一考察。

二、扬雄习《今文尚书》略考

扬雄四十余岁才入京师，之前一直在四川老家居住。他生活的时期，正是今文经学兴盛的时代，古文经学影响有限，扬雄所受教育，应以今文经学为主。这一点在扬雄的著作中也有反映，最为集中的是《法言》一书。胡玉缙《法言义疏序》云：

是书如《吾子》之“虎别”及“纻胥”，《问道》之“尧爵”，《五百》之“载魄”，《重黎》之“无妄”，明其为用京房《易》；《渊骞》之“侠介”，《孝至》之“螭虎”，明其为用欧阳《书》；《学行》之“螟蛉”及“考甫”，《吾子》之“夏屋”，《修身》之“圃田”，《先知》之“述职”，《孝至》之“关雎”，明其为用《鲁诗》；《先知》之“实予”，《孝至》之“邵陵”，明其为用《公羊传》。凡斯之属，参考互正，塙然见师承之所在，是乾嘉诸老遗法也①。

据此序可知扬雄所习为京氏《易》、欧阳《尚书》、《鲁诗》、《公羊传》等今文经学诸经。由于《尚书》问题和《剧秦美新》“奋三为一”句的解释关系较大，故有必要对它重点关注。

欧阳《尚书》是今文经学三家中影响最大的。扬雄在《法言》一书中，明确说明了他学习欧阳《尚书》的特点，这一点在汪荣宝《法言义疏》中屡屡提及。

如胡玉缙《法言义疏序》已言及“《孝至》之‘螭虎’”，该句是指《法言·孝至》中的：“麟之仪仪，凤之师师，其至矣乎！螭虎桓桓，鹰隼䎃䎃，未至也。”汪氏《法言义疏》云：

“螭虎桓桓”者，《音义》：“螭，丑知切。”按：此用今文《书》《牧誓》语也。伪孔本作“尚桓桓，如虎、如貔，如熊、如罴”。《周本纪》作“如虎、如罴，如豺、如离”。《集解》引徐广云：“此训与螭同。”字亦作“螭”。班孟坚《西都赋》李注引欧阳《书》说云：“螭，猛兽也。”《说文》作“离”，云：“山神兽也。”引欧阳乔说：“离，猛兽也。”段氏《撰异》云：“欧阳《尚书》，唐初已

① 汪荣宝：《法言义疏》，中华书局1987年版，第1—2页。

不存，李盖于各家注记得之，与《说文》引欧阳乔说正合，正《牧誓》说也。‘离’正字，离、螭皆假借字。”陈氏《今文经说考》云：“《说文》所引欧阳乔说，即《欧阳章句》也。《欧阳尚书》今文作‘离’，《说文》所称，其正字也；《文选》注引欧阳说作‘螭’，其假借字也。螭为龙之无角者，与龙同类；离为兽之浅毛者，与虎同类也。”按：离者，古文；螭者，今文。许引欧阳说作“离”者，以欧阳书之“螭”即古文书之“离”也。此作“螭虎桓桓”，正与《选》注引欧阳书说合，此子云用欧阳《尚书》之明证也[①]。

按：汪氏据“螭虎”考出扬雄所用为《今文尚书》欧阳家义，堪称卓识。文中所云《西都赋》注见《文选》卷一《两都赋》“挟师豹，拖熊螭，曳犀牦，顿象罴”一句下李善注：“欧阳《尚书说》曰：螭，猛兽也。”此处所用为《尚书·牧誓》语，伪孔本作“尚桓桓，如虎、如貔，如熊、如罴”，《史记·周本纪》用《今文尚书》作“如虎、如罴，如豺、如离”，“离”即“螭”字。司马迁从孔安国学《尚书》，而孔安国则为欧阳《尚书》博士，故《史记》所用为《今文尚书》欧阳家说，与李善注所言正符。除《法言》外，班固《燕然山铭》“螭虎之士”，杜笃《论都赋》“虓怒之旅，如虎如螭”均用其义。欧阳乔当即欧阳高，《汉书·儒林传》：“宽授欧阳生子，世世相传，至曾孙高子阳，为博士。”[②]

除胡序所提及的两处外，《法言》在其他地方也数次用欧阳《尚书》，谨举二例如次，一则《法言·重黎》：

或问：“秦、楚既为天典命矣，秦缢灞上，楚分江西，兴废何速乎？”曰：“天胙光德，而陨明忒。昔在有熊、高阳、高辛、唐、虞、三代，咸有显懿，故天胙之，为神明主，且著在天庭，是生民之愿也，厥飨国久长。若秦、楚强阋震扑，胎藉三正，播其虐于黎苗，子弟且欲丧之，况于民乎？况于鬼神乎？废未速也！”[③]

汪氏《法言义疏》云：

“厥飨国久长”者，《无逸》：“肆中宗之享国，七十有五年。”《鲁世家》作“故中宗飨国七十五年”。又：“肆高宗之享国，五十有九年。”熹平石经作“肆高宗之飨国百年”。是今文尚书“享”作“飨”。此“飨国”字亦本欧阳《书》也[④]。

① 汪荣宝：《法言义疏》，中华书局1987年版，第550—551页。

② 此义见皮锡瑞《今文尚书考证》，中华书局2004年版，第238页；孙星衍《尚书今古文注疏》，中华书局2004年版，第289页。王国维以欧阳高即撰《欧阳章句》者，钱穆不以王说为然。见钱著《两汉经学今古文平议》，商务印书馆2001年版，第213页。

③ 汪荣宝：《法言义疏》，中华书局1987年版，第362页。

④ 同上，第363—364页。

按：司马迁《史记》所用《尚书》为欧阳《今文尚书》[①]，《鲁世家》作“飨国”，与此处扬雄所用正同。另20世纪60年代，在汉魏洛阳城南郊太学遗址，曾发现熹平石经《尚书》残石，其中存校记十六行，第四至十六行是《皋陶谟》《益稷》两篇校记。在这十三行里，提到大小夏侯氏的校记共九处，其中“大夏侯”五处，“小夏侯”一处，“大小夏侯”三处。这足以说明石经《尚书》是以欧阳本为主，大小夏侯本作校勘[②]。此处石经“肆高宗之飨国百年”一句，反应的正是欧阳《尚书》的文本特色。其中“享国”亦作“飨国”，与扬雄所用文字同。

二则《法言·君子》：

或问：“人言仙者，有诸乎？”“吁！吾闻虙羲、神农殁，黄帝、尧、舜殂落而死。文王，毕；孔子，鲁城之北。独子爱其死乎？非人之所及也。仙亦无益子之汇矣！”或曰：“圣人不师仙，厥术异也。圣人之于天下，耻一物之不知；仙人之于天下，耻一日之不生。”曰：“生乎！生乎！名生而实死也。”或曰：“世无仙，则焉得斯语？”曰：“语乎者，非嚣嚣也与？惟嚣嚣为能使无为有。”或问：“仙之实。”曰：“无以为也。有与无，非问也。问也者，忠孝之问也。忠臣孝子，偟乎不偟。”[③]

《法言义疏》云：

孟子云：“文王生于岐周，卒于毕郢。”赵注云：“《书》曰：‘太子发上祭于毕，下至于盟津。’毕，文王墓，近于酆、镐也。”《周本纪》云：“武王上祭于毕。”《集解》引马融云：“毕，文王墓地名也。”又太史公曰：“毕在镐东南杜中。”按：在今陕西西安府咸宁县南。或误以为在咸阳毕陌，则秦悼武王葬地，前人辨之已详，具见焦疏。《后汉书·苏竟传》载竟与刘龚书云：“毕为天网，主网罗无道之君，故武王将伐纣，上祭于毕，求天助也。”陈氏《今文经说考》云：“竟通今文《尚书》，此所引正说此经之事。马用古文家说，故与今文家解异。”按：子云说经，俱用今文。此云“文王，毕”，即本今文《太誓》，明以毕为文王墓地。邠卿亦用今文，其说与《法言》同。则季长此义之非古文家说可知。苏竟天网之解，疑出大小夏侯氏，夏侯氏长于灾异之学，故好以天文为说。子云于《书》用欧阳，下篇“螭虎桓桓”可证。则以毕为文王墓，乃欧阳《书》说[④]。

---

① 陈寿祺《左海经辨》卷上“史记用今文尚书”条，论定《史记》所用《尚书》其义或从古文，其字则皆用今文欧阳《尚书》。见《续修四库全书》，上海古籍出版社2002年版，第175册，第385页。皮锡瑞《经学通论》中“论伏传之后以《史记》为最早《史记》引书多同今文不当据为古文条”亦有此论。见《经学通论》，中华书局1954年版，第57—59页。

② 许景元：《新出熹平石经〈尚书〉残石考略》，《考古学报》1981年第2期。

③ 汪荣宝：《法言义疏》，中华书局1987年版，第517—518页。

④ 同上，第518—519页。

按：《尚书》三家，初唯有欧阳，至宣帝时复立大小夏侯，此为《尚书》三家分立之始。既已分家，则学说容有不同。《汉书·夏侯胜传》：

夏侯始昌，鲁人也。通五经，以《齐诗》《尚书》教授。自董仲舒、韩婴死后，武帝得始昌，甚重之。始昌明于阴阳，先言柏梁台灾日，至期日果灾①。

又：

胜少孤，好学，从始昌受《尚书》及《洪范五行传》，说灾异。后事蕳卿，又从欧阳氏问。为学精孰，所问非一师也②。

可知夏侯胜从夏侯始昌受《尚书》和《洪范五行传》，而夏侯始昌兼习《齐诗》，善说灾异，这是西汉齐派经学的特色。夏侯胜从始昌所受之《洪范五行传》，更是西汉灾异学的核心文本。《汉书·夏侯胜传》还记载他根据五行灾异学说，预先发觉霍光欲废黜昌邑王刘贺的图谋，使得霍光从那以后益重经术士。可以说灾异是夏侯胜《尚书》学的特点，而夏侯建在这一点上更是有过之而无不及，《汉书·夏侯建传》载：

胜从父子建，字长卿，自师事胜及欧阳高，左右采获，又从五经诸儒问与《尚书》相出入者，牵引以次章句，具文饰说。胜非之曰："建所谓章句小儒，破碎大道。"建亦非胜为学疏略，难以应敌。建卒自颛门名经，为议郎博士，至太子少傅③。

夏侯建是今文经学章句学发展过程中的关键人物④，他的学说更是以附会灾异为特色。小夏侯后学有秦恭能说《尧典》"篇目两字之谊至十余万言，但说'曰若稽古'三万言"（《汉书·艺文志》注引桓谭《新论》），最为附会，苏竟所用或即小夏侯之说。而司马迁《史记·周本纪》载："周公葬毕，毕在镐东南杜中。"其云"武王上祭于毕"，当以毕为地名，所用或即《尚书》学中相对谨实之欧阳家说，与扬雄所用相同。

总之，《古文尚书》十六篇中有无《舜典》已属难知，而它们也从未立于学官讲授，学者很少传习。更何况扬雄素习今文经学欧阳《尚书》，其中《尧典》统括《舜典》而为一篇，他如果在写作时将《尧典》《舜典》分属为二篇明显有违常理。李善、五臣等人受伪《古文尚书》的影响，遂以《尧典》《舜典》当"奋（旧）三为一""三"中之二，却没有考虑到扬雄所习《尚书》没有《舜典》的实际情况。这个立论的基础一被推翻，他们的解释自然也就站不住脚了。既然如此，"奋三为一"又该怎么

---

① ［汉］班固：《汉书》，中华书局 1962 年版，第 3155 页。

② 同上，第 3156 页。

③ 同上，第 3159 页。

④ 钱穆说："《尚书》三家《章句》起于小夏侯，当时大夏侯虽非之，而后三家各有《章句》，则均追随小夏侯一家耳。"见氏著《两汉经学今古文平议》，商务印书馆 2001 年版，第 225 页。

来解读呢？这个仍需要进一步探究。

三、“奋三为一”与“王道通三”

如上所言，李善本《剧秦美新》中的“旧三为一”实系讹误，正确的文本当如五臣本和敦煌本作“奋三为一”，那么它又该如何解释呢？这便不能不提到汉代的王道观。《春秋繁露·王道通三》中有这么一段话：

古之造文者，三画而连其中，谓之王。三画者，天地与人也。而连其中者，通其道也。取天地与人之中以为贯而参通之，非王者孰能当是[①]？

董仲舒从字形出发，认为天、地、人本为并列的独立个体，而王者则具有将其贯通成为整体的神圣性。那么，如何才是贯通天、地、人呢？在《春秋繁露·立元神》中，董仲舒这样说：

君人者，国之本也。夫为国，其化莫大于崇本，崇本则君化若神，不崇本则君无以兼人。无以兼人，虽峻刑重诛，而民不从，是所谓驱国而弃之者也，患孰甚焉？何谓本？曰：天地人，万物之本也。天生之，地养之，人成之。天生之以孝悌，地养之以衣食，人成之以礼乐，三者相为手足，合以成体，不可一无也。无孝悌则亡其所以生，无衣食则亡其所以养，无礼乐则亡其所以成也。三者皆亡，则民如麋鹿，各从其欲，家自为俗。父不能使子，君不能使臣，虽有城郭，名曰虚邑。如此，其君枕块而僵，莫之危而自危，莫之丧而自亡，是谓自然之罚。自然之罚至，裹袭石室，分障险阻，犹不能逃之也。明主贤君必于其信，是故肃慎三本。郊祀致敬，共事祖祢，举显孝悌，表异孝行，所以奉天本也。秉耒躬耕，采桑亲蚕，垦草殖榖，开辟以足衣食，所以奉地本也。立辟雍庠序，修孝悌敬让，明以教化，感以礼乐，所以奉人本也。三者皆奉，则民如子弟，不敢自专，邦如父母，不待恩而爱，不须严而使，虽野居露宿，厚于宫室。如是者，其君安枕而卧，莫之助而自强，莫之绥而自安，是谓自然之赏。自然之赏至，虽退让委国而去，百姓襁负其子随而君之，君亦不得离也。故以德为国者，甘于饴蜜，固于胶漆，是以圣贤勉而崇本而不敢失也[②]。

这一段话提出了尊崇“三本”的概念，所谓三本即天本、地本、人本，董仲舒认为这三者是万物之本，最重要的是它们互为手足，缺一不可，因此君主的职能就在于肃慎三本。所谓肃慎三本，就是恭顺神祇，开发地利，教化人民，通过君主的努力，

---

① ［清］苏舆：《春秋繁露义证》，中华书局1992年版，第328—329页。

② 同上，第168—169页。

将三者汇成一个和谐融洽的整体，从而使万物各得其所，这可以看作对王道通三的具体阐释。

董仲舒的这种观念，是从先秦以天、地、人为社会构成要素的理念中发展出来的。天、地、人并立的观念，在中国起源相当早，《左传·成公十三年》所载刘康公之言已透露端倪：

民受天地之中以生，所谓命也。是以有动作礼义威仪之则，以定命也①。

他将民与天地并列提出，赋予其独立于天地之外的地位。《左传·昭公二十五年》又载子大叔所言：

吉也闻诸先大夫子产曰："夫礼，天之经也，地之义也，民之行也。天地之经而民实则之。"②

在这里天、地、民已呈明确的并列关系，除《左传》之外，《国语·楚语下》所载楚王和观射父对话，也将天、地、民并列提出：

王曰："三事者，何也？"对曰："天事武，地事文，民事忠信。"③

虽然此时与天地并称的往往是具体化的"民"，但以此为基础，渐渐演变成天、地、人三者并立的观念，如《管子·霸言》："立政出令用人道，施爵禄用地道，举大事用天道。"④ 又如《孟子·公孙丑下》："天时不如地利，地利不如人和。"⑤ 至《易传》中开始出现三才之称，如《周易·说卦传》：

昔者圣人之作《易》也，将以顺性命之理：是以立天之道曰阴与阳，立地之道曰柔与刚，立人之道曰仁与义，兼三才而两之，故易六画而成卦。分阴分阳，迭用柔刚，故易六位而成章⑥。

与将天、地、人列为社会基本要素的思想相应，也发展出君主当顺应天、地、人的观念，《管子·五辅》：

所谓三度者何？上度天之祥，下度地之宜，中度人之顺。此谓之三度。天时不祥，则有水灾，地道不宜，则有饥馑，人道不顺则有祸乱。此三者之来也，政召之⑦。

《荀子·富国篇》：

---

① ［清］阮元校刻：《十三经注疏》，中华书局2009年版，第4149页。
② 同上，第4576页。
③ ［清］徐元诰：《国语集解》，中华书局2002年版，第520页。
④ 黎翔凤：《管子校注》，中华书局2004年版，第473页。
⑤ ［宋］朱熹：《四书章句集注》，中华书局2010年版，第241页。
⑥ ［清］阮元校刻：《十三经注疏》，中华书局2009年版，第195页。
⑦ 黎翔凤：《管子校注》，中华书局2004年版，第199页。

赏行罚威，则贤者可得而进也，不肖者可得而退也，能不能可得而官也。若是则万物得宜，事变得应，上得天时，下得地利，中得人和，则财货浑浑如泉源，汸汸如河海，暴暴如山丘。不时焚烧，无所臧之，夫天下何患乎不足也[①]？

《淮南子·主术训》也载：

人君者，上因天时，下尽地财，中用人力，是以群生遂长，五谷繁殖[②]。

可知君主当顺应天、地、人的统治理念，在董仲舒之前已相当普遍，也正是在这个基础上，他提出了王道通三的理论。

王道通三思想在汉代有相当大的影响。《说文解字》解释“王”字时，即取其说：

王，天下所归往也。董仲舒曰：“古之造文者，三画而连其中谓之王。三者，天地人也，而参通之者，王也。”孔子曰：“一贯三为王。”凡王之属皆从王[③]。

这种思想在东汉民间产生的经典《太平经》中也有体现：

故古者圣人深知天情，像之以治。故君为父，像天；臣为母，像地；民为子，像和。天之命法，凡扰扰之属，悉当三合相通，并力同心，乃共治成一事，共成一家，共成一体也，乃天使相须而行，不可无一也[④]。

《太平经》的这段文字中，天、地、中和分别对应汉人话语中的天、地、人三才，虽然出于民间的拙朴思想，以父、母、子家人间的关系来比喻三者，但其言“古者圣人深知天情，像之以治”，又言“凡扰扰之属，悉当三合相通，并力同心，乃共治成一事，共成一家，共成一体也”，表达的也是王者、圣人应该将三者抟合成一个有机整体，达到共治的目的。

值得注意的是，《说文解字》除了引用董仲舒的话外，还引用了孔子的话，对于这句话，宋王应麟在《汉艺文志考证》卷四中说：

《说文》引孔子曰“一贯三为王”“推十合一为士”“粟之为言续也”“黍可为酒，禾入水也”“乌呜呼也”“貉之为言恶也”“牛羊之字以形举也”“凡在人下，故诘屈”“狗叩也”“视犬之字，如画狗也”，未详所出，然似非孔子之言，或纬书所载也[⑤]。

由王应麟的推断知道，这句话大半出自纬书，可知汉时王者通三观念已被托名为孔子，吸纳到纬书的文本中来，足见它影响之广。谶纬起于哀、平之际，而扬雄正是生活于这个时期，且这一理论由公羊学大师董仲舒提出，扬雄于《春秋》所习正为

---

① ［清］王先谦：《荀子集解》，中华书局1988年版，第187页。

② 范宁：《淮南子集释》，中华书局1998年版，第685页。

③ ［清］段玉裁：《说文解字注》，上海古籍出版社1988年版，第9页。

④ 王明：《太平经合校》，中华书局2014年版，第155—156页。

⑤ ［宋］王应麟：《汉制考 汉艺文志考证》，中华书局2011年版，第193页。

《公羊传》，他对此自然不会陌生。这一点可以从他的著作中看出来，在《法言·君子》中扬雄说：

通天、地、人曰儒，通天、地而不通人曰伎[①]。

董仲舒的通天、地、人的王者，到这里被转换成了儒者，但是这个儒者却和王者有着很大的关系，汪荣宝在《法言义疏》中就指出：

仲舒云“通天、地、人谓之王”，子云云“通天、地、人曰儒”者，《学记》云：“师也者，所以学为君也。”本书《学行》亦云：“学之为王者事，其已久矣。”即其义[②]。

汪氏认为扬雄的这段表述中，王和儒有相通之义，通天、地、人的儒者，具有王者的意味。也就是说扬雄也具有王者通三的观念。那么，事情是不是这样的呢？我们再来看看另一段话，在《法言·孝至》中扬雄说：

天地之得，斯民也，斯民之得，一人也，一人之得，斯心也[③]。

对于这段话，宋司马光注解说：

天地因人而成功，故天地之所以得其道者，在民也。民之所以得其道者，在君也。君之所以得其道者，在心也[④]。

可知扬雄是把君主作为天、地、人的根本，也是三者沟通的关键所在，虽然他此处主要推崇心的重要性，但其认为王者具有贯通天、地、人的神圣性，是无可怀疑的。

在扬雄的哲学中，天、地、人是世上鼎足而三的重要因素，他在《太玄·玄莹》中说：

立天之经曰阴与阳，形地之纬曰纵与横，表人之行曰晦与明。阴阳曰合其判，纵横曰纬其经，晦明曰别其材[⑤]。

又在《太玄·玄告》中说：

玄者，神之魁也。天以不见为玄，地以不形为玄，人以心腹为玄。天奥西北，郁化精也。地奥黄泉，隐魄荣也。人奥思虑，含至精也。天穹窿而周乎下，地旁薄而向乎上，人䁡䁡而处乎中[⑥]。

可见，在扬雄的观念中，天、地、人三者并立，是构成人类社会的基本要素，而王者则具有将这三者贯通的神圣性。

---

① 汪荣宝：《法言义疏》，中华书局 1987 年版，第 514 页。
② 同上。
③ 同上，第 540 页。
④ 同上。
⑤ ［宋］司马光：《太玄集注》，中华书局 1998 年版，第 191 页。
⑥ 同上，第 215—216 页。

据此，我们再来看《剧秦美新》中称扬新朝一则曰“天剖神符，地合灵契”，再则曰“天人之事盛矣”，所述无非敬天、礼地、治人三方面的卓越成就，与王者的身份相符合。故其“宜命贤哲作典篇，奋三为一，以示来人，摛之罔极”这句话，“奋三为一”当指王者将三才贯通为一个整体，其中的“三”是指天、地、人，这在汉人的语境中相当常见，如董仲舒所说的“三画者，天地与人也”，纬书所说的“一贯三为王”，都用三来指代天、地、人；而“一”从字面上看即“王”字，实指通过王者的努力，将这三者融会成的有机整体，也就是理想中的王道盛世。诚如“王”字字形所显示的那样，在汉人的观念里，“王”字本有将天、地、人沟通为一的含义，而且也只有将天、地、人贯通为一体，才是一个理想的王者。那么“宜命贤哲作典篇”和“奋三为一”之间是什么关系呢？我们认为这里的“作典篇”可以理解为礼乐制度的建设，制礼作乐一向被认为是王道大成的象征，《礼记·乐记》就说“王者功成作乐，治定制礼”，它既是王者贯通天、地、人为一体中的一步，更是王者功绩圆满的标志。因此，“宜命贤哲作典篇，奋三为一，以示来人，摛之罔极”，是指希望王莽进行礼乐典章的建设，达成天、地、人贯通为一的丰功伟绩，以留示后世，传之无极。

那么“王道通三”这个观念的产生，与汉代社会的政治和思想有什么样的关系，它在当时又具有什么样的价值和意义呢，接下来将就这方面做一申论。

四、“王道通三”剩义申论

“王道通三”是汉代王道观中的核心精义，这一概念的提出，与汉代特殊的政治思想环境有很大关系。它是董仲舒在汉代大一统的社会环境之下，为了现实的政治文化需要，整合各家学说而提出的一个具有代表性的概念。以“王道通三”为代表的汉王道观，在当时具有重要的理论价值和较强的现实意义。我们接下来将就这一方面略做申说。

（一）“王道通三”的理论价值

“王道通三”是董仲舒在适应时代政治文化背景，构建新的哲学体系之后提出的新概念。董仲舒生活于景、武之间，其时汉代大一统帝国形成已久，尤其汉武帝南征北讨，中国的版图大大扩张，在这种现实情况下，思想界也要相应地做出变化，对先秦流传下来的各种学术进行继承整合，以适应社会政治的需要。这个任务最终落在了董仲舒身上，他也不负重望，以儒家的《公羊传》为基础，整合各家学说，以阴阳五行为框架，以儒家学说为主体，吸收道家、法家等各派学说，构建成一个庞大的哲学体系，彰显出汉人思想的独特面目。徐复观即言：“在董仲舒以前，汉初思想，大体上是继承先秦思想的格局，不易举出它作为‘汉代思想’的特性。汉代思想的特性，是由董仲舒所塑造的。”[①] 那么，董仲舒的学说具有什么样的特点呢？李泽厚有一段话说得很是精辟，颇能道出董氏思想的特色：“董仲舒的贡献就在于，他最明确地把儒家的基本理论与战国以来风行不衰的阴阳家的五行宇宙理论，具体地配置安排起来，从而使儒家的伦常政治纲领有了一个系统论的宇宙图式作为基石，使《易传》《中庸》以来儒家所向往的‘人与天地参’的世界观，得到了具体的落实，完成了自《吕氏春秋·十二纪》起始的、以儒为主、融合各家以建构体系的时代要求。”[②] 可见，董仲舒思想的最大特点，是对儒家所秉承的道德仁义观念，用阴阳五行的宇宙论进行终极解释，从而使得儒家思想在日用伦常之外，具有了超越性的意义。

在此基础上，我们再来审视“王道通三”，便会注意到它在理论上的集大成性质。王道观是先秦政治文化中的核心命题，体现出以王权为核心构建社会政治秩序的特色，先秦不同的学派，在面对纷繁复杂的社会乱局时，都提出了自己心目中理想的王道观理论。这些理论可以儒、道、墨、法为代表，儒家注重王道的伦理性，要求君主保民爱民；道家注重王道的合规律性，强调君主顺应天道自然；法家注重强权，揭橥君主政治地位上的尊崇性；墨家尚鬼神，注重天志神意，主张君主敬天畏天。“王道通三”兼具各家学说的特色，体现出兼综众说的特点。第一，它强调君主以仁义为本，以安民为主要责任，这具有明显的儒家特色；第二，它强调君主顺应天道，与天同符，这和道家的要求相一致；第三，它强调屈民伸君，认为君主居于人类社会秩序的顶端，这与法家的主张契合；第四，它认为天有意志性格，可以对人君进行嘉奖或惩罚，这又和墨家的说法一样。综合来说，董仲舒以“王道通三”为核心的王道观，既具有儒家和法家强调社会伦理、政治秩序的现实性，又具有道家和墨家注重宇宙规律、天命鬼神的超越性，体现出博综各家的特色。李泽厚说“董仲舒的‘天’既有自然性，又有道德性，又有神学性，还有情感性，他们完全混杂在一起”[③]，董仲舒的王道观以他的天道哲学为基础，其哲学系统中“天”的多义性，也决定了其天人合一的王道观，不仅仅是儒家学派王道观的延伸，也具有集前人之大成的性质。

（二）“王道通三”的现实意义

除了理论上的特殊价值之外，“王道通三”还有较强的现实意义。“王道通三”非常注重君主与天之间的关系，因为天属阳，地属阴，阳尊阴卑，地从属于天，可以天统地。《春秋繁露·阳尊阴卑》说：“是故孝子之行，忠臣之义，皆法于地也，地事天也，犹下之事上也，地，天之合也，物无合会之义。”[④] 天和人分属于尊卑的两极，所

---

① 徐复观：《两汉思想史（二）》，九州出版社2014年版，第269页。
② 李泽厚：《中国古代思想史论》，生活·读书·新知三联书店2008年版，第151页。
③ 同上，第164页。
④ ［清］苏舆：《春秋繁露义证》，中华书局1992年版，第326页。

以天、地、人三者的关系，又主要以天人关系来体现，而君主则是人的代表。在强调天人关系的基础上，董仲舒首先主张君主受命于天，权力来源具有合法性和神圣性。这个主张一方面是为大一统帝国的君主统治提出相应的解释，具有适应现实政治需要的特点，另一方面也和古代中国一直盛行的君主崇拜有关。在上古时期，君主被认为是可以代表民众同神进行交流的人，他居于社会秩序的顶端，自“绝地天通”以来，是唯一有资格与神沟通的人，因而具有半人半神的性质。冯时曾论述殷商社会的情况说：“商代巫觋的地位显然是崇高的，作为一个特殊的知识分子集团，它拥有一批最具资格沟通天地神人意旨的人物，因而富有常人不可企及的神威。商代的巫觋构成了当时社会的统治阶层，而商王不仅是群巫的领袖，也是这个政教合一的王朝的主宰。”① 此论虽仅就殷商社会而发，但君主通天的意识，一直根植于普通民众的心底，《史记·高祖本纪》对于刘邦诞生的神奇记载，便是这种思维的典型体现。董仲舒的“王道通三”，不过是将这种意识予以明确化，《春秋繁露·深察名号》说：“受命之君，天意之所予也，故号为天子者，亦视天如父，事天以孝道也。”② 董仲舒强调大一统帝国的皇帝号称天子，视天如父，与天具有特殊的关系，因而可以受命于天，统治民众。

但是，另一方面，在天人关系上，董仲舒不仅强调受命，也强调革命。他认为上天既然将统治国家的权力赋予君主，当君主不称职时，上天也可以转而将统治权赋予他人，这等于否定了家天下的根基。虽然董仲舒提出“故屈民而伸君，屈君而伸天，《春秋》之大义也”（《春秋繁露·玉杯》），但某种程度上，所谓的君主受命于天，因而屈民伸君，毋宁是一种修辞技巧，其要义在于后面的屈君以伸天上③。天既是君主权力的来源，也对君主的权力有裁断，当君主不称职时，上天可以对他进行惩罚谴告，如果他仍不能改善统治，则将改换天命，另求有德。从这个逻辑出发，在天命更换时，董仲舒赞成通过禅让和征诛进行政权转移。这种思想在汉代颇有影响，昭帝时公羊学大师眭孟，根据公羊学天人关系的理论，上书皇帝要求他退位禅让；宣帝时司隶校尉盖宽饶也从公天下的理论出发，要求皇帝退位禅让；成帝时谷永元延元年上书皇帝提出“终不改寤，恶洽变备，不复谴告，更命有德”（《汉书·谷永杜邺传》）。这些立论

① 冯时：《中国天文考古学》，中国社会科学出版社 2010 年版，第 95 页。

② ［清］苏舆：《春秋繁露义证》，中华书局 1992 年版，第 286 页。

③ 徐复观说：“在他（董仲舒）所承认的大一统专制皇帝之下，为了要使他的‘屈君而伸天’的主张得到皇帝的承认，便先说出‘屈民而伸君’一句；这一句，或许也如史公在《孟荀列传》中说邹衍的大九州及五德终始等说法，乃‘牛鼎之意’，即是先迎合统治者的心理，再进而说出自己的真正主张。所以站在董仲舒的立场，‘屈民而伸君’一句是虚，是陪衬；而‘屈君而伸天’一句才是实，是主体。”参氏著《先秦儒家思想的转折及天的哲学的完成——董仲舒〈春秋繁露〉的研究》，见《两汉思想史》（二），九州出版社 2014 年版，第 318—319 页。

的根基，都与“王道通三”中蕴含的公天下理论有很大关系[①]。萧公权说：“汉儒惩秦专制之失，略袭其旨，欲以灾异符命戒惧人主，使之自敛，不复为纵恣专横之事。此盖图以天权限制君权，借防君主专制之流弊。凡言天人相应而注重革命之义者，皆其流派也。”[②] 揭示出“王道通三”理论中蕴含的进步思想。

相比于受命和革命，对于汉人来说，由“王道通三”推衍出来的灾异谴告学说，才是更有效的干预现实的方式。《春秋繁露·必仁且智》说：

> 凡灾异之本，尽生于国家之失。国家之失，乃始萌芽，而天出灾害以谴告之。谴告之而不知变，乃见怪异以惊骇之。惊骇之尚不知畏恐，其殃咎乃至。此见天意之仁而不欲陷人也[③]。

这里从天人感应的角度，强调了灾异和国家治乱的关系，主张灾异是上天对君主的警示。这种思想在汉代非常流行，借灾异对君主进行劝谏讽喻，也成为汉代论政议政的一种主要方式。皮锡瑞《经学历史》说：

> 汉有一种天人之学而齐学尤盛。《伏传》五行，《齐诗》五际，《公羊》春秋多言灾异，皆齐学也。《易》有象数占验，《礼》有明堂阴阳，不尽齐学，而其旨略同。当时儒者以为人主至尊，无所畏惮，借天象以示儆，庶使其君有失德而犹有恐惧修省。此《春秋》以元统天，以天统君之义，亦《易》神道设教之旨。汉儒籍此以匡正其主。其时人主放崇经术，重儒臣，故遇日食地震，必下诏罪己，或责免三公，虽未必能如周宣之遇灾而惧，侧身修行，尚有君臣交儆遗意[④]。

这个风气，是由董仲舒开其端的。许倬云说：“惟董仲舒的系统中，由公羊家的影响，不仅在天人之际加上了时间（历史）一环，而且将褒贬之权操之于知识分子手中。这两点重要贡献使董仲舒虽因阴阳家语不为纯儒，却成为儒家系统划时代的人物，也使儒家超轶其他学派而居中国学术的主流。”[⑤]

不过，有一点值得我们特别注意，据董仲舒的理论，君主的称职与否，革命与灾异谴告的最终依据，是视乎其治下民众生活的情况而定。他在《春秋繁露·尧舜不擅移汤武不专杀》中说：“天之生民，非为王也，而天立王以为民也。”[⑥] 明确了民为国本，君主具有安顿民众的义务。又在《春秋繁露·深察名号》中说：“天生民，性有善质而未能尽善，于是为之立王以善之，此天意也，民受未能善之性于天，而退受成性

---

① 《汉书·眭两夏侯京翼李传》载其上书曰：“先师董仲舒有言，‘虽有继体守文之君，不害圣人受命’。汉家尧后，有传国之运。汉帝宜谁差天下求索贤人，禅以帝位；退而自封百里，如殷周二王后，以呈顺天命。”足见这种理论，乃董仲舒学说中固有之义。

② 萧公权：《中国政治思想史》，商务印书馆 2011 年版，第 290—291 页。

③ ［清］苏舆：《春秋繁露义证》，中华书局 1992 年版，第 259 页。

④ 皮锡瑞：《经学历史》，中华书局 1957 年版，第 106 页。

⑤ 许倬云：《求古编》，台北：联经事业出版公司 1982 年版，第 492—493 页。

⑥ ［清］苏舆：《春秋繁露义证》，中华书局 1992 年版，第 220 页。

之教于王。王承天意以成民之性为任者也。”① 指出君主对民众负有教化养育的责任。顺此逻辑推衍下去，后面的观念也就顺理成章：“故其德足以安乐民者，天予之；其恶足以残民者，天夺之。”② 天之予夺，全视乎民之安乐与否。因此，“王道通三”在神圣化君主的前提下，以理想的王者为典型，揭示出他应负有的责任和义务，再以此为标准，对现实中的君主进行褒贬评判。要之，以“王道通三”为代表的汉王道观，在天命神学的外衣下，蕴含的是先秦以来儒家崇尚的民本思想，因而具有积极的进步意义。这一思想对于我们今天的社会建设，也具有一定的借鉴作用。

总之，对于《剧秦美新》中“奋三为一”一句的解读，注家多为《尧典》《舜典》说所囿，沿袭千余年而几成定论，然据此说疏通文句却均有扞格难通之处。汉代《古文尚书》文本传授的实际情况，及扬雄学习欧阳《今文尚书》的事实，都决定“奋三为一”中不可能有尧、舜分立二典的观念。李善据误本“旧三为一”最先提出“作帝典一篇，足旧二典而成三典也，谓《尧典》《舜典》”的解释，这种解释虽然有误，却影响很大。五臣虽然在文本上改为“奋三为一”，但解释上却依然沿袭了李善《尧典》《舜典》合新帝典为三篇的说法，仍没能有效地解决这个问题。我们认为旧解将“奋三为一”和《尧典》《舜典》联系起来解释，既不符合扬雄创作《剧秦美新》时《尚书》接受的实际情况，也无法顺畅的疏通文句。“奋三为一”和汉代流行的“王道通三”观念有非常大的关系，“奋三为一”的“奋”字具有整合、抟合的意思，所谓“奋三为一”即通过王者的努力，将天、地、人三者贯通合一，创造和谐安宁的王道盛世，这是汉人对于王者绾合天、地、人的简约表述。而就“王道通三”来说，它是董仲舒在整合前代王道观的基础上，提出的一个颇具政治智慧的新概念，也是汉人王道观的核心命题。它既从天道哲学的角度，承认了大一统帝国皇权的合法性，又从对立方面，以天人感应的方式对皇权进行规范限制。“王道通三”是董氏为了适应现实政治需要，而创造出来的一个蕴义复杂的概念。以这个概念为代表的汉王道观，在天人感应的外表下，蕴含着以民为本的进步思想，在今天仍有一定的积极意义。通过《剧秦美新》“奋三为一”的艺术化表述，“王道通三”观念得到了更为直观的体现，这是经典文本对经典观念在民众精神世界内的强化与深植。文学经典通过艺术、直观的方式，让流行的政治文化观念更加深入人心，体现出它们在社会意识形态建构中的独特作用。

（作者单位：郑州大学文学院）

① ［清］苏舆：《春秋繁露义证》，中华书局 1992 年版，第 302 页。

② 同上，第 220 页。

扬雄《方言》“通别语”考论

钟如雄　胡　娟

内容提要： 西汉时期的语言学家扬雄，为了实现沟通古今方俗语言之目的，特精心地设计了一整套方言调查的术语，“通语”与“别语”就是其中最为重要的两个术语。“通语”特指西汉时期全国统一使用的语言（全国共通语）或某一个方言区统一使用的语言（方言区共通语）。他以“通语”为转换枢纽，运用“转语”的方法，以揭示汉代“通语”与“绝代语”“别国方言”的字词的转换规律，为汉语古今方俗“同实异名”字词的字义、字音和字形的系联贯通研究创造了一个千古遵循的原则与方法——“转语”法。“通语”与“别语”的相互转换，为“转语”方法论的创立奠定了坚实的理论基础。本文是继《“转语”方法论》之后专门讨论“通语”与“别语”联系与区别的一篇文章。

关键词： 通语；别语；联系；区别；扬雄《方言》

西汉时期的语言学家扬雄，为了实现沟通古今方俗语言之目的，特精心设计出一整套调查方言的术语，“通语”与“别语”就是其中最为重要的两个术语。“通语”特指西汉时期全国统一使用的语言（全国共通语）或某一个方言区统一使用的语言（方言区共通语）。他以“通语”为转换枢纽，运用“转语”的方法，以揭示汉代“通语”与“绝代语”“别国方言”的转换规律，为汉语古今方俗“同实异名”字词的字义、字音和字形的系联贯通研究创造了一个千古遵循的原则与方法，即“转语”方法。“通语”与“别语”的相互转换，又为“转语”方法论的创立奠定了坚实的理论基础。本文是继《“转语”方法论》[①] 之后专门讨论“通语”与“别语”联系与区别的一篇文章。

---

① 钟如雄：《“转语”方法论》，《西南大学学报》（人文社科版）2003 年第 6 期。

打开《方言》，就会看到很多的"语"，诸如"通语""代语""凡语""异语""转语"等。这些以"语"命名的术语，是扬雄为调查方言字词而精心设计的。倘若不明了其所指，最终难以揭示出"转语"的要旨。

一、"语"与"言"的联系和区别

什么叫作"语"?《说文·言部》云："语，论也。从言吾声。"（三上）清段玉裁注："此即毛［传］、郑［笺］说也。语者，御也。如毛说，一人辩论是非谓之语；如郑说，与人相答问辩难谓之语。"[①]"辩难"就是"论难"。《诗经·大雅·公刘》："于时言言，于时语语。"毛传："直言曰言，论难曰语。"《说文》的释词引自毛传。段玉裁注："'论'，（孔颖达等）正义作'答'，郑（玄）注《（周礼·春官·）大司乐》曰：'发端曰言，答难曰语。'注《（礼记·）杂记》曰：'言，言己事，为人说为语。'按：三注大略相同，下文'语，论也''论，议也''议，语也'，则诗传当从定本集注矣。《尔雅》、毛传：'言，我也'，此于双声得之，本方俗语言也。"[②] 又《说文》"论"段玉裁注："'论'以'仑'会意……凡言语循其理得其宜谓之论。"又"议"注："是'论''议''语'三字，为与人言之称……议者，谊也；谊者，人所宜也。言得其宜之谓议。"由此可知，"语"的本义是论辩是非（专称），亦就是段氏所谓"循其理得其宜"，引申为解答疑难问题（泛称）。《论语·述而》："子不语怪、力、乱、神。"再引申为交谈（泛称）。《释名·释言语》："语，叙也。叙己所欲说也。"《韩非子·内储说下》："靖郭君相齐，与故人久语。"再引申为说的话（泛称）。《左传·文公十七年》："齐君之语偷。臧文仲有言曰：'民主偷必死。'"《孟子·万章上》："此非君子之言，齐东野人之语也。"再引申为语言（特称）。《孟子·滕文公下》："有楚大夫于此，欲其子之齐语也，则使齐人傅诸，使楚人傅诸?"可见，"语"字从论辩是非发展到特称民族共通语及其方言，在先秦以前业已完成。

扬雄在《方言》中设定的术语"语"表示两种意义：一是民族共通语及其方言，二是民族共通语中的古今方俗字词。前者泛指汉语本身，后者特指汉语中的古今方俗字词。例如：

（1）敦、丰、厖、㚉、幠、般、嘏、奕、戎、京、奘、将，大也。凡物之大貌曰丰。厖，深之大也。东齐海岱之间曰㚉或幠；宋卫鲁陈之间谓之嘏，或曰戎；秦晋之间凡物壮大谓之嘏，或曰夏；秦晋之间凡人之大谓之奘，或谓之壮；燕之

① ［清］段玉裁：《说文解字注》，上海古籍出版社1988年版，第89页。
② 同上。

北鄙、齐楚之郊或曰京，或曰将。皆古今语也。初，别国不相往来之言也，今或同。而旧书雅记故俗语不失其方，而后人不知，故为之作释。（卷一①）

（2）假、佫（郭璞注："古格字。"）、怀、摧、詹、戾、艐（郭璞注："古届字。"），至也。邠唐冀兖之间曰假，或曰佫；齐楚之会郊或曰怀；摧、詹、戾，楚语也；艐，宋语也。皆古雅之别语也，今则或同。（卷一）

（3）迹迹、屑屑，不安也。江沅之间谓之迹迹；秦晋谓之屑屑，或谓之塞塞，或谓之省省。不安之语也。（卷一〇）

《方言》中所谓"古今语""故俗语"和"古雅之别语"，是说被释词原本是古代"别国"中同实异名的字词，尔后或被"旧书雅记"了下来，或沿用于汉代方言口语中，"后人不知，故为之作释"，而造成汉语同实异名字词的原因之一是"别国不相往来"。其中的"语"，或指汉代以前的"古语"，或指汉代的方言词，而例（3）"不安之语"中的"语"，则是泛指汉语中的字词。

《方言》的全称为《輶轩使者绝代语释别国方言》，而扬雄在《答刘歆书》中则为《殊言》。什么是"绝代语"？绝者，断也。绝代语者，即古代字词和方言字词，亦就是刘歆所说的"先代绝言、异国殊语"。"绝代语释别国方言"，即用汉语的古字古义来解释方言土语中的字词意义。解释的关键与方法就是扬雄独创的"转语"法。

在《方言》中，该用"语"来表示的地方偶尔亦称"言"。如例（1）所谓"初，别国不相往来之言也"。又刘歆《与扬雄书》云："属闻子云独采集先代绝言、异国殊语，以为十五卷，其所解略多矣。"其中"异国殊语"与"先代绝言"相对，说明"绝言"和"绝代语"指的是同一个意思，而刘歆所谓"殊语"，与扬雄所说的"殊言"亦相同。此外，在扬雄《答刘歆书》中，还将"先代绝言、异国殊语"说成"绝遐异域之语"，说明在汉代，表示"语言及其字词义"这一概念，用"语"还是"言"已经没有区别了。但是，"语"与"言"的表意实则不尽相同："语"表示语言中的一个"面"（字词及其组合规则），而"言"则偏重于表示语言中的一个"点"（字词）。所以，在《方言》中尽管"殊语"可以说成"殊言"，但在古国名后面，扬雄只用"X语也"或"X之语也"来表示，没有发现"X言也"或"X之言也"之类的说法。例（2）中的"摧、詹、戾，楚语也；艐，宋语也"是其例。再例：

（4）垤、封，场也。楚郢以南蚁土谓之封。垤，中齐语也。（卷一〇）

（5）讓、极，吃也。楚语也。或谓之轧（yà），或谓之踬。（同上）

所谓"楚语""宋语""齐语"，就是指古代的楚国方言词、宋国方言词或齐国方

① 见［清］钱绎：《方言笺疏》，上海古籍出版社1984年版，下同。

言词，这类"语"都不能换成"言"，不仅如此，像"代语" "凡语"之类中的"语"，同样不能说成"代言" "凡言"。尽管"凡语"与"通语"同义，而"通语"郭璞以"通言"为训，但扬雄却不用"通言"这个术语，只有在其书信和《方言》书名中使用过"言"，而在《方言》的释词中作术语用时，只用"语"而不用"言"。

二、"通语"与"凡语"等的关系

（一）"通语"定义

"通语""别语"这两个语言学术语是扬雄的发明。据我们调查，"通语"在《方言》中共出现过29次，其分布情况如下：卷一、三、四各4次，卷二3次，卷五、七各2次，卷九1次，卷一〇7次，卷一三2次。例如：

（6）娥、嬿，好也。秦曰娥，宋魏之间谓之嬿。秦晋之间凡好而轻者谓之娥；自关而河东济之间谓之媌，或谓之姣；赵魏燕代之间曰姝，或谓之妦；自关而西秦晋之故都曰妍。好，通语也。（卷一）

（7）胶（谬）、谲，诈也。凉州西南之间曰胶（谬），自关而东西或曰谲，或曰胶（谬）。诈，通语也。（卷三）

（8）屝、屦、麤，履也。徐兖之郊谓之屝（fèi），自关而西谓之屦。中有木者谓之复舄，自关而东谓之复履。其庳者谓之靴下，禅者谓之鞮（dī），丝作之者谓之履，麻作者谓之不借，粗者谓之屦，东北朝鲜洌水之间谓之䩨（áng）角。南楚江沔之间揔谓之麤，西南梁益之间或谓之屦，或谓之家（huà）。履，其通语也。徐土邳圻之间大麤谓之䩨角。（卷四）

（9）蝎、噬，逮也。东齐曰蝎，北燕曰噬。逮，通语也。（卷七）

（10）胹、饪、亨、烂、糦、酋、酷，熟也。自关而西秦晋之郊曰胹，徐扬之间曰饪，嵩岳以南陈颍之间曰亨，自河以北赵魏之间火熟曰烂，气熟曰糦，久熟曰酋，谷熟曰酷。熟，其通语也。（卷七）

（11）婩、嫧、鲜，好也。南楚之外通语也。（卷一〇）

（12）饧谓之餦餭，饴谓之餏，餩谓之䭇，饧谓之餹。凡饴谓之饧，自关而东陈楚宋卫之通语也。（卷一三）

《方言》中的"通语"包含两层意思：一是在汉代全国内通用的字词，二是在汉代某一个或某些方言区内通用的字词。何九盈先生曾说："扬雄所说的'通语'有两个含义：一是不属于某一个方言区的全国通用的普通话；一是某一方言区的共同语……我们可以这样认为：上古汉语（这里指周秦至西汉）的词汇发展可以划分为两个阶段。

秦以前为第一阶段，关东雅言是通语；秦汉又是一个阶段，关西方言上升为通语。而关东、关西这两大方言又随着社会的发展、文化的传播，对中国南方各个方言产生过深刻的影响。”① 为了区分以上两层含义，扬雄有时在“通语”前面加限定成分来表示：如果属于“在全国内通用的字词”，就用“四方之通语”来表示；如果只属于“在某一个或某些方言区内通用的字词”，则用“XX之间通语”“XX之外通语”“XX通语”或“XX之通语”“X，通语”“X，其通语”等来表示。例如卷三：“庸、恣、比、侹、更、佚，代也。齐曰佚，江淮陈楚之间曰侹，余四方之通语也。”意思是说，本条中的6个被释词除“佚（递）”和“侹”两字外，其余都属于在全国内通用的字词。卷四：“覆结谓之帻巾，或谓之承露，或谓之覆鬃。皆赵卫之间通语也。”意思是说，“覆结”是全国性称谓，而“帻巾”“承露”和“覆鬃”三个异名，只是赵卫之间的通称。卷一〇：“民娗、脉蜴、赐施、茭娗、譠谩，愕也。皆欺谩之语也。楚郢以南东扬之郊通语也。”意思是说，本条中的6个双音词只通用于“楚郢以南”和“东扬之郊”两个地区。在魏晋时期，它们的通用范围扩大到中原，故郭璞说：“六者亦中国相轻易蚩（chǎn）弄之言也。”卷三：“扑、翕、叶，聚也。楚谓之扑，或谓之翕。叶，楚通语也。”意思是说，“叶”是楚方言区的通称。

（二）“通语”与“凡语”等的关系

在《方言》中，“通语”又叫“凡语”“凡通语”“总语”“通名”“通词”，但均只使用过一次，分别见于卷一、卷二、卷六和卷一一。

（13）嫁、逝、徂、适，往也。自家而出为嫁，由女而出谓之嫁；逝，秦晋语也；徂，齐语也；适，宋鲁语也。往，凡语也。（卷一）

（14）硕、沈、巨、濯、讦、敦、夏、于，大也。齐宋之间曰巨曰硕。凡物盛多谓之寇，齐宋之郊楚魏之际曰夥。自关而西秦晋之间，凡人语而过谓之過，或曰佥，东齐谓之剑，或谓之弩。弩犹怒也。陈郑之间曰敦，荆吴扬瓯之郊曰濯，中齐西楚之间曰讦。自关而西秦晋之间，凡物之壮大者而爱伟之谓之夏，周郑之间谓之暇。郴，齐语也；于，通词也。（卷一）

（15）钋、嫽，好也。青徐海岱之间谓之钋，或谓之嫽。好，凡通语也。（卷二）

（16）抾摸，去也。齐赵之总语也。抾摸犹言持去也。（卷六）

（17）蛥蚗（shé jué），秦谓之蟧蟧，楚谓之蟪蛄，或谓之蛉姑，秦谓之蛥蚗，自关而东谓之虭（diān）蟧，或谓之蝭（tí）蟧，或谓之蜓蚞，西楚与秦通名

---

① 何九盈：《中国古代语言学史》，河南人民出版社1985年版，第40—41页。

也。（卷一一）

“凡语”“凡通语”“总语”“通名”“通词”“通语”是同义词吗？前人未曾论及，兹详解于后。

1. “凡语”与“通语”

“凡”甲骨文作“䭵”（前7.28.4），金文作“凡”（《大丰簋》），郭沫若《卜辞通纂》云：“凡字，槃之初文也。象形。”《说文·二部》：“凡，最括也。从二。二，偶也。从乃。乃，古文及。”（十三下①）“最括”清段注本作“冣括而言”，段玉裁注：“‘冣’各本作‘最’。最者，犯而取也，非其义，今正。冣者，积也。才句切。括者，絜也；絜者，束也。絜者，麻一端，束之成一端也。冣括者，总聚而絜束之也。意内言外曰詈，其意冣括，其言凡也……凡之言泛也，包举泛滥一切之称也。”②《诗经·邶风·谷风》：“凡民有丧，匍匐救之。”向熹《诗经词典》：“凡是；一切。表示总括。”汉董仲舒《春秋繁露·深察名号》：“号凡而略，名详而目。目者，遍辨其事也；凡者，独其大也。”《汉书·扬雄传下》：“仆尝倦谈，不能一二其详，请略举凡，而客自览其切焉。”唐颜师古注：“凡，大指也。”“凡”的本义为“包举泛滥一切之称”，故引申为“皆”“全”“同”等。《广雅·释诂三》：“佥、总、同、凡，皆也。”③“通”甲骨文作“钓”（京都1857），金文作“通”（《颂鼎》），像人从大路中顺利走过，本义表示通达。《说文·辵部》：“通，达也。从辵甬声。”（二下）引申为全部、整个。《孟子·告子上》：“弈秋，通国之善弈者也。”“通国”即全国。从前文的辨析中可以看出，“凡”与“通”在“总括、全同”义上构成了同义关系，所以“通语”可以说成“凡语”，在《方言》中它们没有区别。因此例（6）的“好，通语也”，可以改说成“好，凡语也”，例（13）的“往，凡语也”，亦可以改说成“往，通语也”，改说后均不会影响原意表达的准确性。

“凡通语”是“凡语”与“通语”的综合称谓。它在《方言》中的使用，更能证明“凡语”与“通语”的同义关系。例如例（15）的“好，凡通语也”，可以分别说成例（6）的“好，通语也”和“好，凡语也”，反之例（12）的“陈楚宋卫之通语”，亦可以改说成“陈楚宋卫之凡通语”，等等。

2. “总语”与“通语”

“緫”别体作“總”“総”等，今简化为“总”，本义为捆束。《说文·糸部》：“总，聚束也。从糸悤声。”（十三上）段玉裁注：“谓聚而缚之也。悤有散意，系以束

① ［汉］许慎撰，［宋］徐铉等校定：《说文解字》，中华书局1963年版，第286页。

② ［清］段玉裁：《说文解字注》，上海古籍出版社1988年版，第681页。

③ ［清］王念孙：《广雅疏证》，中华书局1983年版，第96页。

之。《礼》经之‘总’，束发也；《（尚书·）禹贡》之‘总’，禾束也。引申之，凡兼综之称。”[①] 引申为聚集、集中。《玉篇·糸部》：“总，合也。”《广韵·董韵》：“总，合也。”《尚书·盘庚下》：“无总于货宝，生生自庸。”再引申为“皆”“全”“共”。《广雅·释诂三》：“佘、总、同、凡，皆也。”晋杜预《春秋左氏传序》：“传之义例，总归于凡。”“总”与“通”均有“皆、全、共”义，故《方言》中的“通语”与“总语”可以互换。如例（16）的“抾摸，去也。齐赵之总语也”，可以说成“抾摸，去也。齐赵之通语也”；例（12）的“凡饴谓之餳，自关而东陈楚宋卫之通语也”，亦可以说成“凡饴谓之餳，自关而东陈楚宋卫之总语也”，换说后依然表示“某一个或某些方言区内通用的字词”这一概念。

（三）“通名”与“通语”

“名”甲骨文作“厂”（甲 3488），金文作“名”（《召伯簋》），本义表示人的名字。《说文·口部》：“名，自命也。从口从夕。夕者，冥也。冥不相见，故以口自名。”（二上）清王筠句读：“（此）《淮南（子）·缪称训》文也。《左桓公六年传》‘命之曰同’，则名者，父所命也。许君为‘夕’字计，故云‘自命’。”[②]《白虎通·姓名》：“人必有名，何？所以吐情、自纪、尊事人者也……名者，幼小卑贱之称。”人有名字，物亦有名称，故引申为事物的名称。汉刘熙《释名·释言语》云：“名，明也。名实事使分明也。”故他在《释名序》中说：“熙以为自古造化制器立象有物以来，迄于近代，或典礼所制，或出自民庶，名号雅俗，各方名殊[③]。圣人于时就而弗改，以成其器，着于既往哲夫巧士以为之名。故兴于其用，而不易其旧，所以崇易简省事功也。夫名之于（与）实，各有义类，百姓日称而不知其所以之意，故撰天地、阴阳、四时、邦国、都鄙、车服、丧纪，下及民庶应用之器，论叙指归，谓之《释名》。”[④] 刘熙所释之“名”就是事物等名称，从文字学的角度讲就是“字”，而从语言学的角度讲就是“词”。《说文·几部》：“几，踞也。象形。《周礼》五几：玉几、雕几、彤几、纂几、素几。”（十四上）王筠句读：“踞几，似汉语，以今名说古名也。《急就篇》‘简札检署椠牍家’颜（师古）注：‘伏几也，今谓之夹膝。’”[⑤] 古人席地而坐时倚靠的器具，其名称先秦以前叫“几”，两汉叫“踞几”，唐代叫“夹膝”，等等。“几”“踞几”“夹膝”既是名称亦是“字词”。扬雄、刘熙等所说的“名”亦既是“名称”亦是“字词”，所以王筠才说“以今名说古名”。“以今语释古语，以通语

① ［清］段玉裁：《说文解字注》，上海古籍出版社 1988 年版，第 647 页。

② ［清］王筠：《说文解字句读》，中华书局 1988 年版，第 47 页。

③ 此“名”，王先谦注：“吴校‘名’作‘多’，云各本‘多’误‘名’。”见［清］王先谦：《释名疏证补》，上海古籍出版社 1984 年版。

④ ［汉］刘熙：《释名序》，见［清］王先谦：《释名疏证补》，上海古籍出版社 1984 年版。

⑤ ［清］王筠：《说文解字句读》，中华书局 1988 年版，第 572 页。

释方言”叫作“训诂”。

今人所说的“词”，汉代以前的知识分子叫作“名”。“名”指事物的名称和书写的文字。《周礼·秋官·大行人》曰：“王之所以抚邦国诸侯者，岁遍存，三岁遍眺（tiào），五岁遍省；七岁属象胥，谕言语，协辞令；九岁属瞽吏，谕书名，听声音；十有一岁达瑞节，同度量，成牢礼，同数器，修法则；十有二岁，王巡守殷国。”汉郑玄注：“书名，书之字也，古曰名。”[①] 又《仪礼·聘礼》：“百名以上书于策，不及百名书于方。”郑玄注：“名，书文也，今谓之字。策，简也。方，板也。”在上述两部经典中，郑玄分别用“文”和“字”来诠释“名”，并特别注明文字在“古曰名”。这说明汉代以前的“名”实际上包含着事物的名称和书写的文字两种含义，而扬雄在《方言》中使用的“名”亦包含着以上两种意义，故知《方言》中所谓“通语”与“通名”，名异而实同。因此，例（17）的“西楚与秦通名也”，可以说成“西楚与秦通语也”，例（10）的“熟，其通语也”，亦可以说成“熟，其通名也”，等等。

（四）“通词”与“通语”

“词”唐代以后亦写作“詈”。朱德熙先生认为：“语素是最基本的语法单位。比语素高一级的单位是词。所有的词都可以看成是由语素组成的。由一个语素形成的词叫单纯词，由两个或更多的语素形成的词叫合成词。”所以他把汉语的词界定为“最小的能够独立活动的有意义的语言成分”[②]。《说文·司部》：“词，意内而言外也。从司从言。”（九上）段玉裁注：“有是意于内，因有是言于外谓之詈。此语为全书之凡例……意即意内，詈即言外。言意而詈见，言詈而意见。意者，文字之意也；言者，文字之声也；詈者，文字形声之合也。凡许之说字意，皆意内也；凡许之说形说声，皆言外也。有义而后有声，有声而后有形，造字之本也；形在而声在焉，形声在而义在焉，‘六艺’之学也。‘詈’与《辛部》之‘辞’，其义迥别。”[③] 段氏所谓“词”，包括汉语中的所有“实词”和“虚词”，与汉代扬雄、许慎所谓“词”，乃至当代语言学所谓“词”极为吻合，而与南唐徐锴的解释区别甚大，因为徐锴所谓“词”，仅仅指汉语中的“虚词”[④]。

清代以来的汉语研究专家们普遍认为，西洋语言学中所说的“词”概念，我们的

---

① ［清］孙诒让撰，王文锦、陈玉霞点校：《周礼正义》，中华书局 1987 年版，第 2983 页。

② 朱德熙：《语法讲义》，商务印书馆 1982 年版，第 11 页。

③ ［清］段玉裁：《说文解字注》，上海古籍出版社 1988 年版，第 429—430 页。

④ ［南唐］徐锴《说文解字系传·通论卷下》“语”注：“词者，音内而言外，在音之内在言之外也。何以言之？惟也、思也、曰也、兮也、斯也，若此之类皆词也，语之助也……声成文曰音，此词直音内之助声不出于音，故曰‘音之内声成文之内一助声’也；‘言之外’者，直言曰言，又一字曰言，惟、思、曰、兮、斯之类，皆在句之外为助。”见徐锴：《说文解字系传》，中华书局 1987 年版，第 316 页。

祖先是从来没有的，古人所说的“词”指的都是虚词，这种看法实属浅见。早在汉代以前，咱们的祖先对汉语中的“词”就有了清楚的认识，不过最早他们都用“名”或“语”来表示，直到西汉的扬雄，才发明了“词”这一个语言学术语。例（14）“郴，齐语也；于，通词也”，其中“词”与“语”换用，说明在扬雄的心目中，它们表示的是同等的概念——“最小的能够独立活动的有意义的语言成分”，俗称“字词”，而不是指“虚词”或“话”。

关于此“通词”是否是《方言》原书固有的，清代戴震《方言疏证》据明刻本将其改为“通语”。华学诚先生再据《方言疏证》和清王念孙手校明刻本将其改为“通语”。他说：“通词，戴震《方言疏证》改作‘通语’，王念孙手校明本同。按：《方言》文本称‘通语’凡三十二见，郭注称‘通语’凡十余见，而称‘通词’仅见于此。戴校与全书通例合，当据改。”① 我们知道，传世《方言》自宋代以来有多种版本，历经钞刻，难免错漏。戴震据《永乐大典》本跟明本校勘，再搜集古籍中引用《方言》和《方言注》的文字来和《永乐大典》本互相参订，改讹字 281 个，补脱字 27 个，删衍字 17 个，虽辨析疑义，取证精确，然改“通词”为“通语”令人疑虑，因为在《方言》中“通语”是惯用术语，而“凡语”“凡通语”“总语”“通名”“通词”，均只用过一次，如果因为“通名”只用过一次，就认为它是“通语”之讹，那“凡语”“总语”亦只用过一次，是否都相应地要改为“通语”呢？假如仅根据使用次数多寡来判断某字的正讹，是否过于草率呢？段玉裁曾说：“古书之坏于不校者固多，坏于校者尤多。坏于不校者，以校治之；坏于校者，久不可治。邢才子曰：‘误书思之更是一适。以善思为适，不闻以善改为适也。’”② 我们崇敬段氏治学严谨，校勘古籍，如果没有确凿证据，还是“仍其旧”为好。

综上所述，扬雄《方言》中的“通语”与“凡语”“凡通语”“总语”“通名”是一组同义词，它们都表示在“全国内通用的字词”和“在某一个或某些方言区内通用的字词”两种意义。

三、“通语”与“别语”的关系

从《方言》全称《𬨎轩使者绝代语释别国方言》的“别国方言”，和卷一的“别

① 华学诚：《扬雄方言校释汇证》，中华书局 2006 年版，第 73 页。

② ［清］段玉裁：《重刊明道二年国语序》，见《国语》，上海书店 1987 年影印本。

国不相往来之言"，卷三的"古雅之别语"等看，扬雄所谓"别语"（亦称"绝遐异俗之语"[①]）就是同实异名的字词。具体包含四种：一是民族共通语中形成的古今异名字词，二是民族共通语与方言区之间形成的异名字词，三是方言区与方言区之间形成的异名字词，四是同一方言区内各方言片区之间形成的异名字词[②]。扬雄认为，一个生活环境地广人稀、历史悠久的民族，如果长期内乱，再加之交通闭塞，"别国不相往来"，其共通语中就很容易形成方言"别语"。

华夏民族是个历史悠久的古老民族，其语言中的同实异名现象早在先秦以前就形成了，而我国历史上最早揭示华夏民族语言中存在同实异名现象的人是庄子。《庄子·知北游》："周、遍、咸三者，异名同实，其指一也。"[③] 这一发现在中国语言学史上可谓"破天荒"，它给战国末期的齐鲁儒生极大的启示，此后中国才诞生了第一部按意义分类编排的同义字典《尔雅》。

上古文献中同实异名的字词已经极为丰富了。据刘兴均、黄晓冬研究，仅"三礼"（《周礼》《仪礼》《礼记》）名物词中，同实异名的字词就多达432个187组，"其中一实二名共139组，涉及278个名物词；一实三名共41组，涉及123个名物词；一实四名有四组，涉及16个名物词；一实五名有3组，涉及15个名物词"[④]。关于同实异名字词产生的根源，黄晓冬、胡继明认为可分为两类：一类是因符号（词）间有某种关联而形成，它们属于"符号关系型根源"；另一类是因对事物的认知提取点不同（即命名理据不同）而形成，它们属于"认知型根源"[⑤]。这可以说是同实异名字词产生的内部根源，而产生的外部根源还是扬雄所说的"别国不相往来"和"古雅之别"，因此，他才将同实异名的字词叫作"别语"，具体分成两类，即"别国不相往来之言"（卷一）和"古今语"（卷一）、"古雅之别语"（卷一）[⑥]。

---

① 扬雄《答刘歆书》云："其不劳戎马高车，令人君坐帷幕之中，知绝遐异俗之语，典流于昆嗣，言列于汉籍，诚雄心所绝极，至精之所想构也。"

② 《方言》卷一："钊、薄，勉也。秦晋曰钊，或曰薄。故其鄙语曰薄努，犹勉努也。南楚之外曰薄努，自关而东周郑之间曰勔钊，齐鲁曰勖兹。"其中的"鄙语"指的就是秦晋方言区内的土话。

③ ［清］王先谦：《庄子集解》，上海书店1986年版，第141页。

④ 刘兴均等著：《"三礼"名物词研究》，商务印书馆2015年版，第193页。

⑤ 黄晓冬、胡继明：《古汉语"异名同实"词汇现象的根源及其思维基础初探——以〈广雅疏证〉动植物名称为例》，《四川师范大学学报》2015年第6期。

⑥ 《方言》卷四："禅衣，江淮南楚之间谓之褋，关之东西谓之禅衣。有袍者，赵魏之间谓之袏衣；无袍者，谓之裎衣。古谓之深衣。"

“通语”和“别语”是扬雄为研究方言字词而特设的两个术语①。扬氏认为，语言中既然客观地存在着“通语”与“别语”（即“古今语”“古雅之别语”和“别国不相往来之言”），那就必然存在着破解“别语”的方法，只要找到这类方法，就能将不同“别语”的读音差异、文字差异、时代差异及其地域分布差异梳理清楚。扬雄最终找到了这类破解“别语”的方法，他名之曰“转语”。扬雄“转语”法的发明，为汉语“别语”（同实异名字词）乃至同源字研究奠定了坚实的理论基础②。

（作者单位：西南民族大学文学与新闻传播院；西华大学人文学院）

---

① “别语”晋郭璞改称“别名”和“离词”。《方言》卷一：“华、荂，晠也。齐楚之间谓之华，或谓之荂。”郭璞注：“荂亦华别名。音夸。”又郭璞《方言序》云：“（杨生）考九服之逸言，标（摽）六代之绝语，类离词之指韵，明乖途而同致；辨章风谣而区分，曲通万殊而不杂；真洽见之奇书，不刊硕记也。”华学诚注：“逸言，指方言。离词，犹异词，指不同的‘逸言’‘绝语’。”《方言》卷一：“华、荂，晠也。齐楚之间谓之华，或谓之荂。”（晋）郭璞注：“荂亦华别名。音夸。”见华学诚《扬雄方言校释汇证》，中华书局2006年版，第2—3页。

② 参看钟如雄《“转语”方法论》，《西南大学学报》（人文社科版）2003年第6期。

扬子思想研究

扬雄对“圣人”“君子”观念的重构

路鹏飞

内容提要： 面对谶纬、符命的盛行，甚至圣人也被神化的儒学神学化现象，扬雄通过尊圣、彰显圣人之辞以重建天人关系。一方面他认为天之道在仲尼，由此构建了由天道→圣人→诸儒的传道次序，以及由众人→贤人→圣人→天道和辩人→君子→圣人的学习步骤。另一方面他强调天道和圣人是判断是非的标准，同时他也论述了圣人的局限性和时效性，反对神怪神仙之说、炼金之术，否定了对圣人神化，以圣人统天地等说法。扬雄认为君子上接圣人，能够尽心于圣人之道，为孔子之后的载道者，他分别论述了君子之地位、德行、进退、仕居等，肯定了君子对国家的教化作用。最终强调了圣人、君子（贤人）等的现实意义。

关键词： 扬雄；圣人；君子；构建

西汉时期，今文经学占统治地位，同时伴随着阴阳五行、谶纬思想的盛行，形成一个“天人感应”的经学神学化体系，其表现之一即纬书的盛行，其地位在东汉时甚至胜过经书，如刘秀建立东汉后把谶纬之学列为“内学”，经学为“外学”。扬雄生活于西汉末年，期间发生了昭君出塞、刘歆倡古文以及王莽建立新朝，学术上谶纬之学的地位日趋提高。当时刘歆重定六经秩序，把费氏《易》经提高到“群经之首”的位置，改变了传统的《诗》《书》《礼》《乐》《易》《春秋》的六经排序，并设《左氏春秋》《毛诗》《逸礼》《古文尚书》及《周官经》等古文经学博士，至光武复辟后被废。

曾德雄认为，谶纬是伴随着汉武帝独尊儒术而产生的，“王莽篡汉，大量利用谶纬，光武中兴，以谶纬为国家意识形态，谶纬得以最终定型”[①]。《后汉书·张衡传》

---

① 曾德雄：《谶纬的起源》，《学术研究》2006 年第 7 期。

言："图谶成于哀平之际。"谶纬思想同时也形成于西汉末年，与扬雄大致同时。谶纬之学把孔子神秘化了，如《易纬·乾凿度》云："圣人所以通天意，理人伦，而明至道也。昔者圣人因阴阳，定消息，立乾坤，以统天地也。"① 纬书把圣人看作能够沟通天意的人，而且圣人能够统天地，而非天地统圣人。其中多强调受命、符命等说，如《春秋纬》有："有雄圣人受命天子"②，《易纬·乾元序制记》言："右圣人受命。瑞应之至，圣人杀龙，圣人兴起，河图出之者。"③《孝经纬·孝经钩命决》认为圣人是承担着天心的："圣人不空生，必有所制，以显天心，丘为木铎制天下法。"④ 对于君子等人的看法同样包含着受命的理论，如《易纬》言："圣人兴起必乾土，故大人动得中，君子受命，法地蛇。"⑤

扬雄反对经学的神学化，而且鄙视章句之陋，扬雄《答刘歆书》中自言："雄少不师章句，亦于五经之训所不解。"⑥ 徐复观认为，"扬雄的思想，是由道家回归到儒家的。他的《太玄》，是儒、道两种思想的结合，而《法言》则完全立足于儒家之上"⑦。扬雄在历史上评价很高，《旧唐书》言："嬴氏坑焚，以愚黔首。汉兴学校，复创石渠。雄、向校雠于前，马、郑讨论于后，两京载籍，由是粲然。"⑧ 将扬雄、刘向、马融、郑玄并列，是对扬雄的学术地位进行了充分肯定。

一、崇圣以重建天道

扬雄所推崇的圣人主要为孔子，孔子为万世师表，他认为孔子为天立道，孔子所传在诸儒，因此主张诸儒"金口而木舌"为天道立言。构建了一个由天道→圣人→诸儒的传道次序："天之道不在仲尼乎？仲尼驾说者也，不在兹儒乎？如将复驾其所说，则莫若使诸儒金口而木舌。"⑨ 扬雄重新将圣人归于天道之下，否定了圣人统天地的倾向。对于"道"的理解，扬雄认为道无所不通，然而有尧、舜、文王之道，有非尧、舜、文王之道，扬雄认为前者为正道，后者为它道，他对君子提出了要求，认为君子应能行尧、舜、文王之道——"君子正而不它"。扬雄虽然崇圣，但是他反对把圣人凌

① ［清］赵在翰辑，钟肇鹏、萧文郁点校：《七纬　附论语谶》，中华书局2012年版，第33页。
② ［清］赵在翰辑，钟肇鹏、萧文郁点校：《七纬　附论语谶·春秋纬》，中华书局2012年版，第670页。
③ ［清］赵在翰辑，钟肇鹏、萧文郁点校：《七纬　附论语谶·易纬》，中华书局2012年版，第122页。
④ ［清］赵在翰辑，钟肇鹏、萧文郁点校：《七纬　附论语谶》，中华书局2012年版，第723页。
⑤ ［清］赵在翰辑，钟肇鹏、萧文郁点校：《七纬　附论语谶·易纬》，中华书局2012年版，第123页。
⑥ 华学诚汇证，王智群、谢荣娥、王彩琴协编：《扬雄方言校释汇证》，中华书局2006年版，第1035页。
⑦ 徐复观：《徐复观论经学史二种》，上海书店出版社2005年版，第160—161页。
⑧ ［后晋］刘昫等撰：《旧唐书》，中华书局1975年版，第1961页。
⑨ ［汉］扬雄撰，汪荣宝注疏，陈仲夫点校：《法言义疏》，中华书局1987年版，第6页。

驾于天地之上，他认为圣人起到更多的作用是成天下大顺、致天下大利，和同天人的作用，“圣人存神索至，成天下之大顺，致天下之大利，和同天人之际，使之无间也”①。

扬雄综合儒道，由崇圣而仿《论语》作《法言》，仿《周易》而作《太玄》。然而其最终目的在于通过尊圣、彰显圣人之辞以构建天人关系。他提出唯有圣人可以发明天道，其他人并不具备这个权利，因此他所宣扬的都是圣人之言，因为圣人之言开之可以见四海，闭之不能睹墙里。“吾焉开明哉？惟圣人为可以开明，它则苓。大哉，圣人言之至也！开之，廓然见四海；闭之，闬然不睹墙之里。”②

扬雄在《法言》首章即《学行》强调学的重要性，主张学以行王道，“学之为王者事”。并列出了由白板一样的众人到学行为王者事的渐次之分：众人→教人→言之→学行。他提出：“学行之，上也；言之，次也；教人，又其次也；咸无焉，为众人。”③扬雄把学行为王者事排在立言、教人的前面，强调学行与立言、教人相比的重要性。扬雄主张学以修性，包括视、听、言、貌、思等，并提出学则正，不学则邪，而是非的标准最终在于圣人之言，“仰圣人而知众说之小”。扬雄同样强调教为师的重要性，师道能够“桐子之命”。桐，洞也，作为老师，可以制弟子善恶之命，或可为善，或可为恶，“务学不如务求师”，求师求其道——就有道而正焉。为师者责任重大，“师者，人之模范也”，因此不可不慎重，若为师者问题百出，“模不模，范不范，为不少矣”④。则为祸甚大。但是此处有一个矛盾，即求师与教人，扬雄赞成求师，但是不赞成教人，即主张谦逊好学，不赞成好为人师。

在《吾子》，扬雄再次强调了圣人和天道是辨别是非的标准——“万物纷错则悬诸天，众言淆乱则折诸圣”⑤，同样是天和圣人并举。以天正方位，观天文以正万象，日出以正东西，北极星以正南北，圣人之言以正诸子之杂乱。《史记·孔子世家》言：“自天子王侯，中国言六艺者折中于夫子”⑥，《春秋繁露》同样说道：“正朝夕者视北辰，正嫌疑者视圣人”⑦，圣人在世则亲就其人以正，圣人之后则正之以书。圣人与天相通，一方面圣人为天道所在，另一方面圣人乐天知命，“圣人乐天知命，乐天则不勤，知命则不忧”⑧。扬雄对圣人的看法是神其德行，“‘圣人’。曰：‘神。’”⑨ 这和谶

① ［汉］扬雄撰，汪荣宝注疏，陈仲夫点校：《法言义疏》，中华书局 1987 年版，第 141 页。
② 同上，第 115 页。
③ 同上，第 5 页。
④ 同上，第 18 页。
⑤ 同上，第 82 页。
⑥ ［汉］司马迁撰：《史记》，中华书局 1982 年版，第 1947 页。
⑦ ［汉］董仲舒、［清］苏舆撰，钟哲点校：《春秋繁露义证》，中华书局 1992 年版，第 304 页。
⑧ ［汉］扬雄撰，汪荣宝注疏，陈仲夫点校：《法言义疏》，中华书局 1987 年版，第 88 页。
⑨ 同上，第 104 页。

纬、符命等把圣人神化的特点有区别。

扬雄认为圣人之神圣在于其德行，因此他特别强调圣人之德行、法制、礼乐的重要性。就德行来说，圣人之辞可依从而学之，然而若无其德，则人不信其行，因此君子强学而力行。“圣人之辞，可为也；使人信之，所不可为也。是以君子强学而力行。”①（《法言·问道》）扬雄还提出“有德者好问圣人”，认为德与学不可偏废。就法制来说，扬雄认为圣人之所以憎恶洪荒世界，是因为洪荒世界没有法制，洪荒之世人与禽兽相近，知母而不知父，他认为法制自伏羲时期开始制定，到尧之时大成。“鸿荒之世，圣人恶之，是以法始乎伏羲，而成乎尧。”②（《法言·问道》）就礼乐来说，扬雄认为圣人以礼乐治天下，强调礼乐的教化作用。因为无礼乐则陷于禽兽，有礼乐但是异于圣人之所制则沦为夷狄，“吾见诸子之小礼乐也，不见圣人之小礼乐也”（《法言·问道》）③。

二、众人、贤人、圣人、君子之论

（一）众人和贤人——学道渐次

对于众人，扬雄认为众人是最基础层次的学习类型，《学行》言：“学行之，上也；言之，次也；教人，又其次也；咸无焉，为众人。”④ 学而行之为最上等，即荀子所说的圣人：“学至于行之而止矣。行之明也。明之为圣人。”⑤ 实际上扬雄还是按照学习的次第划分的，即最上等为圣人。其次“言之”即《左传》所说能立言之人，以及诸多没世而言依旧称名于世之人——老、庄、孔、孟、荀等皆是立言之人。此处与《修身》互释则可指贤人。此后又有“教之”一类，《中庸》言“修道之谓教”，此处扬雄指当时的经师，即说经之儒，因为只是传述经书所说并无所作，因此次于“言之”者，王充在《论衡·书解》有：“著作者为文儒，说经者为世儒。”⑥ 同样认为文儒高于世儒。以上三者皆无则为“众人”。高诱在《淮南子注》中认为，“众，凡也。”⑦ 众人即凡人。众人虽然为最基础层次，却又高于禽兽，“鸟兽触其情者也，众人则异乎！”⑧ 因为人有礼义，而鸟兽皆无。而人与禽兽之根本区别则在于学，荀子《劝学篇》所言：“为

① ［汉］扬雄撰，汪荣宝注疏，陈仲夫点校：《法言义疏》，中华书局 1987 年版，第 89 页。
② 同上，第 118 页。
③ 同上，第 122 页。
④ 同上，第 5 页。
⑤ ［战国］荀况著，梁启雄释：《荀子简释》，中华书局 1983 年版，第 94 页。
⑥ ［汉］王充著，黄晖释：《论衡校释》，中华书局 1990 年版，第 1150 页。
⑦ ［汉］刘安编，刘文典集解：《淮南鸿烈集解》，中华书局 2013 年版，第 629 页。
⑧ ［汉］扬雄撰，汪荣宝注疏，陈仲夫点校：《法言义疏》，中华书局 1987 年版，第 26 页。

之，人也；舍之，禽兽也。”这也是贤人异于众人，圣人又异于贤人的区分。扬雄也讨论了对众人的看法，“或问‘众人’。曰：‘富贵生。’”[①] 他认为众人苟贪富贵，不义则生。

对于贤人，《白虎通》载：“千人曰英，倍英曰贤，万人曰杰，倍杰曰圣。”[②] 即贤人是介于圣人与英杰之间的一种。就贤人与小人之分来说，扬雄论述了贤人和小人之间美与不美、善与不善的区分：“如贤人谋之美也，诎人而从道；如小人谋之不美也，诎道而从人。”[③] 此处扬雄主要是就道和人（心）之间的倾向来区分，贤人往往能够曲人之心而从正道，小人之心杂而形乎外。《太玄・玄文》中提出，“陈阴阳以战其吉凶者也。阳以战乎吉，阴以战乎凶”[④]；君子作与万类同，“风而识虎，云而知龙”。扬雄认为小人盛满，贤人“睹而众莫知”，因此提出“月阙其抟，不如开明于西”[⑤]。

（二）圣人——天道之所在

扬雄对于圣人论述很多，《法言义疏・法言序》中强调：“圣人聪明渊懿，继天测灵，冠乎群伦，经诸范”[⑥]，他以孔子为圣人，论述了圣人之言（辞）、圣人之经、圣人之喜恶、圣人之治天下、圣人之道、圣人表里等。扬雄虽然对圣人多有褒扬，往往以圣人为最高标准，然而对圣人并非一味地肯定，同样论述了圣人的不足或局限性。

扬雄强调了圣人的标准作用，如《法言义疏・学行》提出众说是非之标准可以参之圣人：“视日月而知众星之蔑也，仰圣人而知众说之小也。”[⑦] 圣人崇尚仁义，反对暴政虐政，如《法言义疏・吾子》载：“虐政虐世，然后知圣人之为郛郭也。”[⑧] 对于圣人之言辞，扬雄认为圣人之辞洪洪若川，圣人之言如水一样测之益深、穷之益远，如火一样用之弥明，宿之弥壮。他认为圣人之言有所发明，如日月所照，有所荡除，如江河之涤：“惟圣人得言之解，得书之体，白日以照之，江、河以涤之，灏灏乎其莫之御也！”[⑨] 圣人重法制，如前所述，圣人恶洪荒之世。扬雄认为法始于伏羲时期，成之于尧时。没有伏羲和尧，礼义不存，因此圣人不取。圣人以礼乐治天下，诸子以礼乐为小，而圣人大之。圣人之经不可易知，因为圣人法天象地，非不可知，不可俄而易知。扬雄在《法言义疏・问神》提出，在心神方面，常人多是“操则存，舍则亡”，

---

① ［汉］扬雄撰，汪荣宝注疏，陈仲夫点校：《法言义疏》，中华书局 1987 年版，第 104 页。

② ［清］陈立撰，吴则虞点校：《白虎通疏证》，中华书局 1994 年版，第 675 页。

③ ［汉］扬雄撰，汪荣宝注疏，陈仲夫点校：《法言义疏》，中华书局 1987 年版，第 215 页。

④ ［汉］扬雄撰，［宋］司马光集注，刘韶军点校：《太玄集注》，中华书局 1998 年版，第 206 页。

⑤ 同上，第 206—207 页。

⑥ ［汉］扬雄撰，汪荣宝注疏，陈仲夫点校：《法言义疏》，中华书局 1987 年版，第 571 页。

⑦ 同上，第 21 页。

⑧ 同上，第 79 页。

⑨ 同上，第 159 页。

唯有圣人能够常操而存，能够存神索至，因此方能成天下之大顺大利，和同天人而无间。圣人占乎天地，与史相类，只不过圣人以人占天，先天而天不违，良史以天占人，后天而奉天时。就材之大小来说，圣人之材负载天地，贤人之材如山陵川泉，次之如鸟兽草木，各有所长。圣人不遁于世、不离于群，乐陶成天下之化，使人有士君子之器。

由于当时谶纬、符命等神怪之说盛行，扬雄论述了赵秦多神而早亡的历史，反对神怪之说，扬雄赞成圣人不语怪力乱神的观点。如《法言义疏·重黎》言："神怪茫茫，若存若亡，圣人曼云"[①]，扬雄认为圣人憎恶秦朝鬼谷之术、纵横之言，认为这是诈人诈术。祭祀之礼同样是为了反对对鬼神的盲目崇拜，如《太玄校释·玄挩》中载："鬼神秏荒，想之无方；无冬无夏，祭之无度，故圣人著之以祀典。"[②] 扬雄对于仙人之说同样表示反对，他认为圣人不师仙，反对仙人之说，《法言义疏·君子》提出："圣人之于天下，耻一物之不知；仙人之于天下，耻一日之不生。"[③] 扬雄认为圣人以威仪文辞为表，以德行忠信为里。圣人之道若天，其书、言、行等随时应物，皆如天之阴阳四时五行一样变化无穷。圣人以修德为本，推崇孝道。

然而扬雄对圣人也并不是一味地崇信和肯定，他同样认为圣人有其局限性和不足。扬雄在《法言义疏》中提出："或问：'圣人之作事，不能昭若日月乎？何后世之訔訔也！'曰：'瞽旷能默，瞽旷不能齐不齐之耳；狄牙能喊，狄牙不能齐不齐之口。'"[④] 圣人也并非是万能的，孔子之后有洙、泗之争辞，汉代有盐铁之辩等。扬雄举瞽旷、狄牙为例，瞽旷能正声，然而人之耳朵对音乐之清浊高下各有所好，瞽旷不能使之齐一。狄牙能和味，然而人之口舌对酸甜苦辣各有所偏，狄牙不能使之齐一。圣人能行正道，然而愚暗邪僻之人非之，圣人同样不能使之齐一。此外，圣人也有屈身之时，如孔子见南子、阳虎等，见所不愿见之人，敬所不愿敬之人，因此必然需要屈身。《法言义疏·五百》言："诎身，将以信道也。如诎道而信身，虽天下不为也。"[⑤] 扬雄赞成屈身以信道，反对屈道以信身，这或许也是扬雄自况，对于当时委身王莽新朝的一个解释。对于圣人之法，扬雄也不是一味地崇信，认为以过往圣人之法治将来，如胶柱调瑟一样死板。而且圣人之法同样有兴衰之分，他主张衰则扶之，倾则定之，因此有才有夏忠、殷敬、周文之分。

---

① ［汉］扬雄撰，汪荣宝注疏，陈仲夫点校：《法言义疏》，中华书局 1987 年版，第 327 页。
② ［汉］扬雄撰，郑万耕校释：《太玄校释》，中华书局 2014 年版，第 337 页。
③ ［汉］扬雄撰，汪荣宝注疏，陈仲夫点校：《法言义疏》，中华书局 1987 年版，第 517 页。
④ 同上，第 158 页。
⑤ 同上，第 249 页。

《法言义疏》言：“圣人之辞，可为也；使人信之，所不可为也。是以君子强学而力行。”① 扬雄认为圣人之文章可得而闻，然而圣人之所以能使人信服，不仅仅在于文章之辞，更重要的是其学与行。因此求为圣人者，不仅仅要践行圣人之言辞，更要践行圣人之学与行。另一方面，圣人非贤人不能见，如陆绩《述玄篇》说到，孔子在衰周之时被称为佞人，各国智者称其为达者，不称圣人，只有孔门弟子言其圣，“逮至孟轲、孙卿之徒及汉世贤人君子，咸并服德归美，谓之圣人”②。陆绩以扬雄比孔子，认为他生于乱世，其事与孔子类似，桓谭也曾称扬雄为圣人。

（三）君子——尽其心于圣人之道

对于君子，扬雄同样论述很多，《法言》甚至专门列有《君子卷》，虽然篇目名称多是以篇首语命名，然而对君子的讨论确实是扬雄论述最多的。就君子的地位来说，扬雄对于君子寄寓了厚望。君子上接圣人，同时被认为是孔子之后的载道者，如《法言义疏·五百》：“或问：‘孔子知其道之不用也，则载而恶乎之？’曰：‘之后世君子。’”③ 扬雄认为圣人蓄道以俟将来之君子，君子之德若凤凰，治世之能臣，乱世之隐者。《法言义疏·问明》言：“或问‘君子’。‘在治曰若凤，在乱曰若凤。’或人不谕。曰：‘未之思矣。’曰：‘治则见，乱则隐。’”④《法言义疏·寡见》：“好尽其心于圣人之道者，君子也。”⑤ 扬雄认为君子之德随时之义，为美之大者，君子具有凤德，能够尽其心于圣人之道。扬雄认为学习的目的同时是为了成为君子，《法言义疏·学行》言：“学者，所以求为君子也。”⑥ 因为有求而不成君子的，但是没有不求而成的。扬雄强调君子要法先王之道，《法言义疏·吾子》言：“不合乎先王之法者，君子不法也。”⑦ 就辞美、事功来说，扬雄认为君子尚事，《法言义疏·吾子》提出：“事胜辞则伉，辞胜事则赋，事、辞称则经。足言足容，德之藻矣。”⑧

就君子的德行来说，君子具备了圣人的诸多德行。如就交往来说，君子注重修德和计谋，必修身而后交，善谋而后动。君子不谄不骄——慎言礼书，上交不谄，下交不骄。君子具仁义礼智信五德，如《法言义疏·修身》载：“仁，宅也。义，路也。礼，服也。智，烛也。信，符也。处宅，由路，正服，明烛，执符，君子不动，动斯

① ［汉］扬雄撰，汪荣宝注疏，陈仲夫点校：《法言义疏》，中华书局 1987 年版，第 89 页。
② ［汉］扬雄撰，郑万耕校释：《太玄校释》，中华书局 2014 年版，第 414 页。
③ ［汉］扬雄撰，汪荣宝注疏，陈仲夫点校：《法言义疏》，中华书局 1987 年版，第 255 页。
④ 同上，第 194 页。
⑤ 同上，第 215 页。
⑥ 同上，第 27 页。
⑦ 同上，第 63 页。
⑧ 同上，第 60 页。

得矣。”[①] 其中君子以仁为宅，以义为路，以礼为服，以智为烛，以信为符。君子重尧、舜、文王之道，正而不偏。“君子谨于言，慎于好，亟于时。”谨慎则无妄，无妄言，无妄好，无妄则正俗而法立。亟则无苟安，无苟安则自强不息、进德而修业。君子明哲而保身，《法言义疏·问明》言：“君子以礼动，以义止，合则进，否则退，确乎不忧其不合也。”[②] 君子动止以礼，以礼进以义止，进退以道，不可则止。“君子仕则欲行其义，居则欲彰其道。事不厌，教不倦。”[③] 君子出仕、隐居皆有所依，出仕则行义，隐居则讲道，行事而有仁义。“君子病没世而无名”，君子贵名，名有权势之名和道德之名，君子不重权势之名而重道德之名，因此君子重道德而成名。

君子言行必有所依，“君子言则成文，动则成德”，言必有中，行必有称。君子之德有柔与刚：君子于仁也柔，于义也刚。君子耕道而得道、猎德而得德，扬雄还提出君子为圣人之弟子：“是以君子贵迁善。迁善者，圣人之徒与！百川学海，而至于海；丘陵学山，不至于山，是故恶夫画也。”[④] 君子能去利而就道，是为迁善。百川学海而能至于海，丘陵学山而不能至于山，恶人不由圣人之道，因此有所止而不能至。扬雄在《法言义疏·吾子》中认为君子之道有四：简而易用、要而易守、炳而易见、法而易言——“君子之道有四易：简而易用也，要而易守也，炳而易见也，法而易言也”[⑤]。扬雄同样论述了君子之言，他认为君子不妄言，君子之言幽明、远近、大小、微著必有所验证，“君子之言幽必有验乎明，远必有验乎近，大必有验乎小，微必有验乎著。无验而言之谓妄。君子妄乎？不妄”[⑥]。君子非法不言、非正不听，《法言义疏·吾子》言：“君子言也无择，听也无淫。择则乱，淫则辟。”[⑦] 扬雄还借君子之说来反对神仙炼金之术，当有人问及铸金之事，扬雄提出：“吾闻觌君子者，问铸人，不问铸金。”[⑧] 他强调对人的培养，而非对金银的追求。

扬雄同时还强调了君子对于国家的重要性，《法言义疏》载：“君子为国，张其纲纪，谨其教化。导之以仁，则下不相贼；莅之以廉，则下不相盗；临之以正，则下不相诈；修之以礼义，则下多德让。”[⑨] 对于一个国家来说，纲纪张则纲目正，股肱良则庶事康。君子对于国家有教化的重要作用，君子以仁、廉、正、礼仪以导之。孔子曾

---

① ［汉］扬雄撰，汪荣宝注疏，陈仲夫点校：《法言义疏》，中华书局1987年版，第92页。
② 同上，第209页。
③ 同上，第257页。
④ 同上，第31页。
⑤ 同上，第79页。
⑥ 同上，第159页。
⑦ 同上，第74页。
⑧ 同上，第15页。
⑨ 同上，第296页。

说君子不器，扬雄说了同样的话——君子不械。

三、扬雄对于圣人、贤人、君子等关系的讨论

扬雄构建了由众人→贤人→圣人→天地的学习步骤，同时也区分了三类人：众人、贤人、圣人，并详细分析了三者之间的区别与联系：

> 圣人耳不顺乎非，口不肄乎善；贤者耳择、口择；众人无择焉。或问“众人”。曰：“富贵生。”“贤者”。曰：“义。”“圣人”。曰：“神。”观乎贤人，则见众人；观乎圣人，则见贤人；观乎天地，则见圣人。天下有三好：众人好己从，贤人好己正，圣人好己师。天下有三检：众人用家检，贤人用国检，圣人用天下检。天下有三门：由于情欲，入自禽门；由于礼义，入自人门；由于独智，入自圣门[①]。（《法言·修身》）

扬雄区分的这三类人：众人、贤人、圣人，开宋代理学家“士希贤，贤希圣，圣希天”的最初模式。首先，扬雄从五官之口耳，即听与言两个方面进行了辨析：圣人耳朵不顺从错误的内容，言语则惟善是从，如《论语》有孔子“六十而耳顺”，扬雄用“耳不顺乎非”说明了对于正确道路的坚持，以及对错误意见的否定。相比于贤者耳朵择其所听而听、口择其所言而言，众人则泛泛而听、泛泛而谈——听和言说并无所择，即无是非、善恶的标准。其次，除了听和言之外，扬雄对于三者在道德上进行了定义的区分，扬雄认为众人为“富贵生”——贪慕富贵，不问其余；贤者谋“义”——惟义是从；圣人曰“神”——神明其德行。最终，扬雄提出了由众人到贤人，由贤人到圣人，由圣人到天地的几个学习的层次：观贤人则见众人，观圣人则见贤人，观天地则见圣人，扬雄本人便是主张推崇和学习圣人的，在此重新强调要回到圣人。另外，扬雄还结合众人、贤人、圣人总结了天下的三个不同特点：天下三好、天下三检和天下三门。就三者的各自所好来说，扬雄认为天下有三好：众人好从己，贤人好正己，圣人好师己，《法言义疏》云：“‘圣人好己师’者，言而世为天下则，行而世为天下法，若孔子制春秋之义以为后王师矣。”[②] 就三者所用的检验标准来说，扬雄认为天下有三检：众人以其家来验证，贤人用其国来验证，圣人则以天来验证。就三者所从属的道德礼仪门类来说，扬雄认为天下有三门：陷于情欲之人，出于禽兽之门；以礼仪行事，则出入于人（仁）门；以智慧行事，则出入于圣门。《法言义疏》云：“入圣门者亦必由礼义，神而明之，无所不通，斯圣人矣。此以独智与礼义分为二

---

① ［汉］扬雄撰，汪荣宝注疏，陈仲夫点校：《法言义疏》，中华书局 1987 年版，第 104 页。

② 同上，第 105 页。

者，谓造诣有浅深，入自人门，进而不已，则可以入圣门也。”[①]

除了不同的方面，此三者并非是完全隔绝的，同时也有联系相通的地方。如圣人、贤者、谈者若不逢其时，三者都会选择隐世而居。《法言义疏·渊骞》言：“圣言圣行，不逢其时，圣人隐也。贤言贤行，不逢其时，贤者隐也。谈言谈行，而不逢其时，谈者隐也。”[②] 并举箕子漆身、狂接舆被发为例。

扬雄同时还论述了君子、众人、贤人和圣人的关系。对于君子和圣人之间的关系，扬雄认为圣人如百兽之王——虎之区别于百兽，炳然而不同；君子次之，如豹而次于虎，蔚然有文章；辩人又次之，如狸次于豹，其文萃然。然而扬雄同样认为辩人可变为君子，君子可变为圣人。三者同样是可以学而成之的，类似于此前论述的众人、贤人、圣人之学习次序，在此辩人和众人、君子和贤人的内涵实际上是一致或有重合的。“圣人虎别，其文炳也。君子豹别，其文蔚也。辩人狸别，其文萃也。狸变则豹，豹变则虎。”[③] 同时，扬雄认为君子好尽心于圣人之道，常人虽尽心，然而未能达于圣人之道。对于众人和圣人之间的关系，扬雄提出，“众人愈利而后钝，圣人愈钝而后利”[④]。众人谋利，利愈近则愈小，利愈远则愈大。众人与圣人的区别还在于对道和禄的看法，“圣人重其道而轻其禄，众人重其禄而轻其道”[⑤]。圣人重视道，众人则重视禄。对于贤人与圣人之关系，扬雄提出：“圣人之言远如天，贤人之言近如地。”[⑥] 圣人法天设教，人不能察究，贤者法圣，可得而鉴。在《太玄·玄文》中，扬雄指出贤人“天地思而包群类”，认为其能够独居而乐、独思而忧，而且乐不可堪、忧不可胜，因此称之为“昆仑旁薄幽”。

对于君子和小人的关系，《法言义疏·问神》提出：“声画形，君子小人见矣。声画者，君子小人之所以动情乎?”[⑦] 扬雄认为神即心，声为心声，画为心画，察其言观其画，则可辨君子与小人。情动于中而形于声和言，同样可辨之。《法言义疏》言：“君子绝德，小人绝力。或问‘绝德’。曰：‘舜以孝，禹以功，皋陶以谟，非绝德邪?’“力”。‘秦悼武、乌获、任鄙扛鼎抃牛，非绝力邪?’”[⑧] 君子、小人各有其不可及者，君子之间有德之不同，小人之间有力之殊异。《法言义疏·君子》载：“君子好

---

① ［汉］扬雄撰，汪荣宝注疏，陈仲夫点校：《法言义疏》，中华书局1987年版，第105页。
② 同上，第483页。
③ 同上，第72页。
④ 同上，第255页。
⑤ 同上，第251页。
⑥ 同上，第266页。
⑦ 同上，第160页。
⑧ 同上，第418页。

人之好，而忘己之好；小人好己之恶，而忘人之好。”[①] 君子嘉人之善而若不足，小人恶而不自知，不识人之好。此篇同样提到：“君子忠人，况己乎？小人欺己，况人乎？”君子存诸己而后存诸人，无诸己而后非诸人。对于小人，扬雄也进行了论述。他认为有大人之学，有小人之学，大人之学为道，小人之学为利：“大人之学也，为道；小人之学也，为利。”[②]《法言义疏·重黎》言：“贤者司礼，小人司巇。”[③] 扬雄认为贤人候礼而后动，小人候隙而后乘。

结 语

西汉末年，谶纬、符命之说盛行，儒学神学化严重，神怪、神仙之说同时存在，甚至圣人也被神化。扬雄通过尊圣、彰显圣人之辞以重塑儒学、重建天人关系。一方面他认为天之道在仲尼，由此构建了由天道→圣人→诸儒的传道次序，由辩人→君子→圣人的差别以及发展进路，以及由众人→贤人→圣人→天道的学习步骤。另一方面他强调天道和圣人是判断是非的标准，同时他也论述了圣人的局限性和时效性，扬雄反对神仙崇拜，反对神怪、神仙之说以及炼金之术，否定了以受命言圣人、君子，以及以圣人统天地等说法。扬雄认为君子上接圣人，能够尽心于圣人之道，为孔子之后的载道者，他分别论述了君子之地位、德行、进退、仕居等，肯定了君子对国家的教化作用，并最终强调了圣人、君子等的现实意义。

（作者单位：同济大学哲学系）

① ［汉］扬雄撰，汪荣宝注疏，陈仲夫点校：《法言义疏》，中华书局 1987 年版，第 511 页。
② 同上，第 31 页。
③ 同上，第 379 页。

扬雄的乡土意识与六朝社会的地域文化观念

汪文学

内容提要： 在传统中国，地域观念、乡土意识和家族观念相辅相成，联动共生。在蜀中地域文化之浸润下成长起来的扬雄，其人、其文、其思想、其学术皆有浓厚的蜀中地域文化色彩。其编著之《方言》，体现了浓厚的地域意识；其撰写的《蜀王本纪》，其创作的以蜀中地域为题材的文学作品，其积极推扬蜀中先贤，体现了强烈的乡土观念；其归葬死子，撰写《自叙》和《家牒》，体现了明显的家族意识。传统中国人的地域观念、乡土意识和家族观念产生于秦汉时期，自觉于汉魏之际，成熟于六朝时期，其显著标志就是地记、郡书和谱牒的大量创作，而扬雄在其中起着重要的推动作用，其《蜀都赋》和《蜀王本纪》为六朝地记、郡书之所本，其《扬雄家牒》为六朝谱牒著作之所本。

关键词： 扬雄；地域；家族；乡土；六朝

传统中国是一个“乡土社会”，传统中国人的乡土意识和家族观念特别浓厚。此种发达的乡土意识和浓厚的家族观念，与传统中国人的地域文化观念密切相关。或者说，在传统中国，地域观念、乡土意识和家族观念互为表里、相辅相成、联动共生的关系，决定了传统中国的“乡土社会”性质。大体而言，传统中国人乡土意识、家族观念和地域意识，产生于秦汉时期，自觉于汉魏之际，成熟于六朝时期，盛行于唐宋以来的整个中国古代社会，至今仍有相当广泛的影响。在此种观念或意识的发生和发展过程中，扬雄扮演着比较重要的角色。本文在概述地域观念、乡土意识和家族意识之联动影响关系的基础上，讨论扬雄的乡土意识、地域观念和家族意识，探讨其对六朝地域文化观念所发生的影响。

一

讨论扬雄的乡土意识，及其对六朝社会地域观念和家族意识的影响，笔者拟从此三种观念或意识之联动影响关系说起。

一般地说，地域空间和地域文化是客观存在的，山川河流的阻隔必然将大地分隔成若干相对独立的地域空间，地域空间内特定的气候、土壤、植被等自然环境必定塑造若干独具特色的地域文化。但是，人类的地域意识和地域文化观念，则是一种主观的存在，并且有自觉与不自觉之区分。自觉的地域意识往往是在与“他者”的对照中、在“他者”的启示下被唤起的；自觉的地域文化观念是在自觉的地域意识之影响下，在地域中的地方官员、在地文人和民间社会共同建构起来的。就像在古代中国，在缺乏“他者”的对照下，古代中国人只有“天下”观念而没有国家观念。亦像在古代的贵州，在缺乏“他者”的对照下，夜郎王便产生“自大”的心理。所以，地域观念之产生，往往是社会发展到一定阶段，各地域之间有了相当频繁的交通往来之后，在不同地域的相互比照之中逐渐产生的。通过与“他者”地理之比较，从而唤起自我的地域意识；通过与“他者”地域文化之比较，从而有助于自我认识的深化，有助于自我认同之形成，进而建立起“我者”的地域文化观念。自觉的地域意识是在与“他者”的对比中建构起来的，建构起来的地域意识，又反过来强化“我者”的地域观念，增强“我者”的地域认同感，并进而影响“我者”的日常行为、审美趣味和文化心理。

乡土意识“是指当时人们对于自己家族与自己本人出生与生活的家乡故土的特殊心理、特殊观念、特殊感情”，不仅涉及“文化贫困的群体”，亦涉及“文化层次较高的群体”①。笔者认为，乡土意识不仅仅是一种农民意识，而是社会各阶层普遍具有的一种对家乡故土的特殊心理或感情，它与理性思维无关，亦与“生存本能”或“逻辑运筹”无涉，它根本上就是一种心理或者意识。如同地域意识是在“他者”地域之比照中被唤起的，乡土意识亦是被唤起的，是在身处异乡之环境中，在异域风土和文化的比照下所唤起的对家乡故土的眷恋情感。足不出户的人没有明显的地域意识，没有过背井离乡经历的人，其乡土意识亦比较淡薄。从这层意义上讲，地域意识和乡土意识有近似或者交叉的地方。当然，其不同之处亦是显而易见的。相较而言，如果说地域意识是理性的，客观的；乡土意识则是感性的，主观的。二者之间有联动影响关系，地域意识唤起乡土意识，乡土意识促进地域意识的强化。

---

① 王子今：《秦汉区域文化研究》，四川人民出版社 1998 年版，第 262 页。

所谓家族意识，就是在对家族历史之体认和家族成员情感之交流中培育起来的一种对家族历史、现状及其成员的认同意识或亲近情感，它包括对家族历史之尊重、家族先贤之景仰、家族现状之认同和家族成员之亲近等情感或意识。大体而言，家族意识与地域观念、乡土意识在某种意义上有交叉的部分，是相互联动、彼此促进的关系。家族是在特定的地域中生存，家族本身就是地域性的，地域因家族的存在而成为乡土，乡土必是家族生存的地方，乡土必定是在某块特定的地域中。因此，不妨说乡土意识就是地域意识，家族意识就是乡土意识。家族意识促进乡土意识，乡土意识激发地域意识。家族意识浓厚的个体或民族，其乡土意识和地域意识亦必然强烈。

乡土总是存在于特定的地域中，发达的乡土意识必然导致浓厚的地域意识。古代中国人的地域意识起源甚早，《诗经》编纂者以地域分野编辑十五国风，就体现了周人的地域观念。不过，以地域分野编辑十五国风，可能存在着某种政治目的，或者是出于编辑之便利，还不能算作自觉地域观念的产物。笔者认为，古代中国人自觉地域观念之发生，乡土意识和家族意识之成熟，当是在汉末六朝时期，这主要体现在三个方面：一是当时地方人士开始热衷于研究地域景观和地域风俗，大量的地记作品由此产生。这说明当时人们已经具备了自觉的地域意识，并且是在努力地构建地域文化传统，强化地域文化观念。二是当时地域人士的群体意识增强，他们相互激励，彼此称誉，企图以地域文人集团之姿态展现。同时，后进之士对地域先贤之称扬，亦是力图构建地域文化传统，增强地域自豪感和荣誉感。大量郡书作品之创作，就是这种意识的体现①。三是当时文人家族意识增强，家族官僚集团和文人集团逐渐涌现。在门阀制度之影响下，世家大族代代相传，家族荣誉备受珍惜，大量家族谱牒之编撰和家传、别传之创作，就是这种时代风尚的产物。

自觉地域观念之产生，乡土意识之发展，家族意识之形成，是汉末六朝时期引人注目的文化现象。学者讨论此种现象之发生，多注目于东汉后期。笔者认为，此种做法固然不错，六朝人之地域观念、乡土意识和家族观念，确实是发展于东汉后期。但是，从追本溯源之角度看，扬雄对六朝社会地域观念、乡土意识和家族观念之影响，亦许更值得注意，更有源头之意义或价值。

二

从现存文献看，扬雄的作品中并未直接表现对家乡故土的思念，这亦许与扬雄家

---

① 王永平：《中古士人迁移与文化交流》，社会科学文献出版社2005年版，第20页。

族“五世单传”，蜀中没有亲人的情况有关。但是，扬雄的地域意识和家族观念则是相当强烈的，其浓郁的地域意识和家族观念亦间接体现了他的故土之思和乡土观念。

可以确认的是，扬雄是在浓郁的地域文化背景下成长起来的、并且深受地域文化影响的文人，其文化学术方面的几项重要活动，皆是在蜀中地域文化背景下展开的。

其一，扬雄的文学创作深受蜀地先贤司马相如的影响。事实上，扬雄就是在司马相如的直接影响下开始文学创作的，其《自叙》说：“先是时，蜀有司马相如，作赋甚弘丽温雅，雄心壮之，每作赋，常拟之以为式。”其创作之启蒙者是司马相如，其创作所追慕之对象是司马相如，其因文成名亦是因为司马相如。据其《自叙》称：“孝成帝时，客有荐雄文似相如者，上方郊祠甘泉泰畤、汾阴后土，以求继嗣，召雄待诏承明之庭。”可知扬雄是因为“文似相如”而得“待诏承明之庭”。由此之故，他对司马相如推崇备至，以为其赋非人力所为，乃“神化所至”。虽然他晚年亦批评相如赋“文丽用寡”，但这并未能完全打消他心中对相如的崇尚之情。所以，笔者认为，扬雄的文学创作是在蜀中地域文化之影响下开展起来的，他是在蜀中先贤之启发下开始创作的。

其二，扬雄的“太玄”研究深受蜀中先贤严君平的影响。严君平著有《道德旨归》，其几项重要特色直接影响了扬雄的“太玄”研究，如《指归》儒道兼综、《老》《易》兼通的思想特色，直接影响了扬雄的思想取向。其对老子自然无为思想的阐释，亦影响着扬雄崇尚自然的思想。其以道为本体、道即自然的本体论思想，亦在《太玄》中有明显体现。其高度的抽象思辨能力，亦对扬雄“玄思大义”之运思方式不无启迪。其博通的知识取径，亦对扬雄的治学特色大有影响。总之，扬雄以严君平为师，其学术宗旨、治学方法与知识取径，皆受到严君平的直接影响。所以，笔者认为，扬雄的“太玄”研究，是在蜀中地域文化之影响下发展起来的。

其三，扬雄的方言辑录和研究，亦是在蜀地学者的影响下开展起来的。其《答刘歆书》说：“雄少不师章句，亦于《五经》之训所不解。尝闻先代𬨎轩之使，奏籍之书，皆藏于周秦之室。及其破也，遗弃无见之者。独蜀人有严君平、临邛林闾翁孺者，深好训诂，犹见𬨎轩之使所奏言。翁孺与雄外家牵连之亲。又君平过误有以私遇，少而与雄也。君平财有千言耳，翁孺梗概之法略有。”[①] 扬雄耗时二十七年著成《方言》，但其最初之起因和依据，则是受到蜀地先贤严君平和林闾翁孺的影响，甚至是在完成蜀地文人的未竟之作。所以，笔者认为，扬雄《方言》之编撰，亦是在蜀中地域文化之影响下开展起来的。

其四，扬雄由蜀入京，得以“待诏承明之庭”，亦与蜀中人士的推荐有关。扬雄

① 扬雄：《答刘歆书》，见张震泽《扬雄集校注》，上海古籍出版社1993年版，第263—264页。

《答刘歆书》说："雄始能草文，先作《县邸铭》《王佴颂》《阶闼颂》及《成都城四隅铭》。蜀人有杨庄者，为郎，诵之于成帝。成帝好之，以为似相如，雄遂以此得外见。"《文选·甘泉赋》五臣李周翰注云："扬雄家贫好学，每制作，慕相如之文。尝作《绵竹颂》，成帝时，直宿郎杨庄诵此文。帝曰：此似相如文。庄曰：非也，此臣邑人扬子云。帝即召见，拜为黄门侍郎。"据此可知，扬雄获得成帝之召见，主要有三个原因：一是得蜀地同乡杨庄之推荐。此与司马相如得杨得意之推荐，极为相似。二是创作的以蜀地为题材的作品，引起成帝的重视。三是创作的作品与蜀地前辈文人司马相如的文风相似。就是因为这三个与蜀地文化密切相关的因素，扬雄才得以走出巴蜀，入居文化中心与主流文人切磋交流。所以，笔者认为，是蜀中地域风土和地方人士成就了扬雄。

其五，扬雄的性格特征亦与蜀中前辈严君平、李仲元等人的影响有关。扬雄推崇的当代闻人，多是蜀中前辈，尤其是严君平和李仲元，此二人之性格情操和人生态度，对扬雄有直接影响。如严君平，据《汉书·王贡两龚鲍传》载："谷口有郑子真，蜀有严君平，皆修身自保，非其服弗服，非其食弗食，以为卜筮者贱业，而可以惠众，人有邪正之间，则依蓍龟为言利害。与人子言，依于孝；为人弟言，依于顺；与人臣言，依于忠。各因势导之以善，从吾言者，已过半矣。裁日阅数人，得百钱，足自养，则闭肆下帘而《老子》。博览无不通，依老子、严周之旨著书十余万言。扬雄少时从游学。"此人对扬雄人格情操和学术思想的影响最大，扬雄《法言·问神》对之有高度评价："蜀庄沈冥，蜀庄之才之珍也，不作苟见，不治苟得，久幽而不改其操，虽随、和何以加诸。举兹以旃，不亦宝乎？吾珍庄也，居难为也。"[①] 又如李仲元，据《高士传》载："李弘，字仲元，蜀人也，成都里中化之，班白不负戴，男女不错行。弘尝被召为县令，乡人共送之，仲元无心就行，因共酣饮，月余不去，刺史使人喻之，仲元遂游奔不之官。"据《华阳国志》卷一〇上《先贤士女总赞》自注云："李弘，字仲元，成都人。少读《五经》，不为章句。处陋巷，淬励金石之志，威仪容止，邦家师之。以德行为郡功曹，一月而去。"[②] 扬雄对其人甚为推崇，当人问及蜀中名人时，扬雄即以李弘对，并称其为人"不屈其意，不累其身"[③]。扬雄为人简易佚荡，一往情深，其明哲保身之人生哲学，俟时而动之处世观念，安贫乐道之人生旨趣，其不为章句、通博简要的治学方法和儒道兼综之学术取径，皆受到上述二位蜀中先贤的直接影响。因此，可以说，扬雄是在蜀中地域文化培育下成长起来的文人。

---

① 汪荣宝：《法言义疏》，中华书局 1987 年版，第 490 页。

② 刘琳：《华阳国志校注》，巴蜀书社 1984 年版，第 703 页。

③ 扬雄：《法言·渊骞》，见汪荣宝《法言义疏》，中华书局 1987 年版，第 490 页。

综上所述，扬雄在文学创作、学术研究、性情好尚、处世观念，乃至其由蜀入京步入仕途，皆与蜀中地域文化的启迪、涵养和培育有直接关系。亦正是因此，扬雄其人、其文、其思想、其学术皆有浓厚的蜀中地域文化色彩。

三

在蜀中地域文化之浸润下成长起来的扬雄，自始便被埋下了深厚的地域观念。在地域观念之影响下，其乡土意识和家族意识亦表现得特别浓厚，这主要体现在以下几个方面：

其一，编撰《方言》之目的和动机，体现了扬雄的地域文化观念。关于扬雄编撰《方言》之动机，据《华阳国志》卷一〇上《先贤士女总赞》说："林闾，字公孺，临邛人也。善古学。古者天子有辅车之使，自汉兴以来，刘向之徒但闻其官，不详其职。惟闾与严君平知之，曰：此使考八方之风雅，通九州之异同，主海内之音韵，使人主居高堂知天下之风俗。扬雄闻而师之，因此作《方言》。"[①] 据应劭《风俗通义序》说："周秦常以岁八月遣辅车之使，求异代方言，还奏籍之，藏之秘室。"[②] 可知遣使以采方言，是周秦以来之官方制度，采方言之目的是"考八方之风雅，通九州之异同"，即是为了呈现地域性的语言和文化，最终目的是"使人主居高堂知天下之风俗"。扬雄在蜀中先贤严君平和林闾的影响下，编撰此书，是为了呈现不同地域之文化和语言特征。故刘歆《与扬雄书从取〈方言〉》说："今圣朝留心典诰，发精于殊语，欲以验考四方之事，不劳戎马高车之使，坐知徭俗，适子云攘意之秋也。"[③] 扬雄《答刘歆书》亦说："其不劳戎马高车，令人君坐帷幕之中，知绝远遐异俗之语，典流于昆嗣，言列于汉籍，诚雄心所绝极至精之所想遘也。"其为了呈现地域文化特征而编撰《方言》之动机甚明。扬雄劳心费神二十七年编著此书，非有浓厚的地域文化观念、对地域文化之价值的深刻认识以及对地域文化的浓厚兴趣，是无法做到和坚持下来的。

其二，《蜀王本纪》之编著，亦体现了扬雄浓厚的乡土意识。关于《蜀王本纪》一书，《汉书・扬雄传》和《汉书・艺文志》均未提及。最早提及扬雄撰著《蜀王本纪》，是常璩的《华阳国志》；最早明确引用其书，是刘逵的《三都赋》注。宋代以后之公私书目，不见著录，可能已经散佚。严可均《全汉文》辑录为一卷，凡二十六条。关于《蜀王本纪》之作者，旧题多作扬雄，近代以来则引起质疑，徐中舒《论〈蜀王

① 刘琳：《华阳国志校注》，巴蜀书社1984年版，第708页。
② 王利器：《风俗通义校释》，中华书局1981年版，第11页。
③ 刘歆：《与扬雄书从取〈方言〉》，见张震泽《扬雄集校注》，上海古籍出版社1993年版，第373页。

本纪〉成书年代及其作者》一文认为：《蜀王本纪》的作者不是扬雄，而是三国蜀汉时期的谯周。其理由有二：一是此书不见于《汉书·艺文志》，始见于《隋书》和新、旧《唐书》的著录。二是“扬雄文章简洁艰深，而《蜀王本纪》结构松散，浅显易晓，不类扬雄文章”①。但是，据当代学者的考证辨析，徐中舒对《蜀王本纪》之作者的质疑，其依据并不充分，其所列之两条理由亦不能说明问题，其论证亦多属推测之辞，扬雄《蜀王本纪》的著作权，不容否定②。于此，姚振宗在《补三国志艺文志》中的考证，值得重视，其云：“《华阳国志·序志》曰：司马相如、严君平、扬子云、阳城子玄、郑伯邑、尹彭城、谯常侍、伍给事等各集传记以作《本纪》。侯志曰：《蜀志·秦宓传》注引谯周《蜀王本纪》曰：……其文与扬雄《蜀王本纪》同，则无以定其必为谯书也。按《蜀本纪》之书，据常道将言，则司马长卿倡为之，诸家递有增益。……自司马以迄伍氏，为蜀本纪者凡八家。”据此可知，《蜀王本纪》当是“自司马以迄伍氏”等蜀地八位文人的集体创作，是层层累积、递有增益而成。而后世何以独称扬雄撰著《蜀王本纪》呢？笔者认为，在扬雄之前的司马相如和严君平，据现存文献考察，其地域意识并不明显，其有关地域性的创作亦基本没有，或许他们有志于编撰《蜀王本纪》，但最终未能著成。而扬雄则是一位地域意识相当浓厚的文人，其受蜀中地域文化之影响亦相当深刻，并且有多篇以蜀中地域为题材的作品传世。所以，他撰著《蜀王本纪》的可能性极大。当然，扬雄之后的阳城子玄等人对此书“递有增益”，是极有可能的事情，亦符合古代著述的惯例。因此，称扬雄撰著《蜀王本纪》，大体可信。虽然其书现存之二十六条不能显示扬雄撰著之动机和目的，但可以推测的是，扬雄是在地域文化观念之影响下，本着传承乡邦文献和张扬蜀中地域文化之目的，撰著此书。所以，此书之撰著，亦体现了扬雄浓厚的乡土观念，其对六朝地记、郡书之创作，当有很重要的影响（详后）。

其三，其以蜀中地域为题材的文学创作，如《蜀都赋》等，亦体现了扬雄浓厚的乡土意识。关于《蜀都赋》，最早提及的是王羲之的《蜀都帖》，其云：“扬雄《蜀都》、左太冲《三都》，殊为不备悉，彼故多奇。”郦道元《水经注·江水一》亦引用《蜀都赋》语。《北齐书·司马子如传》记录司马膺“好读《太玄经》，注扬雄《蜀都赋》”。可见南北朝人以为扬雄撰《蜀都赋》，是确定无疑的。近代以来，扬雄著《蜀都赋》的说法遭到质疑，其可疑之处有四：一是《文选》不录，来历不明的《古文苑》始载之。二是蜀之为都自蜀汉始，扬雄时蜀无都。三是左思《三都赋》未提及扬雄撰此赋。四是《蜀都赋》文不畅，韵不叶，不类扬雄之作。关于上述四点，唐好于

① 徐中舒：《论〈蜀王本纪〉成书年代及其作者》，《史学史研究》1979 年第 3 期。
② 唐好：《扬雄与巴蜀文化》，四川师范大学硕士学位论文 2008 年。

《扬雄与巴蜀文化》一文中，一一给予驳斥，证据充分，事实显明，可以采信[①]。因此，笔者基本认同《蜀都赋》是扬雄的创作。《蜀都赋》叙写蜀都之方位、特产及异物，描述蜀地境内之山与水，记录蜀地境内丰富的物产、农业发展的情况和水运之便利，叙写蜀都手工业和商业之发展盛况，载记蜀都宗庙祭祀、节日嘉会与民间歌舞等，几乎是对蜀都人文地理、自然物产、社会生活、农商经济的一个全景式描绘。作为现存最早的都邑赋，它不仅对后世同类作品的创作产生了重要影响[②]，而且对六朝时期的地记创作亦有直接的影响（详后）。在扬雄的文学创作中，以蜀中地域为题材的作品，除了此篇，还有《成都城四隅铭》《县邸铭》（即《绵竹颂》）等。这说明，对蜀地乡土题材的关注，是扬雄创作的一大特色。而其之所以特别关注乡土题材，正是因为他有浓厚的乡土意识，以及张扬蜀中地域文化之目的。

其四，扬雄在京师称扬蜀中先贤，亦体现了他浓厚的乡土意识。蜀中先贤严君平、李仲元、司马相如等人之声名，皆得到扬雄之推崇和张扬。可以说，这几位蜀中前辈在当时及后世的影响，皆与扬雄的表彰有密切关系。如严君平，据《汉书·王贡两龚鲍传》称："扬雄少时从（君平）游学，以而仕京师，数为朝廷在位贤者称君平德。"其《法言·问神》亦称道之曰："蜀庄沈冥，蜀庄之才之珍也，不作苟见，不治苟得，久幽而不改其操，虽随和何以加诸？举兹以旃，不亦宝乎？吾珍庄也，居难为也。"[③]可以说，严君平其人其学在当时和后世的重要影响，与扬雄的学术传承和褒奖表彰有直接的关系。李仲元为后人所知，亦与扬雄表彰有关，在《法言》品评人物之《渊骞》和《重黎》二篇中，对李仲元的称道和言说，最为详尽，亦是篇幅最长的一段（全段文字共243字，为《法言》中绝无仅有），可见扬雄表彰乡贤的良苦用心。故《三国志·秦宓传》说："如李仲元不遭《法言》，令名必沦，其无虎豹之文故也，可谓攀龙附凤者矣。"即李仲元正是因为得到扬雄的表彰而名垂青史。还有对司马相如的推扬。据扬雄《自叙》说："蜀有司马相如，作赋甚宏丽温雅，雄心壮之，每作赋，常拟之以为式。"其推崇之情，可想而知。其在《与桓谭书》中亦说："长卿赋不似从人间来，其神化所至邪。"[④] 相如在汉代文坛上的重要影响，亦与扬雄之推尊不无关系。出于浓厚的乡土意识，扬雄不仅不遗余力地表彰蜀中先贤，亦尽力向朝廷推荐和提携蜀中后学。就像当年杨得意、杨庄出于乡土情谊向皇上推荐相如和他一样，扬雄亦向

---

① 唐好：《扬雄与巴蜀文化》，四川师范大学硕士学位论文2008年。

② 王青《扬雄评传》说：扬雄《蜀都赋》"开后世京都大邑赋的先河，到了东汉魏晋时期，出现了班固《二都赋》、张衡《两京赋》和左思《三都赋》这样的巨作"（南京大学出版社2000年版，第278页）。

③ 汪荣宝：《法言义疏》，中华书局1987年版，第200页。

④ 扬雄：《与桓谭书》，见张震泽《扬雄集校注》，上海古籍出版社1993年版，第274页。

朝廷推荐乡人田仪。而乡人田仪之不才，亦给他带来一些麻烦[①]。总之，扬雄本着乡土情感，积极推扬和彰显本土人才，尽力宣扬蜀中地域文人。这种行为，对六朝文人推尊乡贤、夸耀本土之做法，当有一定的影响。

其五，扬雄归葬其子，撰写《自叙》和《家谱》，体现了他浓厚的家族意识。据桓谭《新论·正经篇》说："扬子云在长安，素贫约，比岁已甚，亡其两男，哀痛不已，皆归葬于蜀，遂至困乏。子云达圣道，明于死生，宜不下季札。然而慕恋死子，不能以义割恩，自令多费。"[②] 按，扬雄不惜困乏而归葬其早夭之二子，不仅是因为他"情不容已"和"一往情深"，亦体现了他浓厚的家族意识。桓谭批评他"不能以义割恩，自令多费"，不仅不能理解扬雄之"一往情深"，而且亦忽略了扬雄浓厚的家族意识和乡土观念。

记录祖先世系和个人身世经历之作品，称为"自叙"或"自纪"。汉人有著"自叙"之惯例，如司马相如、司马迁、东方朔、扬雄、班固、王充、马融、郑玄等，皆有"自叙"之作。扬雄《自叙》，班固全文录入《汉书·扬雄传》，其文记录扬氏家族从伯侨、扬侯、扬季等先祖从中原河汾至楚巫山、巴江州到成都郫县的迁徙过程，以及扬雄本人的身世经历和著述情况。其实，此种"自叙"，在某种意义上讲，就是汉人的族谱，或者说它有谱牒的性质，是谱牒的雏形。如果说"自叙"侧重于叙述本人之生平经历，那么谱牒则倾向于记叙一姓一氏之世系。扬雄除撰著《自叙》，据说还撰有《扬雄家牒》。据李善注《文选》任彦升《王文宪集序》引刘歆《七略》说："子云《家牒》言（子云）以甘露元年生也。"《北堂书钞》卷九四引《扬雄家录》云："子云以甘露元年二月戊寅鸡鸣生，天凤五年四月癸丑脯卒。"《艺文类聚》卷四〇引《扬雄家牒》云："子云以天凤五年卒。"根据以上引述可知，唐前必有一种名为《子云家牒》或《扬雄家录》《扬雄家牒》（当是一书三名）的扬氏家谱传世。关于此书之作者，严可均《全汉文》以为"不知何人何时撰"，姚振宗《汉书艺文志拾补》以为"大抵侯芭诸人所作"，余嘉锡《四库提要辨证·扬子云集》认为是"其家自著谱牒"。刘韶军《扬雄与太玄研究》则认为"《家录》《家牒》是不可信的"，"《文选》李善注所引《七略》也是不可信的"，其理由有五条：第一，不可能有人为扬雄作《家牒》；第二，《七略》之成在扬雄卒年之前，无缘得载《家牒》；第三，就《七略》的体例言，亦无载《扬雄之牒》之理；第四，以时代风尚言，汉代亦不尚谱牒之类；第五，《七略》与《汉书》有矛盾[③]。刘氏之辩论有一定道理，但其中尚有诸多可疑之处：

① 扬雄：《答刘歆书》，见张震泽《扬雄集校注》，上海古籍出版社 1993 年版，第 261 页。

② 朱谦之：《新辑本桓谭新论》，中华书局 2009 年版，第 44 页。

③ 刘韶军：《扬雄与〈太玄〉研究》，人民出版社 2011 年版，第 15—22 页。

一，诚如刘氏所言，扬雄二子皆死于其生前，不可能是《家牒》的作者；扬雄死后扬氏即绝嗣，无子息后代再作《家牒》。但是，即便如此，亦不能因此否认余嘉锡“其家自著谱牒”之说，因为扬雄虽然无子息后代作《家牒》，但并不能排除扬雄自撰《谱牒》的可能性。二，《北堂书钞》《艺文类聚》《太平御览》诸书引《家牒》载录扬雄卒年，乃至精确到卒月卒日卒时。刘氏以为若扬雄自撰《家牒》，绝无记录本人卒日卒时之可能性，故而否认扬雄自撰《家牒》的可能性，亦认为成书于扬雄卒年之前的刘歆《七略》无缘得载《家牒》。但是，根据古代家牒撰写有世代补录之惯例，扬雄虽无缘得在《家牒》中记录本人卒月卒日卒时之可能，但并不能排除其弟子如侯芭等人补录之可能。扬雄既在生前撰写《家牒》，刘歆《七略》就有可能得载《家牒》。刘歆《七略》已佚，其著作体例不可确知，故而不能否认其载录《家牒》之可能性。《七略》与《汉书》的矛盾亦不能成为否定其载录《家牒》之理由。三，刘氏以为，扬氏家族如果真有一谱牒，亦必然要由家族中人来撰，不会由外人去作，纵使这个人是其最亲近的弟子亦不行，这在重视家族伦理的古代中国，乃是一个定理。其实，这个“定理”可能是六朝以来的“定理”，早期的谱牒撰写可能并不存在这个“定理”。再说，子云绝后，与其最亲近的弟子能为其“负土作坟”，为其撰写或者补写《家牒》的可能性亦不是完全没有。笔者认为，最大的可能性，是扬雄自撰《家牒》；扬雄去世后，弟子侯芭补录其卒年卒月卒日卒时。正因是为其“负土作坟”的侯芭所补撰，才有可能将其去世的时间精确到具体时刻。四，以扬雄为《家牒》之作者，并非始于余嘉锡，而是始于刘歆《七略》。前引李善注《文选》引刘歆《七略》云：“《子云家牒》言（子云）以甘露元年生也。”刘氏以“子云家牒”为书名《子云家牒》，认为如果扬雄自撰家牒，绝无自称“子云家牒”之理。当然，扬雄自撰家牒，定无可能命名其书为“子云家牒”之理。其实，刘歆那句话的标点应该是“子云《家牒》言（子云）以甘露元年生也”。“子云”是作者，“家牒”是书名。五，刘氏以为汉代缺乏崇尚谱牒之风气，故而扬雄没有撰写家牒的可能性。确实，中国人热衷于撰著谱牒是在六朝时期，但是，我们亦不能因此而否定扬雄开启六朝崇尚谱牒之风气。对于地域观念、乡土意识和家族观念极强的扬雄来说，他极有自撰《家牒》之可能性，为其“负土作坟”的侯芭有补录《家牒》的可能性，扬雄有开启六朝重视谱牒风尚的可能性。即便上述五条反驳理由均不成立，或者真如刘韶军所说，《扬氏谱牒》“很有可能是隋唐时某人在崇尚门阀族姓的风气中托雄之名而伪造出来的”[1]，那么，在崇尚门阀族姓风气中的作伪者，为何要将第一部家牒托名于扬雄和扬氏家族？亦是一个意味深长的问题。

---

① 刘韶军：《扬雄与〈太玄〉研究》，人民出版社2011年版，第20页。

笔者认为，这从另一面亦说明扬雄具有浓厚的家族意识，因而将第一部家牒托名于他，才有较强的可信度。所以，《扬氏谱牒》的或真或伪，皆能说明扬雄是一位家族意识极为浓厚的文人。这种意识对六朝社会崇尚谱牒之风尚所发生的影响，亦是不能忽略的。

总之，在蜀中地域文化背景上成长起来的扬雄，其编撰的《方言》，体现了浓厚的地域文化意识；其编著《蜀王本纪》，创作以蜀中地域为题材的文学作品，推扬蜀中先贤，体现了强烈的乡土意识；其归葬死子，撰著《自叙》和《家牒》，体现了明显的家族意识。

四

传统中国人的地域文化意识自觉于六朝时期，其具体呈现，就是形成了自觉的乡土意识和家族观念。体现其乡土意识之载体，就是大量的郡书和地记作品；体现其家族意识之载体，就是众多的家族谱牒。

六朝地域文化观念之自觉与乡土意识和家族意识之发达，自有其特殊的社会历史原因和文化思想背景。自东汉中后期以来，因朝廷内部外戚与宦官势力此起彼伏地控制着皇权，皇权的旁落，大一统中央政治集权的衰微，使地方豪族势力得以迅速发展。地方豪族势力的发展壮大，分别与中央的外戚和宦官势力相勾结，最终灭亡了东汉王朝，历史由此进入三国鼎立时代。可以说，整个东汉时代，就是地方势力逐渐得以发展壮大的时代。从光武帝刘秀依凭南阳豪强势力起家，并进而有意眷顾和培育南阳地域豪族集团，到东汉中后期地方豪族势力的迅猛发展，进展到中央政府不能控制的局面。甚至汉末党人运动亦主要是由汝颍地方势力所发起，导致地方势力与中央政权抗衡的局面。因此，在汉末六朝，随着社会的急剧动荡，皇权的旁落，国家大一统盛况之衰微，政治、经济、文化之重心在一定程度上皆存在着由上而下、由中央到地方的下移发展趋势。地方势力之崛起，国家政治、文化中心之下移，所导致的必然结果，就是地方社会地域观念之增强，而地域观念之强化所推动形成的，就是乡土意识和家族观念的自觉。

乡土意识古亦有之，但自觉的乡土意识则是在浓郁的地域自觉观念之基础上培育起来的。自东汉中后期以来至六朝时期，自觉的乡土意识的一个重要表现，就是各地人士在各种场合纷纷夸耀家乡的地理之美和人物之盛。在西汉时期，相对于中原地区地理之美与人物之盛，地域性人才团队之异军突起而引人注目者，是蜀地，故《汉书·地理志》说：西汉时蜀地自司马相如“以文辞显于世，乡党慕循其迹。后有王褒、严遵、扬雄之徒，文章冠天下”。在东汉时期特别引人注目的地域人物盛况和地域观念之自觉，则是汝颍和吴越地区。汝颍地区可谓东汉后期的文化中心和人才聚集之地，日本学者冈村繁研究东汉后期的人物评论风气，发现在当时按出身地域之别而比较人物的评论成为一时评论之风气，特别是以孔融为代表的“汝颍优劣论”，成为一时评论界的中心话题①。称扬本地风土之美与人物之盛，成为当时当地的一种风气，据《太平御览》卷一五九引佚名《后汉书》说，朱宠为颍川太守，郑凯针对朱宠之提问，如数家珍般地历数故土古今才俊，其自豪之情逸于言表。

在东汉后期，吴越人士在政治、经济和学术上皆有重要成就，吴越地区成为当时引人注目的文化中心和人才聚集之地，故吴越人士对本土文化有强烈的自豪感，亦常常积极推扬本土地理之美和人物之盛，体现出自觉的地域意识。吴越人士地域观念之强烈，首先表现在他们对吴越地理之美的推扬上。中国最早的两部地方志《越绝书》和《吴越春秋》，分别由东汉吴越文人袁康和赵晔所著，便体现了吴越文人推扬本土历史、地理的强烈意识。其次体现在他们对本土人物之推扬上。吴越人士推扬本土人才，似成一时风气。据《三国志・吴书・虞翻传》注引《会稽典录》载，汉末王朗为会稽郡守，虞翻为郡功曹，王朗问及江南贤俊，虞翻作答，彰扬吴越地理之美和人物之盛，如数家珍，其地域自豪感溢于言表，地域自觉意识表现得相当强烈。

汉末六朝文士本着地域观念和乡土意识夸耀各自乡土地理之美和人物之盛，不仅表现在言语上，亦体现在著述中，此间大量地记、郡书之创作，就是这种风气的产物。六朝时期地记、郡书之创作非常发达，基本上成为当时文人创作的一种时代风尚，产生的作品数量相当庞大，今可考知者，地记就有两百余种。需要追问的是，当时文人何以如此热衷于创作此类作品呢？笔者认为，东汉中后期以来，政治、文化重心的下移，地方豪族势力的成长，地域经济之发展，门阀贵族制度之形成，地域观念和乡土意识之逐渐自觉，家族意识之勃兴，不仅导致了地记创作的兴盛，亦是郡书、谱牒之撰述备受重视的重要原因。或者说，地记、郡书的创作是本土文人基于乡土意识为宣扬本土地理之美和人物之盛，有着明显的自我夸耀和本土张扬的性质。因为创作地记、郡书之作者，多半是本土人氏。

据《隋书・经籍志二》“史部・地理类序”说：“武帝时，计书既上太史，郡国地志，固亦在焉。而史迁所记，但述河渠而已。其后，刘向略言地域，丞相张禹使属朱贡条记风俗，班固因之作《地理志》。其州国郡县、山川夷阻、时俗之异、经星之分、风气所生、区域之广、户口之数，各有攸叙，与古禹贡、周官所记相埒。”若此说可信，则地记之创作可溯源到汉武帝时代。又《隋书・经籍志》“杂传类叙”说：“后汉

① （日）冈村繁：《后汉末期的评论风气》，见陆晓光译《汉魏六朝的思想与文学》，上海古籍出版社2002年版，第148—150页。

光武，始诏南阳，撰作风俗，故沛、三辅有耆旧节士之序，鲁、庐江有名德先贤之赞。郡国之书，由是而作。”是知郡书之创作可追溯到光武帝时代。不过，笔者认为，地记创作或许起于武帝时代，但对地记创作之发展有直接影响者，当是扬雄。扬雄创作的《蜀都赋》，无论是其创作动机还是其作品内容，皆与六朝地记非常相似。首先，动机相似。扬雄创作《蜀都赋》与六朝地记创作之动机一样，皆是本土文人缘于乡土意识而夸耀本土地理之美。其二，内容相似。扬雄《蜀都赋》叙写蜀都之方位星野、山川河流、物产异物、农商发展、宗庙祭祀、节日嘉会、民间歌舞等，与六朝地记之内容极为相似。因此，不妨将《蜀都赋》视为扬雄创作的蜀中地记。郡书之创作或许起源于光武诏“南阳撰作风俗”，但亦与扬雄有相当密切的关联。郡书记人物，夸耀本土人物之盛。而据前述可知，扬雄正是一位缘于乡土意识而积极推扬本土人物的学者，其《蜀王本纪》虽与六朝郡书有本质的区别，但其创作动机确有相近之处，即皆是本于乡土意识而夸耀本土人物之盛，只不过所记人物之类型有别而已。另外，《蜀王本纪》亦记蜀中民间庙祀习俗，有地记之性质，如记录庙祀鱼凫于湔山、蜀人悲子规鸣而思望帝、蜀人求雨之习俗、大禹事迹在蜀地的传说、蜀地穿盐井之情况，记录成都之建置、蜀道之开辟，记录武担、五妇候台、青牛观、石犀里、天彭山之来历等，诸如此类内容，在六朝地记中是相当普遍的，可见《蜀王本纪》与六朝地记之渊源关系。所以，六朝文士重地记、郡书，扬雄《蜀都赋》和《蜀王本纪》对于地记、郡书之影响，是可以想见的。

家族意识古亦有之，但自觉的家族意识则是形成于六朝时期。家族意识自觉的一个重要表现，就是修撰谱牒成为一时之风气。谱牒之修撰，一是为了传承家族历史，慎终追远。二是为了展现家族列祖列宗，自叙风徽，流芳祖德，呈现家族之光荣历史。谱牒之学，源远流长，或以为起于周代之“小史”。如章学诚据《周礼》“小史奠世系，辨昭穆”而断定“谱牒之学，世有专官”。而谱牒之学的兴旺发达，以至于成为与地记、郡书并美之一支，则是在六朝时代。如章学诚《和州氏族表序序例》说：“自魏、晋以降，迄于六朝，族望渐崇，学士大夫，辄推太史世家遗意，自为家传。其命名之别，若《王肃家传》《虞览家记》《范汪世传》《明粲世录》《陆煦家史》之属，并于谱牒之外，勒为专书，以俟采录者也。”[①] 这与六朝时期以门第取士，士大夫以郡望自矜的社会现状密切相关，是由强烈的家族意识决定的。笔者认为：六朝文人在家族观念之影响下兴起的撰著谱牒之风，当是受到扬雄的启发。如前所述，扬雄正是在强烈的地域意识和浓厚的家族观念之影响下，撰述《家录》。由于此间的谱牒文献均已

① 章学诚：《文史通义》，上海古籍出版社2008年版，第200页。

散佚，我们目前无法考知其间的直接影响关系，但其渊源关系是可以推论的。

要之，扬雄是在巴蜀地域文化之涵孕和培育下成长起来的文人，其身上具有比较浓厚的地域观念、乡土意识和家族意识。因此，他在文学创作和文化思想之研究，乃至其人生行为方式上，皆深受地域、乡土观念和家族意识之影响。其《方言》之编撰，是缘于地域观念；其《蜀王本纪》《蜀都赋》等作品的创作，是缘于乡土意识；其归葬二子和自撰《家牒》，是缘于家族意识。在中国文化史上，秉持浓厚的地域、乡土观念和家族意识开展文学创作和文化创造，扬雄当是第一人。六朝文人乡土意识浓厚，积极推扬本土人才，其观念当源于扬雄；六朝文人地域文化观念发达，积极撰写地记和郡书，当受到扬雄《蜀都赋》《蜀王本纪》之启发；六朝文士家族观念较强，热衷于谱牒之修撰，其源头亦在扬雄这里。

（作者单位：贵州民族大学文学院）

扬雄人性思想的现代思考

喻安荣

内容提要： 扬雄提出“善恶混”的人性思想，兼采了孟子的“性善”说和荀子的“性恶”说，体现了他的“中”道思想。由于扬雄深受儒家思想影响，他的人性思想偏重于“性善”说，并提出“修其善则为善人，修其恶则为恶人”的见解，强调以“修身”为要，引导人们弃恶向善。“人性”是一个古老的话题。重视对人性的研究，有其重要现实意义。

关键词： 性善；性恶；善恶混；中道；修身；人性裂变；去恶从善

“人性”，是一个古老的话题。我国古代的思想家非常重视对人性的研究，并对人性问题有着深邃的思考，如孟子的“性善”说、荀子的“性恶”说、扬雄的“善恶混”说，还有老子的“朴”性说及释家的“佛性”说，等等。本文重点探讨扬雄的人性思想。

扬雄的人性思想是建立在孟子的“性善”说和荀子的“性恶”说基础之上的，是对“性善”说与“性恶”说的“冲和”与修正，故扬雄持“善恶混”说。他说：“人之性也，善恶混。修其善则为善人，修其恶则为恶人。气也者，所以适善恶之马也与!”（《法言·修身》）

扬雄与孟子、荀子一样，都是从道德伦理层面去审视人性的。孟子的“性善”说是他“行王道”“施仁政”政治主张的理论基础。他认为，人皆有“恻隐之心”“羞恶之心”“恭敬之心”“是非之心”。人心都是向善的：“人性之善也，犹水之就下也。人无有不善，水无有不下。……人之可使为不善，其性亦犹是也。”（《孟子·告子上》）由是推之，统治者有了“善”性，在处理国家事务时才会行“王道”，才会对老百姓施“仁政”；被统治者“性善”，才会做到尊敬长辈、友爱兄长（“孝悌”），然后推广到社会，就是“老吾老，以及人之老；幼吾幼，以及人之幼”（《孟子·梁惠王》）。有了这种思想就容易接受“仁政”统治，民众也就不会“犯上作乱”了。如果上下都能做到这样，就可实现天下“定于一”，社会也就“太平”无事了。

荀子虽被称为“儒家大师”，但其学说已开始从“儒”向“法”转变，他培养的两个学生——韩非和李斯都是法家的代表人物。荀子持“性恶”说，是对孟子“性善”说的否定，他在《非十二子》一文中，对孟子的“性恶”论进行了批判，并明确指出：“人之性恶，其善者伪也。”（《性恶篇》）

荀子论证“人性之恶”，是从人的物质欲望和心理要求出发去说明的，进而提出，为了改变人性之恶，一方面强调后天学习的重要性和环境的影响作用，主张“求贤师”“择良友”；另一方面则特别强调政治的作用，提出了“立君上之势以临之，明礼义以化之，起法正以治之，重刑罚以禁之”（《荀子·性恶篇》）的政治主张。总之，荀子主张用道德、政治的手段去引导人们弃恶向善。由是可知，他的“性恶”论是为“以法治国”提供理论依据的。

扬雄“善恶混”的人性思想，兼采了孟子与荀子之说。他用“善恶混”之说，不仅圆满解释了人之为何有善有恶的问题，而且更重要的是强调“修身”的重要性。扬雄生活在西汉末年，其时外戚、宦官专权，王权衰落，统治阶级内部相互倾轧，许多官员纷纷依附权势而获得高官厚禄，然扬雄“清静亡为，少耆欲，不汲汲于富贵，不戚戚于贫贱”（《汉书·扬雄传》），安贫乐道，以著书自守，十分注重自身的道德修为。又，雄见诸子之说，太史公之记，或毁谤圣人，或乖谬于经，人们常以疑惑问之，雄以“法”应对而撰《法言》。扬雄晚年，王莽称制，雄亦未趋附，校书天禄阁中。以病免，复召为大夫。天凤五年卒，享年七十有一。

扬雄“少而好学”，博览深思，尤喜儒家经典，“非圣哲之书，不好也”，深受儒家特别是孔子的思想影响。他认为，人之性是向善还是向恶，关键在于修身：“修其善则为善人，修其恶则为恶人”，而修身的动力就是“气”（精神动力：决心、志向、毅力）。他还认为，修身是做事、交友取得成功的重要条件：“珍其货而后市，修其身而后交，善其谋而后动，成道也。”（《法言·修身》）治理国家也是以修身为要：“或问：何以治国？曰立政。曰：何以立政？曰：政之本，身也。身正则政立矣。”（《法言·先知》）

扬雄“善恶混”的人性理论有两大特点：

（一）反映了扬雄的“中”道思想。“中”，即“中庸”，有不偏不倚、不走极端的意思；还有“中节”之义，即恰到好处。扬雄持“中”道意在纠正“性善”“性恶”

之偏颇。他称作“君子”的准则就是持守“中”道，故曰：“君子不言，言必有中也；不行，行必有称也。或问君子之柔刚。曰：君子于仁也柔，于义也刚。”（《法言·君子》）扬雄的“中”道思想，还表现在：（1）对诸子学说，雄以“中”道取舍之。例如：“老子之言道德，吾有取焉耳。及捶提仁义，绝灭礼学，吾无取焉耳。”（《法言·问道》）说明他对老子的“尊道贵德”思想是赞成的，而对老子“绝仁弃义”“绝灭礼学”持否定态度。又如，对庄子、邹衍的学说，他也是有取舍的：“或曰：庄周有取乎？曰：少欲。邹衍有取乎？曰：自持。至周罔君臣之义，衍无知于天地之间，虽邻不觌（dí，阳平声，见之义）也。”（《法言·问道》）他还通过对“乾卦”的解释来阐明自己的“中”道思想。他说：“龙之潜亢，不获其中矣。是以过中则惕，不及中则跃，其近于中乎？圣人之道譬犹日之中矣，不及则未，过则昃。”（《法言·五百》）“潜”，即乾卦的“初九”爻辞：“潜龙勿用”；“亢”，即“上九”爻辞：“亢龙有悔”，此二爻在卦之上下两端，不处中，故云。乾卦（六爻）是由两个乾经卦（三爻）组成的，下卦的中爻是“九二”，超过中爻就是“九三”，其辞为：“君子终日乾乾。夕若惕。无咎”；上卦的中位爻是“九五”，“九四”爻不及中，其辞曰：“或跃在渊。无咎。”“九三”“九四”爻均不居中位，故云：“过中则惕，不及中则跃。”他还以日“中”为喻：“不及则未”，过“中”则日偏斜。还有，对历史上税赋政策的解读，也反映他的“中”道思想：“什一，天下之中正也。多则桀，寡则貉。井田之田，田也。肉刑之刑，刑也。田也者，与众田之，刑也者，与众弃之。”（《法言·五百》）（2）在历史人物的评价上，雄以“中”道论之。如他把周之顺靓王、赧王西迁都城，最终投降秦国，比作一只“羊”；秦国向东扩张兼并诸国，比作一只“狼”，认为羊之软弱无能与狼之贪婪凶残，都不适“中”（见《法言·渊骞》）。

（二）扬雄的“善恶混”之说是有侧重的，他偏重于孟子的“性善”说。扬雄曰：“道德仁义礼，譬诸身乎？夫道以导之，德以得之，仁以人之，义以宜之，礼以体之，天也。合则浑，离则散。一人而兼统四体者，其身全乎？”（《法言·问道》）他认为，兼备道德仁义礼的人才叫作全性之人，而仁义礼信之说，正是儒家的核心思想。他非常重视儒家的“仁义礼智信”的作用，比喻曰：“仁，宅也；义，路也；礼，服也；知，烛也；信，符也。”修身致善，就要“处宅，由路，正服，明烛，执符”，这样，就能实现“君子不动，动斯得也”（《法言·修身》）。他评价诸子学说，必以儒家为圭臬，他说：“书不经非书也，言不经非言也。”（《法言·问神》）例如，他对庄子、杨朱、墨子、宴婴、申不害、韩非、邹衍等人是这样评价的：“庄、杨荡而不法，墨、宴俭而废礼，申、韩险而无化，邹衍迂而不信。”（《法言·五百》）在评价《史记》与《淮南子》时，认为“淮南，鲜取焉尔。必也，儒乎！乍出乍入，淮南也。文丽用寡，长卿（司马相如）也。多爱不忍，子长（司马迁）也。仲尼多爱，爱义。子长多爱，爱奇”（《法言·君子》）。他尝把诸子与孔子来对照，以孔子为参照系：“或曰：子小诸子，孟子非诸子乎？曰：诸子者，以其知异于孔子也。孟子异乎？不异。”（《法言·君子》）对荀子的看法是：“吾于孙卿与？见同门而异户也，惟圣人为不异。”（《法言·君子》）认为荀子与子思、孟轲虽同出一门而流派各异，都是以儒家之说为圭臬。所评价的内容，则以“仁义”为标的，所以他说：“妄誉，仁之贼也；妄毁，义之贼也。贼仁近乡原，贼义近乡讪。”（《法言·渊骞》）

总之，扬雄的人性思想，主要继承了孟子的“性善”说，兼采荀子的“性恶”说，所以，他更推崇以孔子为代表的儒家，主张以儒家的伦理准则去修身养性，引导人们去恶从善。

今天，我们如何以现代视角去审视“人性”这个古老的话题呢？

（一）有没有“人性”这种东西？毛泽东同志明确回答说：“当然有的。但是只有具体的人性，没有抽象的人性。在阶级社会里就是只有带着阶级性的人性，而没有什么超阶级的人性。”（《在延安文艺座谈会上的讲话》，《毛泽东选集》四卷本第827页）毛泽东同志把阶级性作为人性的具体内容。马克思说：人是一切社会关系的总和。在阶级社会里，人与人之间的关系就是阶级关系，人性就是阶级性。可见，马克思和毛泽东同志的看法是一致的。从政治家的视角来看，这种看法无疑是正确的。

（二）人性是可以认识的。道家有一套观“性”之法。庄子借孔子之口说：“凡人心险于山川，难于知天。……故君子远使之而观其忠，近使之而观其敬，烦使之而观其能，卒然问焉而观其知（智），急之与期而观其信，委之财而观其仁，告之以危而观其节，醉之以酒而观其则，杂之以处而观其色。九征至，贤不肖人得矣。”（《列御寇》）庄子提出用九种方法去考察人之“贤”与“不肖”，注重实践，很有见地。

著名的道教人士陈抟也说：“心者貌之根，审心而善恶自见；行者心之表，观行而祸福可知。”（《心相篇》）他认为，人之精神面貌、言行举止，反映了人之心性，通过人之言行举止、精神状态则可察其善恶。他在《心相篇》中举了许多例子。这对于我们今天如何识人仍有重要的借鉴意义。

佛家亦云：“明心见性，见性成佛。”今人可化而用之曰：“明心见性，见性知行。”即识人要知本性，了解了人的本性，就可预见他未来可能采取的行为。能识“人之性”而用之，是一种人生大智慧。

（三）“人性”的本质是什么？人性，顾名思义，就是人的本性。庄子云：“道者，德之钦也；生者，德之光也；性者，生之质也。”（《杂篇·庚桑楚》）告子曰：“生之谓性。”孟子曰：“生之谓性也，犹白之谓白与？”曰：“然。”（《孟子·告子上》）荀子说："凡性者，天之就也，不可学，不可事。……不可学、不可事而在人者，谓之性；可学而能、可事而成之在人者，谓之伪；是性、伪之分也。"（《性恶篇》）从以上诸子的论述可知，人性乃人之共性，有其天生的一面。因此，仅把人性归之为"阶级性"，未免失之偏颇。

用道家的观点看，人是自然的一部分（"四域之中，人居其一焉"），具有"先天"之性与"后天"之性（今人谓之"生物性"与"社会性"）此二重性。先天之性是与生俱来的，系人之生物本能。如人要生存，要延续种族，就要解决"食"和"色"问题，所以，儒家说："食、色，性也。"（《孟子·告子》）但是，如果只强调人的生物本能，不言人之社会性，是极其错误的，正如列子所言："人而无义，唯食而已，是鸡狗也。强食靡角，胜者为制，是禽兽也。"（《说符篇》）人离开了社会性，不讲道义，"唯食而已"，强食争斗，与动物无异。从社会性来说，人生活在社会之中，人与人之间要发生交往，需要处理好人际关系，要懂得自尊自爱、团结互助，这就有一个价值判断与道德评价问题。

（四）人之"性善""性恶"，就是一种道德评价，不是人的天然本性，所以"性善""性恶"之说不足以概括人之"本性"。道德观念不是与生俱来的，而是后天形成的。恩格斯说：任何社会的道德，"归根结底，都是当时社会经济状况的产物"（《反杜林论》）。人性之"善"与"恶"，不仅与个人的修为有关，而且与他所处的生活环境、社会环境关系极大。所以，儒家曰："人之初，性本善"，其言非也；道家云：人之初，性本"朴"，其言当矣！

（作者单位：四川省老庄学会）

扬雄对孟子思想的继承与发展
——以《法言》为中心①

宋冬梅

内容提要： 扬雄以孟子的后继者自居，仿效孟子辟杨拒墨，对西汉后期兴起的诸子学说进行了批判，认为诸子学说和儒家学说是不相容的，如果任由诸子学说发展而不加以制止，必定会使人不明是非，偏离正道。扬雄论人性，试图调和孟、荀之说，主张“人之性也，善恶混”，认为人性中同时存在着善良和邪恶两方面因素，这一观点能很好地解决为什么社会上有善人和恶人以及一个人有时具有善念和善行，有时又具有恶念和恶行的问题，这无疑是对孟子性善论的发展。扬雄的中和思想和孔孟的“中和”“中道”思想有一脉相承之处，认为“立政鼓众，动化天下，莫上于中和，中和之发，在于哲民情”。他所推崇的“中和之道”，就是对以仁政为核心的中和政治赋予中和思想的实践色彩，即君主要想贯彻中和之道，就必须付诸实践。

关键词： 扬雄；《法言》；孟子思想；继承与发展

扬雄是西汉后期著名学者，哲学家、文学家、语言学家，一生著作颇丰。他少而好赋，前期作了大量辞赋讥讽时政，然其结果不尽人意，顾辍而不复，并将其归为“童子雕虫篆刻”（《法言·吾子》）一类；由此，扬雄的著述开始转向以哲学为主，效法《易》作《太玄》，效法《论语》而作《法言》，通过这两本著作，建立起了以维护圣人之道为出发点，以儒家伦常为核心的思想体系。他仿效孟子，力辟异端，维护正统，继承与发展了孟子思想，在我国思想史上产生了重要影响。

---

① 本文系国家社科基金项目“中韩儒学发展路径及其现状比较研究”（项目编号：15BZX067）的阶段性成果。

一、扬雄接续孟子对诸子的批判

孟子生活的时代，天下纷乱，战争频起，各诸侯国为了扩张势力，保存发展自己，重用纵横家策士和法家人物，而传统的儒家学说因讲仁义，施仁政，反对战争，不被各诸侯采用。面对“杨朱、墨翟之言盈天下”（《孟子·滕文公下》）的局面，孟子站在儒家的立场上，对杨墨之道进行了批判：

> 杨墨之道不息，孔子之道不著，是邪说诬民，充塞仁义也。仁义充塞，则率兽食人，人将相食。吾为惧此，闲先圣之道，距杨墨，放淫辞，邪说者不得作。（《孟子·滕文公下》）

在中国古代思想史上，孟子是为维护孔子之道而辟杨拒墨的重要人物。他认为自有生民以来，未有盛于孔子的，他希望自己也成为孔子那样的人，“乃所愿，则学孔子也”（《孟子·公孙丑上》）。孟子认为杨墨之说是邪说，误国误民，如果不加以制止，孔子思想就无法发扬光大。他认为“春秋无义战”，主张“善战者服上刑”，认为用武力统一中国根本行不通，统治者要想有效地统治臣民就应该施仁政，重视道德教化作用。而那个时代的特征则决定了孟子所倡导的仁政并不能实现。统治者对法墨等家的推崇，使孟子理想中的先王之治无法实现，这也决定了其王道思想较之孔子更加激进。他从儒家的纲常伦理入手对杨墨之说进行了严厉的抨击，在《孟子·滕文公下》中他说：“杨氏为我，是无君也，墨氏兼爱，是无零也。无父无君，是禽兽也。”（《孟子·滕文公下》）

扬雄以孟子的后继者自居，仿效孟子辟杨拒墨，对西汉后期兴起的诸子学说进行了批判。扬雄和孟子一样，认为诸子学说和儒家学说是不相容的，如果任由诸子学说发展而不加以制止，必定会使人不明是非，偏离正道。

和孟子一样，扬雄也把孔子之道作为评判是非的标准，这在《法言》一书中多有体现：

> 天之道不在仲尼乎？仲尼驾说者也，不在兹儒乎？如将复驾其所说，则莫若使诸儒金口而木舌。（《法言·学行》）

> 山之蹊，不可胜由矣。向墙之户，不可胜入矣；曰：恶由入？曰：孔氏。孔氏者，户也。曰：子户乎？曰：户哉！户哉！吾独有不户者矣？（《法言·吾子》）

> 或曰：人各是其所是，而非其所非，将谁使正之？曰：万物纷错则悬诸天，众言淆乱则折诸圣。或曰：恶睹乎圣而折诸？曰：在则人，亡则书，其统一也。（同上）

而在扬雄看来，只有孟子才能算是与孔子之道完全一致的圣人：

或问："孟子知言之要，知德之奥？"曰："非苟知之，亦允蹈之。"或曰："子小诸子，孟子非诸子乎？"曰："诸子者，以其知异于孔子也。孟子异乎？不异。"（《法言·君子》）

但扬雄与孟子处在不同的时代，其思想也有异于孟子，所以二者对诸子的批判也有不同。西汉时，虽然董仲舒"罢黜百家，独尊儒术"，但他并不是一味地否定诸子学说，而是在批判的同时也加以吸收运用，儒学虽然在政治上处于统治地位，但是实际上，诸子百家仍然占有很大的市场。

对诸子百家，扬雄最推崇孔子，同时，他把孟子、荀子也置于诸子之上；对于道家，扬雄虽然受其影响，但他也是褒贬参半，比如他的《太玄》虽然受老子影响颇深，但他对老子也并不是完全肯定，这在《法言》中也有体现："老子之言道德，吾有取焉耳。及槌提仁义，绝灭礼学，吾无取焉耳。"（《法言·问道》）

但对墨家、法家、阴阳家、名家等的学说，扬雄基本持否定态度，他说："庄杨荡而不法，墨晏俭而废礼，申韩险而无化，邹衍迂而不信。"（《法言·五百》）其中，他对法家的批评更是不吝笔墨：

申、韩之术，不仁之至矣，若何牛羊之用人也？若牛羊用人，则狐狸、蝼蚓不腝腊也与？或曰："刀不利，笔不铦，而独加诸砥，不亦可乎？"曰："人砥，则秦尚矣！"

或曰："申、韩之法非法与？"曰："法者，谓唐、虞、成周之法也。如申、韩！如申、韩！"

申、韩不乖寡圣人而渐诸篇，则颜氏之子、闵氏之孙其如台？（《法言·问道》）

或问："人有倚孔子之墙，弦郑、卫之声，诵韩、庄之书，则引诸门乎？"曰："在夷貉则引之，倚门墙则麾之。"（《法言·修身》）

或问："韩非作《说难》之书而卒死乎说难，敢问何反也？"曰："'说难'盖其所以死乎？"曰："何也？""君子以礼动，以义止，合则进，否则退，确乎不忧其不合也。夫说人而忧其不合，则亦无所不至矣。"或曰："非忧说之不合，非邪？"曰："说不由道，忧也。由道而不合，非忧也。"（《法言·问明》）

扬雄认为，申、韩之术专任法，忽视德化，最不仁义，如果任其畅行，儒家的礼义廉耻、纲常伦理就会受其影响，所以推儒尊孟，维护儒家法则，就必须"倚门墙则麾之"。

孟子批判诸子围绕着儒家的纲常伦理来进行，扬雄以孟子的继承者自居，其对诸子的批判是一脉相承的，但扬雄又认为“吾见诸子之小礼乐也，不见圣人之小礼乐也”（《法言·问道》）。由此可见，扬雄认为圣人和诸子的根本区别在于是否“小礼乐”，这又是对孟子批判诸子的发展，也对后世儒家“排佛老”产生了深远影响。

二、扬雄“善恶混”的人性论思想

孔子的“性相近，习相远”一语揭开了后世探讨“人性”的序幕。孔子认为人的天性是相近的，造成以后不同的是后期的“习”，然而孔子的“人性”是没有善恶之分的。继孔子之后，关于“人性”的讨论成为一个焦点，主要代表有孟子的“性善论”和荀子的“性恶论”。

孟子关于“人性”的主张是“性善论”。孟子认为人生下来，在其本性里面都有性善的成分，这些成分被孟子称为“端”：恻隐之心、羞耻之心、辞让之心、是非之心。这“四心”被孟子称为“四端”，“四端”继续发展就可以演变为“仁”“义”“礼”“智”的“四德”，他认为凡是圣人都把这四德发展到最完美之处，既然人人都具备“四端”的品行，只要加以修炼，就能具备“四德”的素质，那么人人都能称为圣人，即“人皆可以为尧舜”（《孟子·告子下》）。

孟子认为人的天资是善良的，就像水往下流一样，是不言而喻的，即“水信无分于东西，无分于上下乎？人性之善也，犹水之就下也。人无有不善，水无有不下”（《孟子·告子上》）。但他同时又认为后天的环境对人性的影响也是很大的，他说：“今夫水，搏而跃之，可使过颡；激而行之，可使在山。是岂水之性哉？其势则然也。人之可使为不善，其性亦犹是也。”（同上）孟子主张人性本善，但是后天的影响能改变一个人，如果一个人在后来的成长中能够把自己本有的“四端”发扬光大，那么他便会成为一个君子；但如果这个人认识不到自己固有的本质，不注意发展自己的品质，那么这个人就会成为小人。而为了避免成为小人，就需要不断地学习，孟子说“学问之道无他，求其放心而已矣”，即主张通过后天学习找回迷失的善性。

扬雄论人性，试图调和孟、荀之说，他既不主张“性善论”，也不主张“性恶论”，而是主张“人之性也，善恶混”（《法言·修身》）。扬雄说：“人之性也善恶混；修其善则为善人，修其恶则为恶人。气也者，所以适善恶之马也欤？”（同上）由此可以看出，扬雄论人性，讲了两方面的内容，一是人之性善恶相混，二是“适善恶之马”的气。

关于“混”，李轨注：“混，杂也。荀子以为人性恶，孟子以为人性善，而扬子以为人性杂。”（《扬子法言注》）也就是说，扬雄的善恶混，是指人性绝不是单一的善或恶，而是善恶相混，人性中同时存在着善良和邪恶两方面因素，这个世界上没有绝对善的人，也没有绝对恶的人。有关扬雄人性论的思想来源，人们更多地认为是对孟子和荀子人性论思想的调和，其中以司马光的评述最具代表性：

> 孟子以为人性善，其不善者，外物诱之也。荀子以为人性恶，其善者，圣人教之也。是皆得其一偏，而遗其本实。夫性者，人之所受于天以生者也，善与恶必兼有之，犹阴之与阳也。……孟子以为仁、义、礼、智皆出乎性者也，是岂可谓之不然乎？然殊不知暴慢、贪惑亦出乎性也。是信稻、粱之生于田，而不信藜、莠之亦生于田也。荀子以为争夺残贼之心，人之所生而有也，不以师法、礼义正之，则悖乱而不治，是岂可谓之不然乎？然殊不知慈爱、羞恶之心亦生而有也，是信藜、莠之生于田，而不信稻、粱之亦生于田也。故扬子以为人之性善恶混。混者，善恶杂处于心之谓也，顾人所择而修之何如耳。修其善则为善人，修其恶则为恶人，斯理也，岂不晓然明白矣哉！如孟子之言，所谓长善者也；如荀子之言，所谓去恶者也。扬子则兼之矣[①]。

关于扬雄所谓的“气”，他没有说明，学术界对其探讨甚多，蔡元培曾感叹“扬雄之学说，以性论为最善，而于性中潜力所由以发动之气，未尝说明其性质，是其性论之缺点也”[②]。笔者认为，扬雄所谓“气”是引导善恶的一匹马，这是受孟子思想的影响。孟子说：“夫志，气之帅也；气，体之充也。夫志至焉，气次焉。故曰：‘持其志，无暴其气。’”（《孟子·公孙丑上》）赵岐解释“志”和“气”说：“志，心所念虑也。气，所以充满形体为喜怒也。”（《孟子注疏》）也就是说外在的喜怒哀乐的“气”是受内在意识的“志”的支配的，这也就是“言志所向，气随之”（《孟子注疏》）。孟子在这里强调的是主体内在的意向性在人的道德修养中的决定性作用。扬雄在《法言》一书中有关“气”的探讨明显是受孟子思想影响：“有意哉！孟子曰：‘夫有意而不至者有矣，未有无意而至者也。’”（《法言·修身》）“学者，所以求为君子也。求而不得者有矣，夫未有不求而得之者也。”（《法言·学行》）这些都是在讲“志”对“气”的引导作用。

根据其人性论，扬雄强调修性的重要性：

> 学者，所以修性也。视听言貌思，性所有也。学则正，否则邪。……习乎习！以习非之胜是，况习是之胜非乎？於戏！学者审其是而已矣。（《法言·学行》）

扬雄认为通过学习就可以达到修性的目的，学习善的东西就可以抑制恶的因素，学习坏的东西也可以使性中本有的善因素减少。而在具体的修性方法上，扬雄有“取

---

① 转引汪荣宝：《法言义疏》，中华书局1987年版，第85—86页。

② 蔡元培：《中国伦理学史》，东方出版社1996年版，第66页。

四重，去四轻”之说：

或问：“何如斯谓之人？”曰：“取四重，去四轻，则可谓之人。”曰：“何谓四重？”曰：“重言，重行，重貌，重好。言重则有法，行重则有德，貌重则有威，好重则有观。”“敢问四轻。”曰：“言轻则招忧，行轻则招辜，貌轻则招辱，好轻则招淫。”（《法言·修身》）

扬雄所谓的“四重”与“四轻”是指言语、行为、外貌和嗜好等与德行相关的外在方面。从这段话也可以看出，扬雄虽然强调“志”这个内因的作用，但在修性方法上，他却是倚重“言、行、貌、好”等外在的因素是否符合道德礼法。在这点上，扬雄与孟子的主内修养的观点恰好相反。

综上所述，扬雄的人性论与孟子的人性论有一致之处，即都承认人生来就具有的某一种特质，同时又强调后天的作用对人性实现的决定作用，而且孟、扬二者的人性论是一种平等论。孟子认为“人皆可以为尧舜”，扬雄认为：“申韩庄周不乖寡圣人而渐诸篇，则颜氏之子，闵氏之孙，其如台。”（《法言·问道》）也就是说不管性善或者善恶相混，他们认为只要通过后天的努力，人人都可以成为圣人、君子。但是孟子的性善论在解决现实问题时难免会遇到这样的困境：既然人性是善的，那么现实社会中的性恶又是从何而生？而扬雄的性善恶相混论则解决了这个问题，他认为人性中同时存在着善良和邪恶两方面因素，这个世界上没有绝对善的人，也没有绝对恶的人，他的这个观点在解释现实中的人的时候就能很好地解决为什么社会上有善的人，同时也有恶的人了，这无疑是对孟子性善论的发展。

三、扬雄对孟子中和思想的发挥与致用

儒家的中和思想由来已久，早在原始氏族社会，这个思想已经存在。中和思想在中国文化和哲学中占有重要的位置，而作为中国文化主体的儒家哲学，更为注重中和思想。“中和”一词在《礼记·中庸》中释为：“中也者，天下之大本也；和也者，天下之达道也。致中和，天地位焉；万物育焉。”

孔子创立儒家，在继承前人“尚中”“尚和”思想的基础上发展出儒家的中和哲学，把神秘化政治性的“执中”改造成主体性理性化的“用中”。孟子作为孔子的继任者，他的思想与儒学的基本精神相契合，对于“中和”这一重要理论，广泛吸取了孔子的中和思想。但孟子论“中和”和孔子论“中和”明显不同，孟子论“中和”并未直言“中庸”，而是提倡“中道”，“中道”一词虽说在《孟子》一书中总共出现三次，但孟子的中的思想却贯穿于其思想体系的任何一方面。现就《孟子》一书中出现

的三次“中道”加以分析。

“中道”一词首先出现在孟子与公孙丑的对话中：“君子引而不发，跃如也。中道而立，能者从之。”（《孟子·尽心上》）孟子认为君子教导别人正如教人射术，张满弓而不发箭，只做出跃跃欲试的状态来加以引导。他能在恰到好处的中道上站立指导别人，这样，学习的人就能紧紧追随。从这段话也可以看出，孟子的“中道”不仅要有思想上的意识，更要有实践上的体验，其“中道”思想是内在和外在的统一，通过外在的不断努力来提升内在的道德境界。

“中道”一词，有两处出现在孟子对孔子相关言论的阐发：“孔子‘不得中道而与之，必也狂狷乎！狂者进取，狷者有所不为也’。孔子岂不欲中道哉？不可必得，故思其次也。”（《孟子·尽心下》）在《论语》一书中，孔子的原话是“不得中行而与之，必也狂狷乎！狂者进取，狷者有所不为也”（《论语·子路》）。在这里，孟子用“中道”替换了“中行”。显然，在孟子看来，“中道”与“中行”有着一样的含义，两者都彰显了儒家的中和思想，但是孟子在这里做替换，更是为了突出“中道”。他认为“中道”精神体现着圣人的理想品质，所以说他关于中的思想更注重“道”。

孟子的“中道”精神并不仅仅停留在字面上，其精神充斥着孟子整个伦理体系，他还对偏离中道的学说给予批评。他认为杨、墨二者之所以是异端邪说，就是因为其偏离了儒家的核心思想，背离了儒家的中和之道。孟子说：“杨子取为我，拔一毛而利天下，不为也；墨子兼爱，摩顶放踵利天下，为之。子莫执中，执中为近之。执中无权，犹执一也。所恶执一者，为其贼道也，举一而废百也。”（《孟子·尽心上》）意思是，杨朱主张为我，即使拔一根汗毛而有利于天下，他都不肯干；墨翟主张兼爱，只要对天下有利，即使摩秃头顶，擦破脚跟，都要去做。子莫持中间态度，持中间态度就接近正确了。但是持中间态度而没有变通，也还是执着在一点上。执着于一点之所以不好，是因为它损害了道，抓住了一点而丢弃了其他一切的缘故。杨墨之道相较于儒家传统的“中”表现出了“过”与“不及”，杨氏的“不及”已经达到了“拔一毛而利天下，不为也”（同上）的地步；而墨子简爱，无差别，无亲疏，已是“过”了。杨墨之道“无父无君，是禽兽也”（《孟子·滕文公下》），这样的禽兽之道，显然不符合儒家的中和之道。从孟子对杨、墨的批判中可以看出其所引孔子“不得中道而与之”这句话的含义。所以，孟子中道思想的道德价值标准是不容降低的，它不是杨、墨的“为我”与“兼爱”思想的简单折中，其中和思想体现着儒家“仁”的境界。

另外，这段话也体现了孟子的“权益中和论”思想。孟子认为，子莫的“执中”接近于“中道”，但“执中”如果没有权的维度限制，也易偏执一端。一味“执中”，就会以“中”为一切，“中”也会在这种形式下变成一种僵死的内容，这就有悖于儒家真正的“中”的精神。朱熹曾说“执中者害于时中。……道之所贯者中，中之所贯者权”[①]，“执中无权”实质上是“胶于一定之中而不知变”[②]。“只是一个总的理论与原则，而环境和条件总是不断变化的，随着环境和条件的变化，应当对这些理论和原则作适当的变通调整，这就是‘权’。”[③] 孟子反对“执一”就是反对在“执中”的过程中过于形式化、僵死化，“执中无权”没有对儒家传统“中”精神进行辩证地理解。

扬雄的中和思想和儒家的传统思想有一脉相承之处。其中和思想是《法言》中的基本原则，在《法言·序》中，他明确阐明了自己的中和思想：“立政鼓众，动化天下，莫上于中和，中和之发，在于哲民情。”（《法言·先知》）这段话的意思是说，建立好的政治，鼓舞号令群众，动员和教化天下的民众，没有比实行刚柔适当、无过无不及的中和方针更好的办法。实施中和方针，关键在于要了解民众的情况。从中可以看出，扬雄所推崇的“中和之道”，就是以仁政为核心的中和政治。他认为中和是天地之道，是圣人之道，其中和政治的标准也在《法言·先知》中有所概括：“甄陶天下者，其在和乎！刚则甈，柔则坏。龙之潜亢，不获其中矣。是以过中则惕，不及中则跃，其近于中乎！圣人之道，譬犹日之中矣，不及则未，过则昃。”在这里，扬雄把治理天下的关键概括为“宽严适中”。

扬雄所谓“动化天下，莫上于中和”，旨在缓和阶级矛盾。他既反对黄老无为之说，也反对申韩的法家之术，黄老无为是“不及”，申韩的主张却又是“过”。此处，他追求的既无过又无不及的“中和”与孟子主张“泛爱众而亲人”的“中和”是一样的，都体现着儒家“仁”的境界。但他在施政中的“中和之道”绝不是对前人理论的简单重复，其理论思想具有很强的实践性。他提出的“中和之发，在于哲民情”中“哲”字的含义，在《法言》中解释为：

或问：哲。曰：旁明厥思。问：行。曰：旁通厥德。（《法言·问明》）

这句话的意思是一个人能够全面地明确自己的思想就是哲，一个人能够全面地贯彻自己的道德就是行。一个“哲”字赋予了扬雄中和思想哲理的色彩，即君主要把自己对事物的认识发展到广博的程度，才能做到真正的“哲”；同时，一个“哲”字又赋予其中和思想实践的色彩，即君主要想在政治中贯彻中和之道，就必须在实践活动中去了解人民的情况。扬雄所谓的“中和之发在于哲”与当时盛行的非理性哲学明显地区分开来，其“哲”的思想与董仲舒建立在阴阳五行上的中和思想和黄老自然阴阳的中和思想明显不同。扬雄更重视理性思维在施政中的作用，这就从根本上与西汉董

① ［宋］朱熹：《四书章句集注》，中华书局1983年版，第357页。
② 同上。
③ 杨泽波：《孟子评传》，南京大学出版社1998年版，第202页。

仲舒的神学思想区分开来，他倡导“圣人存神索至，成天下之大顺，致天下之大利，和同天地之际，使之无间也”（《法言·问神》）。这也是提倡在理性的认知过程中去实现天地万物的和谐，从这一层面上也可以看出扬雄欲消除董仲舒神学论色彩所做的努力。当然，生活在那个年代，他不会也不可能完全摒弃董仲舒的影响，其坚持先秦儒家政治理论原则和立场的同时，也根据时代的发展而发展着儒家政治思想，使儒学不断适应着时代的需求。

总之，唐代韩愈说“因雄书而孟氏益尊，则雄者亦圣人之徒欤”①，终西汉一代，扬雄可以说是最推崇孟子的人，他以孟子自比，仿效孟子批判杨墨，捍卫孔孟之道，建立起了以维护圣人之道为出发点，以儒家伦常为核心的思想体系。他对孟子思想的继承与发展，在中国古代思想史上产生了重要影响。

（作者单位：中国孔子研究院）

① ［唐］韩愈著，钱仲联，马茂元校点：《韩愈全集》，上海古籍出版社 1997 年版，第 128 页。

扬雄学行思想探析

夏爱民　赵艳娟

内容提要： 扬雄的学、行思想全面系统、条理清晰，主要集中在《法言》的《学行》等篇章，包括：以“善恶混”为标志的人性论；以“行之”“修性”“修德”“求为君子”“为王者事”为主的学习目的论；以“宗道”“宗圣”“宗经”为主的学习内容论；以“务求师”为主的学习榜样论；以“强学而力行”为主的学习态度论；以“好学”五法为主的学习方法论；等等。

关键词： 西汉；扬雄；《法言》；人性；学习

扬雄（前53—18），字子云，西汉蜀郡成都（今成都市郫都区）人。《汉书·扬雄传》① 记载：

> 雄少而好学，不为章句，训诂通而已，博览无所不见。为人简易佚荡，口吃不能剧谈，默而好深湛之思，清静亡为，少耆欲，不汲汲于富贵，不戚戚于贫贱，不修廉隅以徼名当世。家产不过十金，乏无儋石之储，晏如也。自有下度：非圣哲之书不好也；非其意，虽富贵不事也。
>
> ……
>
> 雄见诸子各以其知舛驰，大氐诋訾圣人，即为怪迂。析辩诡辞，以挠世事，虽小辩，终破大道而或众，使溺于所闻而不自知其非也。及太史公记六国，历楚、汉，讫麟止，不与圣人同，是非颇谬于经。故人时有问雄者，常用法应之，撰以为十三卷，象《论语》，号曰《法言》。
>
> ……
>
> 自雄之没至今四十余年，其《法言》大行。

① ［汉］班固：《汉书》卷八七《扬雄传》，中华书局2007年版，第3514、3580、3585页。

扬雄的学、行思想全面系统、条理清晰，主要集中在《法言》的《学行》等篇章①，他也是其学、行思想的成功实践者。其学行思想主要包括：以“善恶混”为标志的人性论；以“行之”“修性”“修德”“求为君子”“为王者事”为主的学习目的论；以“宗道”“宗圣”“宗经”为主的学习内容论；以“务求师”为主的学习榜样论；以“强学而力行”为主的学习态度论；以“好学”五法为主的学习方法论；等等。

一、学习的人性论：“善恶混”

《法言》卷三《修身》：

> 人之性也善恶混。修其善则为善人，修其恶则为恶人。气也者，所以适善恶之马也与？

人是学习的主体，人性论是学习思想的基础与前提。孔子认为“性相近也，习相远也”，没有涉及“性”的善恶问题。孟子持性善论，荀子持性恶论，董仲舒持“性三品”论，认为上品性善、下品性恶、中品可恶可善。扬雄持善恶混论，认为“人之性也善恶混，修其善则为善人，修其恶则为恶人”。善恶混并非善恶不分，而是善恶混杂，即人性中先天地既有善的因素，又有恶的因素，善恶是兼承于人性中的对立因素，人人皆有善有恶，人人皆可为善为恶，其发展有成为善人或成为恶人的两种可能性，如何发展则完全取决于后天之所“修”。更为可贵的是，扬雄还提出了“气”的概念，认为“气”是“所以适善恶之马也”，从属于人性，居第二位。

扬雄对人性本质的阐述，特别是对“性”“气”的区分，是儒家人性论发展的一大里程碑，尽管虽仍未摆脱承认天赋道德的唯心主义思想体系，但立论更为全面。后世宋儒在此基础上，将“性”区分为“天地之性”（善为本质）与“气质之性”（有善有恶），成为儒学人性论的经典阐述。其中，扬雄的理论贡献是显然的。

现代教育理论，将人的身心发展理论分为内因论、外铄论。孟子主“性本善”“求”放其心，非由外铄，持内因论。荀子主“性本恶”，持外铄论。扬子，基于此人性观，他更倾向于外铄观，高度强调“习”“修”“学”的作用。

由此提出以下问题：一是为什么学？学习目的、目标问题。二是学什么？学习内容问题。三是学谁？学习榜样问题。四是怎么学？态度与方法问题。

二、学习的目的论：“行之”“修性”“求为君子”“为王者事”

扬雄的学习目的论，包括：学习的作用、意义，学习的方向、目的目标、宗旨，

① 纪国泰：《扬子法言今读》，巴蜀书社 2017 年版。

学习的境界层次等。扬雄对当时各种否认怀疑学习的意义、错误歪曲学习的目的等观点进行了驳斥和澄清。

（一）学习的目标层级——“行”“言”“教人”，兼与《左传》“三不朽”之比较

《法言》卷一《学行》：

学，行之，上也；言之，次也；教人，又其次也。咸无焉，为众人。

扬雄认为，学习有三个目标，最上为“行”，践行，身体力行，《荀子·正名》有“正义而为谓之行”，《法言》卷八《五百》：“君子仕则欲行其义，居则欲彰其道”，付诸实行、正义而为是学习成果的最高体现，近于“立功”；其次“言”，成言立论，有所发明，近于“立言”；又其次“教人”，能用所学教授他人，传承经典章句、知识。以上“咸无”，为“众人”，和不学习、白学的常人、普通人一样。

扬雄将人分为圣人、贤人、众人三个等级。《法言》卷一《学行》：

鸟兽触其情者也，众人则异乎！贤人则异众人矣，圣人则异贤人矣。礼义之作，有以矣夫。人而不学，虽无忧，如禽何？

学习的目标，关联着人的层次。由此，扬雄将人分为四个境界与层次，“行”为圣人，“言”为贤人，“教人”为师者（知分大小、师分贵贱，见后），“咸无”为“众人”。

由此可与“三不朽”作对比。《左传·襄公二十四年》谓：“豹闻之，‘太上有立德，其次有立功，其次有立言’，虽久不废，此之谓三不朽。”唐人孔颖达在《春秋左传正义》中对德、功、言三者分别做了界定：“立德谓创制垂法，博施济众”；“立功谓拯厄除难，功济于时”；“立言谓言得其要，理足可传”。

东汉末服虔（生卒年月难考，约生活于公元2世纪左右，东汉中平年间，即184—189年，曾任九江太守）认为达到三不朽的人物有：立德——伏羲、神农；立功——禹、后稷；立言——史佚、周任、臧文仲。

西晋杜预认为达到三不朽的人物有：立德——黄帝、尧、舜；立功——禹、后稷；立言——史佚、周任、臧文仲。

唐孔颖达除了认可服虔和杜预的观点外，另外认为达到三不朽的人物有：立德——禹、成汤、周文王、周武王、周公、孔子；立言——老子、庄子、荀子、孟子、管仲、晏婴、杨朱、墨子、孙武、吴起、屈原、宋玉、贾逵、扬雄、司马迁、班固。

兹整理如下：

立德：伏羲、神农、黄帝、尧、舜、禹、成汤、周文王、周武王、周公、孔子。

立功：禹（唐孔颖达将禹从立功升为立德）、后稷。

立言：史佚、周任、臧文仲、老子、庄子、荀子、孟子、管仲、晏婴、杨朱、墨子、孙武、吴起、屈原、宋玉、贾逵、扬雄、司马迁、班固。

“三不朽”中，“立德”极难，只有先王、孔子列入，且有赖于见仁见智、众口难调的外界评价，而“立功”，只有禹（唐孔颖达将禹从立功升为立德）、后稷，后世需要挤身垄断性和风险性极强的官场，非一介书生的能力所及；相对“立德”“立功”，“立言”容易一些，于是，后世文人每以“立言”为第一要务，以求不朽。

扬雄在《法言》卷一《学行》第一条目明确提出“学，行之，上也；言之，次也；教人，又其次也”，没有涉及立德，以立功为第一，其次立言，说明在扬雄所处的西汉，仍以立功为第一要务，也说明扬雄的抱负很大，虽然他志于著述，但并不以“立言”为第一。到魏曹丕《典论·论文》讲：“盖文章经国之大业，不朽之盛事。年寿有时而尽，荣乐止乎其身，二者必至之常期，未若文章之无穷。是以古之作者，寄身于翰墨，见意于篇籍，不假良史之辞，不托飞驰之势，而声自传于后。”“立言”成为第一要务。

（二）学习的目的——“修性”“修德”“求为君子”“为王者事”

1. 修性

《法言》卷一《学行》：

学者，所以修性也。视、听、言、貌、思，性所有也。学则正，否则邪。

修性，即通过学，修正“性”所有的视、听、言、貌、思五个方面。否则走上邪路。

2. 修德、“斧藻其德”

《法言》卷一三《孝至》：

或曰：“圣人事异乎？”曰：“圣人德之为事，异亚之。故常修德者，本也；见异而修德者，末也。本末不修而存者，未之有也。”

扬雄指出：“圣人德之为事”“常修德者，本也”，修德，是圣人之事。

《法言》卷一《学行》：

吾未见斧藻其德，若斧藻其粢者也。

人多愿意斧藻其粢，而斧藻其德（即学习成德）者少。可见，学有“斧藻”之作用，“斧藻其德”是学习的目的。

3. “求为君子”

《法言》卷一《学行》：

学者，所以求为君子也。求而不得者有矣夫，未有不求而得之者也。睎骥之马，亦骥之乘也。睎颜之人，亦颜之徒也。或曰：“颜徒易乎？”曰：“睎之则是。”曰：“昔颜尝睎夫子矣，正考甫尝睎尹吉甫矣，公子奚斯尝睎尹吉甫矣。不欲睎则已矣，如欲睎，孰御焉？”

人要想上进就必须求学，可能会有“求而不得者”，但“不求而得之者”是绝对没有的，要发挥“睎”的作用、功夫。

何为君子？有以下表现：

（1）“君子微慎厥德”。

《法言》卷三《修身》：

君子微慎厥德，悔吝不至，何元憞之有？

特别是要在每一细小环节均严格要求自己，即所谓“君子微慎厥德”。

（2）“君子正而不他”。

《法言》卷四《问道》：

或问“道”。曰：“道也者，通也，无不通也。”或曰：“可以适它与？”曰：“适尧、舜、文王者为正道，非尧、舜、文王者为它道。君子正而不它。”

他强调时时刻刻都应躬行正道而排除杂念，即所谓“君子正而不他”。

（3）“君子言则成文，动则成德”。

《法言》卷一二《君子》：

或问：“君子言则成文，动则成德，何以也？”曰：“以其弸中而彪外也。般之挥斤，羿之激矢。君子不言，言必有中也；不行，行必有称也。”

提出“言则成文”“言必有中”，“动则成德”“行必有称”的君子标准。

4.“为王者事”

《法言》卷一《学行》：

学之为王者事，其已久矣。尧、舜、禹、汤、文、武汲汲，仲尼皇皇，其已久矣。

“为王者事”，即尧、舜、禹、汤、文、武、仲尼等王者所从事的事，或为实现外王目标所必须从事的事。

以上学习的目的，有“修性”“修德”“求为君子”“为王者事”等。从中看出，扬雄对学习的目的仍是儒家的“修齐治平”“内圣外王”。这对当时社会不重视学习、为功利目的学习的思潮是一种纠正，扬雄正本清源，拨乱反正，拨雾见日，恢复学习的本来目的，对儒学发展是重大贡献。

扬雄强调仁义礼智信等道德规范，说成是基于天性，就像人体有四肢一样，只有具备这些道德规范才称得上是健全之人。扬雄强调教化功能，《法言》卷九《先知》篇中论及“民可使觌德，不可使觌刑。觌德则纯，觌刑则乱”。《法言》卷一三《孝至》篇中赞美："汉兴二百一十载而中天，其庶矣乎！辟廱以本之，校学以教之，礼乐以容之，舆服以表之。复其井、刑，勉人役，唐矣夫。"

此外，扬雄还批判了当时社会一味追求财富、舍弃仁义道德的思想与做法，旗帜鲜明地提出了自己的观点：

1. 仁义即富，为养葬之"至"

《法言》卷一《学行》：

或谓："子之治产，不如丹圭之富。"曰："吾闻先生相与言，则以仁与义；市井相与言，则以财与利。如其富，如其富。"或曰："先生生无以养也，死无以葬也，如之何？"曰："以其所以养，养之至也。以其所以葬，葬之至也。"

孔子说"富贵于我如浮云"。扬雄看轻产、富、财与利；看重仁与义，认为仁义即是富；看轻养、葬；看重其所以养、所以葬，认为仁与义为养、葬之"至"。

2. 孝贱"粗""回"，贵"精""贞"

《法言》卷一《学行》：

或曰："猗顿之富以为孝，不亦至乎？颜其馁矣。"曰："彼以其粗，颜以其精；彼以其回，颜以其贞。颜其劣乎？颜其劣乎？"

扬雄认为，富以为孝，为"粗"，为"回"（扭曲）；颜回之孝，在心，虽"馁"，但"精"，为"贞"（真，真实，真正）。这也是教人领会孔颜乐处，安贫乐道。

（三）学习的境界——对功利性的超越

1. "大人之学为道"

《法言》卷一《学行》：

或曰："书与经同，而世不尚，治之可乎？"曰："可。"或人哑尔笑曰："须以发策决科。"曰："大人之学也为道，小人之学也为利。子为道乎？为利乎？"

汉代建立察举制度以选拔人才，同时助长了追求功名利禄的学习动机。有人说只有"发策决科"的内容他才去学。扬雄一针见血地指出，"大人之学为道"，《书》中有体现；而"小人之学为利"，《经》中有"发策决科"。为利禄而学，终究不过是小人之学。要想学为君子，应当重视对《书》的学习，而不能一味为"发策决科"学《经》。

2. "学不羡"

《法言》卷一《学行》：

或曰："人羡久生，将以学也，可谓好学已乎？"曰："未之好也，学不羡。"

羡久生非好学，为功利、欲望而学非"好学"，是有所图的学。"学不羡"，体现了对非功利性的超越。

3. “耕道得道，猎德得德”

《法言》卷一《学行》：

或曰：“耕不获，猎不飧，耕猎乎?”曰：“耕道而得道，猎德而得德，是获、飧已。”

扬雄认为，耕道得道，猎德得德，行为本身即为获、飧，并无他获、飧。

三、学习的内容论：宗道、宗圣、宗经三位一体

扬雄认为，学习的客体、对象、内容，是“道”“德”、五经、圣人之学，因此，必须宗道、宗圣、宗经，且三位一体，一个目的。因为，学习的目的是成圣，则学习的内容必然是学道，包括天之道，人之道等。而圣人是得道者，必然宗圣；经典是圣人之言，必然宗经。

（一）宗道——先王之道、圣人之道

《法言》卷一《学行》：

鸟兽触其情者也，众人则异乎！贤人则异众人矣，圣人则异贤人矣。礼义之作，有以矣夫。人而不学，虽无忧，如禽何?

扬雄认为，学习的对象、内容，是礼义，鸟兽循“情”，“众人”（普通人）与此同。“贤人”则异“众人”，“圣人”则异“贤人”之处，在于学习、遵守“礼义”，源乎情，但止于礼。“礼义”只有学习才能达到，如果不学习，虽然没有衣食之忧，也和鸟兽一样。老子鼓吹“绝学无忧”，扬雄指出：“人而不学，虽无忧，如禽何?”

《法言》卷九《先知》：

或曰：“人君不可不学律令。”曰：“君子为国，张其纲纪，谨其教化。导之以仁，则下不相贼；莅之以廉，则下不相盗；临之以正，则下不相诈；修之以礼义，则下多德让。此君子所当学也。如有犯法，则司狱在。”

统治者不应在律令上下功夫，而应“张其纲纪，谨其教化，导之以仁，临之以廉正，修之以礼义”。如能使百姓以仁为利，以义为乐，并以美名来鼓励、引导他们向善，也就可以为政日新了。

（二）宗圣——先王、孔子等圣人

孔子重视对于各类知识的学习，提倡“多识草木之名”，扬雄也不反对学习其他方面的知识，但认为其他门类的知识，远远轻于圣人之学。

《法言》卷一《学行》：

孔子习周公者也，颜渊习孔子者也。羿、逢蒙分其弓，良舍其策，般投其斧

而习诸，孰曰非也？或曰：“此名也，彼名也，处一焉而已矣。”曰：“川有渎，山有岳，众人所不能逾也。”

扬雄认为，对于道德的学习、践行，要高于、重于对弓、策、斧等知识技能的学习，不能“处一焉”、等量齐观。正如川有渎，山有岳，“高而且大者”，与“众人所不能逾也”的低而且小者，不能等量齐观。

扬雄将孔子奉为“神明”，推崇仲尼之道为“关百圣而不惭，蔽天地而不耻”。赞扬孟子同于孔子，能力辟邪说，并“窃自比于孟子”。指责荀子与孔孟是“同门而异户”，开后世扬孟抑荀之端。

扬雄以正统儒学的捍卫者自居，对老、庄、杨、墨、申、韩等先秦诸子均有批评。但他不是一概否定诸子，认为老子讲道德、庄子讲少欲、邹衍讲自恃，也是可取的。

（三）宗经——五经

扬雄认为，圣人之道的精粹集中在五经之中。《法言》卷五《问神》赞叹说：“大哉！天地之为万物郭，五经之为众人郛。”他还具体阐述了各经的特长：《法言》卷七《寡见》“说天者莫辩乎《易》，说事者莫辩乎《书》，说体者莫辩乎《礼》，说志者莫辩乎《诗》，说理者莫辩乎《春秋》。”学问之博大、精深、纯正可以说非五经莫属，故“舍五经而济乎道者”是没有的，“委大圣而好乎诸子者”也是不可能“识道”的。他坚决恪守儒家正统，唯尊经典而贬斥诸子。

他在《五百》篇中针对有人攻击五经“支离”难学的论调，指出：“盖其所以为简易也。”一旦达到简易的程度，也就不觉得支离了。君子之道体现在“易”字上，即简而易用，要而易守，炳而易见，法而易言，这样才能充分发挥效应。而要达到这四“易”，必须由“博”返“约”，以圣人之道作为判断是非的标准。

四、学习的榜样论：“务求师”

教育者在教育活动中起着主导作用，古之学者必有师，孔子有“有教无类”“因材施教”“教学相长”等教育思想。秦，以文吏为师；汉，立五经博士，以为师。中央政权高度重视教师的作用和地位，各派经学均由其宗师创立，各派学说通过师传关系得以延续，而学者必须恪守师法家法。扬雄认为，学习的榜样是老师。师者，为桐子之命，人之模范，务学不如务求师，但师有贵贱之分，要“金口而木舌”，掌握大知。

（一）天之道，在仲尼，也在兹儒

《法言》卷一《学行》：

天之道，不在仲尼乎？仲尼驾说者也。不在兹儒乎？如将复驾其说，则莫若使诸儒金口而木舌。

扬雄认为，学习的内容是，“天之道”，在孔子，孔子传圣人学说，因此是学习的榜样；也可在兹儒——但如复传圣人学说，诸儒应慎言，“金口而木舌”，而不能肆意乱说。

（二）桐子之命，务学不如务求师

《法言》卷一《学行》：

师哉！师哉！桐子之命也。务学不如务求师。

扬雄强调教学活动中教师的主导地位，说：“师哉，师哉！桐子之命也。”“桐子”指缺乏知识和经验的青少年，他们未来的命运可以说是取决于教师的。学习的捷径——“务学不如务求师”。求师，选择正确的、合适的、好的老师非常重要，致力于自己学习，还不如致力于寻求正确的、好的、合适的教师。

（三）人之模范，必立之师

《法言》卷一《学行》：

师者，人之模范也。模不模，范不范，为不少矣。一哄之市，不胜异意焉；一卷之书，不胜异说焉。一哄之市，必立之平。一卷之书，必立之师。

正是由于教师对学生影响极大，因此学习对教师的要求也相当高。他说：“师者，人之模范也。”教师本人应成为学生效法的楷模，在各个方面均需起表率作用。扬雄感叹当时“模不模，范不范”的庸师比比皆是，因此，“一哄之市，必立之平；一卷之书，必立之师”，应避免教学活动因无“平”“师”作为标准、度量衡而走上邪路、错路、歪路。

（四）“仰圣人”

《法言》卷一《学行》：

或曰：“焉知是而习之？”曰：“视日月而知众星之蔑也，仰圣人而知众说之小也。”

扬雄倡导“习是”“审是”，但何为“是”？以圣人为“是”，标准也。

（五）知分大小、师分贵贱

《法言》卷六《问明》：

或问：“小每知之，可谓师乎？”曰：“是何师与？是何师与？天下小事为不少矣，每知之，是谓师乎？师之贵也，知大知也。小知之师亦贱矣。”

扬雄贬斥那些“小每知之”便自命为师者，认为这些人怎么可以算做教师呢？天下小事甚多，如果知道一点小事就可称师的话，这类教师必然太多也太不值钱了。他要求教师掌握大知，把为师的标准与治学的要求统一起来。

五、学习的态度论：“君子强学而力行”

扬雄认为，学习应有的动机、态度是“君子强学而力行”。扬雄并不强调天赋的作用，认为学、行要靠“性”（天资或自觉的本性），更要靠“强”（顽强努力甚至勉强而行）、后天的努力。

（一）要有心

《法言》卷一《学行》：

> 频频之党，甚于鸒斯，亦贼夫粮食而已矣。朋而不心，面朋也。友而不心，面友也。

（二）要“强”“力”而为

《法言》卷三《修身》：

> 圣人之辞，可为也；使人信之，所不可为也。是以君子强学而力行。珍其货而后市，修其身而后交，善其谋而后动，成道也。

扬雄将孔子之道誉为“卓之至也”，圣人之经亦“不可使易知”，故学习、修身非下大功夫不可，“君子强学而力行”。

从孔子的“学而时习之”，到孟子的力行，到荀子的“劝学”“学不可以已”，到董子的“三月不窥园”，到扬子的“学行”“强学而力行”，再到程朱的“识仁”“定性”“主敬”，到王阳明的“致良知”“知行合一”，到颜元的“习行”的思想体系发展中，体现了儒家关于学习理论“贵行”“重践”的突出特色，其中扬雄的贡献不可埋没。

（三）以苦为乐、内乐

《法言》卷一《学行》：

> 或曰：“使我纡朱怀金，其乐不可量已！”曰：“纡朱怀金者之乐，不如颜氏子之乐。颜氏子之乐也内，纡朱怀金者之乐也外。”或曰：“请问屡空之内。”曰：“颜不孔，虽得天下，不足以为乐。”“然亦有苦乎？”曰：“颜苦孔之卓之至也。”或人瞿然曰：“兹苦也，祇其所以为乐也与？”

《论语·雍也》：“知之者不如好之者，好之者不如乐之者。”扬雄认为，纡朱怀金，乐外；颜氏子之乐，尽管屡空，乐内，乐成孔，苦不成孔，也正是其所以为乐，即在追求过程中得到的乐。

（四）“贵迁善”，“恶夫画”

《法言》卷一《学行》：

是以君子贵迁善。迁善者，圣人之徒与？百川学海而至于海，丘陵学山不至于山，是故恶夫画也。

荀子“学不可以已”。扬雄提出“贵迁善”，即迁移、播迁、扩大“善”的作用，以“百川学海而至于海（因川流不息），丘陵学山不至于山（因静止不长）”为喻，说明学习必须持之以恒，“恶夫画”，反对画地为牢，固步自封，不求进取。

（五）要立志——“有教立道，无止仲尼；有学术业，无止颜渊”

《法言》卷一《学行》：

曰：“有教立道，无止仲尼；有学术业，无止颜渊。”或曰：“立道仲尼，不可为思矣。术业颜渊，不可为力矣。”曰：“未之思也，孰御焉？”

扬雄有成圣之志，“青出于蓝而胜于蓝”，大胆提出，不拘泥于以往圣人，可以超越老师、圣人。

扬雄并不赞成拘泥于圣人成说，而是认为“往圣之法”不可以“治将来”，主张“可则因，否则革”。即使是经典也可以加以“损益”。西汉末年今古文转向，在此大背景中，扬雄的思想与王莽的古文经学存有差异，扬雄的“好古乐道”“反对伪诈”“注重《仪礼》”与王莽的“托古改制”“符命为治”“重视《周礼》”形成鲜明对比，反映了彼此“为学为道”与“为术为政”的不同治经目的，也折射出扬雄对王莽表面似是而非、内心坚定不移的批判态度。

六、学习的方法论：以“好学”五法为要点

扬雄基于善恶混的人性观，用大量的关于学的比喻，如“砻”“错”“铸”“斧藻”“类”“肖”“睎”“朋友以磨之”等来强调人的可塑造、可改变，并探究了学习的方式、方法、手段、步骤、措施等。

（一）“砻”“错”“铸”“斧藻”——外铄的作用

《法言》卷一《学行》：

或曰：“学无益也，如质何？”曰：“未之思矣。夫有刀者砻诸，有玉者错诸，不砻不错，焉攸用？砻而错诸，质在其中矣。否，则辍。”

扬雄批判“学无益也”的悲观思想，认为“学有益”，后世“开卷有益”，学可对“质”发生作用，通过砻、错，可变性质。如果停止下来，则达不到效果了。可见扬雄持外砺观。他以磨刀琢玉为喻，强调只要努力学习、修行，就有可能成为君子以至圣贤。

《法言》卷一《学行》：

或问：“世言铸金，金可铸与？”曰：“吾闻觌君子者，问铸人，不问铸金。”

或曰：“人可铸与？”曰：“孔子铸颜渊矣。”或人踧尔曰：“旨哉！问铸金，得铸人。”

扬雄以“铸”比喻，并认为铸人，要高于、重于铸金。

（二）“类”“肖”“晞”——模仿的作用

《法言》卷一《学行》：

螟蛉之子，殪而逢蜾蠃祝之曰：“类我，类我。”久则肖之矣！速哉，七十子之肖仲尼也。

扬雄强调“类”“肖”，即模仿的作用。螟蛉之子（蜾蠃将卵放入螟蛉，自螟蛉身体出，实为蜾蠃之子），久之效蜾蠃。而七十子之肖仲尼，则速。速，表示进步之快。

《法言》卷一《学行》：

晞骥之马，亦骥之乘也。晞颜之人，亦颜之徒也。或曰：“颜徒易乎？”曰：“晞之则是。”曰：“昔颜尝晞夫子矣，正考甫尝晞尹吉甫矣，公子奚斯尝晞正考甫矣。不欲晞则已矣，如欲晞，孰御焉？”

强调“晞”的作用。

（三）“习乎习”——“习”的作用

《法言》卷一《学行》：

习乎习，以习非之胜是也，况习是之胜非乎？於戏，学者审其是而已矣！或曰：“焉知是而习之？”曰：“视日月而知众星之蔑也，仰圣人而知众说之小也。”

他高度重视“习”的作用，指出“习非”可以“胜是”，习非久了，也能胜是。而“习是”更可以“胜非”，因此当“习是”“审是”，但何为“是”？以圣人为“是”，标准也。

（四）“满而后渐”——渐进的作用

学习之“进”的比喻——“水”，不舍昼夜、满而后渐；“鸿”，非其往不往，非其居不居，良禽择木而栖？“木”，止于下而渐于上。

《法言》卷一《学行》：

或问“进”。曰：“水。”或曰：“为其不舍昼夜与？”曰：“有是哉！满而后渐者，其水乎？”或问“鸿渐”。曰：“非其往不往，非其居不居，渐犹水乎！”请问“木渐”。曰：“止于下而渐于上者，其木也哉！亦犹水而已矣！”

（五）“精而精之”——精进的作用

《法言》卷七《寡见》：

草木之苍兮，援我手之鹑兮。去之五百岁，其人若存兮。或曰：“诿诿者天下皆说也，奚其存？”曰：“曼是为也，天下之亡圣也久矣。呱呱之子，各识其亲；诿诿之学，各习其师。精而精之，是在其中矣！”

扬雄形象地类比为："呱呱之子，各识其亲；譊譊之学，各习其师。"扬雄高度重视、推崇教师的作用。

（六）"多"而"约""卓"——量变质变规律

扬雄《与桓谭书》：

> 长卿赋不似从人间来，其神化所至邪？大谛能读千赋，则能为之。

一般人多知则易导致"杂"。这种知识越多越成为上进的累赘。《法言》卷二《吾子》篇："多闻则守之以约，多见则守之以卓。寡闻无约也，寡见无卓也。"扬雄主张学习应由"多"返"约"，认为"多"是"约""卓"的前提，有待于提高到"约""卓"的层次。

"约"的标准就是圣人之道："众言淆乱，则折诸圣。"圣人在世时以其人为则，圣人去世后以其书为则。扬雄说："好书而不要诸仲尼，书肆也；好说而不要诸仲尼，说铃也。"认为这些人是掌握不了大义、登不得大雅之堂的。

（七）"好学"五法——兼与现代知识管理理论相比较

《法言》卷一《学行》：

> 学以治之，思以精之，朋友以磨之，名誉以崇之，不倦以终之，可谓好学也已矣。

扬雄提出好学的五个方法，即学以治之，思以精之，朋友以磨之（切磋），名誉以崇之（尊重天之道、人之道，尊崇、褒扬之），不倦以终之（好学不倦，完成、结束学业，有所收获，有结果）。这是好学的标准。

现代知识管理理论将知识分为隐性知识和显性知识。通常以书面文字、图表加以表述的知识，称为显性知识。在行动中所蕴含的未被表述的知识，称为隐性知识。隐性知识是高度个人化的知识，深深地植根于行为本身并受个体所处环境的约束，包括个体的思维模式、信仰观点和心智模式，指导、规范人的行为的价值观、道德等知识，以及"只可意会不可言传"的知识等，具有难以规范化的特点，因此不易传递给他人。

显性知识和隐性知识相互转换的四种类型为：

1. 社会化（隐性—隐性）。指从个体的隐性知识到另一个体的隐性知识的传播过程。这是人类知识传播最古老也是最有效的方式。这一过程中，参与者不使用语言也可以从别人那里获得隐性知识，如徒弟仅凭经验、模仿和实践就可以学会手艺。

2. 外在化（隐性—显性）。通过类比、隐喻、假设、倾听和深度谈话等方式将个体的经验、知识等转化为语言可以描述的、容易理解和接受的形式，将隐性知识显性化，将经验转变为概念，将感性知识提升为理性知识。

3. 组合化（显性—显性）。通过信息采集、组织、管理、分析和传播，将显性知识聚集、积累、转化，建立更大规模的知识体系。

4. 内在化（显性—隐性）。指通过学习、培训等手段，将显性知识转化为个人的隐性知识，以实现知识的应用。

分析扬雄提出的“可谓好学也已矣”的五种学习方法，涵盖知识的四种运动方式：

学以治之——通过学习将道、圣人、经内在化。

思以精之——通过学习将道、圣人、经内在化，通过“述而不作”之“述”外在化。

朋友以磨之——朋友之间对道义的切磋，是隐性知识的传递，为社会化。

名誉以崇之——对道、圣人、经的整理校对、章句训诂，是知识的组合化；有所发明、阐发，是知识的外在化。

不倦以终之——孜孜不倦，运用各种方法，促进道、圣人、经的内在化、外在化、社会化、组合化，通过全部知识运动的循环往复，促进学行水平的提高。

七、余论

扬雄学行思想具有全面性、系统性、实践性、哲理性，代表了西汉时代最高水平，具有一定价值。扬雄自身的学行实践及其取得的成果、在困境中的坚守，使扬雄成为学行的模范（至北宋仍以扬雄为圣人，至南宋朱熹始对其“事莽”进行否定，但对其学识，则无异言），为其学行思想的重要实证。从中可以提炼出以下三点有价值的思想：一是学习主体的人性论是学习活动的基础和前提；二是学习的目的（修性、修德）、内容（道、圣、经三位一体）、榜样（师）是目标一致、密切关联的整体；三是学习的动机态度、方法手段等决定学习的水平。

同时，以更开阔的学术视野，将扬雄学行思想与中西方学习教育理论做比较，可发现其思想的更多价值。包括：一是儒家人性论发展的视角；二是现代教育理论区分内因论、外铄论的视角；三是辩证唯物主义将知识分为直接知识与间接知识的视角；四是现代知识管理理论中关于显性知识与隐性知识的划分，以及知识运动的四种形态的视角；五是现代心理学理论的视角；六是现代学习理论的视角。现代学习、教学方法有了新的发展，如：观摩、观察，赏玩、把玩，涵泳，试验、试错，渗透、滋养，激励、激发，渐进，实践、践行，琢、磨，分类，归纳、演绎，对比、类比、比较，困知，等等，不一而足。这在扬雄提出的学行方法中或多或少有所涉及。

（作者单位：德州市历史学会）

大汉涪县子云小镇建设基本思路研究

肖佳忆　朱学召

内容提要： 宋淳熙九年（1182），时任绵州知州的史祁作记《思贤堂》，确立了扬雄文化地位。扬雄文化中的“淡泊名利的人生境界、崇德向善的行为准则、博学慎思的好学态度、著书立说的奉献精神”，为创建“大汉涪县子云小镇”提供了核心动力和独特名片。

关键词： 扬雄；子云；大汉涪县；特色小镇；基本思路

民国《绵阳县志》载：“扬子云读书台：治西南三十里皂角铺，清中叶，州牧费元龙题坊，有‘古钟阳镇’四字。其南不数武，东岳庙侧，子云读书台在焉。台下有洗墨池在竹林中，迹皆模糊，故罕有知者。光绪三十一年（1905）州进士陈漳慨然为竖一碑，子云洗墨池有记跋。”① 钟阳镇就是今天的绵阳市涪城区新皂镇。扬雄文化是我们重要的文化生态资源，是四川文化的重要组成部分，具有文化传承、社会教育等多重价值。创建“大汉涪县子云小镇”是一种城乡一体化的创新发展模式，是探索乡村就地城镇化的实现途径。

一、寻找“大汉涪县子云小镇”的核心

欲植入内容，必先找魂。魂是特色小镇的超级名片，塑造自身核心吸引力的根源。魂是特色小镇的产业基因，可对接未来市场需求，进而形成特色产业集群。

---

① 梁兆麒、蒲殿钦：《绵阳县志》，民国二十二年（1932）刻本，第174页。

那么如何寻找新皂镇“大汉涪县子云小镇”的“魂”呢?

第一，找根。就是深度挖掘新皂镇区域资源、区位环境、历史文化等资源，找到具有唯一性、排他性的“大汉涪县扬雄文化”资源。“大汉涪县子云小镇”，就是从这片土地里长出来的。

第二，找新。就是依托绵阳城市能级、交通区位、人口基础、产业基础等，整合资金、政策、人才等要素，植入亲子旅游等相关产业内容资源。

第三，有根嫁接。基于新皂镇资源和产业现状，“老树开新花”，创造市场，创造消费，通过新内容的嫁接提升原有资源的价值，推动传统产业转型升级。

以品牌化思维，从新皂镇文态、生态、形态，关联度、高度、广度、深度做一个梳理，对做好“大汉涪县扬雄文化”品牌定位，推进文化旅游发展具有积极意义。

（一）人类新石器活动遗址

边堆山遗址位于新皂镇姜家湾，该遗址于20世纪50年代筹建宝成铁路时调查发现，出土有灰黑色陶片和石斧凿等标本①。1989年，中国社会科学院考古研究所和绵阳博物馆对边堆山进行了大规模的考古发掘，该遗址出土了陶器、石器、骨器和作为房屋基地的红烧土等近万件标本。经鉴定，边堆山遗址距今约为4500—5000年②。《新中国的考古发现和研究》把成都羊子山和广汉月亮湾划为一个文化系统，它们的陶器是“西周时期义的蜀人文化遗物”③。有的学者则把边堆山遗址归入以广汉三星堆遗址为代表的早期蜀文化范畴之内，其年代也“相当于新石器晚期到夏商之际”④。

（二）大汉文化富集区

北魏郦道元《水经注》记，汉高帝“六年（前201），乃分巴、蜀置广汉郡，于乘乡，领县十三，涪县与焉”⑤。新皂镇位于石牛道（金牛道）上，是关中、汉中通往巴蜀地区的重要蜀道，官私商旅来往频繁。从出土的文物可看出汉代涪县农耕养殖、冶炼技术、手工业的发达和文化的繁荣。

1. 纺织蜀布远销边郡。边堆山遗址出土了新石器时期“陶器纺轮11件，可分三型，A型似鼓，两头小中间大。B型束腰，中间小两头大。C型似圆柱形”⑥。纺轮中间有一小孔，古人在孔中垂直插上一根木棍，拧转木棍，利用纺轮的重量和转动的惯性，纺出一根根丝线来。古蜀人用这陶纺轮将丝、麻和动物的毛纺成线，然后再编织

---

① 西南博物院筹备处：《宝成铁路修筑工程中发现的文物简介》，《文物参考资料》1958年第3期，第11页。

② 郑若葵、叶茂林：《四川绵阳市边堆山新石器时代遗址调查简报》，《考古》1990年第4期，第307页。

③ 中国社会科学院考古研究所：《新中国的考古发现和研究》，文物出版社1984年版，第356页。

④ 赵殿增：《巴蜀原始文化的研究》，《巴蜀考古论文集》，文物出版社1987年版，第3页。

⑤ ［北魏］郦道元著，王国维校：《水经注校》，上海人民出版社1983年版，第1048页。

⑥ 何志国：《绵阳边堆山文化初探》，《四川文物》1993年第6期，第11页。

成丝绸和细麻布。由此可以推断，当时广汉郡涪县是植麻、纺织的最早地区，不仅适宜种植桑麻，而且纺织在当地是一种普遍的行为。边堆山遗址附近有上百座汉墓。《后汉书·列女传》记，广汉姜诗妻者，“昼夜纺绩”，“常作冬夏衣”[①]。在汉代的张掖郡居延县地发现和发掘出土了汉代木简共三万余枚，其中有关于“广汉八稯布”的记录，“出广汉八稯布十九匹八寸大半寸直四千三百二十给吏秩，百（石）一人，元凤三年正月尽六月积六月□”[②]，汉代涪县的广汉蜀布不仅远销边郡，如敦煌、居延等地，而且还在对外贸易中扮演着重要的角色[③]。

2. 种养结合广泛应用。新皂镇石梯子村桐子梁崖墓出土的陶猪，垂首，橄榄形耳，鼻尖上翘，头及背部有鬃毛，身体肥硕卷尾；陶狗，昂首立耳，瞪眼张嘴作吠状，卷尾上翘，背部有环；陶公鸡，昂首高冠、尖喙、睁眼、长颈，敛翼翘尾而立；陶鱼，长方形，背部有鳍；陶蛙，蹲坐状、昂首，平面呈三角形、四肢伏地；陶鸭，宽扁嘴、两足敛于腹下；陶龟，头、尾及四肢露于体外；陶水塘，平底，中部有水闸[④]。从这些出土的陶制的水田模型和大量的陶狗、陶鸡、陶猪、陶鱼、陶龟等不难看出，汉代涪县已经做到了蓄水灌溉和养鱼、种植、家禽养殖业等相结合的多种经营。

3. 冶炼铸造技术发达。《华阳国志》记，涪县“孱水出孱山，其源有金银矿，洗取，火融合之为金银，阳泉（城西）出石丹”[⑤]。涪县安昌河的源头有金矿和银矿，人们淘洗出矿砂，用火炼的方式提炼出金块、银块。这种原始的采金方法至今仍在使用。另有《汉书·王贡两龚鲍传》：“蜀、广汉主作金银器，岁各用五百万。”[⑥] 此外，在出土的 87 件汉代的铁质器物中，共有 15 种类型。从使用功能上，劳动工具有锛、锸、刀；手工工具有锛、斧、錾、削等；有用于照明的灯，作为炊具的釜，房屋装饰的衔环；加棺材的棺钉，用于战争的矛和三尖盾西形器以及铠甲残缺片等[⑦]。

4. 农耕生产开发较早。“涪县有原田，本稻田。”[⑧] “大旱不乱，蜀有广汉。”新皂镇崖墓所出土的陂塘水田上搭配的小型劳动人俑群，共有五件。在陶水田中有一人右袒长袍、身穿长袍拱手而立者可能是监督劳动的。另外四俑较矮小，穿短裤，有的手拿农具，有的弯腰劳作，陶水田中有一人击耨秧锣鼓，此风俗世代相传，直到今天，一些山区（如江油市雁门镇）还有打耨草锣鼓的习俗。历史学家范文澜先生评价新皂

---

① 见［南朝宋］范晔：《后汉书》卷八四《姜诗妻传》；《东观汉记》卷一七《姜诗传》。
② 谢桂华等：《居延汉简释文合校（上下）》卷三，文物出版社 1987 年版，第 2 页。
③ 李永平：《简牍和考古所见汉代河西与蜀地的交往》，《丝绸之路》2001 年第 1 期。
④ 郭富等：《四川绵阳市涪城区桐子梁东汉崖墓发掘简报》，《四川文物》2015 年第 4 期，第 21 页。
⑤ ［晋］常璩：《华阳国志》卷二《汉中志》，重庆出版社 2008 年版，第 308 页。
⑥ ［东汉］班固：《汉书》卷七二《贡禹传》，中华书局 1962 年版，第 3077 页。
⑦ 胥泽蓉：《略谈绵阳出土的汉代铁器》，《四川文物》2000 年第 6 期，第 24—26 页。
⑧ ［晋］常璩：《华阳国志》卷二《汉中志》，重庆出版社 2008 年版，第 308 页。

镇东汉墓出土的陶水田说："田上立几个人各具神情，有的短褐折腰，有的衣冠昂然，一望而知谁是生产者，谁是剥削者，一具水田模型，实际是一幅封建社会的阶级压迫图。"

5. "大汉五绝"惊艳世界。新皂片区出土的"大汉涪县五绝"有中国最大的汉代铜马、最大的摇钱树、最早的佛铜像、最早的人体经脉漆雕、最生动的说唱俑，"五绝"再现了汉代涪县的政治、经济、文化各个方面空前繁荣的发展。

（三）子云文化承载地

民国《绵阳县志》古迹篇记："洗墨池：在治南三十里钟阳镇（今新皂镇），扬子云读书台下。"又记：清嘉庆戊午年（1798）举人黄玉珍有寻洗墨池诗："扬子墨池何处寻？镇南修竹白森森。遗纵倩得山灵护，一任沧桑变古今。"今当地的村民还把读书台、洗墨池旁边的一块田，称为"洗墨田"。田旁边住有一赵姓农户，家中至今尚存一口古井，疑是当年扬雄洗笔的石缸构建。相传扬雄洗笔时所用水，就是从这口井中取出的。

据民国《绵阳县志》载，绵州进士陈濬在皂角铺扬子云读书台为扬雄竖碑鸣不平，在其"记跋"中考辨甚详，有理有据，批驳"剧秦美新"之说。

附《旧志》考辨：世徒以"剧秦美新"为子云病，以谓其人概无可取。尝读钝翁汪琬跋雄本传云，吾吴杨庄简公尝参政于四川，作郫县扬子云祠堂记。历引郫人简氏、吉人胡氏之说，辨子云未尝事莽，而胡氏说尤详。大略谓传言："雄作《符命》，投阁年七十一，天凤五年卒。"考雄至西京年四十余，自成帝建始改元至天凤五年，计五十年，以五十合四十余，不将百年乎？则传言七十一者恐误。据桓谭《新语》："雄作《甘泉赋》，梦肠出收而纳之，明日遂卒。"成帝祠甘泉在永始四年（前93），谓雄卒是时，恐亦未然。就《法言》考之，莽之号安汉公也，在平帝元始间。《法言》称汉公，且云汉兴二百一十载，自高帝至平帝正值其数。则雄年七十一卒，当在平帝末。雄仕汉历成、哀、平，故称三世不徙官，若复事莽，又讵止三世哉？由是知雄决无为莽大夫及"投阁美新"之事，其说可谓不辨而赅矣。但班孟坚去子云时已远，其传讹固宜。桓谭亲见子云，何以差谬乃尔，殆不可解也。庄简又引《法言》曰，"君子在治若凤，在乱若凤"。何以故曰"治则见，乱则隐"。子云之言如是，其无仕莽事可见云云①。

古往今来，绵阳能在一片"贬雄"之声中，记扬雄寓涪，建纪念载体，以民间传说、诗词文赋，"褒赞"和传播扬雄的"先贤"楷模形象，"著书立说""淡泊名利"的价值取向，目的是"后人即其所至之地，标名氏以志芳躅"②。

---

① 梁兆麒、蒲殿钦：《绵阳县志》，民国二十二年（1932）刻本，第174页。

② ［清］文棨：《同治直隶绵州志》，方志出版社2012年版，第193页。

二、“大汉涪县子云小镇”建设的历史机遇与现实需求

十九大后，“乡村振兴”战略被提到前所未有的政治战略高度。从中国改革开放40年的发展历程上看，过去发展主要依靠工业化、城市化，到了今天，乡村沉睡的海量资源，如乡村的土地、农产品、生态环境、民俗文化……将会成为中国经济发展的又一发动机。粗略估算，如果把乡村沉睡的资源唤醒并释放出来，我国经济发展的增速将重回“两位数”①。乡村振兴将不再是可有可无的“配菜”，而是缺一不可的“主菜”。

风头强劲的乡村振兴，给了千年历史的新皂古镇一个破题的机会。新皂镇独特的优势和厚重的子云文化，为千年古镇带来了新的发展机遇。

（一）乡村振兴中的新皂优势

1. 辖区交通便利。新皂镇地处绵阳市城西，紧邻绵阳（国家级）高新技术开发区、国际贸易加工区，宝成铁路复线、环涪路横贯全境，成绵高速公路、飞云大道、城市二环路傍境而过，该镇距绵阳市南郊机场5公里、绵阳市城区7公里，交通极为便利。

2. 周边经济高速发展。人口红利不断增加，随着绵阳市高新区、安州区，德阳市罗江区经济高速发展，逐步成为人口集聚区，人口需求的“溢出效应”将会为新皂镇经济发展注入新动能，为社会发展增添新活力。

3. 产业基础扎实。“童博会”“科博会”、文创会展中心基地等项目建成营运；新皂镇邱家庙村“千年古驿道、百年双牌坊”景区建设，带动新一轮体验游；亲子产业、培训业等纷纷落户新皂镇。

4. 群众发展意识急迫。互联网共享模式得到认可，以前的拆迁难、群众与市场利益协调难问题正在新的共享模式下得到和谐解决。

（二）“大汉涪县子云小镇”的市场需求

1. 区位沿线古镇经济缺引领。建设特色小镇已经成为区域经济发展的一种新型模式，“大汉涪县梨花节”成功举办，“子云读书荟”文创带来的由重资产到轻资产的软着陆模式，得到了群众消费的认可。

2. 人才支撑机制基本具备。近年来，市、区文化部门完成了新皂镇的文物、“非遗”调查，出版了相关专著。筹建了多所乡村文化振兴学校、子云文化研究中心，挖

---

① 江苏省哲学社会科学规划办公室：《乡村振兴风口下的财富浪潮》，江苏社科规划网。

掘扬雄名人文化资源。建立了辖区内绵阳师范学院等高校与地方人才合作交流的机制，人才输送畅通。

3. 亲子主题游市场潜力大。“携程”网数据显示，2017 年出行结构中，一家三口占到整体亲子游订单的50% 以上。根据“驴妈妈”网提供的数据，2018 年上半年有将近 40% 的亲子家庭用户出游超过 3 次，周末外出度假已经成为亲子家庭用户的日常选择①。

绵阳是首批“中国研学旅游目的地”十大城市之一，针对作为刚性消费的亲子文旅，涪城具有得天独厚的市场优势。涪城是亲子文旅资源富集区，绵阳市有中小学生 76.85 万人，涪城辖区有 15.29 万人。塑造“亲子+”及扬雄“博学子云”文化特质，创造市场，创造消费。绵阳市应完善“大汉涪县子云小镇”实地考察、品读经典、情景化教学、地方文化传承等游学、体验功能，形成符合亲子客群的系列文创产品体系，做大“大汉涪县子云小镇”文化研学旅游目的地。

（三）“大汉涪县子云小镇”的品牌提炼

品牌定位就是找到我是谁，找到独一无二的自己。不管是人生定位还是小镇定位，必须回归本心。依托新皂镇“纺织、农耕、驿道、牌坊、子云文化”独特的资源，发展子云文化品牌优势，是新皂镇乡村产业振兴和“大汉涪县子云小镇”文旅发展的突破方向。

三、打造“大汉涪县子云小镇”的建议

作为承载了两千多年绵州历史文化的古镇，“大汉涪县子云小镇”把服务业提质升级作为区域经济发展的主攻方向，坚持提升传统服务业与发展现代服务业并重。

（一）兴建好一座“博学子云”主题绘本山

1. 品牌元素。打造童伴阅读生活馆、新皂乡村故事舞台（子云文化大舞台），体现子云元素、绘本元素。

2. 品牌现象。在绘本山开展“一老一小”关爱活动，让“老有所乐，少有所育”，重点讲好“博学子云”“德善子云”“淡泊名利”等子云文化好故事。

3. 品牌内核。以扬雄“博学慎思的好学态度、著书立说的奉献精神”，精心打造大型实景情景剧《大汉子云》；打造“大汉子云”文化传承地，创办“子云读书荟”文化节；成立子云文化研究院，借力打造“大汉子云”中国名人城市名片；建立“雄

---

① 驴妈妈旅游网《2018 年亲子游消费报告》。

盟”——扬雄名人城市联盟，形成名人产业城市带。

（二）提升好一个乡村文化振兴品牌——德善子云精神

1. 品牌元素。文化根基挖掘、文化内涵提升、文化营销方案、品牌推广等。

2. 品牌现象。有故事的古镇老街，一个接一个。

3. 品牌内核。以扬雄“淡泊名利的人生境界、崇德向善的行为准则”，完成“大汉涪县子云”历史文化陈列馆的建设工作，为古镇找到“会客中心”，提高新皂镇在省、市、区乡村文化振兴中的自信力。

“大汉涪县子云小镇”区域内历史遗存众多，百年来集聚的人气、积淀的文化，在全市独树一帜。其集中体现的古镇文化，唤起了市民的历史记忆和文化认同。按照打造“大汉涪县子云小镇”的理念，在重点古建筑周边尽可能留出空间；按照文化旅游需求，发展多种文化商业形态，丰富和完善消费及休闲功能，满足不同人群的文化、旅游、休闲、购物需求，推动“大汉涪县子云小镇”文化街区的理念和功能不断升级。

（三）开辟好一条文旅结合产业带——大汉涪县子云小镇游

1. 品牌元素。大汉涪县子云小镇全要素、皂角铺村边堆山新石器时期遗址、邱家庙村古驿道遗址、刘家球坪村花拱桥、赵家花园村的双合桥，城乡综合体。

2. 品牌现象。文、旅结合，乡村深度体验游。

3. 品牌内核。以“大汉涪县子云小镇”带动新皂镇全境文化旅游大提升。坚持“绿水青山就是金山银山”的发展理念，按照“优势互补、错位发展、协同并进”的原则，一村一品、特色小镇、集中连片的思路，释放文旅空间，发展生态旅游。重点布局发展生态旅游、休闲度假等产业，布局实施一批有市场前景和发展活力的现代都市农业项目，形成山、水、林、景、村相得益彰，人与自然、传统与现代、产业与生态协调融合的全域旅游发展新格局。打造放松心情、亲近自然、体验生态的观光旅游产业园区。

（四）“大汉涪县子云小镇”项目运作模式初探

要让“大汉涪县子云小镇”之魂落地，还需要深度孵化、思考运营。首先，搭建产智融合生态圈。共同解决产业导入培育、顶层设计、钱从哪里来、土地配套怎么解决等一系列问题。其次，设计项目引擎。支撑“大汉涪县子云小镇”之魂的引擎项目如何包装。再次，整合各种内容资源。为“大汉涪县子云小镇”整合、创新各类内容服务商。最后就是思考如何通过传播来提升“大汉涪县子云小镇”品牌。

运营模式实行“双轨制”。一是成立“大汉涪县子云小镇”景区管委会，二是建立行业发展商会。定位亲子家庭市场，在政府引领下，商会和居民抱团取暖，利用节假日，举办博学子云文化节，展示子云“博学、德善”文化，展演大型实景情景剧

《大汉子云》。

"大汉涪县子云小镇"管委会：由政府、古镇运营第三方、古镇相关企业成立管委会，政府为管委会主任单位，第三方为副主任管理单位，其余单位为委员单位，共同制定管理制度，遵守管理制度，制定管理制度。

"大汉涪县子云小镇"行业发展商会：由政府相关职能部门作为景区的指导单位，由运营第三方发起成立古镇行业发展商会，进行古镇行业发展管理与服务。

结语

特色小镇是一个新的地域生产力创新空间，创造特色小镇其实是创造可持续"文化动力"。探索生产、生活、生态"三生融合"，持续深度孵化独特灵魂、彰显产业特色、凸显人文底蕴、引领区域创新发展的"大汉涪县子云小镇"，让政府、投资者和老百姓都满意，使新皂镇这座历史古镇焕发出新的生机和活力。在乡村振兴中创建"大汉涪县子云小镇"，也将成为撬动新皂镇加快城镇化变革的支点。

（作者单位：西南大学历史文化学院；绵阳师范学院）

用地方历史文化熏陶中小学生的初步尝试[①]

杨松林　易语欣　杨宇新

内容提要：《巴蜀地方文化经典中学生游学读本》的核心意义在于传承巴蜀地域文化、增强中华文化自信。扬雄是汉朝道家思想的继承和发扬者，是巴蜀文化中具有代表性的名人。诵读扬雄诗篇、寻访扬雄古迹有助于读者培养文化情操、读懂巴蜀文化。本文分为扬雄简介、人物故事讲述、经典作品链接和活动安排四个部分，由浅入深，为读者生动立体地勾勒出扬雄的人物形象及背后的历史风云。课程设置既有关于对古人的优美诗篇的鉴赏，又有鼓励读者实地拜访文化古迹，去切身感受历史的悠久和厚重的板块。

关键词： 扬雄；巴蜀文化；中小学；语文教学；教学实践

当今中学语文教学发展有两大趋势：一是培养学生语文核心素养，二是以文化传承来增强我们的国家文化自信。作为中小学语文教师乃至大学的中文教师，我们肩负这两大使命。巴蜀文化是中华传统文化的重要组成部分，是巴蜀地区经济社会发展的重要软实力，是巴蜀先贤留给巴蜀人民宝贵的精神财富，是巴蜀学子砥砺前行的动力源泉。诵读巴蜀文化优秀诗篇，游览巴蜀文化著名遗迹，是培养学生热爱祖国、热爱家乡情怀的重要举措，是文化传承的迫切需要，又是当代巴蜀教育人的责任担当。因而我们编写这本《巴蜀地方文化经典中学生游学读本》，将其作为我们中小学语文的校本教材，或大学文学公共课学习国学的读本。同时这也是值得广大国学爱好者了解的

① 本文是西华大学地方文化资源保护与开发研究中心开放课题资助项目。课题名称：巴蜀地方文化在初中文科类学科教学与考试中的运用研究。课题编号：17DFWH-019。

读本，更是巴蜀地方文化爱好者的入门知识读本。我们编写的主要内容有四个大类：一是巴蜀文学巨匠或某一方面的代表作家的经典传承，包括司马相如、扬雄、李白、杜甫、陈子昂、薛涛、苏轼等的作品；二是巴蜀文化在其他领域里的名人巨匠的故事与精神传承，这些名人包括大禹、落下闳、诸葛亮、武则天等；三是巴蜀灵山秀水孕育的地域文化传承，包括都江堰、青城山、峨眉山这些名胜名景，成都、阆中、剑阁这些历史文化名城等；四是巴蜀文化中的生活物质品牌，包括川酒、川茶、川剧以及蜀风古道文化、三星堆、金沙遗址等文化遗迹。

二十多年来，我的中学语文老师、四川作家协会会员林安福老师，我在西华大学的古代汉语导师纪国泰老师，我高中同学、现中国中铁高级工程师易图兵先生等人，一直在与我讨论巴蜀文化在中学教育中的传承问题。这几年，为了我们成都二十中语文组创建优势学科，我找到了西华大学人文学院、四川师范大学文学院、成都大学文新学院等的领导专家，共同签署了基地实习生培训协议和语文教育教学的合作研讨协议。在多次交流中，我得到了西华大学、四川师范大学、成都大学的文化、文学、教育专业的纪国泰、谢应光、潘殊闲、刘敏、冯永泰、谭力、徐元彬、袁耀林、张建锋、范佳、刘海燕、邹波、王万洪、王燕飞、赵建明等多位老师的点拨，也得到成都市金牛区教培中心、成都市教科院的专家老师的指导，特别是张建锋、范佳教授给我的细心指点。我们成都二十中初中语文组得到了西华大学地方文化资源保护与开发中心的资助，进行了“巴蜀地方文化在初中文科类学科教学与考试中的运用研究”“初中语文知识与技能板块教学设计系列的开发与研究”两个课题研究，为本读本的编写提供了学术支持。我们二十中学校领导胡铃冬、胡林、张劲松、何佳、朱赵全、刘利军等的悉心关怀，使我坚定了要完成这部书的决心，让李冰、扬雄走进中学课堂、走进孩子们心中，从而走进千千万万普通市民的生活。

这是我多年的宿愿，也是成都二十中开发校本教材的迫切要求，是我们以地方文化经典的传承来助推国家文化自信的愿景。历经多年的努力，我克服中学教师工作的忙碌和繁琐，动员召集初中语文组的老师们多次进行了探讨，又恰逢西华大学、成都大学、四川师范大学 2018 届实习生在我校实训，加上来自四川农业大学、西南财经大学、重庆工商大学、焦作大学的四位热爱古代文学的在校大学生易语欣、杨宇新、唐媛、杨柏俊的鼎力相助，最终得以成书。他们愿意进行艰苦的编写工作，没有报酬，却怀着对传承传统文化的热爱，任劳任怨地去探索去学习，去辑录，去编排，去粗取精，弘扬道义。我们的具体编排工作是这样安排的：

1. 本书共四编：巴蜀名人名文（主要在第一到第十七章）、巴蜀名胜名景（主要在第十八到第二十二章）、巴蜀名城（主要在第二十三到第二十七章）、巴蜀名物及文化记忆（主要在第二十八到第三十五章）。但是这只是一个粗略的分法，名人弘扬了名景，名景滋养了名人，名城因名人而生辉，名人住名城而彰显。水土养人，人造水土。这一切，谁能分得清丝丝缕缕呢?

2. 巴蜀文化课程编排体例要点：

A、知识介绍，故事讲述　　　　B、经典链接，佳篇鉴赏

C、插图编辑（景观图和活动图等）　　　　D、阅读质疑（阅读思考）

E、学生学习活动设计

这五个方面中，D、E 可以二选一。B 项只针对文学名家。至于大禹等历史名人，如果有别人颂扬他们的诗文，可以选一两篇精短的。

3. 注解采用页下注、引文注和文后注等形式，便于阅读。正文小四号宋体，标题三号黑体，其他只要搭配适当，美观大方即可。

4. 易语欣、杨宇新、唐媛、杨柏俊四位在读大学生，除了完成一定篇章编辑外，在进入第二轮编辑工作后，还参与了巴蜀文化分类的板块编辑。然后我们一起对每一篇按照内容和文化名人名胜重新拟定可读、醒目、切合名人名胜风格的篇目标题，对篇目内容进行纠错校订，对字号大小进行规范，对于中学生难以理解的内容进行注解、补充、删减或者再现。

经过几轮编辑校对修改，我再结合中小学教学情况和学生阅读实际进行审查式编辑。最后本书由出版社的老师们再进行编审。希望本书能得到广大一线中小学教师的推广，得到学生的喜爱，得到家长的肯定，得到社会的认可。

扬雄被编入第五章其标题为：“胸罗宇宙，德厚望尊——扬雄”。具体内容如下：

一、扬雄其人

扬雄（前 53—18），汉赋代表作家，与司马相如并称“扬马”。字子云，西汉蜀郡成都（今四川省成都市郫都区）人。扬雄晚年适值王莽篡汉，曾被迫投阁，自杀未遂，后抑郁而死。

扬雄少时口吃，不善言谈，默而好深湛之思。其家贫而好学，博览群书，不慕富贵。扬雄早年酷爱辞赋，尤其仰慕同乡作家司马相如，曾模仿其作品著有《甘泉赋》《羽猎赋》等。四十多岁时，扬雄被推荐为汉成帝的文学侍从，期间写了一些描写天子祭祀、田猎的赋作。扬雄的辞赋在当时颇负盛名，但其后来却认为这是“童子雕虫篆刻”“壮夫不为”，不再写赋，而埋头撰写时人并不懂的学术著作，以求传之后世。扬雄仿《易经》写《太玄》，阐发自己的哲学思想；仿《论语》写《法言》，主张文学应

当宗经、征圣，以儒家著作为典范。另著有语言学著作《方言》，这是研究西汉语言的重要资料。因扬雄的重要影响，《三字经》将其与老子、庄子、荀子、文中子（王通）并称为“五子”。

原有文集，今已散佚，明人辑有《扬子云集》。《太玄》有北宋司马光《太玄经集注》、正统道藏《太玄经集注》、明叶子奇《太玄本旨》诸本；《法言》有晋李轨《法言注》、北宋司马光《扬子法言集注》诸本。

二、人物故事讲述

扬雄与浑天术

扬雄后期几乎不做政治讽喻赋，且对官场里尔虞我诈的争斗感到厌恶，于是他转向天文历法，研习“浑天之术”，为将来撰写《太玄》做准备。但扬雄接受“浑天术”颇有点道道可说。

自从洛下闳被传诏入都之后，蜀中基本上就没有人说浑天术了，因而扬雄一开始学习的是盖天说。扬雄到长安待诏黄门后，受朋友桓谭和当时在黄门做浑天的老工人影响，毅然决然改习浑天说。浑天说认为，天地如鸡蛋，地和天宇的关系就像蛋黄与蛋壳的关系一样。天地皆乘云气和水而立，天旋地转，彼此互有上下，因而呈现出日升月落和节候变化现象。这些都比盖天说要进步得多。黄门官署中能制浑天仪的老工人告诉扬雄，年轻时只能按照设计图纸和尺寸，依样制作，但不知道其中原理。但是，桓谭却是能知道其中奥秘的浑天派学者。桓谭博学多通，遍习五经，能文章，尤好古学，“数与刘歆、扬雄辩析疑异。”辨析的内容，天文学应该要占很大部分。据说扬雄改信浑天说，来自于一段戏剧性的故事：桓谭曾与扬雄一道奏事，坐在白虎殿廊庑下等待回报，因天气很冷，就背对着太阳取暖。一会儿，日光离开人背，不再照晒着他们了。桓谭借此对扬雄说：如果像盖天论所说天盖西转，日月西行，阳光应该一直照着我们并向廊庑的东头深入，不该离开我们。现在日光离去，正好证明浑天法则，太阳乘云气浮沉，改变了方位。扬雄受此启发，立即改信浑天说。从此成了浑天说的忠实拥护者，并公开诘难盖天说，著《难盖天人事》与之论战。尤其可贵的是，扬雄运用浑天说原理入《太玄》，创造了一种新的模拟天道人事运动变化规律的哲学著作。自序说：“而大潭思浑天，参摹而四分之，极于八十一。旁则三摹九据，极之七百二十九赞，亦自然之道也。”正是讨论用浑天入《太玄》的原理。

三、经典作品链接

1. 逐贫赋

扬 雄

扬子遁居，离俗独处。左邻崇山，右接旷野，邻垣乞儿，终贫且窭。礼薄义弊，相与群聚，惆怅失志，呼贫与语："汝在六极，投弃荒遐。好为庸卒，刑戮相加。匪惟幼稚，嬉戏土沙。居非近邻，接屋连家。恩轻毛羽，义薄轻罗。进不由德，退不受呵。久为滞客，其意谓何？人皆文绣，余褐不完；人皆稻粱，我独藜餐。贫无宝玩，何以接欢？宗室之燕，为乐不盘。徒行负笈，出处易衣。身服百役，手足胼胝。或耘或耔，沾体露肌。朋友道绝，进宫凌迟。厥咎安在？职汝为之！舍汝远窜，昆仑之颠；尔复我随，翰飞戾天。舍尔登山，岩穴隐藏；尔复我随，陟彼高冈。舍尔入海，泛彼柏舟；尔复我随，载沉载浮。我行尔动，我静尔休。岂无他人，从我何求？今汝去矣，勿复久留！"

贫曰："唯唯。主人见逐，多言益嗤。心有所怀，愿得尽辞。昔我乃祖，宣其明德，克佐帝尧，誓为典则。土阶茅茨，匪雕匪饰。爰及季世，纵其昏惑。饕餮之群，贪富苟得。鄙我先人，乃傲乃骄。瑶台琼榭，室屋崇高；流酒为池，积肉为崤。是用鹄逝，不践其朝。三省吾身，谓予无愆。处君之家，福禄如山。忘我大德，思我小怨。堪寒能暑，少而习焉；寒暑不忒，等寿神仙。桀跖不顾，贪类不干。人皆重蔽，予独露居；人皆怵惕，予独无虞！"言辞既罄，色厉目张，摄齐而兴，降阶下堂。"誓将去汝，适彼首阳。孤竹二子，与我连行。"

余乃避席，辞谢不直："请不贰过，闻义则服。长与汝居，终无厌极。"贫遂不去，与我游息。

作品简析：《逐贫赋》是别具一格的小赋，写他惆怅失志，"呼贫与语"，质问贫何以老是跟着他。这篇赋发泄了他在贫困生活中的牢骚，多用四字句，构思新颖，笔调诙谐，却蕴含着一股深沉不平之气。

2. 答杜秀才五松见赠

李 白

昔献长杨赋，天开云雨欢。

当时待诏承明里，皆道扬雄才可观。

敕赐飞龙二天马，黄金络头白玉鞍。
浮云蔽日去不返，总为秋风摧紫兰。
角巾东出商山道，采秀行歌咏芝草。
路逢园绮笑向人，两君解来一何好。
闻道金陵龙虎盘，还同谢朓望长安。
千峰夹水向秋浦，五松名山当夏寒。
铜井炎炉歊九天，赫如铸鼎荆山前。
陶公矍铄呵赤电，回禄睢盱扬紫烟。
此中岂是久留处，便欲烧丹从列仙。
爱听松风且高卧，飕飕吹尽炎氛过。
登崖独立望九州，阳春欲奏谁相和。
闻君往年游锦城，章仇尚书倒屣迎。
飞笺络绎奏明主，天书降问回恩荣。
肮脏不能就珪组，至今空扬高蹈名。
夫子工文绝世奇，五松新作天下推。
吾非谢尚邀彦伯，异代风流各一时，一时相逢乐在今。
袖拂白云开素琴，弹为三峡流泉音。
从兹一别武陵去，去后桃花春水深。

3. 扬雄（二首其一）

王安石

子云平生人莫知，知者乃独称其辞。
今尊子云者皆是，得子云心亦无几。
圣贤树立自有师，人知不知无以为。
俗人贱今常贵古，子云今存谁女数。

四、活动安排

1. 参观子云亭

刘禹锡的《陋室铭》中有一句话：“南阳诸葛庐，西蜀子云亭，孔子云：何陋之有。”其中的子云亭指的就是扬雄的住所。现在的子云亭是后人为了纪念西汉文学家、语言学家、哲学家扬雄而建造，位于绵阳城区的西山风景区内。以子云亭为中心，还有古仙云观、蒋琬墓、蒋恭侯祠、扬雄读书台、玉女泉及隋唐时期的道教摩崖石刻等。

扬雄画像

1987 年，绵阳市人民政府在凤凰山凤头上新建子云亭，占地 10 余亩，建筑面积 1400 多平方米，高 23 米，共 3 层，集楼、台、亭、阁于一体，外形典雅，雄伟壮观。在子云亭景区庭院入口处由成都著名书法家方滨生书写的刘禹锡《陋室铭》镌刻于此，以彰显西蜀子云亭悠久的历史和深远的文化影响。庭院中是扬雄巨型花岗石雕像，将一代辞赋大家的风采展示在游人面前。子云亭下的陈列室中，陈列着扬雄的《太玄》《法言》等作品。子云亭的楹柱上楹联中，有一副由高显齐先生撰、白允叔先生书写的长联，最能体现扬雄的辞彩与绵州新貌，与子云亭胜景相得益彰，展现西蜀又一著名景区的盛况：

八百里飞天大道，袖拂云霞，高歌过剑门，翠廊连新市。看旗山雄，鼓岭峻，宝塔秀，神龟灵，西蜀名亭，蓬荜辉新，须知铭陋刘郎早向先生深致敬；

两千年吐凤奇才，胸罗宇宙，余韵腾涪水，书台仰古风，想长卿赋，子安文，少陵诗，永叔史，中华贤哲，词章卓古，尚有赏心介甫犹令后进倍倾城。

2、到友爱镇，观扬雄故居，玩农家乐

成都市郫都区友爱镇有两个比较出名的景点：一是扬雄故里，扬雄墓位于成都市郫都区友爱镇子云村南 1 公里处，又名子云坟；二是子云亭，这就是《陋室铭》中的“子云亭”。

扬雄故居友爱镇

如今风靡全国的新兴旅游方式农家乐的发源地就在友爱镇的农科村。从 20 世纪 80 年代中期以来，在距离成都市中心 25 公里的郫都区友爱乡农科村，农家的乡村休闲旅游形式——农家乐就一直长盛不衰。农民用自己的土锅土灶，以自家养的猪、鸡、鸭，自己地里种植的蔬菜，佐以“郫县豆瓣”等川菜佐料烹制出色香味俱全的川菜，招待来自各地的游客，让他们开心玩一天或数天，玩尽兴，吃尽兴。

思考：

1. 游览子云亭，与同学分享游览感受。

2. 班上展开扬雄作品书写比赛，走近汉赋大家扬雄。

以上就是第五章的内容，在《巴蜀地方文化经典游学读本》目录中可以清晰地了解：

1. 拯烝民于洪流，立华夏之正统——大禹
2. 水沃西川，遗风相传——李冰
3. 创制太初历，理顺万万年——落下闳
4. 雄奇赋文凤兮求凰，相如抚琴文君酒香——司马相如
5. 胸罗宇宙，德厚望尊——扬雄
6. 智慧之神灵　勤谨之楷模——诸葛亮
7. 文誉初唐，遗风千古——陈子昂
8. 浪漫千古第一，挥毫题诗无二——李白
9. 千年一女皇，日月当空曌——武则天

10. 草堂留后世，诗圣著千秋——杜甫

11. 所谓才女，在蜀一方——薛涛

12. 博而能专，风趣豁达——苏东坡

13. 客居巴蜀，唐宋双雄——岑参和陆游

……

由于扬雄的著作在今天读来，颇为艰深晦涩，不像李白、杜甫等的作品，所以只能选一篇做简短的介绍，让大众了解。

（作者单位：成都二十中；四川农业大学；西南财经大学）

扬子文化研究

扬雄：中国文化的标志性人物

——《扬雄：汉代那个孔子》序言

谭继和

内容提要： 扬雄是中国文化的标志性人物，扬雄身上刚柔相济、阴阳相和、相反相成又相辅相成的诸种因素，折射出巴蜀文人兼具多样性和兼容性的文化性格、文化传统。

关键词： 扬雄；巴蜀文人；文化性格

扬雄是中国文化的标志性人物。中国的文化、中国的道、中国的儒、中国的文学和哲学，他都能代表。这样看来，他似乎应该是一位很张扬的人物，而其实，他的性格却以“玄默”著称，“默而好深湛之思”，还有口吃的毛病，讲话不是很流利。他的特点是“博览无所不见”，好读书，好求胜解，耐得住寂寞。后来初唐四杰之一的卢照邻入蜀，专门瞻仰他的墨池，深深地感叹“寂寂寥寥扬子居，年年岁岁一床书”，立志要向他学习。他不慕虚荣，多年不迁官，“不汲汲于富贵，不戚戚于贫贱”。但他却偏偏写了一篇《剧秦美新》去歌颂复古的王莽。他应该是顶天立地的大儒，而他却跳天禄阁躲避追捕，结果摔断了腿。他痴迷于词赋，却又认为这是雕虫小技，壮夫不为，可见他是一位性格矛盾的人。恩格斯曾说歌德把崇高和渺小集于一身。扬雄正是这样一位矛盾型的人物。在他身上有巴文化的刚，也有蜀文化的柔。他是今成都市郫都区人，所以熏染了蜀文化的柔。他的父辈和祖辈避仇江上，从楚巴辗转来到成都（蜀），所以，在他身上又有巴文化的刚。刚柔相济，阴阳相和，相反相成，相辅相成，诸多矛盾的因素统一于一体，这就是他的性格，他的常态，折射出巴蜀文人的文化性格、文化传统——多样性和兼容性，构成巴蜀文人的文心蜀韵。

呈献在读者面前的这本书，正是以巴蜀文人的文化性格作为聚集点，以巴蜀人的文心蜀韵作为灵魂，解读在汉代就已有“孔子”之誉的这位人物，并以此为基础建构情节冲突。加上这本书文笔畅达，书中高潮迭起，读来引人入胜，一点也不呆闷。作者以浪漫主义手法，把一个死板的哲学性人物写活了、写鲜了，让人进入时空隧道，抚摸古人的亡灵，亲近似游天地之间，令人何等惬意。

深一层次地说，这种手法，这种探掘内心性灵的写作技法，正是巴蜀文人思维特点的体现，是巴蜀文统自然的传袭和浸润。这里顺便谈一谈西蜀的文学和文统，以便读者更深层次地体悟一下这本书和扬雄这个人。

“文宗自古出西蜀，锦江春色与天长”，这是郭沫若的话。“诗人自古例到蜀”，这是四川大文人赵熙的归纳。“蜀女自古多才”，这是凌濛初《二拍》里“女秀才移花接木”一回里总结西蜀才女的特征。这三句话，说的是巴蜀文学发展的三大规律，凸显出巴蜀文化的神奇神秘神妙性。

元代人张翥《谒文昌阁》：“天地有大文，吾蜀擅宗匠”，文章不写则已，写出必为天地大文，杰才不出则已，出则必是文坛巨匠，这就是吾蜀的特点，吾蜀曩有“文宗在蜀”的传统。这个传统由文翁倡其教，赋圣司马相如开其端，“乡党慕循其迹”，司马相如、王褒、严君平、扬雄成为“以文辞显于世”“文章冠天下”的汉代四大家，他们都是蜀人。扬雄在其中具有独特地位。他被尊为汉代的“儒圣”。他的朋友桓谭说他既是“西道孔子”，又是“东道孔子”，是全国的“孔子”，具有汉代儒圣的地位。扬雄之后，则有文学革新前驱、文起八代之衰、孕育唐宋八大家之父的陈子昂，诗仙李白，诗圣杜甫，千古第一文人苏轼，宋代文宗陆游，明代文坛著述第一人、秀冠天下的第一状元杨升庵，清代百科函海大家李调元，“东袁西张”的性灵诗宗张问陶，直到现代文化巨人郭沫若和巴金，这些“天下第一秀才”均出于蜀，有的虽不是蜀人，却是受巴蜀肥壤沃土孕育而成就为文化巨人的。他们不仅是文坛宗主，而且是百科全书型大家。扬雄在巴蜀文宗系列中，居于承前启后的关键典范地位。后世以“扬马”并称，甚至于扬还在马的前头。“扬马”是他们之后的文宗倾心师法、仪型效法的榜样，李白尤其真心服膺。杜甫也曾真诚地说：“草玄吾岂敢，赋或似扬雄。”扬雄是百科皆通的通儒，而不是穷首一经的俗儒。“扬马”开辟了西蜀文宗重文学、重今文经学的传统，这正是蜀人发散式球型思维方式的生动体现。它在文学上形成浪漫主义倾向，富于文采和想象力，这对后世富于激情、奇幻的文化心理有相当的启示作用。

西蜀的“文心”是什么？“蜀韵”是什么？“扬马”有共同的文化性格，是西蜀“文心”的代表。司马相如专心于赋（其实其文也相当好）。他的独创性在赋论，其独到之处是分为“赋家之心”与“赋家之迹”。“赋家之心”就是指蜀文学的“文心”，是性灵，是赋家的本性，是心灵，是眼界与境界。“苞括宇宙，总揽人物”“控引天地，错综古今”，这是何等开阔的世界眼光。这种“文心”是“斯乃得于内，不可得而传”，可意会不可言传，可捉摸而难于形诸文字，犹如佛祖拈花迦叶含笑一样，靠内在心灵的开悟与精神的流动。这就是巴蜀人的“文心”，巴蜀人的文化性格。它构成巴蜀浪漫主义文学的根基，开巴蜀文学好梦幻迷离、好想象的浪漫主义先河。从司马相如到扬雄，再到苏轼、郭沫若，直到今天蜀中的朦胧派诗群，始终传承着，流淌着，形成了神奇梦幻的巴蜀文学艺术的历史长河。司马相如为这条长河的形成做出了开创性的贡献，扬雄则做出了奠基性的贡献，所以“扬马”成为“乡党慕循其迹”的楷模。

虽然在“赋家之心”上，“扬马”有共同性，但在“赋家之迹”上，二人则走向了不同的道路，开辟了不同的方向。相如的本性是文学，扬雄的本性是哲学（经学）。扬雄前期醉心于仿效相如的赋，后期又反对作赋，认为是雕虫小技，壮夫不为。今天来揣摩扬雄态度前后矛盾的心理，他是从“赋家之迹”的视角提出反对意见。“赋家之迹”是指有善于“列锦绣而为质”写作锦绣文章、谋篇布局的路径和方法。作为铺排呆滞的形式主义手法，赋确实无什么益处，但是，它灵动的心脉是很值得传袭的。也就是说：“赋心”是可取的，“赋迹”是不可取的。扬雄反对的是赋家的“赋迹”（形式主义的创作方法），而承袭的却是赋家的“赋心”（性灵与思想）。所以，他所说的“雕虫小技”正是指谋篇布局的“赋迹”。只不过，司马相如把“赋心”引向了文学的方向，而扬雄则把“赋心”司马引向了经学（哲学）的方向，脱离了文学，这才有“誓不再为赋”的奇怪举动。司马相如的“文学”与扬雄的“经学”两个发展走向，构成两千年蜀学的两大支柱，成为蜀学重文学、重今文经学（重玄学与重史学）两大特征。而“扬马”则成为双星并列的汉代蜀学双子星座，对他们之后的蜀学起着星光引领的作用。本书对扬雄的“弃赋从玄”做了形象的描绘，我这里作为第一读者略略揭橥一下它的内涵。

除了“文宗在蜀”这一特点外，我还要说一说“儒源在蜀”“才女在蜀”的特点。儒家学派是孔子在齐鲁创立的，但儒学之源则在西蜀。儒学之祖是大禹，大禹兴于西羌。他的治水经验形成上善若水、五行以水为首的哲学，成为治国首要在治水的国家、民族大一统的观念，至今在《尚书》“洪范五行”篇中还保存着大禹阐述这一观念的56个字。这同时也是留给后世蜀人“岷山导江，东别为沱”的治水分洪灌溉的宝贵经验，是物质传承。在精神上的传承则是“易学在蜀”“天数在蜀”。以上诸点，构成巴蜀儒学发展的主要特色。扬雄对这些主要特色做出了全局性、全方位、会通式的贡献。他被视为汉代“孔子”，实为实至名归。他仿《论语》作《法言》，仿《易经》作《太玄》，仿《尔雅》作《训纂》《方言》，一系列对儒家经典的创新，正是因为有儒源在蜀的根脉。对本书后四章，正应从这样的视野来加以解读。

《太玄》一经是很难懂的，司马光也是终身研读才读懂，然后佩服得五体投地。《太玄》不同于老子以“道生一”作为万物的始基，也不同于易经的阴阳两仪对立的“太极”，而是发展了孔子仁义忠信礼孝悌的学说，提出了天地人三才相生相克的观念，提出了“中和”为贵的思想，创出了以天地人三才为内核的“太玄观”。在哲学上，这不是单纯的同而不和的“一”，也不是只有一分为二的“二”，而是三才三生三玄相和谐对立的统一，这就是“三”。这是扬雄对中华文化传统和谐思想最伟大的贡献。读者不妨在读本书时再加以联想，沿着这个思路，把蜀人的创新思维继承和发展下去。

西蜀不仅是道源发生地，更是仙学的起源地。古蜀仙道起源于蚕丛鱼凫的“原史时期”（protohistory），蜀人“羽化成仙”“飞奔日月成仙”的富于奇幻想象力的信仰和观念来源很早。到了杜宇、开明时代，还发展为啼血化鹃和天门开明兽的仙化传说。而这些历史记载，是扬雄的《蜀王本纪》最先留下来的，扬雄有开创古蜀史研究的功劳。更广义地说，对于人类命运的终极思考，人与自然、人与社会的关系，是古往今来各地区各民族的人们共同关注的问题。中国人的独特话语解释是“道”，“道”的文本阐释权集中在道教里，所以，中国文化的根柢全在道教。尊道贵德、重生贵和、存思守一、关爱人生、利益群生、中和为本、天地之间人为贵等话语，都在扬雄创作的“文本”里，它在今天对我们文化阐释的影响，是不可估量的。

把上述诸方面总和起来，扬雄对中国文化的根柢做出的承先启后的奠基性贡献、全局性贡献，无论怎样评价，也不算为过，给他带上一顶“汉代儒圣”的桂冠，封为“汉代孔子”，把他视为中国文化的标志性人物，应是恰如其分的。《扬雄——汉代那个孔子》一书作者卫志中先生，是一位研究乡土文化的儒者，长期从事地方志工作，这是玄默性的研究。扬雄的故里需要玄默式的脱离市井喧嚣的学者。本书虽然采取了从于大众的通俗形式，其实，它的内容很玄默，很严肃，还有不少考据心得化为轻松笔调，相信读者会细读出韵味来。

感谢卫志中先生贡献了一位活生生的“汉代那个孔子”。因此，我建议以《扬雄——汉代那个孔子》作为书名，也许更扯人眼球一些吧。是为序，读者是否浏览，随便随便。

（作者单位：四川省社会科学院）

中古时代的扬雄崇拜

范子烨

内容提要： 本文通过对文本的细读，探讨了中古时期扬雄被奉为文化巨人、受当时士人崇拜的三点原因，即扬雄“尚智”的思想认识、扬雄一生对真理的不懈追求以及扬雄杰出的学术成就和卓越的文化建树。

关键词： 中古时代；扬雄崇拜；原因

中古时代是文化多元的时代，因此，在这一时期，尽管儒学在社会实践的层面有所衰微，但儒学研究却取得了空前的成就，如《周易》有魏王弼、晋韩康伯注，《左传》有晋杜预集解，《春秋穀梁传》有晋范宁集解，《尔雅》有晋郭璞注，《论语》有魏何晏集解等，这些著作上承两汉，下开唐宋，几乎占据了《十三经注疏》三分之一的篇幅，可见中古儒学的成就是很高的。人们通常尊奉的中古儒学式微的通行观点，实际是将儒学的社会实践与儒学自身混为一谈了。文化之多元来自文化信仰之多元。中古的士林精英，能够以纯理性、纯文化、纯学术的眼光和襟怀来审视和接受真正的伟人及其思想，这是其最为卓绝不俗之处。

除了孔、孟、老、庄，扬雄在中古时代也是非常重要的，他是中古士人崇拜的文化巨人之一——被视为诞生在汉代的新圣，具有极高的文化地位。明陈耀文《天中记》卷二四“齐楚圣人”条引桓谭《新论》：

> 张子侯曰：“扬子云，西道孔子也，乃贫如此！”吾应曰：“子云亦东道孔子也。昔仲尼岂独是鲁孔子？亦齐楚圣人也。”

张子侯与桓谭的对话表明，在东汉时代，他已经被视为和孔子一样光耀华夏的圣人。汉王充《论衡·超奇篇》：

阳成子长作《乐经》，扬子云作《太玄经》，造于助思，极窅冥之深，非庶几之才不能成也。孔子作《春秋》，二子作两经，所谓卓尔蹈孔子之迹，鸿茂参贰圣之才者也。王公子问于桓君山以扬子云，君山对曰："汉兴以来，未有此人！"君山差才，可谓得高下之实矣[①]。

所谓"蹈孔子之迹""参贰圣之才"也是说扬雄乃是孔子以外的圣人，而桓谭则认为扬雄是独步于汉代的文化巨人。再如葛洪《抱朴子外篇》卷三《吴失》第三十四：

孔墨之道，昔曾不行。孟轲、扬雄，亦居困否。有德无时，有自来耳[②]。

晋常璩《华阳国志》卷三称"扬子云齐圣广渊"，卷一〇上称"子云玄达，焕乎宏圣"，都是同样的意思。这些评价都是一致的。这里我们再以嵇康和陶渊明为例，进一步说明当时人们对扬雄的推尊。《世说新语·简傲》第三条：

钟士季精有才理，先不识嵇康，钟要于时贤儁之士，俱往寻康。康方大树下锻，向子期为佐鼓排。康扬槌不辍，傍若无人，移时不交一言。钟起去，康曰："何所闻而来？何所见而去？"钟曰："闻所闻而来，见所见而去。"[③]

嵇康和钟会问答之语中的著名的"所字结构"本于《法言·渊骞》：

七十子之于仲尼也，日闻所不闻，见所不见，文章亦不足为矣[④]。

在中古时期，扬雄的《法言》是驰誉学林的名著，所以嵇、钟二名士随口便可称引。《法言·问神》："育而不苗者，吾家之童乌乎！九龄而与我玄文。"李轨注："童乌，子云之子也。仲尼悼颜渊苗而不秀，子云伤育童乌而不苗。""颜渊弱冠而与仲尼言《易》，童乌九龄而与子云论《玄》。"[⑤] 童乌是中古时代著名的神童，他九岁就能和父亲扬雄讨论《太玄》的问题。这位神童引起了魏晋名士的广泛关注。嵇康《秋胡行》："颜回短折，下及童乌。"[⑥] 嵇康对童乌的了解正来自《法言》，这可以为笔者关于"所字结构"渊源于《法言》的推测做一旁证。

陶渊明由晋入宋以后，更名为陶潜，前人对此多有解说[⑦]。这实际也是受扬雄《法言》影响的结果。《法言·问神》：

或问"神"。曰："心。""请问之。"曰："潜天而天，潜地而地。天地，神明而不测者也。心之潜也，犹将测之，况于人乎？况于事伦乎？""敢问潜心于圣。"

---

① 王充：《论衡》，见《诸子集成》第七册，上海书店1986年版，第135页。

② 杨明照：《抱朴子外篇校笺》下册，中华书局1997年版，第166页。

③ 徐震堮：《世说新语校笺》下册，中华书局1984年版，第411—412页。

④ 汪荣宝：《法言义疏》下册，中华书局1987年版，第418页。

⑤ 汪荣宝：《法言义疏》上册，中华书局1987年版，第166页。

⑥ 戴明扬：《嵇康集校注》上册，中华书局2014年版，第80页。

⑦ 参见朱自清：《陶渊明年谱之问题》，见《朱自清古典文学论文集》下册，上海古籍出版社1981年版，第457—459页。

曰："昔乎，仲尼潜心于文王矣，达之。颜渊亦潜心于仲尼矣，未达一间耳。神在所潜而已矣。"①

"神在所潜"就是陶潜之名的寓意。陶渊明不仅熟读《法言》，对《太玄》也极为谙熟。《连雨独饮》诗："试酌百情远，重觞忽忘天。天岂去此哉！任真无所先。""天岂"句，古直注引扬雄《太玄·玄摛》："近玄者玄亦近之，远玄者玄亦远之。譬若天，苍苍然在于东面南面西面北面，仰而无不在焉，及其俛，则不见也。天岂去人哉？人自去也。"② 可见这四句陶诗不过是《太玄》此文的翻版而已。至于《饮酒》二十首其十八直接歌咏"子云性嗜酒"，更是众所周知的事实。

嵇康和陶潜对扬雄的推崇并非特例，扬雄作为魏晋玄学的祖师爷，其影响对中古士人是深入骨髓的。我们只有通过文本细读才能发现这种文化崇拜的痕迹。

作为汉代之新圣，扬雄的突出特征在于"尚智"，这是中古士林崇拜扬雄的首要原因。《法言·问明》：

或问：人何尚？曰：尚智。

所谓"智"，就是智慧，就是知识。在扬雄看来，追求知识和智慧是人的本质特征。知识就是美，智慧就是力量。他把"智"放在了高于儒家道德、仁义和礼仪的位置上，这是对传统儒学的重要突破。而扬雄一生的文化实践始终贯穿着"尚智"的理念，充分体现了柏拉图所说的那种"爱智的热情"，他是一个"为知识而知识"的人。《汉书·扬雄传》：

当成、哀、平间，莽、贤皆为三公，权倾人主，所荐莫不拔擢，而雄三世不徙官。及莽篡位，谈说之士用符命称功德获封爵者甚众，雄复不侯，以耆老久次转为大夫，恬于势利乃如是。实好古而乐道，其意欲求文章成名于后世，以为经莫大于《易》，故作《太玄》；传莫大于《论语》，作《法言》；史篇莫善于《仓颉》，作《训纂》；箴莫善于《虞箴》，作《州箴》；赋莫深于《离骚》，反而广之；辞莫丽于相如，作四赋：皆斟酌其本，相与放依而驰骋云。用心于内，不求于外，于时人皆忽之；唯刘歆及范逡敬焉，而桓谭以为绝伦③。

所谓"恬于势利""好古乐道""用心于内，不求于外"就是《文心雕龙·体性》所说的"子云沉寂，故志隐而味深"，对此，我们可以引用德国哲学家亚斯贝尔斯的话加以解释："本真的科学研究工作是一种贵族的事业，只有极少数人甘愿寂寞地选择了它。原初的求知欲是对人生而俱来的挑战，但仅仅依凭这种求知欲就不可能有科学的

① 汪荣宝：《法言义疏》上册，中华书局 1987 年版，第 137 页。

② 古直：《陶靖节先生诗注》卷二，台湾广文书局 1964 年版，第 50—51 页。

③［汉］班固：《汉书》第十一册，中华书局 1962 年版，第 3583 页。

风险。……有史以来研究工作就不属于普通人所能从事的工作。一个运用科学方法进行研究的人，只有当他把追求真理当作一种内在需要时，才算是真正参与学术研究。”① 对扬雄而言，“追求真理”是他一生最本真的“内在需要”。这与其纯洁的心灵和静穆的性格是相一致的。这是中古士人崇拜扬雄的第二个原因。扬雄的这种品格使他创造了不朽的学术辉煌。出于“爱智”的热情，他曾经对屈原的自杀深表惋惜。确实，如果屈原不自杀的话，以其《离骚》和《天问》所体现出来的科学文化修养从事于科学文化研究，也许就会成为我国先秦时代的亚里士多德（前384—前322）。而扬雄的清醒和冷静就在于，他珍惜自己的生命，为了从事学术研究必须留在宫廷之内，以获得和保持探求真理的必备条件，所以他不惜与王莽之流以及世间的俗人虚与委蛇，隐忍不发，毕生的勤奋与执着，使他成为我国中古时代的康德（Immanuel Kant，1724—1804）——其思想之深湛，涉猎之广博，精神之崇高，建树之卓越，求诸我国近两千年学术文化史，殆罕其匹。扬雄一生，默然自守，辛勤耕耘，在文学、哲学、语言学、文字学、音韵学、天文学、地志学、谱牒学、诸子学和历史学等诸多领域都取得了杰出的成就。譬如，其所著《𬨎轩使者绝代语释别国方言》一书，为现代方言学与方言地理学开疆奠基，导夫先路，领先西方学术界一千多年，至近三百年成为我国学界之显学。其孤光独照与孤明先发，千载以下，仍然令人震撼。其所著《太玄》，更是旷世的奇书：“卓然示人远矣，旷然廓人大矣，渊然引人深矣，渺然绝人眇矣。”②（《太玄·玄摛》）张衡“常耽好玄经”，曾经对崔瑗说：“吾观太玄，方知子云妙极道数，乃与五经相拟，非徒传记之属，使人难论阴阳之事，汉家得天下二百岁之书也。复二百岁，殆将终乎？所以作者之数，必显一世，常然之符也。汉四百岁，玄其兴矣。”③ 魏晋时代玄学的兴起和昌盛，证明了张衡的预言。而以司马光之博学，其于《太玄》也未能完全懂，故其文化密码尚有待于人们去研究去破解。在文学方面，扬雄是“汉赋四大家”之一。《昭明文选》收录了他的《甘泉赋并序》《羽猎赋并序》《长杨赋并序》《解嘲并序》《赵充国颂》和《剧秦美新》等六篇作品，刘勰在《文心雕龙》对扬雄也给予极高的评价。杰出的学术成就和卓越的文化建树是中古士人崇拜扬雄的第三个原因。

扬雄生前是寂寞的，也是缺少知音的。《汉书·扬雄传》：

家素贫，耆酒，人希至其门。时有好事者载酒肴从游学，而巨鹿侯芭常从雄居，受其《太玄》《法言》焉。刘歆亦尝观之，谓雄曰：“空自苦！今学者有禄

① 邹进译：《什么是教育》，生活·读书·新知三联书店1991年版，第141页。
② ［宋］司马光著，刘韶军点校：《太玄集注》，中华书局1998年版，第185页。
③ ［南朝宋］范晔：《后汉书》卷五九《张衡传》，中华书局2007年版，第1897页。

利，然尚不能明《易》，又如玄何？吾恐后人用覆酱瓿也。”雄笑而不应。

在《文心雕龙·程器》中，刘勰列举“文士之疵”，称“扬雄嗜酒而少算”，意思是说扬雄爱酒而不善于为自己谋划，是其一病；而与扬雄同时代的著名学者刘歆在看了《太玄》《法言》之后，说扬雄是徒劳无益，因为当时的学者大都以追逐“禄利”为第一要务，连《周易》都看不懂，更别说《太玄》了，所以担心后人会用这部著作去遮盖酱瓮。当时，对扬雄所知最深的是桓谭。在扬雄去世不久，桓谭对王邑和严尤说：“子尝称扬雄书，岂能传于后世乎？”谭曰：“必传。顾君与谭不及见也。凡人贱近而贵远，亲见扬子云禄位容貌不能动人，故轻其书。昔老聃著虚无之言两篇，薄仁义，非礼学，然后世好之者尚以为过于《五经》，自汉文景之君及司马迁皆有是言。今扬子之书文义至深，而论不诡于圣人，若使遭遇时君，更阅贤知，为所称善，则必度越诸子矣。”桓谭预言扬雄在未来可能会“度越诸子”（《汉书·扬雄传》），即超越春秋时代的诸子百家。而西晋太康时期的著名诗人左思在《咏史》八首其四中对扬雄生前的生活和身后的辉煌进行了精彩的描写：

济济京城内，赫赫王侯居。冠盖荫四术，朱轮竟长衢。朝集金张馆，暮宿许史庐。南邻击钟磬，北里吹笙竽。寂寂扬子宅，门无卿相舆。寥寥空宇中，所讲在玄虚。言论准宣尼，辞赋拟相如。悠悠百世后，英名擅八区。（《文选》卷二一）

“济济”八句写新莽之际趋炎附势的世态和浮华的人心，“寂寂”六句写扬雄甘于寂寞，著述不辍，诗人运用对比的手法，突出了扬雄的高尚品格和人生追求，而以“悠悠”二句作结，将扬雄推上不朽的文化峰巅。也就是说，在新莽时代虚矫残酷的专制主义社会和人性的荒原中，在举国趋利、终日驰骛的世俗氛围中，在以读书做官为普遍追求的价值体系中，在“为官之拓落”“位不过侍郎”“禄位容貌不能动人”（《汉书·扬雄传》）的讥讽和嘲笑声中，扬雄以其寄情来世的远见卓识和清净自守的文化品格超越了自己所处的时代和社会。但是，作为一位文化巨人，他的现实感和历史感都是很强的。在《解嘲》中，扬雄曾经激情澎湃地宣称：

且吾闻之，炎炎者灭，隆隆者绝；观雷观火，为盈为实，天收其声，地藏其热。高明之家，鬼瞰其室，攫拏者亡，默默者存；位极者宗危，自守者身全。是故知玄知默，守道之极；爰清爰静，游神之廷；惟寂惟寞，守德之宅。世异事变，人道不殊，彼我易时，未知何如①。

这是一代文化巨人的道德宣言和历史预言！扬雄对历史的预见和预判，完全被历

① ［汉］班固：《汉书》第十一册，中华书局1962年版，第3571页。

史本身证实了。那些手握权柄、好人佞己、妄自尊大的王莽之流，早已在历史的秋风中烟消云散了，而扬子所创造的文化辉煌却永远垂范于后世，为华夏文明和人类文化增光添彩。一切有良知的知识分子都应当秉持扬雄式的道德操守和文化品格。

扬雄的人格和思想以及文化建树，为中古士人彰显了一条无限宽广的文化道路，也指引了一条趋向永恒、垂声后世的人生道路。在扬雄辞世两千余年的今日，扬雄对我们来说仍然具有非常重要的启示意义。

（作者单位：中国社会科学院文学研究所）

穿越时空的灵光
——扬雄文化的历史地位及当代价值管见

郭君铭

内容提要： 扬雄文化的价值是超越时空的。依纵向历史角度来看，扬雄属于他所在的时代，属于中华历史，也属于今天的中国；从横向地域维度而言，扬雄属于巴蜀，属于中国，也属于世界。扬雄的品格及其理论实践，对我们今天的文化建设依然有众多启迪。

关键词： 扬雄；时空；价值

扬雄逝世两千多年了。

两千年来，尽管这个世界发生了沧海桑田般的变化，但扬雄并没有被后人遗忘。他留给我们的，不仅仅是那些跻身官私典藏的藻丽辞赋与缜邃哲文。扬雄其人、其行、其文、其道，在历史的星空中闪耀着灵异的光芒。这历久弥珍的灵光穿越时空，既在历史的画卷上留下浓墨重彩的印迹，又映照着当今的时代，激发出我们内心的陆离与斑斓。

一、时间维度里扬雄文化的意蕴

历史人物及其思想的地位与价值，只有在他身后才能得以显现。那些曾经风光一时的显耀者，大都很快化作历史尘埃，在时光的风雨中如烟云般消散殆尽；真正意义上的不朽人物，往往在世时并不被世俗所普遍识见，他们的光芒要经历岁月的淘漉方能闪耀出来。扬雄显然属于后者。他一生潦倒寂寞，承受着莫名的误解与嘲讽，甚至身后也遭遇了赞誉谤毁的跌宕。

随着历史舞台上一幕幕剧情的起承转合、一群群人物的登场谢幕，扬雄思想的价值、扬雄学术的品格乃至扬雄人格的魅力，愈来愈闪现出其不可遮蔽的夺目光彩。

（一）汉代文化舞台上的扬雄

在经学帷幕笼罩下的汉代，扬雄显得卓尔不群。他潜心深思、刻苦求知的形象，给当时和后世的人们留下深刻印象。子云的名号被后人奉为“何陋之有”的代名词[①]，徐复观甚至以“好奇、好胜、好深、好博”来概括其性格，名之为“知识型”人生形态，称扬雄是“近于西方所谓‘智者’形态的人物”[②]。

在汉代，扬雄着实是一位标新立异、闳识孤怀的人物。较之陆贾、贾谊等庙堂学者，他表现出了更多士子的纯粹与独立，为后世学人勾勒出知识分子清高人格的基本轮廓[③]；和编纂《淮南子》的刘安等人相比，同样涉猎广泛的扬雄有鲜明的宗旨与旗帜，这使他的学术体系博而不杂、条贯俨然；同样具有理性精神的学者之中，扬雄学说里的道德理想主义，显然比王充的自然主义更具温情色彩与人文情怀；董仲舒可谓继往开来的儒家功臣，和他相比，扬雄有自己对儒学正统的独到理解与执着坚守，这种理论自觉在当时与后世都弥足珍贵；京房可谓汉代具备创新胆识与能力的大家，其《易传》绝对是影响深远的开风气之作，但与扬雄“草玄”的气度和格局相比，京氏其人其说未免显得猥琐与乖张。

概言之，扬雄是汉代文化史不可或缺的显赫人物，是汉代学界的一面重要旗帜，为诸多领域之翘楚，在相当意义上标识着汉代学术的成就与规模。没有扬雄的汉代文化史显然是不完整的，否认扬雄的地位与价值，其后果是在整体上贬低汉代学术的水平。

（二）儒家道统中的扬雄

如果从考据意义上考察，作为一种观念、一个词语，“道统”出现于唐宋时期，其晚出是不争的事实，但作为儒家的一种自觉意识，道统的源头则要做另一番探究。在这个追本溯源的过程中，扬雄便会成为一个耳目昭彰的名字。

道统观，是唐代韩愈针对佛教法统说而祭起的旗帜，故韩愈一直被奉为儒家道统说的揭橥者。首先使用“道统”这一词汇者，是南宋大儒朱熹。宋以后，扬正祛邪的道统才成为儒者们口谈笔议的热门话题。但如果用更宽泛的视角来看，关涉道统的各种文化现象贯穿着儒学发展史的始终。

诚如蔡仁厚所言：“‘道统’这个名词虽属后起，但中国文化有一个一线相承之道，

---

① ［唐］刘禹锡：《陋室铭》中语。

② 徐复观：《两汉思想史》第二卷，华东师大出版社2001年版，第283—286页。

③ 关于仕莽美新等名节问题，笔者不同意朱熹以来对扬雄的责难，将另文就教方家。

则是历史的事实。”① 这里所谓历史的事实，首先指儒学一以贯之的“道”。这个“道”，自儒学创立伊始就事实存在着。余敦康曾精辟地指出，儒家作为一个学派，区别于其他学派的基本特征，不在于哲学理论和政治主张，而在于伦理思想。就哲学理论而言，它可以采纳道家的思想，可以采纳阴阳家的思想，也可以采纳佛教的思想。就政治主张而言，它可以采纳法家的思想，可以采纳名家的思想，也可以采纳黄老学派的思想。儒学发展的历程显示，在两千多年的历史中，儒家始终没有形成一套定型的哲学理论和政治主张，而是适应不同历史时期的需要和思想斗争的形势，不断地吸收其他各家的思想而改变自己的形态。值得注意的是，儒家并没有成为杂家，它的学派特征还是十分鲜明的，原因就在于它有一套自己的一脉相承的定型的伦理思想。“这套伦理思想早在孔子创立儒家学派的时候就已经定型化了。”② 笔者以为，贯穿于这套伦理思想之中的核心价值理念，便是“道统”之“道”。蔡仁厚又云：儒家“王者的礼乐典制，是业绩；而所以构造此礼乐典制的指导原则，则是道。业绩不可传，可传的是道”③。此处强调的，就是这个儒者薪火相传的“道”。

作为一种文化现象，儒家道统思想具有三个明显的特征。其一，是价值观上的认同意识。从孔子“祖述尧舜，宪章文武”（《礼记·中庸》）开始，儒家就自觉地认同于“文武之道”。子贡有所谓：“文武之道，未坠于地，在人。贤者识其大者，不贤者识其小者，莫不有文武之道焉。”（《论语·子张》）孟子也说：“仲尼之徒，无道桓文之事者。”（《孟子·梁惠王上》）正是基于这种认同意识，《论语》在最后一篇中为读者记述了尧对舜、舜对禹的禅位告诫；孟子的“五百年必有王者兴，其间必有名世者”（《孟子·公孙丑下》），也是由尧舜至汤、汤至文王、文王至孔子的历史间隔推导而出。这种认同意识，被韩愈明确表述为“尧以是传之舜，舜以是传之禹，禹以是传之汤，汤以是传之文武周公，文武周公传之孔子，孔子传之孟轲”（《原道》）的传承谱系。其二，是批判异端的正统意识。孔子在世时就曾有“攻乎异端，斯害也已”（《论语·为政》）的呼吁。孔子身后，这种正统意识不仅表现为对儒家之外学说“距杨墨，放淫辞”（《孟子·滕文公上》）的攻击；也包括以荀子“非十二子”为代表的儒家内部争论。韩愈《原道》中的“斯吾所谓道也，非向所谓老与佛之道也”，所表现的正是这种正统意识。宋明时期围绕道、气、心、性的辩难与争论，也可以视作这种正统意识的表现。其三，以实现理想为己任的弘道意识。孔子的“人能弘道，非道弘人”（《论语·卫灵公》）被后世儒者奉为科律，孟子“当今之世，舍我其谁”（《孟子·公

① 蔡仁厚：《孔孟荀哲学》，台湾学生书局 1984 年版，第 46 页。
② 余敦康：《中国哲学论集》，辽宁大学出版社 1998 年版，第 1 页。
③ 蔡仁厚：《孔孟荀哲学》，台湾学生书局 1984 年版，第 47 页。

孙丑下》）的豪言，展现出他以弘道者自居的气概；这种弘道意识在《大学》中被具体化为修、齐、治、平的实践条目，而张载的“为往圣继绝学，为万世开太平”，则无疑是儒者弘道意识的极致化宣言。

上述三个方面的道统意识，在扬雄身上都有明确的体现。扬雄以“适尧、舜、文王者为正道”（《法言·问道》），又盛赞“尧、舜之道皇兮，夏、殷、周之道将兮，而以延其光兮”（《法言·孝至》），这其中表达的，是鲜明的认同意识；他“窃自比孟子”，厉斥申韩，揭批“羊质虎皮”（《法言·吾子》）的假儒学，其捍卫正统的批判意识昭然若揭；《法言·学行》篇中，扬雄对诸儒“金口而木舌”和“有教立道，无止仲尼；有学术业，无止颜渊”的呼吁，可谓弘扬圣道的倡议书。更为难得的是，扬雄提出不能僵化地理解儒家之道，他认同“以往圣人之法治将来，譬犹胶柱而调瑟”（《法言·先知》）的说法，并且将史上圣王明君的因时变革实践做出形而上的总结与升华，提出“道有因革”说（《太玄·莹》），勾画出两汉时期辩证思维的一个高峰。

扬雄对儒家道统的自觉，先于韩愈近八百年之久，而且他以孟子之学为儒学正宗，这无疑应视为唐中后期《孟子》升经的先声，为宋明新儒学的肇兴与繁荣埋下了伏笔、定下了基调。我们有理由认为，扬雄是儒学史上承前启后的人物，他是先秦儒学和宋明新儒学之间的一个重要衔接点，理应被视为儒家道统序列中的一环，柳开、石介、孙复、曾巩等人对扬雄的推崇，实非空穴之风。

总之，离开扬雄谈道统，有买椟还珠之嫌。

（三）中华文化传承史上的扬雄

在中国文化史上，扬雄是一位少有的百科全书式人物。他纵心驰骋于哲学、史学、文学、语言学、文字学、天文学、地理学、音乐学等众多领域，几乎在每一个所涉猎的领域，他均代表着当时的一流水准。在相当长的历史时期内，追比圣贤的扬雄，也是文人学子追慕的偶像，如宏才大志的诗圣杜甫就曾有“赋料扬雄敌”① 的感慨。

扬雄的价值，还表现在他既能充分继承以往思想遗产，又具备鲜明的开拓意识，这在经学大盛的汉代，显得尤为可贵。他的《太玄》汇合儒道、沟通易老，既是秦汉时期综合创新的代表性著作，也是易学史上少见的恢弘之作。后世治易学者中，不乏将扬雄与邵雍相比者，意在说明扬雄对易学发展的贡献。但细究起来，邵雍至少在体系架构的根基上还没有突破《易经》阴阳二分的模式，而《太玄》中“阴阳合”的三分架构显然实现了对《易经》的突破。有学者推测，扬雄的三分法可能受到了汉文帝时官制的启发②，只可惜他没有拿出支撑这一论断的有力证据。其实，三分法可以理解

① ［唐］杜甫：《奉赠韦左丞丈二十二韵》，《杜诗详注》，上海古籍出版社1992年版，第291页。

② 徐复观：《两汉思想史》第二卷，华东师范大学出版社2001年版，第303页。

为扬雄以《易传》中的“天地人”模式重新架构他思想中的世界图示。《玄图》中所说“夫玄也者，天道也，地道也，人道也”可以作为我们这一推断的论据。如此看来，扬雄治易的熔铸与开拓意味就显得很清晰了。通观《太玄》，随处可见对以往思想成果的继承与运用，如《经义考》所载宋人陈淳所云：“《太玄》本为拟《易》而作也，而又参之《易纬》以序卦气，准之《太初历》以考星度。盖杂乎其为书，而不纯于《易》。”[①] 我们完全可以说，《太玄》是对当时儒、道、律、易、历等各领域思想素材的精心整合。尽管这种整合遭到来自苏洵、朱熹等人的诟病，但这丝毫不能掩盖扬雄驾驭不同领域知识的能力、构建庞大思想体系的气魄[②]，以及他敢于突破权威理论的勇气。扬雄身上这种继往开来的学术精神，在中国文化史上是罕见的。因其罕见，而显得珍贵。

考察衡量扬雄在中华文化史上的地位，一个不应忽视的领域是史学史。且不言《蜀王本纪》在古蜀历史研究中的非常价值，笔者想强调《法言》对古代史学发展的重大贡献。郑万耕先生注意到《重黎》与《渊骞》两篇对历史和当代人物的品藻，认为其开启了“品评人物的学风”，从而对魏晋玄风产生了重要影响[③]。徐复观在《扬雄论究》中也强调了《法言》的这两个篇目，指出扬雄以如此大量篇幅来品评人物，这种在当时绝无仅有的做法，意在“准《春秋》以补正《史记》缺失”[④]。徐复观所言，与《汉书》记载相合。《汉书·扬雄传》所记《自序》，谈及创作《法言》意图时，特意点出要纠正司马迁“不与圣人同是非，颇谬于经”的错误。徐复观分析了扬雄对司马迁的批评，以为是哲学家与史学家的“对蹠”，言辞中对扬雄思想的史学价值颇不以为然[⑤]。其实，扬雄对古代史学发展的一大贡献正在此处。饶宗颐先生指出：“历史之作，正所以明人事之真是非，而折衷于正（Justice），故史家秉笔必据正立论……正其本实为史之首务。”饶先生还进一步把史家裁判历史之“正”称为“历史之秤”[⑥]，强调了价值观在史学中的意义。扬雄品藻人物，想要达到的目的正是树立起儒家的标准。从班固对扬雄的尊崇来看，扬雄的史学观对班固创作《汉书》的影响是可以肯定的。在古代系列正史（二十四史）中，《汉书》是一个明显的转向。班固从司马迁那里继承了纪传的体例，其对古代史学的主要贡献在于开创了纪传体断代史的先河，成为后

① 见［清］朱彝尊《经义考》卷二六八。

② 徐复观曾有一个十分中肯的评价：尽管《太玄》这一大系统，在知识上是虚假的，但他运思的既精且密，不是西方许多形而上学家中的本体论者所能企及。见《两汉思想史》第二卷，华东师范大学出版社 2001 年版，第 305 页。

③ 郑万耕：《扬雄及其太玄》，北京师范大学出版社 2009 年版，第 169 页。

④ 徐复观：《两汉思想史》第二卷，华东师范大学出版社 2001 年版，第 323 页。

⑤ 同上，第 323—325 页。

⑥ 饶宗颐：《中国史学上之正统论》，上海远东出版社 1996 年版，第 79 页。

人续写前代史的榜样，奠定了古代正史的规模与形制。在班固的史学转向与定制过程中，扬雄的影响是绝不应被忽略的。从这个意义上讲，扬雄堪称古代正统史学史上一位重要的开拓者和关键的推进者。

如以上所作蠡测，我们还可以尝试着揣度扬雄在其他领域中的地位。对扬雄学术成就的每一次窥探，都有助于我们进一步深化对他的认知。我们有理由对文化史上的扬雄抱有信心，随着研究的深入，他的形象会越来越清晰，越来越高大！

二、空间维度中扬雄文化的价值

在时间维度里评价一个人物，要看他在一系列因果相继的历史事件中居于什么位置：在前人的基础上能否有所突破，又能在多大程度上影响后人。而一个历史人物在空间维度里的价值，则要参照普适性原则，考察其人言行影响的范围所及，看他能够进入哪个层级的名人序列。从时间维度看，扬雄属于他所在的汉代，更属于古代中国，属于中华文化史；就空间维度来讲，扬雄属于四川，属于中国，在世界文化谱系中，我们也可以尝试着寻找他对应的坐标。

（一）巴蜀文化视野里的扬雄

扬雄被后人称为“西蜀子云”，是四川历史名人中的杰出者，其人其文是巴蜀文化的重要组成部分。他早年羡慕以辞赋闻名的先辈同乡，以司马相如为比拟之“式”并最终与之并称“扬马”；他所作《蜀都赋》《蜀王本纪》等巴蜀题材作品，显示出扬雄对家乡历史文化的倾心；他受教于蜀中名士严君平，并在知识结构和人生态度上深受其影响……这些，都显示着扬雄与四川文脉千丝万缕的联系。

需要加以强调的是，扬雄还有非常鲜明的乡梓情结：从历史记载中看，他入京从政的起步阶段，受助于蜀人杨庄的举荐；在《法言》中，他对严君平、李仲元等蜀地历史名人的评价可谓极尽推崇；还有他送夭折的幼子归葬乡里等做法，都透露出扬雄作为巴蜀子弟对家乡的依恋之情。

（二）文化中国背景下的扬雄

透过扬雄的作品，我们能窥探到他创作活动中与秦汉大一统相对应的视域与格局：其一，《太玄》中玄首四重的“方州部家”，显然超越了先秦孔孟话语体系中的诸侯邦邑，是多民族一统的大国气度在其理论思维中的体现。其二，扬雄积二十七年之功著成《方言》，用特殊癖好或所谓“知识人追求知识的情态”[1]，显然不能圆满地解释他

[1] 徐复观：《两汉思想史》第二卷，华东师范大学出版社 2001 年版，第 285 页。

创作此书的动机。一个较为合理的推断是，为向广大边远荒蛮之地传播中原礼乐思想，扬雄已经在考虑做语言翻译的准备[①]。前辈儒家“修齐治平”的外王构想，在扬雄的学术创作中已经进入了实践转化的阶段。

以上这些都说明，扬雄心中已经有了一个宏伟辽阔的文化中国蓝图，他的一生就是为实现这一蓝图而勤勉奋斗的一生。

（三）世界文化场域中的扬雄

放眼世界文化史，会发现不少相似的声音与面孔。如果我们要在世界范围内寻找一位扬雄的形肖神似者，恐怕就要数德国的康德了。二人有着众多相似之处：他们都是世俗人眼里远离喧嚣的孤僻者，其作品都以晦涩艰深、佶屈聱牙而著称，西方人有读康德之书十个手指不够用的说法，扬雄书中的奇字僻辞，同样让读者望而生畏；他们二人都是崇尚理性精神的思想者，康德以理性批判学说傲立近代西方历史，扬雄的“尚智”之论在他的时代也是独树一帜的宏论；康德通过理性批判来实现人为自然立法并凸显道德律令的根基，扬雄在《太玄》中建构的“一玄都覆三方，方同九州，枝载庶部，方正群家”体系，显然是要为世人勾画贯通三才的“天地之经”[②]。颇为有趣的是，他们二人还都有仰望星空的情怀，在天文学方面都有所建树：康德在西方是潮汐延缓地球自转和天体起源星云两个假说的最早提出者；扬雄的《太玄》与浑天说的关系已是学界共识，他的“难盖天八问”在中国天文史上也是不可遗漏的一页。如此说来，如果我们称扬雄为中国的“康德”，这绝非没有根据的无稽之谈。惜乎扬雄未能像康德那样扭转中华文化发展的方向，但这只能说是中国历史的遗憾，绝不应视为扬雄对后世的亏欠。宋明儒家所遵循的理论路径，正是当年扬雄在众多诸子之说中肯定的孟子一脉。西方现代学术史上，有打着“回到康德”旗号的新康德主义流派，如果仿照这种称谓的方法，我们把宋明理学大胆称作“新扬雄主义”，也不应被视为没有依据的戏说。

三、扬雄文化的当代启示

博物馆里的展品，仅能带给参观者对历史的回忆与遐想；依然能够在现实工作生活中攻坚克难的物件，才算得上是宝贝。扬雄文化的价值，不仅体现在它是闪烁着历史灵光的艺术品，更在于它能启迪我们解决今天的问题。

---

① 详见拙著《扬雄法言思想研究》（修订版），巴蜀书社 2018 年版，第 181—183 页。

② 见《太玄图》。

（一）文化守望的节操与风范

扬雄不甘平庸、务求极致的心志，敢于追比圣贤、拟经创作的勇气，不仅在汉代沉重的经学帷幕下显得光彩异常，在整个中国文化史上也属凤毛麟角之类。他“不汲汲于富贵，不戚戚于贫贱”（《汉书·扬雄传》），甘居边缘化的地位，耐得住寂寞，守得了清净，永不改初心。在当下浮躁喧闹的大环境中，扬雄这种精神尤其值得理论工作者和文化从业者们学习效法。

扬雄是儒家之道的坚定捍卫者，他敏锐地发现了“诸子各以其知舛驰”（《汉书·扬雄传》）背后的价值迷失，以“众言淆乱则折诸圣”（《法言·吾子》）的标准广评诸子，要重新树立起先秦儒学价值的权威。不仅如此，扬雄还以“有道立教，无止仲尼；有学术业，无止颜渊”（《法言·学行》）的气魄，“窃自比于孟子”（《法言·吾子》），要把孔子的思想在新时代发扬光大。扬雄的卫道精神和弘道意识，正是价值混乱、人心沉沦的当今时代所欠缺的。我们需要新时代的扬雄！

（二）妥善处理继承与创新关系的典范

党的十九大报告提出了推动中华优秀传统文化创造性转化、创新性发展的任务，这是摆在我们文化工作者面前的时代课题。两千年前，扬雄的思索与实践，为我们处理继承与创新关系做了一个很好的示范。作为高举传统旗帜的卫道士，扬雄并不是机械僵化的泥古者，他明确主张对待文化遗产“可则因，否则革”（《法言·问道》）。关于继承与变革，扬雄有极为深刻的思考：“知因而不知革，物失其则；知革而不知因，物失其均。革之匪时，物失其基；因之匪理，物丧其纪。”（《太玄·莹》）在他看来，继承与创新是事物发展过程中相辅相成的两个方面，只关注继承或只强调创新，都不能促成事物的发展；而且，继承与创新必须顺应规律、具备条件。在复古思潮和历史虚无主义甚嚣尘上的今天，扬雄的理论以及他的创新实践，能给我们众多启示。

我们还需要向扬雄学习很多很多！

（作者单位：中共河北省委党校）

论扬雄对大禹研究的贡献

李殿元

内容提要： 在古蜀文化消失以后，两汉交替时期的学术领军人物扬雄提出了“禹本汶山郡广柔县人，生于石纽……”，是有其依据的。扬雄所提出的“大禹是蜀地羌人”对大禹研究影响很大的。在扬雄之后，不仅是蜀中学者，更多的是中原学者也认同大禹是蜀地羌人。这是扬雄对大禹研究的突出贡献。

关键词： 扬雄；大禹研究；蜀地羌人；文献依据；突出贡献

研究大禹，“禹本汶山郡广柔县人，生于石纽，其地名痢儿畔。禹母吞珠孕禹，坼副而生于县。涂山娶妻生子，名启。于今涂山有禹庙，亦为其母立庙”，这条资料非常重要。而这条资料，就是由两汉交替时期的学术领军人物扬雄提供的。大禹是四千年前的治水英雄和我国第一个国家政权的建立者，扬雄与他相距两千余年。那么，扬雄是怎样发现、提供的这条研究大禹的重要资料，这条资料在大禹研究中又有怎样的意义，值得一论。

一、记载大禹资料的来源

众所周知，大禹是四千年前的人，按“夏商周断代工程”的结论，大禹是在公元前 2070 年建立的夏朝。可是，我们现在所知道的最早的中国文字是商代的甲骨文，距今至少三千七百年。甲骨文中没有与大禹有关的资料。这不是说夏代没有文字，夏代有没有文字是个争论很大的学术问题。即使夏代有文字，遗憾的是夏代的资料并没有流传下来。《尚书》中虽然有四篇“虞夏篇”，但由于《尚书》命运多舛，两千多年来，学术界一直对传世的《尚书》存在真伪之争。一般认为《尚书》中“周书”的《牧誓》到《吕刑》等16篇是西周真实史料，《文侯之命》《费誓》和《秦誓》为《春秋》史料，所述内容较早的《尧典》《皋陶谟》《禹贡》反而是战国时代编写的古史资料。所以，记载大禹的资料，最早的也是来自战国时代。当然，这不包括近年发现的、但说不清楚来路而考证认为是二千九百年前的西周晚期的遂公盨。

司马迁《史记》中的《夏本纪》是记载大禹事迹最权威也最系统的资料。《夏本纪》突出地描写了大禹在几个方面的“史事”：出自黄帝的显赫“世系”；鲧被“四岳”坚持推举治水及治水失败；舜举禹继鲧后继续治水；禹忍辱负重，终于治水成功；禹开九州，定贡物、贡道，划九州，定五服；禹受舜荐举为氏族联盟首领继承人，二十年后即天子位；禹先后确定皋陶、益为继承人；禹在东巡狩时崩于会稽；其子启废除禅让制，自即天子位①。这些“史事”，经过司马迁的描述，一个功绩卓著的远古部落首领和帝王——大禹的形象，得到了充分的展示。

司马迁是非常严谨的历史学家。他撰写《史记》时，资料欠缺且混乱，所以他说：“……《尚书》独载尧以来；而百家言黄帝，其文不雅驯，荐绅先生难言之。孔子所传宰予问五帝德及帝系姓，儒者或不传。”因为对资料不满意，为了让早期历史人物的事迹能够“雅驯”，司马迁费了很大的功夫。他实际上是做了一项开创性的工作。他自己说：“余尝西至空桐，北过涿鹿，东渐于海，南浮江淮矣，至长老皆各往往称黄帝、尧、舜之处，风教固殊焉，总之不离古文者近是。”② 也就是说，司马迁为了写好黄帝、尧、舜等人物，他做了大量的实地考证，但是访问的长者先辈和实际地区对这些人物的说法都不相同，各执一词，其说法基本也都是听说或相传。司马迁把采集到的民间传说与历史记载相对照，通过深入思考进行了加工整理。这就是司马迁所说的“观《春秋》《国语》，其发明《五帝德》《帝系姓》章矣，顾弟弗深考，其所表见皆不虚。《书》缺有闲矣，其轶乃时时见于他说。非好学深思，心知其意，固难为浅见寡闻道也。余并论次，择其言尤雅者，故着为本纪书首”③。意思是说既然经典上记下了五帝三皇，虽然还不能确切证明，但是必然有其根源，可能是更早以前的记载都遗失了，所以才造成比较混乱的认知，我并没有想过要解开，因此也很难有一个确切的定义，所以我对各种有关的说法，选择较为详细和可信程度大的，采纳为史料，作为我所写史记的开篇。

三皇五帝的史料是如此，大禹的史料当然也是如此。虽然经过司马迁的认真考察

---

① ［汉］司马迁：《史记》卷二《夏本纪》，中华书局2007年版。

② ［汉］司马迁：《史记》卷一《五帝本纪》，中华书局2007年版。

③ 同上。

和选择，但不能说就穷尽了资料，或者说选择的资料就是完全可靠而可信的。对远古时期历史研究的资料处理，理应如此。

二、扬雄提供的大禹资料

正是因为不能说司马迁就穷尽了有关大禹的资料，所以在司马迁之后，仍然有大禹的资料被发掘出来。而在这些新发现的资料中，扬雄提供的大禹资料非常重要。

扬雄（前53—18）是只比司马迁（约前145—前90）晚一百年左右的著名学者。扬雄，字子云，蜀郡郫县（今成都市郫都区）人，著名的文学家和哲学家、语言学家。扬雄是西汉末至东汉初那个时期学术界的著名领军人物。他仿《论语》作《法言》，仿《易经》作《太玄》。提出以“玄”作为宇宙万物根源的学说。强调如实地认识自然现象的必要，并认为“有生者必有死，有始者必有终”，驳斥了神仙方术的迷信。在社会伦理方面，批判老庄“绝仁弃义”的观点，而重视儒家的学说。认定“人之性也善恶混，修其善则为善人，修其恶则为恶人”。于语言学，曾著作《方言》叙述西汉时代各地方言，为研究古代语言的重要资料。又续苍颉篇编成《训纂篇》。后世对扬雄的学识和人品，都有极高的评价。大多数认为他是孔子之后第一人，孟子、荀子都无法比拟。《宋史・礼八》载：“扬雄封成都伯”，可见其文化地位之高。《宋史・礼八》还记载，北宋神宗熙宁七年（1074）“判国子监常秩等请立孟轲、扬雄像于庙庭，仍赐爵号，又请追孔子以帝号”①。可知扬雄是当时官方认可的地位仅次于孔子的大儒。

司马迁是严谨的学者，扬雄也是严谨的学者。扬雄所撰写的《蜀王本纪》对古蜀历史的研究有非常重要的意义。

刘邦继秦始皇之后，建立了统一的汉帝国；而刘邦的成功，正是依靠蜀地丰富的物质和人力。所以，西汉开国后，蜀地受到重视，经济、文化、教育都有大的发展。尤其是景帝末时的郡守文翁重视教育，史称“文翁化蜀”，使儒学在蜀地得到广泛传播，遂改变了本地“蛮夷”之风，从此蜀地人才济济，文章大雅，不亚中原。史书说：“蜀地学于京师者比齐鲁焉”②，“蜀学比于齐鲁”③。其中最有代表性的“汉赋四家”中，就有三家在蜀：司马相如、扬雄、王褒，他们也是学有专精的经学家。因此，“原是‘蛮夷之邦’的四川，在文化学术上竟可以同孔子、孟子的家乡，历来文化最发达的齐鲁地区相比美，这真是一个了不起的成就”！

---

① ［元］脱脱：《宋史》卷一〇五《礼八》，中华书局1999年版。
② ［汉］班固：《汉书》卷八九《文翁传》，中华书局1999年版。
③ 任乃强：《华阳国志校补图注》卷三《蜀志》，上海古籍出版社1987年版。

蜀地学者人才济济，他们生为蜀地人，必然对秦国在公元前316年灭亡古蜀后被迫消逝的古蜀历史、文化产生兴趣；尤其是像扬雄这样出生在蜀郡郫县的大学者，无论是因为学识、学力，还是研究兴趣，他都必然会为虽然已经消逝而在汉代社会中还有流传乃至留下痕迹的古蜀文化进行发掘。在他的带领下，蜀地一时间出现了许多学者去寻觅古蜀文化的热潮。在他们所写的著作中，影响最大的就是扬雄所撰写的《蜀王本纪》，它是最早记载古蜀历史的史书。

流传到今天的《蜀王本纪》已不是扬雄的独撰，而是在两汉三国时期，由蜀地许多学者共同参与整理和改写的古蜀传说之辑本。参加过此书整理、改写的学者有许多，在《华阳国志·序志》中就有这样的记载："司马相如、严君平（遵）、扬子云（雄）、阳成子玄（子张）、郑伯邑（廑）、尹彭城（贡）、谯常侍（周）、任给事（熙）等，各集传记，以作《本纪》。"[①] 即是说，参加过整理《蜀本纪》或《蜀王本纪》的学者，至少有八人；他们的著作，除题为"汉侍郎扬雄撰，明郑朴辑"的《蜀王本纪》因所辑较完备，曾传于世外[②]，其他的著作在晋人常璩的《华阳国志》撰成后，均已散佚，仅有名录见于《隋书·经籍志》、新旧《唐书》等典籍。

《蜀王本纪》对古蜀历史记载的内容有许多，其中就有与大禹有关的资料："禹本汶山郡广柔县人，生于石纽，其地名痢儿畔。禹母吞珠孕禹，坼副而生于县。涂山娶妻生子，名启。于今涂山有禹庙，亦为其母立庙。"[③] 这是关于大禹出生地最明确、详实的记载。

尽管从西汉开始，以扬雄为代表的蜀中学者就致力于对古蜀历史文化的抢救，撰写了《蜀王本纪》和《华阳国志》等著作，虽然他们距离古蜀历史、文化消逝的时间较近，但是，诚如任乃强先生所说："《蜀王本纪》为汉代人所记蜀人传说，只得如此三四著名之酋长，非能列举其世系……"[④]《蜀王本纪》写古蜀国"五王"，内容相当简略；即使是《华阳国志》，记载"前三王"的史实也仅有71字。这足以证明：一是古蜀历史、文化在当时消逝得非常干净彻底，《蜀王本纪》和《华阳国志》等著作所记载的古蜀历史很有限；二是尽管《蜀王本纪》《华阳国志》记载的古蜀历史有很多错误，仍然不可否认，它是关于古蜀历史的"现存最可靠之纂辑文字"[⑤]。《蜀王本纪》中关于古蜀"五王"、老子为关令尹喜著《道德经》并约见于成都青羊肆、蜀守李冰

① 蒙默、刘琳：《四川古代史稿》，四川人民出版社1989年版，第106页。

② 任乃强：《华阳国志校补图注》卷一二《序志》，上海古籍出版社1987年版。

③ ［汉］扬雄撰，［明］郑朴辑：《蜀王本纪》，见四川大学图书馆编《中国野史集成》第一册，巴蜀书社1993年版。

④ 任乃强：《华阳国志校补图注》卷三《蜀志》，上海古籍出版社1987年版。

⑤ 同上。

作石犀等史料，对今天研究古蜀史，研究老子与《道德经》、李冰与都江堰等古史具有十分重要的价值。

很奇怪的就是，《蜀王本纪》所记载的关于古蜀“五王”、老子、李冰等的史料，历史研究者都在使用，对这些史料的真实性、可靠性，绝少发生争议；而对同是《蜀王本纪》所记载的“禹本汶山郡广柔县人，生于石纽……”，历史学界却有强烈的非议。

我相信，扬雄之所以在《蜀王本纪》中写下“禹本汶山郡广柔县人，生于石纽……”这样的文字，一定有他的依据。

三、扬雄提出“禹本汶山郡广柔县人”的依据

我认为，扬雄提出“禹本汶山郡广柔县人”的依据有二：一是中原学者早在扬雄之前就认为大禹是“西羌”人，“西羌”之地包括古蜀；二是虽然古蜀文献已经消失，但仍有一些信息证明大禹是蜀地羌人。

大禹是蜀地羌人并不是《蜀王本纪》的“发明”，在扬雄之前的许多中原学者就认为大禹“出西羌”，“生石纽”，是蜀人。

现在所能见到的古代文献，最早提出与大禹所在地域有关的是荀子，《荀子·大略》说：“尧学于君畴，舜学于务成昭，禹学于西王国。”最早提出大禹“出西羌”的是西汉陆贾的《新语·术事》：“文王生于东夷，大禹出于西羌，世殊而地绝，法合而度同。故圣贤与道合，愚者与祸同，怀德者应以福，挟恶者报以凶，德薄者位危，去道者身亡，万世不易法，古今同纪纲。”陆贾是西汉著名的思想家、政治家、外交家。他出生在秦始皇焚书之前，应该读过许多先秦典籍，所以经常在刘邦面前称引《诗》《书》等儒家典籍，他说“文王生于东夷，大禹出于西羌”必有所本。李学勤先生说：“《新语》作于汉高祖时，《挟书令》尚未解除，所以‘大禹出于西羌’之说一定出于先秦。”① 陆贾提到“大禹出于西羌”的这句话，不仅代表秦汉学人的意见，应该还是百家争鸣时代的共识。

正因为如此，在陆贾之后，汉代学者提到大禹，均以“大禹出于西羌”为共识。例如：司马迁《史记·六国年表》：“故禹兴于西羌”；韩婴《韩诗外传》：“禹学乎西王国”；桓宽《盐铁论·国病》：“禹出西羌，文王生北夷”。

除以上文献资料外，还有一些中原学者在扬雄之前也认为大禹“出西羌”，“生石

① 李学勤：《禹生石纽说的历史背景》，见《大禹及夏文化研究》，巴蜀书社 1993 年版，第 201 页。

纽”。

《竹书纪年·帝禹夏后氏》：“母曰修己，出行，见流星贯昴，梦接意感，既而吞神珠。修己背剖，而生禹于石纽。虎鼻大口，两耳参镂，首戴钩钤，胸有玉斗，足文履己，故名文命。长有圣德。长九尺九寸。”①

据《汉书·艺文志》引韦昭语，墨家学派创始人墨子之弟子随巢子，著有《随巢子》六篇，今佚。《艺文类聚》卷六、《太平御览》卷五一引《随巢子》“禹产于碮石，启生于石”之佚文。“碮石”是上古民族语言的音译，现代羌语已经转为“贡”音，如贡嘎山，即雪山之义。所以，“碮石”应该是西羌人所指高山上的特殊石头。

中国传统文化的重要建树者、春秋战国时人子夏、孟子也都谈过大禹是何处人的问题。子夏说：“尧学乎尹寿，舜学乎务成跗，禹学乎西王国。”孟子说：“禹生石纽，西夷人也。”子夏之语见于刘向《新序·杂事五》，孟子之语见于裴骃《史记集解·六国年表》。

中原学者反复提到“大禹出于西羌”的“西羌”是哪里呢？

在中国古代文献中，第一部对古代羌人进行详细记载的《后汉书·西羌传》说：“自爰剑后，子孙支分，凡百五十种。”② 爰剑被认为是生于春秋时期的西羌始祖，他的时代有“子孙支分，凡百五十种”；而《新唐书·吐蕃传》又说：“吐蕃本西羌属，盖百有五十种，散处河、湟、江、岷间。”③ 从春秋时期到吐蕃建立政权的公元6世纪，虽然在时间上已历经千年，然而羌人“百有五十种”的名目仍旧能不增不减，可知羌族是相当繁盛的族类。这样繁盛的族类，其居住地当然不仅仅是“河、湟”地带，还有“江、岷”地带。所谓“江、岷”，指的就是金沙江、岷江的上游地区。

《后汉书·西羌传》在追溯古羌人的活动范围时说：“河关之西南羌地是也。滨于赐支，至乎河首，绵地千里。赐支者，《禹贡》所谓析支者也。南接蜀、汉徼外蛮夷，西北接鄯善、车师诸国。所居无常，依随水草。地少五谷，以产牧为业。……至爰剑后，子孙支分凡百五十种。其九种在赐支河首以西，及在蜀、汉徼北，前史不载口数。”很明确，虽然赐支、河首是古羌人的活动中心，但汉时的蜀汉之地也不乏是早期羌人的活动区域④。

尽管古蜀国的历史和文化都缺乏记载，但是，古蜀国的先民中有羌人，这在许多资料中是有反映的。《华阳国志》卷三《蜀志》说：“蜀之为国，肇于人皇，与巴同

---

① 方诗铭、王修龄：《古本竹书纪年辑证（修订本）》之《帝禹夏后氏》，上海古籍出版社2005年版。

② ［南朝宋］范晔：《后汉书》卷八八《西羌传》，中华书局1999年版。

③ ［宋］欧阳修、宋祁等：《新唐书》卷一二六《吐蕃传》，中华书局1999年版。

④ 参见拙文《论岷江上游自古有羌人》，《绵阳师院学报》2018年第1期。

囿。至黄帝，为其子昌意娶蜀山氏之女，生子高阳，是为帝喾。封其支庶于蜀，世为侯伯。”按古代历史的记载，华夏文明上下五千年，以传说中的黄帝、炎帝为中华文明的始祖，“炎黄子孙”的自谓，也从此而来。《华阳国志》认为，古蜀国也起源于黄帝的子孙，属于古羌人的族系。也就是说，在三星堆文化最为辉煌的四千年前，整个西南、西北地区，最著名的是羌人。从甘肃河湟一带一直往南，到四川岷江上游，再到金沙江流域，基本上都是羌人的活动范围。

既然蜀地在远古时期就属“西羌”，有羌人，大禹当然就可能是蜀地羌人。那么，作为两汉交替时期的学术大家扬雄，他在《蜀王本纪》中写下“禹本汶山郡广柔县人，生于石纽……”之文字，就应该是可信的史料。尤其是，扬雄撰写有《辖轩使者绝代语释别国方言》，简称《方言》①。《方言》所记载的都是古代不同地区的词汇，还掺杂少数当时少数民族的语言。《方言》不仅是中国语言学史上第一部对方言词汇进行比较研究的专著，在世界语言学史上也是一部开辟语言研究的新领域，独创个人实际调查的语言研究的新方法的经典著作。它与《尔雅》《释名》《说文解字》构成了我国古代最著名的辞书系统。《方言》这部书是扬雄在搜集了周秦记录的方言资料和实际调查了当时方言的基础上整理出来的。据记载，扬雄搜集整理资料的时间长达 27 年，才完成了这部书。27 年啊！他要搜集“方言”，没有文字又历史悠久的岷江上游羌人必定是他需要调查的对象，他在那里得知“禹本汶山郡广柔县人，生于石纽……”，无论是史事还是传说，他将其写入《蜀王本纪》是再正常不过，并且是值得肯定的事情了。

四、扬雄提出“禹本汶山郡广柔县人”的意义

在中国人的心目中，大禹是伟大的治水英雄，中国历史上第一个国家——夏朝就是他建立的。记载于史书和流传于民间的大禹的丰功伟绩，折射出大禹近乎完美的人格和高尚的品德，大禹并因之而成为中华民族传统精神的楷模。他在治水中不畏艰险、身先士卒、公而忘私、仁德爱民的伟大品格，是中华民族精神的体现，同时也为他赢得了后世子孙的崇敬和传颂。大禹的杰出贡献，对中国历史的演进和发展产生了深远的影响。可以肯定地说，不论大禹出生在哪里，他都是属于全中国的而不是某地域的。

大禹与黄帝被公认为中华民族的“人文初祖”。中华民族对先祖每年一次的国家级公祭典礼就是以“北有黄帝陵，南有大禹陵”的格局而展开的。不过，按司马迁的考证，黄帝是传说人物，中国真正的信史时代是从大禹开始的。

---

① ［汉］扬雄：《辖轩使者绝代语释别国方言》，商务印书馆 1937 年版。

古籍记载，大禹治水十三年，足迹遍布九州大地，终于解除了水患并建立了中国历史上的第一个国家。大禹的传说故事在全国各地世代相传，许多名山大川都传说被大禹治理过。这其中当然有好些值得深入考证，因为大禹及其事迹具有重要的历史意义，以至于后来在全国各地出现或陆续兴建起不同类型的“禹迹”。有关大禹的遗迹或纪念建筑，不仅分布广，而且数量多，遍及河南、山西、山东、陕西、四川、重庆、贵州、湖南、湖北、安徽、江苏、浙江等十余省市。许多地方至今保存着有关大禹的遗迹或纪念性建筑。

20世纪80年代以来，在四川，以三星堆遗址、金沙遗址为代表的大量秦汉以前的考古发掘，充分证实了三四千年前的古蜀国，其文化科技有着绝不亚于中原地区的辉煌时代，古蜀国理应是中华文明起源之一。因为大禹是蜀地羌人而为作为中华文明起源之一的古蜀地的远古辉煌更增加了浓墨重彩。

关于大禹的出生地，就目前所能见到的古代文献资料，以“大禹出于西羌”并将这“西羌”指向今岷江上游即四川西北部为较普遍认同的学术观点。考古发掘已经证实，在三星堆文化最为辉煌的四千年前，整个西南、西北地区，最著名的是羌人。从甘肃河湟一带一直往南，到四川岷江上游，再到金沙江流域，基本上都是羌人的活动范围。

既然蜀地在远古时期就属“西羌”，有羌人，大禹当然就可能是蜀地羌人。那么，作为两汉交替时期的学术大家扬雄，他在《蜀王本纪》中写下“禹本汶山郡广柔县人，生于石纽……”之文字，就应该是可信的史料。

扬雄之后，关于大禹是蜀地羌人的认识得到了很多学者的认同①。

《三国志·蜀书·秦宓传》记载，“益州学士”秦宓在与夏侯纂、古朴、王普的谈话中说：“蜀有汶阜之山，江出其腹，帝以会昌，神以建福，故能沃野千里。淮、济四渎，江为其首，此其一也。禹生石纽，今之汶山郡是也。”

为《三国志》作注的南朝宋人裴松之（他可不是蜀地学者而是中原学者）在秦宓说“禹生石纽，今之汶山郡是也”处做了如下注引：“《帝王世纪》曰：鲧纳有莘氏女曰志，是为修己。上山行，见流星贯昴，梦接意感，又吞神珠，臆圮胸折，而生禹于石纽。谯周《蜀本纪》曰：禹本汶山广柔县人也，生于石纽，其地名刳儿坪，见《世帝纪》。”

东晋人、《华阳国志》的撰写者常璩在《蜀志》最后仿“太史公曰”的总结，作如下一段话：“譔曰：蜀之为邦，则天文，井络辉其上；地理，则岷嶓镇其域；五岳，

① 以下所引资料，均见钟利戡、王清贵辑编《大禹史料汇集》，巴蜀书社1991年版。

则华山表其阳；四渎，则汶江出其徼。故上圣，则大禹生其乡；媾姻，则黄帝婚其女。……”

在《华阳国志·蜀志》的“汶山郡”中，常璩写有：“郡西百里。有石纽乡，禹所生也。夷人共营其地，方百里，不敢居牧。有过，逃其中，不敢追，云畏禹神；能藏三年，为人所得，则共原之，云禹神灵祐之。”

东汉著名学者范晔在《吴越春秋·越王无余外传》记载：“鲧娶于有莘氏之女，名曰女嬉。年壮未孳。嬉于砥山得薏苡而吞之，意若为人所感，因而妊孕，剖胁而产高密。家于西羌，地曰石纽。石纽在蜀西川也。”

西晋时期学者皇甫谧《帝王世纪》记载：“伯禹夏后氏，姒姓也。母曰修己，见流星贯昴，梦接意感，又吞神珠，薏苡，胸拆而生禹于石纽，虎鼻大口，两耳鼻参镂，首戴钩，有胸玉斗，足文履己，故名文命，字高密。身九尺二寸。长于西羌，夷人。……禹父鲧，母修己，见流星贯昴，梦接意感，又吞神珠，薏苡，胸拆而生禹于石纽。……伯禹夏后氏，姒姓也，生于石纽。……长于西羌，西羌人也。……禹，六月六日生于石纽。（广柔）县有石纽邑。”

北魏晚期的郦道元在《水经注·沫水》“广柔县”条记载：“县有石纽乡，禹所生也。”

唐人李吉甫编撰的中国唐代地理总志《元和郡县志》记载：“禹，汶山广柔县人，生刳儿坪。”

北宋时期欧阳忞编撰的地理学著作《舆地广记》记载：“（石泉）隋汶川县地，属汶山县。唐贞观八年析置石泉县，属茂州，皇朝熙宁九年来属。有石纽山，禹之所生也。”

南宋时期祝穆编撰的地理类书籍《方舆胜览》记载：“禹生于石纽。”

南宋时期罗泌所撰《路史》，记述了上古以来有关历史、地理、风俗、氏族等方面的传说和史事。《路史》记载：“鲧，高阳氏孙，字熙，汶山广柔人也。鲧纳有莘氏女曰志，是为修己，年壮不字，获若后于石纽，服媚之而孕，岁有二月，以六月六日屠䟴而生禹于僰道之石纽乡。所谓刳儿坪者，长于西羌，西夷之人也。”

宋人徐天祐注《吴越春秋·越王无余外传》记载：“（石纽）在茂州石泉县。其地有禹庙，郡人相传，禹以六月六日生此。《元和郡县志》：‘禹，汶山广柔人，生于石纽村。’《水经注》：‘县有石纽乡，禹所生也。广柔，即今石泉军。’”

……

这样多的学者异口同声地说大禹是蜀地羌人，足以说明，历史上以中原学者为主流的学术界对大禹是蜀地羌人的认同是有充分依据的。

在扬雄的时代，他努力去追寻古蜀历史、古蜀文化的真相。但遗憾的是，他和他同时代的学人们，穷尽努力，却限于当时的条件，效果并不大。好在他的努力，给我们留下了《蜀王本纪》，尤其是其中关于大禹是蜀地羌人的资料，为后人查证这段历史提供了依据。在改革开放的今天，辉煌的古蜀历史、文化已经被许许多多的发掘所证实；大禹是蜀地羌人的认识也被越来越多的学者所认可。因此我们应该感谢最早为此做出努力的扬雄。

（作者单位：四川省文史研究馆、四川省对外文化交流中心）

扬雄“禹生石纽”说与大禹文化研究

李德书

内容提要： 关于“禹生石纽”最早的记载见于《竹书记年》，西汉扬雄在《蜀王本纪》中对石纽的具体地点做了进一步说明，其后历代文献皆有禹生石纽的记载。2003年3月发掘出土的东汉巴郡朐忍令景云碑为今天研究巴蜀古史提供了新证。本文还认为，“禹生石纽”的石纽山当是在北川县禹里乡，而不是汶川县飞沙关的石纽山或茂县石鼓乡的石纽山或理县通化乡的石纽山。四千多年前，大禹因其成功治理洪水，并且兴修沟渠，变水害为水利的功绩而备受华夏子孙的崇敬。一些剧作家们则从艺术角度创作了形态各异的大禹形象，彰扬其精神，给人们以审美理想和激励。在大禹身上所体现出的勤勉、开明、务实、智慧、坚定、高尚、无私等美德，是人类社会文明的结晶。大禹精神，如改造自然、人定胜天、大公无私、舍己为人、实事求是、因势利导等，在当今也是有积极意义的。

关键词： 扬雄；“禹生石钮”；大禹文化

一、扬雄“禹生石纽”记载与禹生石纽争议

（一）禹生石纽，史载无疑

关于大禹出生地最早的记载见于《竹书记年》：“帝禹夏后氏，母曰修己……修己背剖而生禹于石纽。”《竹书记年》是晋代出土的周代竹简，是我国目前已知最早的编年史书。但由于出土在汉代之后，因而西汉太史公司马迁在《史记·六国年表》中只

写了“禹兴于西羌”。西羌的位置，自然是西部羌族地区，所以对此至今几乎没有争议。那么，石纽在哪里呢？西汉的文学家、史学家扬雄（字子云，蜀郡成都人）在《蜀王本纪》中说：“禹本汶山郡广柔县人，生于石纽，其地名刳儿坪。禹六月六日生于石纽，身长九尺二寸。”其后历代文献皆有禹生石纽的记载。三峡考古中发现的东汉巴郡朐忍令景云碑，于2003年3月在云阳县旧县坪发掘出土，现存重庆中国三峡博物馆。2005年5月《中国书法》杂志公布了此碑初拓照片及丛文俊先生考述。2006年4月《四川文物》第1期发表了四川师范大学魏启鹏先生的研究文章《读三峡新出东汉景云碑》。该碑碑文为阴刻隶书，凡13行，每行约30字，全文共367字。碑成于隶书成熟和鼎盛的东汉后期，不仅是近百年来巴蜀出土汉碑中罕见的精品，而且为巴蜀古史增添了前所未有的新证。根据魏启鹏先生的断句标点，现将碑文抄录于下：

汉巴郡朐忍令广汉景云叔于，以永元十五年季夏仲旬己亥卒。君帝高阳之苗裔，封兹楚熊，氏以国别。高祖龙兴，娄敬画计，迁诸关东豪族英杰，都于咸阳，攘竟（境）蕃衞（卫）。大业既定，镇安海内。

先人伯沇（杼），匪宁慷慨，术禹石纽、汶川之会。帷屋甲帐（帐），龟车留遰，家于梓湩（潼），九族布列，裳绕相龙，名右冠盖。

君其始仕，天资明括。典牧二城，朱紫有别。强不凌弱，威不猛害。政化如神，蒸民乃厉。州郡竝（并）表，当享苻（符）艾。大命颠覆，中年殂竦。如丧考妣，三载泣怛。遏勿八音，百姓流泪。魂灵既载，农夫则（恻）结。行路抚涕，织妇喑咽。吏民怀慕，户有祠祭。烟火相望，四时不绝。深野旷泽，哀声恻切。追歌遗风，叹绩亿世。刻石记号，永永不灭。呜呼哀哉！

赞曰：皇灵炳璧，郢令名矣。作民父母，化洽平矣。百工维时，品流刑矣。善劝恶惧，物咸宁矣。三考绌来力，陟幽明矣。振华处室，田易遐声矣。重曰：皇灵禀气，卓有纯兮。惟汶降神，梃斯君兮。未升卿尹，中失年兮。流名后载，久而荣兮。勒铭金石，表积勋兮。冀勉来嗣，示后昆兮！

熹平二年仲春上旬，朐忍令梓湩（潼）雍讳陟字伯宁，为景君刊斯铭兮。

根据魏启鹏先生的解读论考，该碑的大意如下：

第一段说的是，东汉巴郡朐忍（今重庆市云阳县）令，为广汉郡（治地梓潼）人景云（字叔于），于永元十五年（103）季夏卒。楚之景氏乃以地为氏，景氏与熊、屈、昭虽同为高阳之苗裔，然分支已在鲧禹一脉，“祖颛顼而宗禹”，应是禹之后裔，当属姒姓。

第二段说的是，景氏的先祖伯沇（读为伯杼或伯予），他的志向慷慨。遵循大禹在石纽、汶川召集宗族各支盟誓和盟会之训（在夏代历史上从太康到夏桀，只有伯沇一人被后世公认是遵循大禹治国之道的君主，受到尊重和祭祀）。伯沆在少康中兴后，为遵循“术禹石纽、汶川之会”的遗训，曾甲帐龟车，前往蜀中巡狩，瞻仰祭奠祖宗出生地。此时，包括景氏祖辈在内的鲧禹后人，九族迁徙，“家于梓潼”。九族子孙全套礼服，世代隆重祭祀先祖，让伯禹、伯沆的英名保佑夏后氏族裔绵延宏大，世为官宦。

第三段是说，景云为朐忍县令，政声显赫，百姓拥戴，贤才尚未大展却中年早逝，未能晋升到二千石官阶。

第四段是说，先祖的光辉照耀景云成名，景云美好的声誉，盛传四方。不愧有汶山郡所降神禹的遗风。

第五段是说，熹平二年（173）仲春上旬，朐忍（今重庆市云阳县）县令梓潼人雍陟（字伯宁），为景云立碑刊铭。此时，梓潼为广汶郡属县（郡治已迁离），同为老乡，所以雍陟要为景云树碑立传，彰显声名。

东汉景云碑，为我们今天研究巴蜀古史提供了以下新证：

其一，提供了古蜀国与中原夏王朝紧密联系的新证。传世典籍中除了夏桀伐岷山而娶琬、琰二女（传为妹喜，即最早的雅女）之外，几乎是一片空白。大禹率族人向东发展之后，禹乡旧地如何，景云碑记述了禹后七世王、少康之子伯沆，在少康中兴后，曾按照夏王的礼制，带着悬有龟蛇之旗的车骑仪仗队伍，巡狩回蜀的史实。

其二，提供了大禹在石纽、汶川两地召集宗族各支举行盟誓和盟会的新证。碑文记述的石纽、汶川两个地名，东汉时均不是县名，而是小地名，同属汶山郡广柔县。西汉扬雄《蜀王本记》、三国蜀汉谯周《蜀本记》、西晋陈寿《三国志・蜀书》、晋代常璩《华阳国志・蜀志》中均无汶川县之称谓，却均有禹生石纽的记载。今北川县禹里乡石纽山“因有两块巨石，石尖扭结为一曰石纽”。“石纽”二字为阳刻隶书，传为扬雄所题。此外今汶川县、茂县、理县也有石纽山及题刻，盖因汉时同属汶山郡广柔县。但这三县的石纽山均无《四川通志》所载“因有两块巨石，石尖扭结为一”的奇观，其“石纽山”题刻均为楷书或行书，且年代较近。今北川县禹里乡石纽山下的白草河与青片河汇合处尚有大禹治水告别家乡父老举行治水盟誓的誓水柱遗址及石刻拓片。誓水柱有禹书虫篆体 12 字，宋《淳化阁帖》释为：“出令聂子星纪齐春其尚节化。”其义深奥难懂，当为大禹治水出发时的誓言。另外，大禹“岷山导江”时，在汶川召集宗族各支亦举行过盟会。因此，景云碑才有“术禹石纽、汶川之会”的记述。

其三，提供了北川县禹里乡禹穴沟内“一线天”绝壁上虫篆体石刻“禹穴”二字来源的新证。《四川通志》说是“为大禹所书”，现在根据景云碑的记述，不排除禹后七世王伯沆巡狩回蜀拜访大禹出生地禹穴沟时所书。

其四，提供了今北川县坝底乡、梓潼县、三台县景福乡等地景氏家族均来源于伯沇宗族的新证。《蜀典·禹伐尼陈山梓》记载："蜀记，'夏禹欲造独木舟，知梓潼县尼陈山有梓，径一丈二寸，令匠者伐之。树神为童子，不服，禹责而伐之'。"伯沇令九族迁徙，"家于梓潼"，正是为了继承大禹治水兴国为民的遗志。

其五，提供了古蜀国通往夏王朝交通要道的新证。《尚书·禹贡》记载："华阳黑水惟梁州。岷嶓既艺，沱潜既道，蔡蒙旅平，和夷底绩。……西倾因桓是来，浮于潜，逾于沔，入于渭，乱于河。"现代考古发掘证明，从宝鸡北首岭、广元中子铺、营盘梁、绵阳边堆山到广汉三星堆，早在五千多年前，即已形成了从中原到蜀中的入蜀之道。夏代蜀中的贡品正是从广汉三星堆，经绵阳边堆山、广元营盘梁、中子铺，经沔水上溯，翻过秦岭，入渭水，转黄河，运往夏都。而禹后七世王伯沇在距今三千八百多年前，正是经现在的宝鸡、广元、梓潼、绵阳到北川禹里朝拜禹生圣地。

（二）两石相纽，胜于雄辩

关于禹生石纽的具体位置，现在是有争议的，主要是在汶川县、茂县及北川县之间。其原因有二：一是汉代的汶山郡广柔县包括了今汶川县、茂县和北川县，而这三县都有石纽山；二是这三县都有禹生石纽的史料依据。

关于禹生北川之说，北川县始置于北周天和元年（566，治地在今北川县禹里乡青枫堡）。唐贞观八年（634）置石泉县，取当地古迹题刻"石纽""甘泉"首尾两字为县名，治地在今北川县禹里乡镇（古县城）。《唐书·地理志》："茂州石泉县治有石纽山。"《郡国志》："石纽山在今石泉县南。"《新唐书·地理志》："石泉，中下。贞观八年置，永徽二年省北川县入焉。有石纽山。……先是有庙，而后有此城。"石泉县禹王庙就在石纽山下。南宋绍兴年间（1131—1162），石泉县重修禹王庙，朝议大夫、文学家计有功作《大禹庙记》："石泉之山曰石纽，大禹生焉。"宋《职方书》《先儒舆地记》，明《升庵外集》《大明一统志》，《大清一统志》《四川通志》《龙安府志》《石泉县志》《北川县志》，皆以石泉县之石纽为禹生之地。清乾隆三十三年（1768），石泉县再次重修禹王庙并于石纽山下官道上建立"神禹故里"牌坊。1987 年，北川县政协文史办公室、县志办公室和县文化馆又编印了《禹生北川》一书，得到了张秀熟等文史专家的肯定。持禹生北川说的还有徐中舒、邓少琴、童恩正等著名史学家所著的《论巴蜀文化》《巴蜀古迹探索》《古代的巴蜀》等书。此外，距北川县禹里乡（古石泉县城）只有几十千米的茂县云盘山、土地岭，北川烟云洞、江油吴家后山和绵阳市郊边堆山五千多年前的新石器文化遗址的发掘，又为禹生北川找到了文物佐证。

关于禹生理县之说。最先出自唐代肖德言、顾胤《括地志》的误记："石纽山在汶川县西七十三里。广柔废县，在汶川治西七十三里。"其后，一些书籍以误传误，造成混乱。唐《元和郡县志》说："禹汶山广柔县人，生于刳儿坪，禹生处刳儿坪，离县治五里。”宋乐史《寰宇记》说：“石纽村在县西一百二十里。”以上书籍中所说的石纽山，当指理县通化乡汶山村的石纽山。关于禹生汶川之说，宋罗泌《路史》说：“石纽在汶山西番界龙冢山之原。鲧，汶山广柔人也。纳有莘氏女，岁有二月，以六月六日生禹于僰道之石纽乡，所谓刳儿坪，长于西羌，西夷人也。”杜光庭《青城记》说：“禹生石纽，起于龙冢，龙冢者，江源岷山也。”以上书籍中所说的石纽山，指的是汶川县飞沙关所在之山，因汶山郡郡治遗址在飞沙关下面的大邑坪。根据上述依据持禹生汶川说的，见诸民国二十二年（1933）汶川县编印的《大禹志》一书。

关于禹生茂县之说，见1988年8月由《四川日报》编辑、重庆出版社出版的《巴蜀之谜》一书的开卷篇《大禹出生在茂汶吗》。文章根据《蜀本纪》禹生石纽，其地刳儿坪的记载，提出：“刳儿坪在今四川茂汶羌族自治县石鼓公社境内。……《锦里新编》还说坪下岷江岸边有白石累累，上皆有斑斑血迹，刀刮不去，相传是禹母剖肋所溅血点。”（《锦里新编》的原文：“刳儿坪，在石泉县南石纽山下。山绝壁，上有禹穴二字，大径八尺，系太白书。坪下近江处，白石累累，俱有血点浸入，刮之不去……”）

前述三说，都是以“禹生石纽”的记载为依据，争议在于真正的石纽山究竟在哪里。笔者认为，事实胜于雄辩。“禹生石纽”的石纽山确实是在北川县禹里乡，而不是汶川县飞沙关的石纽山或茂县石鼓乡的石纽山或理县通化乡的石纽山。北川县禹里乡（古石泉县城）的石纽山，“因有两块巨石，石尖扭结为一曰石纽”（《大清一统志》）。此石南面阳刻汉隶“石纽”二字，字大如斗，至今保存完好。汉隶“石纽”题刻早在唐贞观八年（634）置石泉县以前就有了，传为西汉扬雄来此考察后所书。经与近年出土的东汉景云碑上的“术禹石纽、汶川之会”中的“石纽”二字相比，字体显然早于东汉隶书。而汶川县飞沙关、茂县石鼓乡和理县通化乡三处石纽山，均无“两块巨石，石尖扭结为一”的奇观和阳刻隶书“石纽”二字。汶川县飞沙关虽有“石纽山”三字题刻，但字体明显为行楷，且年代较近。北川县禹穴沟的三处“禹穴”题刻，据宋、明、清史籍和《四川通志》记载，分别为大禹、李白、颜真卿所书。有鉴于此，1999年5月5日晚，央视中文国际频道播出的系列片《中华文明之光——大禹治水》，片中就用了北川县大禹故里的不少文物景点资料。

二、大禹与水利文化

大家知道，人类离不开水，事事都要与水打交道。消除水患，兴修水利，让水为人类造福，一直是人类追求的目标。中国是独立起源并发展起来的农业文明大国，加上地势西高东低，水患频繁，农业的丰收、人民的幸福、国家的繁荣，都与水利息息相关。四千多年前，大禹成功地治理洪水，并且兴修沟渠，变水害为水利，可以说大禹是我国最早的水利专家、水利科学家，因而备受华夏子孙的崇敬。自从大禹治水成功以后，历代王朝都敬仰大禹，重视治水兴国，创建了大批举世闻名的水利工程。

大禹“岷山导江，东别为沱”之后，又到中原去治理黄河洪水，“塞荥泽开浪荡渠以通淮、泗”，可以说是“荥阳导河，东别为淮”。继大禹之后，又有古蜀国丛帝（鳖灵）治水凿离堆，并疏通沱江金堂峡。到了战国时期，蜀郡郡守李冰父子修建了“都江堰”；关中盆地修建了“郑国渠”；秦始皇为了统一中国、征服岭南，在湘江和漓江分水处修建了“灵渠”。这是中国历史上，也是世界历史上最早最伟大的“三大水利工程”。“灵渠上的陡门（即船闸）、铧头（分水鱼嘴）、水斗（测量仪）”，更是与隋代开凿的大运河及万里长城齐名，被合称为“三大世界之最”。

为了利用长江水力资源和防治长江洪水，我国民主主义革命的伟大先行者孙中山先生就曾提出利用三峡水利和电力资源的设想。中华人民共和国成立后，毛泽东同志、邓小平同志和其他老一辈无产阶级革命家为兴建三峡工程倾注了大量心血。我国几代科学家，为三峡工程付出了辛勤劳动和智慧。1997 年 11 月 8 日，江泽民同志《在三峡工程大江截流仪式上的讲话》中说：“自古以来，中华民族就进行了征服、开发和利用自然的壮阔历史活动。精卫填海、愚公移山、大禹治水，表达了远古时代中国人民改造自然、人定胜天的顽强奋斗精神。”“举世瞩目的三峡水利枢纽工程胜利实现了大江截流，这是我国现代化建设的一件大事，也是人类改造利用自然史上的一大壮举。”江泽民同志还说：“我们在长江三峡兴建的这一世界上规模最大、综合效益最广泛的水利水电工程，将对我国国民经济的发展起到重大促进作用。它是一项造福今人、泽被子孙的千秋功业。它体现了中华民族艰苦创业、自强不息的伟大精神，展示了中国人民在改革开放中改天换地、创造未来的宏伟气魄。”2006 年 5 月 1 日，海拔 185 米高的三峡工程大坝全面建成，成为名副其实的世界第一坝。

中华人民共和国成立以来的半个多世纪，历届中央领导集体高度重视水利工作。先后在黄河、长江、淮河、海河、珠江、松花江、富春江等大江大河流域花巨资兴建了一大批水利水电设施，保证了我们的祖国岁岁安澜，年年兴旺。尤其是已经建成的黄河小浪底工程、长江三峡工程；已经开工的南水北调三线中的东线、中线工程；已经建成的四川宝珠寺工程、二滩工程、紫坪铺工程；西部大开发中的西电东送工程，如正在建设中的武引工程、亭子口工程，以及金沙江、大渡河、雅砻江、嘉陵江梯级水利水电工程，都是功在当代、利在千秋的伟大工程。艰苦奋斗、无私奉献的大禹历来是水利工作者的先驱和楷模。我国对水利工作中做出突出贡献者的最高荣誉，就是称其为当代大禹。现在弘扬的“献身、负责、求实”的水利行业精神，就是当代的大禹精神。1990 年，水利部决定给长期从事水利工作的同志颁发荣誉证书，这个证书的图案就是大禹治水。在郑州，黄河边上矗立的第一座英雄人物塑像，就是大禹治水塑像。浙江绍兴会稽山、山东禹城市区、安徽怀远涂山、四川雅安蒙山、北川禹里也都相继建造了大禹的巨型塑像，充分表现了华夏子孙对大禹治水功德的崇敬和缅怀。

三、大禹治水与大禹戏剧

“大禹理百川，儿啼不归家。杀湍湮洪水，九州始桑麻。”这是诗仙李白对大禹的歌颂。大禹“决九河”“疏三江”，风雨中“乘四载，随山刊木”，亲身勘测水势，开凿中亲自操作，“左准绳，右规矩”，十数年时光，“儿啼不归家”，完全投入治洪之中，最后九河通，水东流，天下百姓才得安居乐业，“始桑麻”。人民不忘记他的千秋功业，为其立庙建宫，表示怀念和崇敬。一些剧作家们则从艺术角度表达他们的审美倾向，创作了形态各异的大禹形象，彰扬其精神，给人们以审美理想和激励。

京剧《大禹治水》，是依循史实予以编演的。伯鲧治水，用筑堤堵水之法，不但没有堵住洪水，蓄洪之势使堤坝垮塌，更多的人因之受灾。舜帝对此甚为恼怒，于是杀鲧以谢天下。大禹继承父志，肩负起治理洪水的大任。在实践中他感到筑堤之法实不可取，而新的办法又在孕育中，一时间还不能有效地制止洪水的泛滥。此时，奸人便向舜帝说大禹的坏话，说他对父鲧的死心怀不满，不积极治洪，因此，兴师动众而不见功效。舜帝对此半信半疑，不相信大禹是那种不顾众生安危，只把亲仇藏胸的人。但是，一个真切的事实是：洪水泛滥的情况非但不见好转，洪涛施虐似有所增强。为真正认识大禹，尽快平息洪患，舜决定派女英、娥皇到治洪前线弄个明白。她们去实地考察后，发现大禹对治理洪水是那么尽心竭智，天天风里来，雨里去，勘测地形，察看水势，寻求最有效的治水办法，并亲自到治洪第一线具体操作，心思全放在治洪上，甚至“三过家门而不入”，对心爱的儿子启，也只有暗暗地投以爱的注视。女英、娥皇把直接印象告诉了舜帝。当治理洪水大功告成时，舜帝对大禹也形成了完整的印象：“敏给克勤，其德不违，其仁可亲，其言可信。”于是毅然把领袖的位置禅让给大禹。这个剧中的大禹是勤劳奋进、忍辱负重的英雄形象。

20 世纪 50 年代问世的川剧《大禹治水》，是四川绵阳专区川剧二团的邱文刚根据同名京剧改编的。1958 年秋，该剧团到重庆演出，一炮打响，轰动山城。1959 年，该剧团到拉萨演出，给西藏人民留下了良好的印象。

20 世纪 80 年代出现的京剧《洪荒大裂变》，是由武汉京剧团一批年轻人组成的青年实验团开创的一个实验剧目，参加了 1988 年举行的“京剧新剧目会演”，引起了激烈的争论。之后，四川万县地区川剧团编演了神话川剧《大禹与瑶姬》，故事与《洪荒大裂变》大体相似。所不同的是，川剧完全用正面歌颂的手法，着力塑造大禹凿三峡、瑶姬为助禹化为神女峰的英雄形象。

20 世纪 90 年代，四川绵阳市文化局杨中泉创作了川剧《伯鲧化龙》，后改为《情系洪荒》，由绵阳市川剧团排演，参加了 1995 年四川省新剧目展演，荣获集体二等奖。其后，又将该剧改为《大禹魂》，参加了第四届中国戏剧节，获得多项奖励。1996 年，《大禹魂》被评为四川省“五个一工程奖”。该剧着力表现了奋进、力行、刚健、奉献的大禹精神和大禹治水的英雄形象。

20 世纪 90 年代诞生的浙江绍剧《大禹治水》，不同于京剧，也不同于川剧，在北京演出颇有影响，获得了全国的“五个一工程奖”。1998 年，我国南北遭受特大洪灾后，为了鼓舞人民战胜自然灾害，弘扬伟大的抗洪精神和民族精神，1999 年中央电视台两次播放绍剧《大禹治水》。该剧是目前为止在全国影响最大的歌颂大禹治水功德的舞台剧和电视片。

四、大禹精神的现实意义

1998 年，长江、松花江、嫩江发生了全流域的特大洪水，给我们国家和广大人民群众造成了巨大损失。以江泽民同志为核心的党中央领导全国军民，与三江洪魔展开了殊死搏斗。江泽民同志挥师三江，两次亲临长江抗洪第一线，指挥百万大军战长江。在党中央、国务院的英明领导下，在全国人民的支持下，灾区广大军民浴血奋战，终于取得了抗洪斗争的全面胜利。这次抗洪斗争的胜利，可以说是大禹治水精神的继承和发扬光大；充分表现了当代中国人民改造自然、人定胜天的顽强奋斗精神；充分表现了中国共产党领导下的中国人民敢于斗争、敢于胜利的伟大精神。它向全世界宣告：中国人民是不可战胜的人民，中华民族是不可战胜的民族。为了弘扬大禹治水精神，表彰抗洪英雄，中央电视台专门制作了“98 抗洪斗争纪录片”——《挥师三江》。

大禹时代，是中华文明史上的重要阶段。记载大禹事绩的历代文献，都十分注重在大禹身上投入时代的影子，寄托当时人的理想，使大禹精神超越时空的界限，在新的历史背景下获得再生和升华。在大禹身上所体现出的勤勉、开明、务实、智慧、坚定、高尚、无私等美德，是人类社会文明的结晶。人们将从他身上理解献身的内涵，认识奋斗的意义，进而去开创更加美好的未来。大禹精神，主要体现在改造自然，人定胜天；大公无私，舍己为人；实事求是，因势利导。大禹业绩卓著，他与自然抗争、改造自然的精神，疏堵结合、协和万邦的理念，体现了人类的智慧和力量，这是中华民族的骄傲。大禹精神是墨家思想的源头，对中国哲学思想的形成有着重要影响，他身上体现的勤劳节俭、明理顺事的行为品格在当今也是有积极意义的。大禹治水为民，为了大“家”而忘小“家”，“三过家门而不入”，这是一种非常高尚的品格。体现在大禹身上的以民为本、忧国忧民、自强不息、以身作则、艰苦奋斗、居功不傲等中华民族的优良传统今天也是应当提倡的。尤其是大禹以民为本、协和万邦、勤勉、务实、创新、奉献的思想和行为，对于我们今天贯彻坚持科学发展观、构建和谐社会、倡导和谐世界，更是具有深远的意义。

（作者单位：西南科技大学文学与艺术学院、四川省社科院禹羌文化研究所）

扬雄文化与创意经济之转化构想

——“道儒中和”是扬雄文化无与伦比的精华

黄　牛

内容提要： 西汉末年至今两千年来，扬雄一直是个争议颇大的历史文化名人，扬雄文化也总是局限在“醇儒变儒杂儒非儒”之儒学的笼子里。事实上，扬雄文化无与伦比的独具特色的精华是“道儒中和”：以儒释道三位一体为核心的中华传统文化，是世界现存的唯一的原生态文化，不仅对中国的过去、现在和未来能够一以贯之，并能横向多元融合各种文化。道与儒则是中华传统文化核心之核心，两千多年来，道与儒主流上呈现出阴阳合一、隐显互补、内真外圣、内圣外王、道儒合一的文化格局。扬雄精准地抓住了中华传统文化的牛鼻子——道儒核心，博览群书，融汇诸子，写成《太玄》，可谓开宗立派。故扬雄堪称“道儒中和”第一大家，其鼻祖非扬雄莫属！有了这个大前提，扬雄的地位、扬雄文化的价值才有一个相对的高度！随之而来的创意文化及创意经济才更有高度、厚度、宽度、深度。

关键词： 道儒中和；扬雄文化；创意经济；转化构想

一、本人对道儒文化战略构建研究的初步成果

我小时候不懂老庄孔孟却略知忠孝，20 世纪 70 年代初虽“初为人师”，却稀里糊涂纯粹批判性地被动接受《四书》《五经》；70 年代末 80 年代初，似懂非懂纯粹教学式地主动传播过《论语》等儒家经典；90 年代初至 2004 年的“不惑”“天命”年间，我拜师孔子，自以为是地为学生传道授业解惑；2004、2005 近两年内我离岗待退，到北京国家图书馆自由自在地博览群书，曾专程前往曲阜礼拜孔子，寻寻觅觅却半醒半睡；2005 年秋回到成都与老庄学会和老庄书院及东方文化馆结缘，十三年来专攻老庄，

比较儒释道进而比较东西文化，并继续游历美丽中国及欧美亚澳几十个国家。半个多世纪之工农兵学商官律编记师的多元阅历，及古今中外的诸多元素，无数次地在我心灵深处相互冲突又重新整合，因此，道儒文化战略构想自然而然地涌现。

（一）关于道儒文化战略的构想

1. 道儒文化战略的提出与研究

2009 年七八月我到荷兰探亲，游历了欧洲八个国家，在领略诸国的风景风俗风情以外，还接触了一些留学生、华侨、华人与孔子学院，其中不乏中文学校的老师和家长。我们交流的话题很多，但有一个主题非常突出，那就是：中西文化交流。在绝大多数外国人的眼里，或许只有一个整体的“中国文化”的简单认知，各种学术流派只是极少数学者研究的对象，特别是对各流派之间的互相争辩更是一头雾水。这对我触动很大！一个强烈的呐喊呼之欲出：中华传统文化在中西文化交流中，形式可以多种多样，但思想文化的深层内涵，必须是一个整体的高度概括的且深入浅出的中国文化符号，即道儒文化。

在异常的兴奋中，我于 2009 年 8 月底撰写了《漫谈人类文明发展与普及道儒文化的必然性》一文。2010 年 6 月，在老庄学会学术部各位首批研究员的支持下，我组织了道儒文化论坛系列讲座，我是开坛第一讲：《道儒文化战略构想漫谈》。2017 年 11 月中旬，四川大学老子研究院和四川省老庄学会首次成功合作举办了大道论坛第一期——道儒文化在“新时代”的作用，我组织并主持了该论坛，我交流的题目是《道儒文化战略与文化强国建设粗谈》；2018 年 7 月初，在由西南财经大学、四川大学、四川省中国哲学史研究会、四川省老庄学会联合主办的“经学—礼学与中国社会”学术研讨会上，我的交流的题目是《〈中庸〉可谓儒家之〈道德经〉——在道儒文化战略构建视野下的比较思考》。

2. 道儒文化战略的基本观点

中华文化的核心是儒释道。以儒释道三位一体为核心的中华传统文化，是世界现存的唯一的原生态文化，不仅对中国的过去、现在和未来能够一以贯之，并能横向多元融合各种文化。道与儒是中华文化核心之核心。道，即以老子为代表的道学文化；儒，即以孔子为代表的儒学文化；道为阴为隐为真，儒为阳为显为圣。两千多年来，道与儒主流上呈现出阴阳合一、隐显互补、内真外圣（老子为真人，孔子为圣人）、内圣外王、道儒合一的文化格局。

著名哲学家、史学家威尔·杜兰（Will Durant，1885—1981），历四十年光阴，于 1975 年完成了一部旷世巨著《世界文明史》，这本书被誉为 20 世纪的《史记》，人类文明的《离骚》！书中有一句话“人生不外是伏尔泰与卢梭，孔子与老子，以及苏格拉底与基督”。该书卷一《东方的遗产》之《古博真人》章节中写道：“或许，除了《道德经》外，我们将要焚毁所有书籍，而在《道德经》中寻得智慧的摘要。”

（1）儒释道同时出现在“轴心时代”。公元前8世纪至前3世纪（这一时期被20世纪中叶德国学者卡尔·雅斯贝尔斯于《历史的起源与目标》中命名为“轴心时代”），形成了人类古代文明的三大中心，即古代中国、古印度、古希腊。六百年间，人类文明最伟大的圣人几乎同时出现，经典代表人物有：中国“二子”（老子和孔子）；古印度一释（释迦牟尼）；古希腊三哲（苏格拉底、柏拉图、亚里士多德）。轴心时代的出现，是道法自然的天然展现。那是真正意义上的纯天然的自由自在，可谓大自由大自在，无拘无束，不拘一格。

（2）道的本质属性之一“和”。中华文化之儒释道三大体系，释为外来文化，距今约两千年；儒为本土文化，距今约两千五百多年；而道文化不仅是本土文化且非常久远，迄今已有八千多年。道文化发源于伏羲，形成于黄帝，集大成于老子。《老子》（即《道德经》）81章，五千余言，其中道篇37章，德篇44章，核心理念就是“道”与“德”。

道的本质属性之一“和”，即“阴阳冲和”。《老子》有二十多章涉及和合思想，约占八十一章的四分之一。直接讲到“和”与“合”二字的就有11处，其经典名句代表是：“万物负阴而抱阳，冲气以为和。”（《道德经》第四十二章）

（3）儒家崇尚道的本质属性之一的“和”。《易传》说：“保合太和，乃利贞”，意即：自然界的芸芸众生，永远保持“和”的境界，才能长治久安。《中庸》，中者，不上不下，不左不右，不前不后，刚刚合适的位置为“中”。庸者，不骄躁，不消沉，无有崎岖，无有艰险，宽松自如，平夷淡漠的境地为“庸”。“致中和，天地位焉，万物育焉。”意即，宇宙之间，大千世界，芸芸众生，都得到“和”的环境，天清地宁而定位，万物依次而生育。

（4）释家也崇尚道的本质属性之一的“和”。佛教自进中土以后能立足，实乃吸收了道儒文化之精华，同时也奉献了智慧。无论是大法师，或者小沙弥，最后通称为“和尚”。和：《易传》之“保合太和，乃利贞”；《老子》之“万物负阴而抱阳，冲气以为和”；《中庸》之“致中和，天地位焉，万物育焉”。尚：一曰崇尚，二曰高尚。自然界陈列有千差万别、盘根错节、复杂万端的事物，唯独“和”的境界最高，用途最广，自然而然在无形中让事物无条件地崇尚，故命名为“和尚”。

（5）诸子百家本来就是同源的。中华传统文化博大精深，诸子百家各有千秋，从学术争鸣互补多赢的角度看，厚此薄彼固然欠妥。但主次不分、本末不辨，什么都重要，结果什么都不重要。特别是在面对五千多年庞大的中华文化体系时，要传承要普及，即使对学人甚至是精英之泰山北斗，亦如人之登珠峰，望峰兴叹哪！我们必须深入浅出，化繁为简，提纲挈领，突出重点。如果把中华文化比作一棵立地参天根深叶茂的大树，那么道就是根，儒是主干，易学是营养，中华民族五千多年的全部历史是肥沃的土壤，诸子百家是分枝是树叶是花果。

正如司马谈《论六家要旨》中引《易大传》阐明的一个观点，“天下一致而百虑，同归而殊涂”，各家皆致力于如何达到太平治世，只因路子不同，才分成一个个流派，诸子百家本来就是同源的。

3. 构建道儒文化战略的措施

（1）大力推进官方组织机构的多元开放整合。彻底改变画地为牢，各守“一亩三分地”的小农意识，新时代是大数据时代，人类命运共同体。所有大专院校、科研院所、博物馆、图书馆、档案馆等文化教育科研场所，应最大限度地向社会开放（国家机密除外）。

（2）大力扶持民间各类社团并整合优势资源。民间社团藏龙卧虎，但缺资金、缺场所、缺信息，再加各自为阵，很难发挥应有的作用。官方的某些资金、场所、信息或闲置或浪费，十分可惜！属性为连接官方和民间的相关组织机构，工作应真正到位，名副其实地起到桥梁作用、纽带作用。

（3）希望各级党政机关全力支持道儒文化战略的研发。中华传统文化之中国元素，丰富多彩，数不胜数。即使浓缩到《老子》（即《道德经》）与《四书》《五经》，多数中国人也一辈子都不可能读完，外国人就更不用说。即使有人能读完，也未必能读懂。

如果把复杂问题简单化，我们可以从中华文化元素中提炼出两个关键元素：一是中华传统文化元素总和之灵魂——道儒文化，二是中华传统文化元素总和之形体——汉字文化。因为道儒文化是中华传统文化的深根，根深蒂固，博大精深，源远流长；汉字文化是中华传统文化的血脉，枝繁叶茂，一脉相承。如果组织大兵团会战，对道儒文化和汉字文化进行精加工，塑造成国家名片，那么，中华文化的影响力将会更大！

上述选摘自四个时段愚之四篇拙作，略有修改，乃构建道儒文化战略研究的初步成果，正好天然对接扬雄文化。十年前老庄学会就已经关注到扬雄了。

二、扬雄文化与道儒文化的关系

（一）扬雄文化的定位

众所周知，扬雄及扬雄文化历来争议非常大。

刘韶军先生在《扬雄与〈太玄〉研究》之附录中，列举了从汉代至清代180位著名学者对扬雄及其著作的评价；西华大学纪国泰教授在《〈扬子法言〉今读》中，对扬雄及《法言》的有关问题有比较深入的研究。针对扬雄争论的焦点大致概括为四个层面：醇儒、变儒、杂儒、非儒。

1．儒家正统说——偏矣

广义的国学，是以伏羲黄老道学为根本，以阴阳冲和之显儒隐道为核心，以儒释道为主体，以经史子集特别是诸子代表及后续发展起来的相关诸学为内容，共同组成的中华民族及国家大学问，且是人类历史上迄今为止唯一延续近万年的多民族国家大学问。即使是狭义的国学，也绝不仅是以只有两千五百多年历史的儒学为核心、诸子百家为外延的学说。国学即儒学，是一种天大的误导。

2018年3月20日，习近平总书记在第十三届全国人民代表大会第一次会议上的讲话中指出："中国人民是具有伟大创造精神的人民。在几千年历史长河中，中国人民始终辛勤劳作、发明创造，我国产生了老子、孔子、庄子、孟子、墨子、孙子、韩非子等闻名于世的伟大思想巨匠，发明了造纸术、火药、印刷术、指南针等深刻影响人类文明进程的伟大科技成果，创作了诗经、楚辞、汉赋、唐诗、宋词、元曲、明清小说等伟大文艺作品，传承了格萨尔王、玛纳斯、江格尔等震撼人心的伟大史诗，建设了万里长城、都江堰、大运河、故宫、布达拉宫等气势恢弘的伟大工程。"

老、孔、庄、孟、墨、孙、韩非七子，是诸子的杰出代表（可归纳为五家）：一曰老庄道家，二曰孔孟儒家，三曰墨子墨家，四曰孙子兵家，五曰韩非子法家。此五家，从某种意义上讲，墨家出于道儒两家，兵家和法家皆出于道家。

从汉武帝"罢黜百家，独尊儒术"以来，因"经学取仕"可以升官发财，吸引了大量儒生趋之若鹜，加之历代儒家弟子总想延续"独尊地位"，极力鼓吹"儒学即国学"或"国学的正统是儒学"。在这种很难抵御的学阀洪流涌动下，最难能可贵的是，居然产生了扬雄的学术独立及学术创新成果——道儒中和，此乃扬雄独具特色的无人能比的优势！偏偏有好事者生拉活扯地要将"醇儒""亚圣"等帽子往扬雄头上扣！春秋战国虽无义战，但百花齐放百家争鸣的文化现象蔚为大观！论儒家，扬雄哪能堪比“孔孟”？论道家，扬雄又怎敢挑战“老庄”？但如果论“道儒中和”，扬雄堪称第一大家，没有人争得过，没有人抢得去！

2. 仕莽变节说——谬矣

自夏商周三代到1911年辛亥革命推翻最后一个封建王朝，之后中国共产党领导中国人民彻底推翻“三座大山”（帝国主义、封建主义、官僚资本主义），于1949年10月1日建立中华人民共和国，中华民族经历了四千余年的家天下统治。在以“家天下”及“独尊儒术”的背景下，“普天之下莫非王土”，天下乃一家之天下，非天下人之天下，故刘家之汉朝岂容“王莽篡位”！王莽既是窃国大盗，那么，扬雄仕莽理所当然是大逆不道。然而，当我们回到历史正视历史事实却不难发现，扬雄所处的西汉末年，历经成哀平三朝皇帝（淫死“温柔乡”的成帝刘骜、世讥“断袖之癖”的哀帝刘欣、“懦弱多病”的平帝刘衎），三个皇帝荒淫、平庸、无能，一个比一个糟！王莽新政尽管自身也有诸多问题，但就当时的历史状况比较而言，确实是一个很大的历史进步，乃秦末陈胜吴广之“王侯将相宁有种乎”的另一种“实战演习”，有重要的历史意义！

3. 道儒中和说——正矣

《道德经》是道家代表作，道德之“道”乃天道人道、乃人道合天道，道德之“德”乃玄德上德。《中庸》是儒家代表作（我称《中庸》是儒家的《道德经》，可以统摄儒家思想，受《道德经》影响较大），中庸之“道”乃天命天性、乃中和中道，“中庸至德”乃仁德圣德；两者主旨皆为“道德”，虽有相异处也有相似点（此段选摘自拙作：《〈中庸〉可谓儒家之〈道德经〉——在道儒文化战略构建视野下的比较思考》，略有修改）。

扬雄在入京为官之前的四十多年里，曾拜师著名道家人物严君平（其《老子指归》乃道家经典之一，学术价值很高，我们老庄学会和老庄书院曾系统研习过），奠定了扎实的道家学术基础。道家思想影响了扬雄的一生，此乃共识。在“经学取仕”“学而优则仕”的官场，满腹经纶、鹤立鸡群、几近百科全书式人物的扬雄，却为官三朝不迁。扬雄仿《周易》（《易经》以符号解道，《道德经》以哲理诗论道，两者相通）而著《太玄》；仿《论语》而著《法言》。其《太玄》最能体现道儒中和的扬雄思想（此须专论故略）。

（二）扬雄文化中的特别价值

1. 道儒中和第一人

我们已知的共识：中华传统文化，以儒释道为核心，道和儒则是其核心之核心，两千多年来主流事实上呈现内真外圣、道儒合一的文化格局。又知另一常识：佛教传入中国是东汉明帝刘庄永平十年即67年，扬雄卒于18年，故扬雄时代释未传入中国。汉武帝“独尊儒术”“经学取仕”之洪流几乎无人能抗拒，扬雄独立不羁，精准地抓住中华传统文化之核心道儒，博览群书，融汇诸子，写成《太玄》，可谓开宗立派。故扬雄堪称道儒中和第一人！

2. 阴阳冲和善恶混

亚圣孟子“性善”，大贤荀子“性恶”，二者皆儒家泰斗级大师，扬雄乃后学。“性善”“性恶”皆已各占高峰，对此扬雄难以登顶。但“善恶混”另登峰顶，可谓“三峰并立”，而扬雄更在高处！之所以更显高妙，其根本原因就在于扬雄通晓易道儒之精髓：《易传》之“一阴一阳之为道”；《老子》之“阴阳冲和”；《中庸》之中道中和。并将其巧妙地运用于人性之善恶共生。

扬雄是“道儒中和第一人”，如果此论能够确立，那么可以说，扬雄抓准了中华传统文化的牛鼻子——中华传统文化的核心之核心道儒文化，并创造性地开宗立派：道儒中和。我们四川成都人尤其是以西华大学为代表的郫都学人，有责任系统构建以扬雄为鼻祖的道儒中和学，在此基础上的创意经济，根深叶茂以续华夏文脉，魂牵梦绕可连炎黄子孙。

三、扬雄文化之创意经济转化构想

（一）规划建造扬雄文化创意经济旅游园区（建议成都市郫都区委政府牵头）

（1）扬雄雕塑群：扬雄一生中有代表性的阶段故事（如：苦难童年、拜师严遵、少年天赋、文扬蜀都、圣谕入京、三赋齐马、二言立世、太玄开宗）。

（2）扬雄文化展览馆：扬雄文化成果与历代名家对扬雄的评论等（仅刘韶军先生梳理的从汉至清就有180位，加上民国与中华人民共和国成立后的更是洋洋大观，褒扬雄贬扬雄者分成两大阵容展现，由此可见扬雄文化影响者之群星灿烂，也创造了一大文化奇观）。

（3）扬雄书院：可仿扬雄当年老宅，新建成耕读基地（读书创作，体验农耕，此项可弥补当今大、中、小学生的重大缺失，可面向全世界的大、中、小学生）。

（4）扬雄农耕：规划一片土地，根据一年四季不同农时，体验栽种收获粮食、蔬菜、水果；整合提升友爱镇农家乐的文化品位（除了吃喝玩乐以外，一定要有学扬雄文化的系列内容）。

（5）建立扬雄文化旅游景区管理委员会，将友爱镇打造成扬雄文化特色镇，统一规划，统一打造，统一管理。

（二）进一步深入研发扬雄文化（建议西华大学牵头）

1. 组建扬雄文化研究所，条件成熟时可组建扬雄文化研究院。

2. 联合成都市郫都区境内的高校编写《道儒中和学》校本教材，如有条件可按大、中、小学层次编写。

（三）研发扬雄文化系列产品

1. 扬雄故事连环画系列。

2. 历代名家评价扬雄动漫系列。

3. 扬雄文化之诗书画系列。

4. 扬雄文化之名言再创书画系列。

5. 扬雄文化独创标识之书包书袋等系列……

以上扬雄文化之创意经济转化构想，虽比较粗疏，但理论根底扎实，且方向明确，如有专项人财物用于深入研发，一定会收获国际水准的、前无古人的、独具郫都特色的、融会中华民族文化精华的创新性文化品牌，愚对此充满信心！

结语

本文前三部分：第一部分，本人对道儒文化战略构建研究的初步成果；第二部分，扬雄文化与道儒文化的关系；第三部分，扬雄文化之创意经济转化构想。基本思路是按照中华先圣大智慧“道—法—术”或曰“宏观—中观—微观”三个层级进行的。绝不就人论人，就事论事。愚对道儒文化战略的研究，是在三个文化团队（四川省老庄学会、青羊宫老庄书院、东方文化馆）里交叉进行的，十几年来已取得初步成果，其道儒文化能天然对接扬雄文化。

众所周知，西汉末年至今两千年来，扬雄一直是个褒贬争议颇大的历史文化名人，扬雄文化也总是局限在“醇儒变儒杂儒非儒”之儒学的笼子里。事实上，扬雄文化无与伦比的独具特色的精华是“道儒中和”：以儒释道三位一体为核心的中华传统文化，是世界现存的唯一的原生态文化，不仅对中国的过去、现在和未来能够一以贯之，并能横向多元融合各种文化。道与儒则是中华传统文化核心之核心，两千多年来，道与儒主流上呈现出阴阳合一、隐显互补、内真外圣、内圣外王、道儒合一的文化格局。

扬雄精准地抓住了中华传统文化的牛鼻子——道儒核心，博览群书，融汇诸子，写成《太玄》问世，可谓开宗立派。故扬雄堪称“道儒中和”第一大家，其鼻祖非扬雄莫属！有了这个大前提，扬雄的地位、扬雄文化的价值才有一个相对的高度！随之而来的创意文化及创意经济才更有高度、厚度、宽度、深度。

参考文献：

（一）道儒文化战略之四个时段四篇拙作撰文时曾参考

1. 论著

（1）南怀瑾、徐芹庭译注：《白话易经》，岳麓书社1988年2月第1版

（2）郭扬：《易经求正解》，广西人民出版社1990年第1版

（3）杨燕起、陈焕良等译：《白话史记》，岳麓书社1994年7月第1版

（4）南怀瑾：《老子他说》，复旦大学出版社1996年8月第1版

（5）陈引驰编校：《梁启超国学讲录二种》，中国社会科学出版社1997年6月第1版

（6）萧启宏：《汉字通易经》，东方出版社1999年1月第1版

（7）周有光：《汉字和文化问题》，辽宁人民出版社2000年1月第1版

（8）饶宗颐：《符号·初文与字母——汉字树》，上海书店出版社2000年3月第1版

（9）金元浦、谭好哲、陆学明主编：《中国文化概论》，首都师范大学出版社1999年9月第1版

（10）［美］威尔·杜兰：《世界文明史·东方的遗产》，东方出版社1999年1月北京第1版

（11）［英］凯伦·阿姆斯特朗著，孙艳燕等译：《轴心时代》，海南出版社2010年5月第1版

（12）黄仁宇：《中国大历史》，生活·读书·新知三联书店2013年7月北京第35次印刷

（13）李娟、张泽云编著：《中国考古文化》，时事出版社2014年1月第1版

（14）章太炎：《国学概论》，江苏人民出版社2014年1月第1版

（15）胡适：《哲学的盛宴》（中国篇），新世界出版社2014年9月第1版

（16）黄友敬：《老子传真》，儒商出版社2003年12月第2版

（17）杨伯峻译：《白话四书》，岳麓书社1989年11月第1版

（18）许渊冲英译：《诗经》，湖南出版社1993年12月第1版

（19）程俊英、蒋见元译：《白话诗经》，岳麓书社1995年11月第1版

（20）劳子、盛励主编：《儒佛道百科辞典》，漓江出版社1995年1月第1版

（21）［汉］许慎撰，［清］段玉裁注：《说文解字注》，上海古籍出版社 1981 年 10 月第 1 版

2. 论文

（1）胡孚琛：《全球化浪潮下的民族文化——再论 21 世纪的新道学文化战略》，《青岛大学学报》2005 年第 4 期

（2）卿希泰：《百年来道教研究的回顾与展望》，《四川大学学报（哲学社会科学版）》2006 年第 4 期

（3）张岂之：《中国传统文化与二十一世纪世界文化格局》，《广西大学学报（哲学社会科学版）》2006 年第 2 期

（二）撰写《扬雄文化与创意经济之转化构想》参考文献

（1）刘韶军：《扬雄与〈太玄〉研究》，人民出版社 2008 年 8 月第 1 版

（2）中华书局新编：诸子集成《太玄集注》，中华书局 1998 年 9 月第 1 版

（3）国家图书馆：《宋本扬子法言》

（4）纪国泰：《〈扬子法言〉今读》，巴蜀书社 2010 年 6 月第 1 版

（5）远山：《扬雄外传》，中国社会出版社 2014 年 10 月第 1 版

（6）善从：《中国皇帝全传》，中国华侨出版社 2015 年 6 月第 1 版

（7）黄牛：《东方文化·成都特刊》总第 101 期 2012 年第 1 期

（作者单位：四川省老庄学会）

韩国诗话论扬雄评述

王红霞　黄子珍

内容提要： 高丽时期韩国尊崇儒学，这一风气也影响到了这时期的诗话领域。诗话家们在诗话作品中或褒扬、或赞赏中国的儒学大家，扬雄也成为诗话家们的关注对象。今存的韩国诗话中，保留了不少论及扬雄的文献材料，解读这些材料，不难发现韩国诗话家们的关注重心集中在对扬雄“读赋则能赋”“心画说”等创作观念的接受和发展情况。对这些材料做深度解析，不但可以为国内的扬雄研究提供新的视阈和阐释维度，也可以丰富扬雄的研究视野。

关键词： 扬雄；韩国诗话；评述

扬雄（前53—18），字子云，西汉蜀郡成都（今四川省成都市郫都区）人。博览群书，长于辞赋。《文心雕龙·丽辞》云：“扬马张蔡，崇盛丽辞，如宋画吴冶，刻形镂法。”[①] 故后人常将其与司马相如并举。晚年醉心于语言和哲学研究，以《太玄》《法言》《方言》等论著称誉于士林。其人生遭际也颇具传奇色彩，“以文见招”“草《玄》”“投阁”等事迹皆出自其身。这样一个既有献赋入仕的士大夫情怀，更有闭门著述、不恋名利的文人风骨的传奇文学家形象，不但迎合了后世诸多中国文人的诉求，也引起了朝鲜半岛文人的关注，朝鲜的诗话家们从不同的角度接受和传播扬雄的思想。

一、对扬雄个性气质的评述

自古以来，中国文人对扬雄有颇多褒扬，桓谭在《新论》中盛赞：“扬子云何人

① ［南朝梁］刘勰著，范文澜注：《文心雕龙注》，人民文学出版社1958年版，第588页。

耶？答曰：才智开通，能入圣道，汉兴以来，未有此人也。”① 王充的《论衡》中说扬雄有“鸿茂参圣之才”②。韩愈《读荀子》赞扬雄是“大醇而小疵”的“圣人之徒”③。司马光更是尊他为孔子之后，超荀越孟的一代“大儒”。扬雄许多富有创见的文学思想散见于他的著作之中，为后人留下无尽的财富。

半岛高丽时期著名诗人李仁老（1152—1220）的《破闲集》被誉为“朝鲜诗话之冠”。他在评论中国诗人时说：“是以自孔孟荀杨（扬），以至韩柳李杜，虽文章德育足以耸动千古，而位不登于卿相矣。则能以龙头之高选得蹑台衡者，实古人所谓扬州驾鹤也，岂可以多得哉？”④ 李仁老在提到“文章德足”之人时将“孔孟荀杨（扬）”并举，可见其对扬雄评价甚高。“孔孟荀杨（扬）”是儒家思想的开创者和继承者，半岛高丽王朝时期儒学兴盛，当时文人深受中国文化的影响，对儒家学者极为推崇，将其诗歌、文章奉为典范。1170 年以郑仲夫为首的武臣之乱将不少文人赶出历史舞台，李仁老躲避灾祸，隐居山林，并与当时名人林椿、吴世才、李湛之等人结为密友，称为“江左七贤”，他们表面向往隐逸生活，著有许多“和陶辞”，实则仍在等待入世机会的降临，渴望建功立业。在文学上，李仁老对选入《破闲集》的诗人及作品提出了两条严格的选择标准：必须“名儒韵释，工于题咏，声驰异域”；必须“中外题咏可为法者”。首先要求的必须是文人儒士的诗歌才行，其次选取名人儒士中知名度高、质量高、效仿性高的诗歌。可见，李仁老深受儒家思想影响，“孔孟荀杨（扬）”自然是受到李仁老的推崇。

朝鲜李朝时期文学评论家、诗人徐居正（1420—1488）在其著作《东人诗话》中写道：

> 牧隐诗属对工致。如天只对日诸、黄奶对玄夫、黄甲对白丁、地忍对天然、黄间对白下，又如“归来书甲子，憔悴降庚寅”（一），“子云殊寂寞，伯始自中庸”（二），“忧时如杞国，请始自燕台”（三），“江山微媚妩，日月愈疏狂”（四）等语，用事精切。
>
> （一）《牧隐诗集》卷十五题《自赋》。（二）《牧隐诗集》卷七题《读汉史》。（三）《牧隐诗集》卷十九题《夜吟》。（四）《牧隐诗集》卷六题《幽居》⑤。

这是徐居正评价高丽时期诗人李牧隐（1328—1396）“属对工致”的一条材料，其中提到“子云殊寂寞，伯始自中庸”句，出自李牧隐的《读汉史》，原诗如下：

---

① ［汉］桓谭著：《新论》，上海人民出版社 1977 年版，第 35—37 页。
② ［汉］王充撰，陈蒲清点校：《论衡》，岳麓书社 2006 年版，第 178 页。
③ ［唐］韩愈著，钱仲联、马茂元校点：《韩愈全集》，上海古籍出版社 1997 年版，第 129 页。
④ 蔡美花、赵季主编：《韩国诗话全编校注》，人民文学出版社 2012 年版，第 37 页。
⑤ 同上，第 212 页。

吾道多迷晦，儒冠总冶容。子云殊寂寞，伯始自中庸。六籍终安用，三童竟不从。悠悠千载下，重忆孔明龙[①]。

此诗抒发了诗人李牧隐读汉史的感受，首联道出自己在奉行儒道问题上不无迷惑，所看到的其他那些儒生总是戴着漂亮的儒冠。汉代扬雄坚持儒道却特别寂寞而胡广却圆滑中庸。李牧隐用“殊寂寞”三字总结扬雄，刻画了一位“清静亡为，少耆欲，不汲汲于富贵，不戚戚于贫贱，不修廉隅以徼名当世”[②] 的素不与事者，用“寂寞”重塑儒家精神的扬雄形象。

李圭景（生卒不详）的《诗家点灯一·诗书评画诀点化诗意》中引用明朝许殿卿的诗歌云：“长卿慕人千载前，何似与君俱少年。子云慕人千载后，何似与君俱白头。”[③] 将扬雄与司马长卿并称，但司马相如生前就很发达，而扬雄生前无人理解，十分寂寞。于此，我们可以发现许多朝鲜时期文人都关注到了扬雄的“寂寞”儒者形象。

柳梦寅（1559—1623）（字应文，号於于堂）是朝鲜朝宣祖—光海君时期的文人，对汉学研究透彻，在其作《於于野谭》中借鉴了中国“诗言志”“诗言情”“知人论世”的文学理论，善用典故，以下段诗话为例：

余然其言，随闻见著《於于野谭》，今成十余卷矣，吁！管晏曾西之所羞比，樊哙韩信之所羞伍，孔明自期于管乐，杜甫比于稷契，宁戚之“浩浩乎白水”非管子莫暴，匠人之运斤成风，伯牙之高山流水，必须知己而知之，后世扬子云岂可待也，吁其已焉哉。柳太学士根见我诗集曰：“使我有此，何选为？当尽帙刊行云矣。”惜乎余家贫，安能尽刊五六十卷之书，其将为糊壁之归乎[④]？

在这段诗话中，柳梦寅运用多个中国的历史典故：羞比管晏、羞与哙伍、自比管乐、自比稷契、管仲解宁戚“浩浩白水”、运斤成风、高山流水等历史典故说明知己的重要性，而后世的扬子云又从哪里等到他的知己呢，又有何人通晓他的“寂寞”呢？此处柳梦寅用扬雄身前的寂寞来自比，感叹因自身贫困而无法将著作全部刊行的遭遇。柳梦寅曾由于废母论时持有不同意见而受怀疑，后遇仁祖反正而免遭灾祸。但后来又因奇自献等人被捕，他逃至扬州西山隐居时还是被捕入狱。在狱中他试图用诗减罪，写了《孀妇诗》求饶，但还是被判处死刑。一生跌宕坎坷，但始终以儒学塑身。

权应仁（1478—1548）于《松溪漫录》中也用了类似的语句：

南溟曹处士《次四美亭湖阴诗》其一：“垂老辛酸口失宜，纵然忘老未忘机。

---

① 韩国民族文化推进会：（标点影印本）《韩国文集丛刊·牧隐集》卷七《读汉史》，景仁文化社1990年版，第33页。

② ［汉］班固：《汉书》，中华书局1962年版，第3514页。

③ 蔡美花，赵季主编：《韩国诗话全编校注》，人民文学出版社2012年版，第5810页。

④ 同上，第1023页。

百穿深壑身犹客，半睡高亭梦已奇。并木（村名）残春人旧谢，舍邦（水名）微雨水初肥。将军肯少封留计？一介书生亦在斯。”其二：“斯干日日乐靡违，舍此谈天未是奇。智异三藏居彷徨，武夷九曲水依稀。镘墙瓦老风飘去，石路岐深马自知。皓首重来非旧主，一年春尽咏《无衣》。”语高旨深，非浅见所能识，后必有扬子云知之矣①。

扬子云为当世人嘲笑，千年来未得知音，权应仁用韩愈《与冯宿论文书》中的：“昔扬子云著《太玄》，人皆笑之，子云之言曰：‘世不我知无害也；后世复有扬子云，必好之矣。’”② 权应仁引此句称南溟曹处士诗旨深奥，自己未能通透，后世必有能通其意者。

除了以上两位韩国文人，还有李瀷在《星湖僿说》中的《涵虚易》篇中也提到了“后世必有扬子云知之”类似的话语。在扬雄生前就有两种相反的评价，刘歆以为“可覆酱瓿”，桓谭则以为超越诸子。《汉书·扬雄传下》：“钜鹿侯芭常从雄居，受其《太玄》《法言》焉，刘歆亦尝观之，谓雄曰：‘空自苦！今学者有禄利，然尚不能明《易》，又如《玄》何？吾恐后人用覆酱瓿也。’雄笑而不应。”③ 当时刘歆也看了扬雄的两本著作（《太玄》《法言》），却认为这两本书毫无价值，只能用来盖酱坛子。引以为傲的著作不被理解，没被发掘其中价值，扬雄笑而不答。韩国文人亦借用此句表达后世定有能发现这些著作价值的人或是能通晓自己思想精神的人。

《诗家点灯五·千古识字难》中称赞扬雄的语言学方面的成就：

谢肇淛《五杂俎》云：韩昌黎诗云：“阿买不识字，颇知书八分。诗成使之写，亦足张吾军。”夫世岂有不识字而能书者？抑昌黎之所谓识字，非世人之泛然记忆已也？汉儒之训诂极其宏博，而独称子云识字，至使四方学者载酒以问，其学岂浅鲜者④？

韩国文人引明代谢肇引用韩愈《醉赠张秘书》中的诗句，其中“识字”不是简单意义上的认字，而是通晓各种文字的形与义，认为汉代儒学中的训诂学发展极其宏博，而仅有扬雄通晓各种文字的形与义，以此可见其对扬雄语言学成就的称赞极高。扬雄一生著作颇丰，其语言学著作《方言》记载了古代不同地域的词汇，使用“即异求同，条分缕析”的归纳方法，并详细解释了字、词的意思，并在此基础上进行深入研究，可见其对语言研究成就极高，这也为我们当今研究汉代语言及当时社会文化提供了丰富的文献资料。

---

① 蔡美花，赵季主编：《韩国诗话全编校注》，人民文学出版社 2012 年版，第 538 页。

② ［唐］韩愈著：《韩昌黎全集》，北京燕山出版社 2009 年版，第 481 页。

③ ［汉］班固撰：《汉书·扬雄传》，中华书局 2012 年版，第 2645 页。

④ 蔡美花、赵季主编：《韩国诗话全编校注》，人民文学出版社 2012 年版，第 6019 页。

二、对扬雄作品的评价

朝鲜时期诗话家或直接对扬雄作品进行评述，或以其作品作为辨析依据，或直接引用扬雄诗文材料。

《诗文清话》（佚名）里有段评述司马相如《上林赋》和扬雄《校猎赋》的文献材料：

> 司马长卿去战国之世未远，故其谈端说锋与策士辩者相似。然不可谓之非正也。孔子论五谏曰："吾从其讽。"苏洵作谏论，欲以仪秦之术而行逢干之心，是或一道也。故战国讽谏之妙惟司马得之，司马《上林》之旨惟扬子《校猎》得之。予尝爱王维《赠韦五郎》诗云："汉主离宫接露台，秦川一半夕阳开。青山尽是朱旗绕，碧涧翻从玉殿来。新丰树里行人度，小苑城边猎骑回。闻道甘泉能献赋，悬知独有子云才。"唐至天宝宫室盛矣，秦川八百里而夕阳一半开，则四百里之内皆离宫矣。此言可谓肆而隐。奢丽若此，而犹以汉文惜露台之费比之，可谓反而讽。末句欲韦郎效子云之赋，则其讽谏可知。言之无罪，闻之可戒。得扬雄之旨者，其王维乎①？

此段诗话说到战国讽谏之妙唯西汉司马得之，司马《上林》之旨唯扬子《校猎》得之，扬雄讽谏之旨唯王维得之。扬雄的《甘泉赋》《河东赋》《羽猎赋》《长杨赋》极为重视赋的讽谏功能，强调文学的社会教化作用。扬雄的《甘泉赋》《羽猎赋》诸赋也是模拟司马相如的《子虚赋》《上林赋》而写的，其内容为铺写汉家天子祭祀之隆、苑囿之大、田猎之盛，结尾兼寓讽谏之意。此段诗话文人赞赏了司马相如的讽谏之妙，其后唯扬雄得之旨，用词构思亦华丽壮阔，侧重于讽谏，借宏丽词句展现自我才情。其后王维的《赠韦五郎》继承了扬雄的讽谏艺术。

李瀷（1681—1763），字子新，号星湖，著有《星湖僿说》。《星湖僿说》是朝鲜时代重要的诗话专著，其中《涵虚易》篇有涉及扬雄《太玄》的评述：

> 温公《涵虚易》，自一等至十等。一等以一配一焉，二等以一配一至二焉，三等以一配一至三焉。至第十等，则合五十有五，而与《河图》合，各有七变。而其中元、余、齐三者无变，合三百六十四变，而准期之日。夫自一至十，其数各如其序，与《河图》合固也。七变而三者无变，与《太玄》《踦》《嬴》二赞均归于傅会也。三百六十四，比期之日欠一，而又不满四分一之数，何也？《序》引子

① 蔡美花、赵季主编：《韩国诗话全编校注》，人民文学出版社 2012 年版，第 2067 页。

云之言曰："后世复有扬子云，必知《玄》。安知后世复无司马君实乎?"余观其术，颇似安排，不成道理。宋有蔡氏《洪范》，天地间真不可少此一书。如《虚》者上不及《玄》，下不及《范》，此子云之所以不复出矣①。

扬雄模仿《周易》写出《太玄》，全书以"玄"为中心思想，它相当于《周易》中的"易"，天文、地理、人事，都由"玄"来支配。扬雄说："后世会再有扬子云，必知《太玄》。怎么就知道后世再也没有司马光（理解《涵虚易》的人）了呢?"司马光在《潜虚》中说，扬雄的《太玄》模仿《周易》，而他的《潜虚》模仿《太玄》。而李瀷将司马光的《涵虚易》与扬雄的《太玄》和西山蔡氏（南宋蔡沈）的《洪范》做比较，认为《涵虚易》"颇似安排，不成道理"，达不到《玄》《范》的水平，学术价值不及《太玄》。

辨析时直接将扬雄的作品作为依据，如李圭景《诗家点灯二》中的《笅霭欸乃辨》篇：

《因树屋书影》："欸（一）乃，音奥霭。"《冷斋夜话》，洪驹父曰："柳子厚：'笅霭一声山水绿。'笅，音奥。而世俗乃分笅为二字，误矣。"王弇州《宛委余编》，子云之"欸乃"，方音也。欸乃音袄霭，湘中人泣舜之余声也。我东人亦以"欸乃"读之。笅霭、欸乃，未知孰是也②。

（一）本条中"欸"均讹作"欵"，据柳宗元《渔翁》改。

此段是李圭景对"欸乃"读音的一个辨析，明末清初文人周亮工在《因树屋书影》中为"欸乃"正音为"奥霭"，一字一音。北宋僧人释惠洪在《冷斋夜话》引柳宗元《渔翁》一诗证"上欸下乃"为一字。扬子云读"欸乃"是方音所致，李圭景也跟着以"欸乃"读了，最终不知孰是孰非。笔者查阅柳宗元《渔翁》原诗为"烟销日出不见人，欸乃一声山水绿"③。《欸乃》属古琴演奏会保留传统曲目之一。此曲是据唐柳宗元《渔翁》诗所作。存谱初见于明嘉靖二十八年（1549）二十五卷本《西麓堂琴统》。关于"欸乃"的读音之辨，李祥霆的《古琴曲〈欸乃〉辨说》一文中已有结论："欸乃"之音必为"袄霭"，意为渔夫的呼号声或摇橹声④。

直接引用扬雄诗文的文献材料在诗话中较多，试举以下两例：

自《雅》缺《风》亡，诗人皆推杜子美为独步。岂唯立语精硬，刮尽天地菁华而已。虽在一饭未尝忘君，毅然忠义之节根于中而发于外，句句无非稷契口中

① 蔡美花、赵季主编：《韩国诗话全编校注》，人民文学出版社 2012 年版，第 3689—3690 页。
② 同上，第 5895 页。
③ ［清］彭定求等校点：《全唐诗》第十一册，中华书局 1960 年版，第 3957 页。
④ 李祥霆：《古琴曲〈欸乃〉辨说》，《人民音乐》2006 年第 7 期，第 62—64 页。

流出。读之足以使懦夫有立志。“玲珑其声，其质玉乎”，盖是也①。

韩国文人李仁老认为自《诗经》遗风亡佚以后只有杜诗独步一时，并借用扬雄《法言·五百》篇中的“玲珑其声者，其质玉乎”，玲珑，拟声词。玉声，泛指清越的声音，“君子比德于玉”，是儒家的一个传统的含有美感情趣的比喻。认为玉的光滑温润的外表，似柔而坚的质感，有棱角而不伤人的形状，与君子的仁义、坚定、廉洁的品德有相似之处，故坠之以象征“不可形”的美德。这虽然只是一个简单的比喻，但却符合事辞相称、华实相副的原则，认为凡是符合这个原则的“文”“辞”，即外表的文饰和语言，都可以比较确切地表达其内在含义，就如同“玲珑其声者，其质玉乎”。借用此句则是对杜诗的琢句法和忠义之节进行了极高的评价。

李圭景的《诗家点灯九·激少年语》篇在激励年轻人的语段中，直接引用了扬雄《法言·寡见》篇的“古者之学耕且养，三年通一经”。

> 彭士望示儿壻：“少年所兼擅者，昔日精神，物力境地，父母俱存，衣食粗给，血气充足，年力优富，人生快事。孰逾于此，而攻取之者，百端并出，有初开之嗜欲，有乍尝之势利，有杂至之人情，有尖出之童慧，加之有欲速成之父兄，语之以闲杂，使之以碎细，训之以诡滑，坚之以强犯，以此为持家之秘奥，而误用其聪明，有不端方之师长，芬华以诱悦，意指以逢迎，耳目以桎梏，才具以陷溺，以此为入世之纡衡，而杀人于诵习。奕世相传，群盲相引，浸润沦胥，莫可殚极。又其甚者，生长世禄，践历仕宦，见闻益阔，机智益深，交游益多，摧陷益横，罟穽密于笑谈，戈矛铦于拱揖，口语则冬雪夏零，形容则乌雏鹄白，诪张为幻，阻深若渊，势日益崇，身日益贱，家破国从，君亡名戮，载籍所记，比比然也。此皆先入之为主，既已差于毫厘，及后事之备，尝仍窃取其故智，士习不更，气运不变，童蒙不朴，师讼不衰，厝火积薪，恬卧其上，煮鸩淬剑，甘食其中，靡哲不愚，可哀也。”其语甚端，宜作医俗病者。章世纯与临川十二子书：“‘名与位皆可致，其年不可及’，则美乎少者之辞也。‘古者之学耕且养，三年而通一经（一）’，则需乎少者辞也。‘少年纵意用笔，取快于一时，末路未有不悔懊者’，则警乎少者之辞也。由警知需，由需致美，又何以测其所至哉？”
>
> （一）《扬子·法言》：“古者之学耕且养，三年通一经”②。

彭士望（1610—1683），字达生，号躬庵。江西南昌人。彭士望早年曾为史可法幕僚，后隐居以躬耕自给为乐。明亡之后，以讲学教徒为业。他对年轻人为人为学了解得相当透彻。此段开始就表达出少年淳朴而未受后世世风污染的可贵，后来接受了势

① 蔡美花，赵季主编：《韩国诗话全编校注》，人民文学出版社 2012 年版，第 1940 页。

② 同上，第 6433 页。

利的入世教育的少年本心也从善良变得世俗功利了，越来越推崇名利，日益轻贱自身，以致国破家亡，这样的记载随处可见。本来少年对事物有着最纯粹的认识，经过这样的教育之后却变得繁琐世俗了。最后引用了扬雄《法言·寡见》篇的“古者之学耕且养，三年通一经。今之学者，非独为之华藻也，又从而绣其鞶帨，恶在《老》不《老》也”①，意为古时的人一边耕田养家一边学习，尚且能够三年读通一经。现在的治学就像做衣服一样，不仅要在衣服上施染颜色还要绣上花纹以修饰，显得繁琐且没有必要，对经书的解说之辞也应该“去其繁琐，留其精要”，“精要”也就是没有被世俗观点影响，对事物有最纯粹的看法的“少年之辞”。

扬雄思想散见于他的著作中，韩国文人通过撷取扬雄作品中的相关语句，或是入诗或是点评或是化用典故，基本上是认同扬雄在作品中所传递的想法。文人讲求“无一字无来历”，通过引用扬雄作品亦可使诗辞赋显得含蓄而精炼，从而充实和丰富自身文学创作。

三、创作观念的接受和发展

扬雄的辞赋创作和文学理论对后世产生了深厚的影响，韩国诗话中也有相关篇章表现出韩国文人对其文学理论、创作方式的接受。

韩国诗话中的《诗话类聚》（佚名），是书全部抄自中国《古今事文类聚》，然后依《古今事文类聚》按仙、道士、僧等名目分列诗话，每则诗话小标题亦同《古今事文类聚》，其末尾略加一二评点。其中《当追故作》篇提到对前人创作方式的模仿学习：

> 山谷云：“作赋须以宋玉、贾谊、相如、子云为之师，略依仿其步骤，乃有古风。”老杜咏吴生画云：“画手看前辈，吴生远擅场。”盖古人于能事不独求夸时辈，要须前辈中擅场。
>
> （一）地步脱“要须前辈”，据《古今事文类聚别集》卷十一补②。

这一段诗话摘自宋胡仔撰写的《苕溪渔隐丛话》，黄山谷（黄庭坚）认为作赋需要以宋玉、贾谊、相如、子云为师，略微模仿其创作步骤，模仿其为文之道，乃有古风。韩国文人借此表达在学习和创作中不能仅把眼光放在今人身上，还应多向古人学习。这一观点与曹丕《典论·论文》中的：“常人贵远贱近，向声背实。”以及刘勰在《文心雕龙·知音》篇提到的时人贵古贱今、贱同思古的问题有一定联系。

---

① 汪荣宝撰，陈仲夫点校：《法言义疏》，中华书局 1987 年版，第 220 页。

② 蔡美花、赵季主编：《韩国诗话全编校注》，人民文学出版社 2012 年版，第 3366 页。

《东洋诗学源流》（佚名）中有一篇“诗法论”，论及扬雄“读千赋则能赋”的创作理念：

王渔洋论学诗之法，当以性情学问相辅，其言曰：“司空表圣云‘不着一字，尽得风流’，此性情之说也。扬子云云‘读千赋则能赋’，此学问之说也。二者相辅而行，不可偏废。”①

扬雄本人也确实“博览无所不见”，随着学习的深入，他已经不单单满足于经学，他所追求的知识，是整个自然宇宙，涵盖了哲学、史学、天文、历法、语言文字、音乐等，这些都成为他感兴趣的东西。扬雄之所以成为两汉之际著名的博通学者，取得了如此大的成就，就在于对“学”的毕生坚守。韩国文人在此引王士禛“神韵说”与扬子云“读千赋则能赋”来说明学诗之法要同时兼顾内在性情在文学作品中的流动和深厚的学问功底。在此，韩国文人注意到了“读千赋则善赋”的文学创作方法，创作需要以书为本，积累材料，从读到写需要长期的反复实践才能提高。“神韵”和“读千赋则能赋”二者不可偏废。

其次，李瀷《星湖僿说·心画》中有对扬雄《法言·问神》篇的一个摘录：

六艺之一曰书。书者，六书也。释者谓书以见心画。画如绘画之画，非入声读者也。“心画”字出《法言》，曰：“言，心声也；书，心画也。”谓心内有思，声发为言。言可以面传，而不可以垂后，则画其心以传也。如心内念天，书成天字，心内念地，书成地字。天地字便是心之绘书，六书是也。今笔家辨其筋骨，谓之心画，而入声读。虽古之博洽，莫不如此。循用既久，卒难晓解也②。

现将扬雄《法言》中的原文引出进行对比研究。扬雄首次在其著作《法言·问神》中对“言”与“书”的关系论述如下：

言不能达其心，书不能表其言。难矣哉！惟圣人得言之解，得书之体。白日以照之，江河以涤之，灏灏乎其莫之御也。面相之辞相适，捈中心之所欲，通诸人之嚍嚍者，莫如言。弥纶天下之事，记久明远，著古昔之㗻㗻，传千里之忞忞者，莫如书。故言，心声也；书，心画也。声画形，君子小人见矣。声画者，君子小人之所以动情乎③。

这里所提到的“言，心声也；书，心画也”，成为后世“心画说”的发端。在《法言义疏》中“声发成言，画纸成书。书有文质，言有史野，二者之来，皆由于心”。通过对此注解的分析，可以发现扬雄所谓的“书，心画也”中的“书”字，相

① 蔡美花、赵季主编：《韩国诗话全编校注》，人民文学出版社2012年版，第9933—9934页。
② 同上，第3727页。
③ 汪荣宝撰，陈仲夫点校：《法言义疏》，中华书局1987年版，第159—160页。

较于现在人们所认知的“字迹”“书法”之义，更多指的是偏重“文质”的文章之义。因此，最初“心画说”并不是作为一种书法批评的理论被提出的，其本意也并非现在为人所熟知的由字观心之义，而更多的是指载道之文为作者心灵之写照之义。从《中国书法史》中可以看到“心画说”理论体系经历了三个发展阶段：第一阶段是扬雄提出的“书为心画说”；第二阶段是柳公权提出的“心正则笔正说”；第三阶段是“书如其人说”。“书”含有书写之义，所以便与书写之人相关联，与书写之心相关联，反映书写之心，成为“心画”。这为后来学者将“心画说”升华到文学理论范畴提供了内在的可能性。

可见，中国文人主要将“心画说”作为重要的书画批评理论加以运用，而韩国文人对“心画说”的接受和运用不尽相同。遍检现存韩国文献，在韩国首先使用“心画”一词的是崔致远，他在代真圣女王所撰的《谢赐诏书两函表》中写道：“而乃臣亡兄赠太傅臣晸，生知老教，雅善秦言。茂才则何翅铮铮，善话则实余衮衮。故得身文耀俗，心画超伦。”① 此时，崔致远登上回国的船只，归国之后未得实权，难以实现抱负，文中称赞宪康王“心画超伦”（文章超凡），感谢诏敕，并援引了唐僖宗对新罗的赞扬。此处的“心画”意为“文章”，与扬雄的“心画”同义。

从之后的高丽时代开始，文人逐渐用“心画”来指代书画，从检索结果来看，高丽时代的文人有关“心画”的记载有 1 条，其出现在李牧隐的《待礼禅师》中：“尘尘刹刹笔生风，心画方传勤懒翁。”② 由此可见，在高丽后期“心画”一词的含义由“文章”转变为“书法”，并开始用在了笔法运行的书法批评中。

到了朝鲜时期，朝鲜文人李瀷在《贞谷家藏贴小序》有所论及，从全新的角度诠释了“书为心画说”：

> 古者六艺兴士，书居其一。释者断之谓以见心画，盖以心不能自著，因言有声，书又画绘之要，使人看如丹青之写物，不然心几乎泯矣。故象形谐声之类，定为小学之科，此何尝涉乎技术意思耶？嗟夫篆文废而古法隐，钟王放而隶意荒。彼笔家者流，拘于取妍，随意增删，无复貌样。而后人犹以小信大，伪之又伪，本之则远，是使天下方巾之士，将靡然垫角而不知愧，岂非可笑之甚。李君独能拔出于科臼，嘐然有反淳之志。苟非六书典则，虽在钟王真迹，不以艳其名而有

① 韩国民族文化推进会：（标点影印本）《韩国文集丛刊·孤云先生文集》卷一《谢赐召书两函表》，景仁文化社 1990 年版，第 157—158 页。

② 韩国民族文化推进会：（标点影印本）《韩国文集丛刊·牧隐集》卷一九《待礼禅师》，景仁文化社 1990 年版，第 245 页。

所流循。于是有贱霸之义，为翰墨正法[①]。

李瀷指出“释者断之谓以见心画，盖以心不能自著，因言有声，书又画绘之要，使人看如丹青之写物，不然心几乎泯矣。”将书与画类比，浅显易懂地解释了“书为心画”这一理论。正是因为书为心之画，可以如丹青写物般，描写心画，所以才列于小学。而当今世人一味地追求技术，篆文荒废，古法隐没，实为可叹。文末作者提出自己的主张，即若非按六书之典则而书，即使是钟繇王羲之的真迹，也不应彰显其名，流传其书。此观点或有偏颇，但李瀷对“书为心画说”的儒学式的接受方式，对于我们了解朝鲜时期文人对“心画说”的接受和认知情况具有十分重要的意义。

李瀷在《星湖僿说》中对“心画说”还有更为具体的论述：

昔退之铭樊绍述，子长传司马长卿，皆似其人。古人作诗文，必准意想精神遇会，然后方下笔，如画其人则必似其人也，诗文与模写何异哉。（《退溪先生序》）

凡事物之真境，思不如闻，闻不如见。或百世之前，千里之外，何得以目观真实，惟付在文字，故曰：书，心画也，画出状貌，庶几其仿佛见之，而有盖于事也。

家藏东坡竹一幅。一枝一叶百分肖似。乃所谓写真也。神在形中，形已不似，神可得以传耶？此云者盖谓，形似而之精神。虽此物而光彩也，余则曰精神而形不似，宁似光彩而他物宁此物[②]。

可见扬雄所说的“心画”和李瀷一贯的思想主张有着密切的关系。李瀷是高丽时期经学派的代表，他的文学主张自然受到经学的影响。他在《星湖僿说》中反复强调诗歌创作要正确认识并且真实地描写客观事物，进而达到真实性、绘画性、具体性的和谐统一。上面的这些言论，正体现了李瀷现实主义的文学主张和他的诗歌美学思想，即要求诗歌创作要“写出真境”“画出状貌”“形似而之精神”，做到真实性、绘画性、具体性和谐统一。书，即心画，诗歌创作何尝不是一种心画，诗歌中不仅体现了绘画性，更是将文人具体真实的情感有机地结合起来。这是对扬雄文学创作方式的一种认同，并影响到李瀷的诗歌创作，从而形成自身的美学主张。

如上所述，朝鲜文人对“书为心画说”从书法批评转变到“泛儒学”式的接受，将其与“六艺”或“六书”相联系，阐明其所具有的重要意义，从“心画”形而上的笔法、书法发展到形而下的文学理论层面，证明此时的文人在接受的过程中，把“书

① 韩国民族文化推进会：（标点影印本）《韩国文集丛刊・星湖全集》卷五〇《贞谷家藏帖小序》，景仁文化社 1990 年版，第 426 页。

② 蔡美花、赵季主编：《韩国诗话全编校注》，人民文学出版社 2012 年版，第 3817—3818 页。

为心画说”的理论内化到自身的文学创作中，并根据自己的理解和认知对“书为心画说”进行了内部的继承和发展。

四、结语

中国文学史上的代表作家、作品，韩国诗话均有所体认品评，其中评语或赞赏，或摘录，不一而足，时有所见。总而言之，韩国诗话家们有关扬雄的诗话主要可分为：对扬雄个性气质的评述、作品评价以及创作理念的接受这三类。韩国文人的评价大多和中国诗评相同，从以上整理的韩国诗话关于扬雄的评述可以看出，韩国文人在引用作品内容时有的不是全文，只是截取作品中的某一句话，并且有所删减。韩国文人的评述多是以“闲谈”“杂录”的形式，篇幅短小，内容繁杂，偶提一句，没有专论的部分，不易形成系统的诗论。接受部分，本文仅论述了韩国文人对扬雄的“心画说”的接受和发展情况，有关扬雄的其他文学理论零散地体现在韩国文人的创作中，有待进一步整理。若要形成系统的接受论还需深入研究，挖掘其中内在联系。

（注：本文已发表于《福州大学学报》（哲学社会科学版）2019 年第 1 期。）

（作者单位：四川师范大学文学院）

论扬雄对李白的影响

沈曙东

内容提要： 扬马作为蜀中文学和文化传统的杰出代表，对后来的蜀士产生了深远的影响。如果结合李白还山前后的理想追求来看，我们发现，扬雄对李白的影响似更为直接。扬雄“献赋长杨苑”大大激发了李白实现人生理想的斗志，而当“功成身退”的理想一时难以实现的时候，“闭关草《太玄》”又成为李白理想人生的一种精神慰藉。同时，在前辈乡贤“开流之功”的鼓舞下，李白“贵清真”“尚清新”，完成了唐代的诗歌革新，发出盛唐时代的最强音。实际上，无论是司马相如、扬雄，抑或诸葛亮、陈子昂，他们对李白的影响，从本质上都体现为李白对巴蜀士文化传统的眷恋和承传。

关键词： 扬雄；李白；献赋；《太玄》；清真

扬马作为蜀中文学和文化传统的杰出代表，对后来的蜀士产生了深远的影响。后之蜀士纷纷以扬马为奋斗目标，对人物的品评也十分自然地以扬马为参照。以李白为例，任华《杂言寄李白》云：“古来文章有奔逸气，耸高格，清人心神，惊人魂魄，我闻当今有李白。《大鹏赋》，《鸿猷》文，嗤长卿，笑子云。”[①] 李阳冰《草堂集序》亦云：“自三代以来，《风》《骚》之后，驰驱屈宋，鞭挞扬马，千载独步，惟公一人。”[②] 就李白自身而言，其受扬马的影响不言而喻。追溯其早年的文学教育，正是从习扬马之赋开始的。《秋于敬亭送从侄专游庐山序》云：“余小时，大人令诵《子虚赋》，私

① ［清］王琦：《李太白全集》卷三二，中华书局1977年版，第1491页。
② ［清］王琦：《李太白全集》卷三一，中华书局1977年版，第1445页。

心慕之。”①《赠张相镐二首》其二云：“十五观奇书，作赋凌相如。”② 这种影响在独孤及《送李白之曹南序》中也可看到：“曩子之入秦也，上方览《子虚》之赋，喜相如同时。”③ 此即天宝献赋，李白《温泉侍从归逢故人》云：“子云叨侍从，献赋有光辉。”④ 并于《东武吟》回忆道：“因学扬子云，献赋甘泉宫。”⑤ 李白视扬马为乡贤，其《淮南卧病书怀寄蜀中赵徵君蕤》云：“吴会一浮云，飘如远行客。功业莫从就，岁光屡奔迫。良图俄弃捐，衰疾乃绵剧。古琴藏虚匣，长剑挂空壁。楚怀奏钟仪，越吟比庄舄。国门遥天外，乡路远山隔。朝忆相如台，夜梦子云宅。旅情初结缉，秋气方寂历。风入松下清，露出草间白。故人不可见，幽梦谁与适。寄书西飞鸿，赠尔慰离析。”⑥ 此诗开元十四年秋（726）作于扬州⑦。一年多的吴越漫游，李白干谒无成，身心疲惫，病中分外想念家乡蜀中。司马相如的抚琴台、扬雄的草玄堂，此时已化为浓浓乡情。有学者指出：“扬马虽先后并称，风格有相通处，但扬雄赋更重思理字学，且多愁苦之言；相如赋则更重气度夸饰，尤具凭虚之致。故李白杜甫虽扬马并推，而在杜甫更崇扬雄，而李白则更近相如。”⑧ 如果结合李白还山前后的理想追求来看，我们发现，扬雄对李白的影响似更为直接。

《史记·司马相如列传》曰：“司马相如者，蜀郡成都人也，字长卿。少时好读书，学击剑，故其亲名之曰犬子。相如既学，慕蔺相如之为人，更名相如。以赀为郎，事孝景帝，为武骑常侍，非其好也。会景帝不好辞赋，是时梁孝王来朝，从游说之士齐人邹阳、淮阴枚乘、吴庄忌夫子之徒，相如见而说之，因病免，客游梁。梁孝王令与诸生同舍，相如得与诸生游士居数岁，乃著《子虚之赋》。”⑨ 游士盛于战国，至秦一度被限，汉初分封后又开始活跃。相如欣赏的邹阳、枚乘、庄忌等人都是著名的游士。游士有辩才，擅辞赋，既能冒险游说，又能超世独立，这些都对司马相如产生了重要影响。可以说，司马相如为蜀士树立了一个榜样，并经过王褒、扬雄等人的努力而形成一种传统。“而汉末三国时深研纵横王霸之术的诸葛亮入蜀，则又为蜀地的纵横游宦传统增添了经世致用的新内涵。”⑩ 其中，功成身退、经世致用、傲岸独立等对身处开天盛世的李白产生了巨大的影响。

---

① ［清］王琦：《李太白全集》卷二七，中华书局1977年版，第1266—1267页。
② ［清］王琦：《李太白全集》卷一一，中华书局1977年版，第599页。
③ ［清］王琦：《李太白全集》卷三二，中华书局1977年版，第1492页。
④ ［清］王琦：《李太白全集》卷九，中华书局1977年版，第486页。
⑤ ［清］王琦：《李太白全集》卷五，中华书局1977年版，第311—312页。
⑥ ［清］王琦：《李太白全集》卷一三，中华书局1977年版，第648—650页。
⑦ 安旗等笺注：《李白全集编年笺注》卷一，中华书局2015年版，第80—83页。
⑧ 赵昌平：《李白的“相如情结”》，《文学遗产》1999年第5期。
⑨ ［汉］司马迁：《史记》卷一一七，中华书局1982年版，第2999页。
⑩ 贾晋华：《蜀文化与陈子昂、李白》，《唐代文学研究》1992年第3期。

谈及李白实现理想的途径时，陈贻焮先生指出："这样非凡的人物，要想实现这样非凡的理想，就势必要采取非凡的方式，走非凡的途径。应举入仕实在太平常了。交游干谒、求仙访道、退隐山林，本身自是无奇，但多管齐下，若能从而一步登天，感会风云，出将入相，倒也不落俗套，于是就为李白所选中而依为进身之阶上天之梯。"① 早在蜀中之时，李白就从盐亭赵蕤习纵横术，并开始遍干诸侯。拜益州长史苏颋，颋待以布衣之礼，谓群僚曰："此子天才英丽，下笔不休，虽风力未成，且见专车之骨，若广之以学，可以相如比肩也。"② 至渝州谒李邕，遭受一场冷遇，李白却充满自信地以诗回敬："大鹏一日同风起，扶摇直上九万里。假令风歇时下来，犹能簸却沧溟水。世人见我恒殊调，闻余大言皆冷笑。宣父犹能畏后生，丈夫未可轻年少。"③ 开元十二年（724）李白仗剑去国、辞亲远游时，以诗明志："莫怪无心恋清境，已将书剑许明时。"④ 出蜀漫游，又频繁向地方长官上书，前后有《上安州李长史书》《上安州裴长史书》《与韩荆州书》等，自叙学习经历，自陈四方之志，示以高洁人品，展现过人才华，以求赏识鉴拔。《上安州李长史书》言其悲苦："白孤剑谁托，悲歌自怜，迫于恓惶，席不暇暖，寄绝国而何仰，若浮云而无依，南徙莫从，北游失路。"⑤《上安州裴长史书》述其才志："五岁诵六甲，十岁观百家，轩辕以来，颇得闻矣。常横经籍书，制作不倦，迄于今三十春矣。以为士生则桑弧蓬矢，射乎四方，故知大丈夫必有四方之志。乃杖剑去国，辞亲远游。……前此郡督马公，朝野豪彦；一见礼，许为奇才。因谓长史李京之曰：'诸人之文，犹山无烟霞，春无草树。李白之文，清雄奔放，名章俊语，络绎间起，光明洞澈，句句动人。'"⑥《与韩荆州书》陈其意愿："白闻天下谈士相聚而言曰：'生不用万户侯，但愿一识韩荆州。'何令人之景慕，一至于此耶！岂不以有周公之风，躬吐握之事，使海内豪俊，奔走而归之，一登龙门，则声誉十倍。所以龙盘凤逸之士，皆欲收名定价于君侯。愿君侯不以富贵而骄之，寒贱而忽之，则三千宾中有毛遂，使白得颖脱而出，即其人焉。"⑦ 为了"申管晏之谈，谋帝王之术，奋其智能，愿为辅弼，使寰区大定，海县清一"⑧，李白纵横文辩，多方培植声誉，最终

① 陈贻焮：《唐代某些知识分子隐逸求仙的政治目的——兼论李白的政治理想和从政途径》，《北京大学学报》（人文科学）1961年第3期。

② ［清］王琦：《李太白全集》卷二六，中华书局1977年版，第1247页。

③ ［清］王琦：《李太白全集》卷九，中华书局1977年版，第511—512页。

④ 安旗等笺注：《李白全集编年笺注》卷一，中华书局2015年版，第21—22页。

⑤ ［清］王琦：《李太白全集》卷二六，中华书局1977年版，第1229页。

⑥ 同上，第1243—1251页。

⑦ 同上，第1239页。

⑧ 同上，第1225页。

“与丹邱因持盈法师达，白亦因之入翰林，名动京师”①。《赠从弟南平太守之遥二首》其一忆其盛况：“汉家天子驰驷马，赤车蜀道迎相如。天门九重谒圣人，龙颜一解四海春。彤庭左右呼万岁，拜贺明主收沉沦。翰林秉笔回英盼，麟阁峥嵘谁可见？承恩初入银台门，著书独在金銮殿。龙驹雕镫白玉鞍，象床绮席黄金盘。当时笑我微贱者，却来请谒为交欢。”②

待诏翰林前期，李白处境优越，以扬雄献赋自比，颇为得意，这实际上也是对之前锲而不舍的努力做出了解释。其《温泉侍从归逢故人》云：“汉帝长杨苑，夸胡羽猎归。子云叨侍从，献赋有光辉。激赏摇天笔，承恩赐御衣。逢君奏明主，他日共翻飞。”③《汉书·扬雄传》：“明年，上将大夸胡人以多禽兽，秋，命右扶风发民入南山，西自褒斜，东至弘农，南驱汉中，张罗网罝罘，捕熊罴豪猪虎豹狖玃狐兔麋鹿，载以槛车，输长杨射熊馆。以网为周阹，（纵）禽兽其中，令胡人手搏之，自取其获，上亲临观焉。是时，农民不得收敛。雄从至射熊馆，还，上《长杨赋》，聊因笔墨之成文章，故借翰林以为主人，子墨为客卿以风。”④ 朱谏释此诗云：“李白侍从明皇游温泉，归逢故人，而作此诗，以子云从成帝于长杨之事言之。昔者汉成帝游于长杨之苑，大夸胡人以多禽兽，遂为羽猎之举。子云侍从，献赋讽谏，辞严义正，有光辉焉。蒙天子之激赏，有御衣之颁赐。我今侍从温泉，乃与子云同一揆也。乃是天子之近臣，安敢蔽贤以固宠也？归途逢君，知君之才，以俟他日当荐于朝，同升诸公，相与翻飞于云霄之上也。”⑤ 天宝三载（744），李白作《东武吟》，以扬雄献赋自喻，回顾了自己奉诏入京、待诏献赋的经历：“好古笑流俗，素闻贤达风。方希佐明主，长揖辞成功。白日在高天，回光烛微躬。恭承凤凰诏，欻起云萝中。清切紫霄迥，优游丹禁通。君王赐颜色，声价凌烟虹。乘舆拥翠盖，扈从金城东。宝马丽绝景，锦衣入新丰。依岩望松雪，对酒鸣丝桐。因学扬子云，献赋甘泉宫。天书美片善，清芬播无穷。归来入咸阳，谈笑皆王公。”⑥《汉书·扬雄传》：“孝成帝时，客有荐雄文似相如者，上方郊祠甘泉泰畤、汾阴后土，以求继嗣，召雄待诏承明之庭。正月，从上甘泉，还奏《甘泉赋》以风。”⑦ 类似的情形在李白后来的回忆之作中经常出现，如《忆旧游寄谯郡元

---

① ［清］王琦：《李太白全集》卷三一，中华书局1977年版，第1449页。

② ［清］王琦：《李太白全集》卷一一，中华书局1977年版，第586—588页。

③ ［清］王琦：《李太白全集》卷九，中华书局1977年版，第486页。

④ ［汉］班固：《汉书》卷八七下，中华书局2007年版，第3557页。

⑤ 詹锳主编：《李白全集校注汇释集评》卷八，百花文艺出版社1996年版，第1354—1355页。

⑥ ［清］王琦：《李太白全集》卷五，中华书局1977年版，第311—314页。按，不仅如此，李白还将好友比作扬雄，如《送王屋山人魏万还王屋》：“吾友扬子云，弦歌播清芬。虽为江宁宰，好与山公群。乘兴但一行，且知我爱君。”（［清］王琦：《李太白全集》卷一六，中华书局1977年版，第758—760页）此指江宁县令杨利物。

⑦ ［汉］班固：《汉书》卷八七上，中华书局2007年版，第3522页。

参军》云："翠娥婵娟初月辉，美人更唱舞罗衣。清风吹歌入空去，歌曲自绕行云飞。此时行乐难再遇，西游因献《长杨赋》。北阙青云不可期，东山白首还归去。"[①] 又《答杜秀才五松山见赠》云："昔献《长杨赋》，天开云雨欢。当时待诏承明里，皆道扬雄才可观。敕赐飞龙二天马，黄金络头白玉鞍。浮云蔽日去不返，总为秋风摧紫兰。"[②]

值得注意的是，李白在揄扬扬雄献赋的同时，又极力批评其后期草《太玄》，表现出对其只做一个皓首穷经的儒生的不屑。《嘲鲁儒》云："鲁叟谈《五经》，白发死章句。问以经济策，茫如坠烟雾。足著远游履，首戴方山巾。缓步从直道，未行先起尘。秦家丞相府，不重褒衣人。君非叔孙通，与我本殊伦。时事且未达，归耕汶水滨。"[③]《唐宋诗醇》卷八："儒不可轻，若死守章句，而不达时事，则貌为儒而已。汉宣帝所谓俗儒不达时宜，叔孙通所谓鄙儒，施之此人则可矣。"[④]"儒生不及游侠人，白首下帷复何益"[⑤]，"侠"是李白性格中的一个重要特点，如魏颢在《李翰林集序》中就说李白"少任侠，手刃数人"[⑥]。李白少年时曾随赵蕤习纵横术，好击剑，尚游侠，乐善好施，自述"十五好剑术，遍干诸侯"[⑦]，"曩昔东游维扬，不逾一年，散金三十余万，有落魄公子，悉皆济之。此则是白之轻财好施也。又昔与蜀中友人吴指南同游于楚，指南死于洞庭之上，白禫服恸哭，若丧天伦。炎月伏尸，泣尽而继之以血。行路闻者，悉皆伤心。猛虎前临，坚守不动。遂权殡于湖侧，便之金陵。数年来观，筋肉尚在。白雪泣持刃，躬申洗削。裹骨徒步，负之而趋。寝兴携持，无辍身手。遂丐贷营葬于鄂城之东，故乡路遥，魂魄无主，礼以迁窆，式昭朋情。此则是白存交重义也。"[⑧] 对于历史上的高义侠客，李白充满了崇敬与向往，如《古风》其十云："齐有倜傥生，鲁连特高妙。明月出海底，一朝开光曜。却秦振英声，后世仰末照。意轻千金赠，顾向平原笑。吾亦澹荡人，拂衣可同调。"[⑨] 在人生的征途中，李白一直将鲁连、朱亥、侯嬴、范蠡、荆轲、高渐离等侠客当作自己效仿的榜样。

因此，对于扬雄之白首《太玄经》，李白《侠客行》云："赵客缦胡缨，吴钩霜雪明。银鞍照白马，飒沓如流星。十步杀一人，千里不留行。事了拂衣去，深藏身与名。

---

① ［清］王琦：《李太白全集》卷一三，中华书局1977年版，第663—667页。
② ［清］王琦：《李太白全集》卷一九，中华书局1977年版，第904—907页。
③ ［清］王琦：《李太白全集》卷二五，中华书局1977年版，第1157—1158页。
④ 詹锳主编：《李白全集校注汇释集评》卷二三，百花文艺出版社1996年版，第3612页。
⑤ ［清］王琦：《李太白全集》卷三，中华书局1977年版，第181—182页。
⑥ ［清］王琦：《李太白全集》卷三一，中华书局1977年版，第1450—1451页。
⑦ ［清］王琦：《李太白全集》卷二六，中华书局1977年版，第1240页。
⑧ 同上，第1243—1251页。
⑨ ［清］王琦：《李太白全集》卷二，中华书局1977年版，第101—102页。

闲过信陵饮，脱剑膝前横。将炙啖朱亥，持觞劝侯嬴。三杯吐然诺，五岳倒为轻。眼花耳热后，意气素霓生。救赵挥金槌，邯郸先震惊。千秋二壮士，烜赫大梁城。纵死侠骨香，不惭世上英。谁能书阁下，白首《太玄经》。"① 《汉书·扬雄传》："哀帝时丁、傅、董贤用事，诸附离之者或起家至二千石。时雄方草《太玄》，有以自守，泊如也……夫蔺先生收功于章台，四皓采荣于南山，公孙创业于金马，票骑发迹于祁连，司马长卿窃訾于卓氏，东方朔割（炙）于细君。仆诚不能与此数公者并，故默然独守吾《太玄》……王莽时，刘歆、甄丰皆为上公，莽既以符命自立，即位之后欲绝其原以神前事，而丰子寻、歆子棻复献之。莽诛丰父子，投棻四裔，辞所连及，便收不请。时雄校书天禄阁上，治狱使者来，欲收雄，雄恐不能自免，乃从阁上自投下，几死。莽闻之曰：'雄素不与事，何故在此？'间请问其故，乃刘棻尝从雄学作奇字，雄不知情。有诏勿问。然京师为之语曰：'惟寂寞，自投阁；爰清静，作符命。'"② 李白于此对扬雄草《太玄》的态度，正如萧士赟所指出的："此诗似祖鲍照诗'闭帏草《太玄》，兹事太愚狂'之意。"③《汉书·游侠传》言侠有四豪："魏有信陵，赵有平原，齐有孟尝，楚有春申。"④ 魏国公子信陵君礼贤下士，有门客三千。其中，朱亥、侯嬴助其夺军救赵，解邯郸之围，是为侠客之雄者。千载之下，有谁没有听过二位的大名呢？又何必事章句之末，老于书阁之下呢？不过，随着赐金还山，李白的态度也发生了转折性的变化。

和前期相比，李白待诏翰林后期的处境显得越来越糟糕：朝中奸佞当道，帝王日益见疏，个人有志难伸。《玉壶吟》云："烈士击玉壶，壮心惜暮年。三杯拂剑舞秋月，忽然高咏涕泗涟。凤凰初下紫泥诏，谒帝称觞登御筵。揄扬九重万乘主，谑浪赤墀青琐贤。朝天数换飞龙马，敕赐珊瑚白玉鞭。世人不识东方朔，大隐金门是谪仙。西施宜笑复宜颦，丑女效之徒累身。君王虽爱蛾眉好，无奈宫中妒杀人！"⑤《答高山人兼呈权顾二侯》云："谗惑英主心，恩疏佞臣计。彷徨庭阙下，叹息光阴逝。未作仲宣诗，先流贾生涕。挂帆秋江上，不为云罗制。山海向东倾，百川无尽势。我于鸱夷子，相去千余岁。运阔英达稀，同风遥执袂。登舻望远水，忽见沧浪枻。高士何处来，虚舟渺安系。衣貌本淳古，文章多佳丽。延引故乡人，风义未沦替。顾侯达语默，权子识通蔽。曾是无心云，俱为此留滞。双萍易飘转，独鹤思凌厉。明晨去潇湘，共谒苍梧

---

① ［清］王琦：《李太白全集》卷三，中华书局 1977 年版，第 216—218 页。
② ［汉］班固：《汉书》卷八七下，中华书局 2007 年版，第 3565—3584 页。
③ 詹锳主编：《李白全集校注汇释集评》卷，百花文艺出版社 1996 年版，第 493 页。
④ ［汉］班固：《汉书》卷九二，中华书局 2007 年版，第 3697—3698 页。
⑤ ［清］王琦：《李太白全集》卷七，中华书局 1977 年版，第 377—379 页。

帝。”[①] 经过反复的思想斗争，李白最终自信地选择了还山：“一朝去金马，飘落成飞蓬。宾客日疏散，玉樽亦已空。才力犹可倚，不惭世上雄。闲作东武吟，曲尽情未终。书此谢知己，吾寻黄绮翁。”[②] 严评本载明人批：“‘才力’两句亦慷慨，亦豪迈。”[③]

赐金还山之后，李白对扬雄草《太玄》逐渐产生了共鸣。《留别广陵诸公》云：“忆昔作少年，结交赵与燕。金羁络骏马，锦带横龙泉。寸心无疑事，所向非徒然。晚节觉此疏，猎精草《太玄》。空名束壮士，薄俗弃高贤。中回圣明顾，挥翰凌云烟。骑虎不敢下，攀龙忽堕天。还家守清真，孤洁励秋蝉。炼丹费火石，采药穷山川。卧海不关人，租税辽东田。乘兴忽复起，棹歌溪中船。临醉谢葛疆，山公欲倒鞭。狂歌自此别，垂钓沧浪前。”[④] “晚节”指暮年，“猎精”言采取其精华。诗中自叙少年任侠，中岁得宠，晚节探玄。朱谏云：“言我于少年之时，习于任侠之事，及至晚年，自觉其非，及至晚年，乃潜心于经史，猎道德之精以草《太玄》。”[⑤] 又《古风》其四十六云：“一百四十年，国容何赫然！隐隐五凤楼，峨峨横三川。王侯象星月，宾客如云烟。斗鸡金宫里，蹴踘瑶台边。举动摇白日，指挥回青天。当涂何翕忽，失路长弃捐。独有扬执戟，闭关草《太玄》。”[⑥] 扬雄《解嘲》云：“当涂者入青云，失路者委沟渠，旦握权则为卿相，夕失势则为匹夫。”[⑦] 人人皆急而求进，唯有扬雄闭门草《玄》，淡泊自如，不求闻达。徐祯卿曰：“此辈得志之人，据要路则气焰挥霍，而失路则终于弃捐而不用也。唯扬子云则闭门著书，以道自守，不以得丧为心。”[⑧] 李白在这里以扬雄自拟，意欲归隐，宁静自守。《古风》其八即为同时有感而作：“咸阳二三月，宫柳黄金枝。绿帻谁家子，卖珠轻薄儿。日暮醉酒归，白马骄且驰。意气人所仰，冶游方及时。子云不晓事，晚献长杨辞。赋达身已老，草玄鬓若丝。投阁良可叹，但为此辈嗤。”[⑨]

从对闭关草《太玄》的不屑一顾到高度认同，李白对扬雄献赋的称颂始终未改变。功成身退是李白的人生理想。李白的一生，对建功立业的追求可谓矢志不渝。无论是天宝年间的赐金还山，还是后来的坐狱浔阳、长流夜郎等，都阻挡不了其建功立业的热情。出浔阳狱后，“怀经济之才，抗巢由之节，文可以变风俗，学可以究天人”[⑩]；临

---

① ［清］王琦：《李太白全集》卷一九，中华书局 1977 年版，第 902—904 页。
② ［清］王琦：《李太白全集》卷五，中华书局 1977 年版，第 311—314 页。
③ 詹锳主编：《李白全集校注汇释集评》卷五，百花文艺出版社 1996 年版，第 796 页。
④ ［清］王琦：《李太白全集》卷一五，中华书局 1977 年版，第 718—719 页。
⑤ 詹锳主编：《李白全集校注汇释集评》卷一三，百花文艺出版社 1996 年版，第 2156—2161 页。
⑥ ［清］王琦：《李太白全集》卷二，中华书局 1977 年版，第 143—145 页。
⑦ ［汉］班固：《汉书》卷八七下，中华书局 2007 年版，第 3568—3570 页。
⑧ 詹锳主编：《李白全集校注汇释集评》第二卷，百花文艺出版社 1996 年版，第 216 页。
⑨ ［清］王琦：《李太白全集》卷二，中华书局 1977 年版，第 99—100 页。
⑩ ［清］王琦：《李太白全集》卷二六，中华书局 1977 年版，第 1218 页。

终前一年，“愿雪会稽耻，将期报恩荣”①。因此，从某种意义上说，在“功成”未实现之前，草《太玄》便成了李白的精神慰藉。

李白《古风》其一云：“大雅久不作，吾衰竟谁陈。王风委蔓草，战国多荆榛。龙虎相啖食，兵戈逮狂秦。正声何微茫，哀怨起骚人。扬马激颓波，开流荡无垠。废兴虽万变，宪章亦已沦。自从建安来，绮丽不足珍。圣代复元古，垂衣贵清真。群才属休明，乘运共跃鳞。文质相炳焕，众星罗秋旻。我志在删述，垂辉映千春。希圣如有立，绝笔于获麟。”② 诗中的“扬马激颓波”历来说法不一。《汉书·艺文志》：“汉兴枚乘、司马相如，下及扬子云，竞为侈丽闳衍之词，没其风谕之义。是以扬子悔之，曰：‘诗人之赋丽以则，辞人之赋丽以淫。’”③ 受此影响，唐汝询《唐诗解》卷三云：“此太白以文章自任，而有复古之思也。言《大雅》既绝，而宣尼又衰，时以无复陈诗者。王风则随蔓草消亡，世路则皆荆榛蔽塞。当七雄相啖之际，正声已微，即骚人哀怨之作，不足以追风雅。而扬、马广骚之末流，又恶足法乎？是以宪章日就沦没。至建安已后，绮丽极矣。惟我圣朝，倡复古道，变六朝之习而尚清真。于是群才并兴，如鳞之跃文；文质相杂，如星之罗。我亦欲乘时删述，垂光辉于千秋，以续获麟之统耳。夫太白以辞章之学欲空千古而绍素王，亦夸矣哉！”④ 这里对“扬马激颓波”的解释，显然是建立在对汉赋的指责与批评的基础之上的。

然而，李白对司马相如和扬雄是极为尊慕的，其创作亦颇得益于汉赋⑤，因此上述解释很难说通。林继中认为，纵观上下文，此处的“扬马激颓波”句法，用意和孟浩然《同卢明府泛舟回作》之“文章推后辈，风雅激颓波”相同，“激”是振起的意思，是从正面提出以司马相如、扬雄为代表的汉赋具有雅颂的精神，能反映汉帝国盛世的恢弘气象，使文学从哀怨之音中振起⑥。也就是说，李白在这里实际上充分肯定了司马相如、扬雄的开流之功，否则又如何有“废兴虽万变”之说呢？正如薛天纬指出的，“激”的准确解释应是“遏制”，即扬马遏制了颓波，可与卢臧用《右拾遗陈子昂文集序》“卓力千古，横制颓波”互证⑦。两位先生的观点是极有见地的。笔者认为，把握李白的文学观念，应抓住清真、盛世以及和平这几个重要的因素：贵清真是李白不变

---

① ［清］王琦：《李太白全集》卷一五，中华书局1977年版，第740页。

② ［清］王琦：《李太白全集》卷二，中华书局1977年版，第87—89页。

③ ［汉］班固：《汉书》卷三〇，中华书局2007年版，第1756页。

④ 詹锳主编：《李白全集校注汇释集评》卷二，百花文艺出版社1996年版，第26—27页。

⑤ 按，诗赋交融在唐代，尤其是初盛唐，是一个有时代意义的现象。作为《诗经》《楚辞》之后的一代文学，赋与诗关系密切，二者相互影响。李白诗赋兼擅，其赋吸收诗的营养，由体物转为抒情；其诗吸收赋体成分，纵恣奔放，气势磅礴；文体之间，既有交融，又有新变，其格极高，其变化若神龙之不可羁，是为仙才。详见余恕诚：《论赋与诗在李白笔下的交融》，《安庆师范学院学报》2007年第2期。

⑥ 林继中：《大雅之声——“盛世文学”的支点》，《文艺理论研究》2006年第5期。

⑦ 薛天纬：《李白诗解》，中国社会科学出版社2016年版，第303—316页。

的艺术追求，和平背景下的汉唐盛世则影响到李白的艺术审美。

综上所述，扬雄“献赋长杨苑”大大激发了李白实现人生理想的斗志，而当“功成身退”的理想一时难以实现的时候，“闭关草《太玄》”又成为李白理想人生的一种精神慰藉。同时，在前辈乡贤“开流之功”的鼓舞下，李白“贵清真”“尚清新”，完成了唐代的诗歌革新，发出盛唐时代的最强音。魏颢《李翰林集序》云：“自盘古划天地，天地之气，艮于西南。剑门上断，横江下绝，岷、峨之曲，别为锦川。蜀之人无闻则已，闻则杰出，是生相如、君平、王褒、扬雄，降有陈子昂、李白，皆五百年矣。”① 蜀士极重传统，太白去子昂不远，对其即极为尊慕，“五十篇《古风》，是学陈子昂《感遇》诗，其间多有全用他句处”②。可以说，无论是诗歌理论还是诗歌创作，李白都受到了陈子昂的影响，他们之间有许多一致的地方③。至于同乡前辈司马相如、扬雄，李白则更是魂牵梦绕。因此，无论是司马相如、扬雄，抑或诸葛亮、陈子昂，他们对李白的影响，从本质上都体现为李白对巴蜀士文化传统的眷恋和承传。

（作者单位：绵阳师范学院文学院）

① ［清］王琦：《李太白全集》卷三一，中华书局 1977 年版，第 1447—1448 页。

② ［宋］朱熹：《朱子语类》，中华书局 1994 年版，第 3325 页。按，同页还有类似表达：“李太白诗非无法度，乃从容于法度之中，盖圣于诗者也。古风两卷多效陈子昂，亦有全用其句处。”

③ 按，可参考吴明贤：《李白与陈子昂》，《青海民族学院学报》1989 年第 4 期；张瑞君：《李白与陈子昂》，《太原师范学院学报》2007 年第 1 期。

扬雄《方言》功在千秋

祁和晖

内容提要： 本文认为秦汉“方言”自觉意识始于由严君平、林闾翁孺、司马相如及扬雄等人构成的西汉中期的蜀学界，我国“国言”汉语，发展到方言阶段，因有这种自觉意识防止继续分化，故而在保存方言的同时，国言通语极大地发展。《周官·职方氏》中的职方氏职能体现了中国人数千年前就已自觉地在推进中华民族命运共同体的形成。

关键词： 扬雄；《方言》；“国言”；通语

一、秦汉“方言”自觉意识始于蜀学界

《汉书·艺文志》《华阳国志·扬雄传》中皆不记扬雄著有《方言》一书。《汉书·六艺略》记扬雄有字书“《训纂》一篇”。秦相李斯著字书《仓颉》一篇共十七章，赵高作《爰历》六章，胡毋敬作《博学》七章。“汉兴，闾里书师合《仓颉》《爰历》《博学》三篇，断六十字以为一章，凡五十五章，并为《仓颉篇》。”①（且称此55章字书为《大仓颉篇》——祁注。）

汉武帝时蜀人“司马相如作《凡将篇》，无复字”，又扩大了《大仓颉篇》所录字数。汉元帝时史游《急就篇》，汉成帝时李长《元尚篇》所录字数“皆《仓颉篇》中正字”。只有“《凡将》则颇有出矣”。到汉平帝元始年间，朝廷“征天下通小学者以百数，各令记字于庭中。扬雄取其用者以作《训纂篇》，顺续《仓颉》”②。

---

① ［汉］班固：《汉书·艺文志》，中华书局1962年版，第1721页。

② 同上。

扬雄《训纂》是“续《仓颉》”的字书，而非记录语言的著作。《方言》却是语言学著述。文字学著述与语言学著述性质各别。后世有人误会《训纂》即《方言》，其实二者不是一书。

扬雄《方言》确受到记录编写《训纂》字书的启发。文字是记录语言的符号，语言是文字符号的实践基础。若单讲“书同文”，忽略“语同俗”，将会出现“皮之不存，毛将焉附”的重大问题。而扬雄的蜀乡前辈与师长恰巧在汉语语言学上有卓越识见与修养。据晚清浙江硕儒钱绎《方言笺疏》（以下简称“钱笺”），对晋郭璞《𬨎轩使者绝代语释别国方言注》考辨，扬雄《方言》一书是受其家乡前辈师长们的影响而起念。钱笺说：“东汉一百九十年中未有称扬子作《方言》者，至汉末应劭《风俗通义序》，始称周秦以岁八月，遣𬨎轩之使，求异代方言，还奏籍之，藏于密室。及嬴氏之亡，遗弃脱漏，无有见之。蜀人严君平有千余言，林闾翁孺才有梗概之法。扬雄好之。”[①] 秦朝灭亡，密室所藏各地方言资料散佚脱漏，汉初搜集前期文献，重在经书，对语言资料无暇顾及。幸有蜀乡高士严君平、林闾翁孺二位尚能承传。君平仅掌握“千余言”，林闾大体整理一个“梗概之法”，保存了搜辑各地方言的方法制度。司马相如受临邛胡安的影响，著成《凡将篇》并收入《仓颉篇》未录之字，实已超出字书语言。扬雄继起，作成《方言》，不仅为“往圣继绝学”，更将方言中体现的“方贯于同”的基本规律揭示出来。世世代代提醒中国人，方言存在于通语底线的事实，提醒中国人，自觉防止“方言”的继续分化。

严君平、林闾翁孺、司马相如、扬雄体现了西汉时期蜀学界中对汉语方言的高度重视与高度觉醒。只有觉醒，才能采取各种必要措施防止方言不断分化而导致新的语支、语族甚至语系的产生——为人群交流形成新的障碍。若人群语言互相不通则交流不畅，情感便会疏离。民族命运共同体的“同俗”文化基础首先植根于语言交流畅通。古代形成的“国言”“官话”、今日的普通话正是中国人在防止方言分化上高度自觉意识的伟大成果。

二、《方言》之功在守护“国言”的通语性

清末民初，国运日危，“通都大邑崇外语，鄙国言之风尚，骎骎日炽”[②]，在这种时局下，不少学者将视线投向扬雄《方言》。山东硕儒丁惟汾《方言音释》即是针对“崇外语，鄙国言之风尚”而著。丁氏在《方言音释序》中写道：（一）“古先圣王

---

① ［清］钱绎：《方言笺疏》上册，上海古籍出版社 1983 年版，第 11 页。

② 丁惟汾：《方言音释序》，齐鲁书社 1985 年版，第 1 页。

……采取四方之言，笔之简策，藏诸故府，使人人知异乡所谈同为一言，并非异言，所以通民隐，定民志也。诏告天下，以垂来兹，俾子子孙孙世守罔替，永宝用享。”（二）“扬子云氏起于汉末，抱残守缺，辑而录之，并为之疏通证明，可谓伟矣。”（三）“有清末叶，海禁大开，异国之言漫衍浸入……顾瞻周道，如有隐忧，爰取《方言》一书，译为会读……始知四方之言，通为一贯之语，但音有流变耳。”

早在东晋乱世，郭璞注《方言》，在《輶轩使者绝代语释别国方言序》（以下简称“郭序”）中，早已说过近现代丁惟汾《序》中一样的话。郭序说：扬雄《方言》一书，“考九服之逸言，标六代之绝语，类离词之指韵，明乖途而同致，辨章风谣而区分，曲通万殊而不杂，真洽见之奇书，不刊之硕记也”①。

西班牙加泰罗尼亚地区曾闹独立，其理由之一是：加泰罗尼亚语不同于西班牙语，是加泰罗尼亚人聚居区的语言。这场“独立”风潮没有成功，西班牙国保持了政区统一。然而，当年拉丁语的分裂却导致出现了三个独立国家。法语、意大利语、西班牙语本是拉丁语的三个方言。这三个方言继续分化而形成三个语支，语支再分化形成三种独立语言，为建立三个国家提供了语言文化支持。拿破仑曾兼此三国国王，想整合归一，没有成功。我国“国言”汉语，发展到方言阶段，因有自觉意识防止继续分化，故在保存方言的同时，国言通语极大地发展。元明清以降形成政治文化生活中心的“官话”系统，“官话”为通语。这种“通语”仅有方音、词条上的一些差异。词序、修辞、基本声调规律相同相通。北方官话、西南官话、淮扬官话、岭南官话等等方言，为今日通语普通话的出现提供了坚实的历史基础。

三、輶轩使者采集方言风俗制度与“职方化”国家制度

“輶轩使者”，官名，传世的《周官》经书中未见记载。但《诗经》中有所涉及，如《诗·秦风·驷驖》：“輶车鸾镳”；《诗·大雅·烝民》中“德輶如毛”。据东汉末应劭《风俗通义序》所记，古代确有秋收冬藏时节，王畿君王派遣使臣，乘驾轻便快车（即“輶轩”）出使四方，求异化方言的政俗。輶轩使并非专设官员，故《周官》不载。但《周官·地官》中有一整套系地方政府（诸侯方国）的组织机构，如：

> 《地官》中的“诵训官”，其职责便是“掌道方志，以诏观事；掌道方慝，以诏避忌，以知地俗”。孔疏解释“方慝”说：“掌说四方言语所恶之事，以诏告令王避其忌恶，使王博知地俗言语之事。”

---

① ［汉］班固：《汉书·艺文志》，中华书局1962年版，第1721页。

《周官·地官》中还专设了六种掌管地方社情、民情、山水田土物产的机构，统一由“职方氏”总管。《周官·地官·职方氏》记此机构职责是“掌天下之图，以掌天下之地，辨其邦国、都、鄙、四夷、八蛮、七闽、九貉、五戎、六狄之人民与其财用：九谷，六畜之数要，周知其利害，及辨九州之国（方国），使同贯利”——这是世界上形成民族命运共同体最早的互通有无、分享发展成果的原则。

在“职方化”下，分设五大政府机构，联系督察地方。（一）土方氏：“掌土圭之法，以致日景，以土地相宅，而建邦国、都、鄙，以辨土宜土化之法，而授任地者。王巡守，则树王宫。”——封疆诸侯前，天子对将赐之土，事前已有所了解，并非盲目地要臣民去开荒。（二）怀方氏：“掌来远方之民，致方贡，致远物，而送逆之，达之以节。治其委绩（积），馆舍、饮食。”——这是天子接待方国诸侯进贡时的专门接待机构。（三）合方氏：“掌达天下之道路，通期财利，用其数器，益其度量，除其怨恶，同其好善。”——车同轨，统一度量衡的工作早已在夏商周三代实践，秦朝不过是在此基础上提高质量。（四）训方氏：“掌近四方之政事与其上下之志，诵四方之传道，止岁则布而训四方，而观新物。”——这是从理性与感性双管齐下，引导四方人民“人同伦”。（五）形方氏：“掌制邦国之地域，而正其封疆。无有华离之地，使小国事大国，大国比（即亲）小国。”——这是预防诸侯国之间以强凌弱，夺土扩疆。

上述“职方化”系统机构设置职能周全，体现“普天之下，莫非王土；率土之滨，莫非王臣”。可惜，世袭制王位继承，一旦出现昏君、弱君，王室职能松懈，地方诸侯便会各自为政，不听天子调解。但《周官·职方氏》所载之职体现中国人数千年前就已自觉地在推进中华民族命运共同体的形成！

䨄轩使者制度与方言意识的觉醒，在形成“国言”中功劳巨大，是推进中华民族命运共同体中不可忽略的一大能量。

（作者单位：西南民族大学文学院）

“学圣”扬雄与成都七中

查有梁

内容提要： 扬雄是中国西汉时期百科全书式的大学者。他具有“勤奋学习、审是学习、迁善学习、精深学习”的学习精神；具有“学问思辨行，智慧集大成”的学习方法。扬雄矢志向学，堪称“学圣”。成都人民为纪念西汉扬雄而在青龙街修建的“墨池书院”，于1905年之后，发展成为当今的成都七中。成都七中近代的办学宗旨是：“酌古准今，阐扬学界；明体达用，陶铸国民。”现在的校训是：“审是迁善，模范群伦。”作者在成都七中从教八年，亲身领悟到：扬雄学圣的文化基因，一直从古代传承至今。扬雄学圣的学习精神和方法，实为成都七中办学成功的内在隐藏的深刻原因。学习扬雄，继承和弘扬中华优秀传统文化精华。

关键词： 扬雄；学圣；成都七中

一、扬雄学圣，智慧大成

扬雄（前53—18），字子云，蜀郡成都（今四川成都）人，中国西汉末年大学者。有人尊称他为“扬子”或“扬子云”。历史上，古人评价扬雄是“材拟圣人”，是“大儒”“鸿儒”，是“先觉”。

唐代诗人刘禹锡的《陋室铭》云：“山不在高，有仙则名。水不在深，有龙则灵。斯是陋室，惟吾德馨。……南阳诸葛庐，西蜀子云亭，孔子云：何陋之有?”八十一字铭文，将诸葛亮、扬子云、孔圣子相提并论，大大提升了扬雄的名声。

现在，如果通读扬雄著作，了解其生平事迹，我的评价是：扬雄是一位贯通“易学”“儒学”“道学”，使三学融合的有创新的学者，他首创《方言》学，确立“元气说”，对于宇宙论中的“浑天说”也有重大贡献。扬雄矢志向学，堪称“学圣”。扬雄具有“勤奋、审是、迁善、精深”的学习精神；具有“学问思辨行，智慧集大成”的学习方法。

《中国大百科全书》称扬雄是中国西汉学者、哲学家、文学家、辞赋家、语言文字学家、天文学家。哲学卷、文学卷、语言文字卷，都有“扬雄”的条目。《中国天文学史大系·中国古代天文学家》也为扬雄专立了单独的一节。

《中国大百科全书》第二版，在《扬雄》中写道：

> 少年好学，博览多识，沉默好深湛之思。不羡慕富贵，不戚于贫贱，不趋炎附势，是一位具有独立意识，矢志向学的学者。
>
> 扬雄强调知识的重要，他说渡海须用舟，乘船须用楫，要不迷失方向，须有知识。他提出了“尚智”的观点，强调智德在人类生活中的重要作用。扬雄提出了人性“善恶混”的学说，认为后天的修习锻炼是人为善为恶的关键，主张加强道德修养。
>
> 扬雄的哲学著作和文学篇章对后人产生过重大影响，受到以后许多思想家政治家的极力推崇。西汉末年，桓谭认为他超过了周秦诸子。王充称赞他“材拟圣人”，是“鸿儒”。唐代韩愈则将扬雄同孟轲、荀况相提并论，以为荀况与扬雄是“大醇而小疵”。北宋司马光用30多年时间集注《太玄》和《法言》，称赞扬雄为大儒，王安石则称其为“先觉”[①]。

扬雄效法《周易》，新作《太玄》；效法《论语》，新作《法言》。同时还独立思考新创有一本研究语言学的《方言》。两千多年来，学术界常说扬雄的著作是“模仿”，似乎“独创”很少。这实有很大的“偏见”和“误解”。从整体看，融合就是创新。例如，关于心性根源，扬雄写道：“人之性也善恶混。修其善则为善人，修其恶则为恶人。”（《法言·修身》）这种看法将孟子的“性善”、荀子的“性恶”综合、整合起来。不是“非此即彼”，而是“亦此亦彼”，这当然是有创新的。

在汉代形成了“蜀学”的第一个里程碑：“易学”“儒学”“道学”三者融合[②]。扬雄的学术思想兼容“易学”“儒学”“道学”，同时，又有创新。扬雄对于儒学经典《中庸》中提倡的学习方法：“博学之，审问之，慎思之，明辨之，笃行之”，身体力行。扬雄学术思想的特点是“和而不同”。扬雄的治学精神是永不满足，体现出“学无止境”。

巴蜀大地上，出现过领导人们修建“都江堰”水利工程而闻名世界的李冰；有兴

---

① 《中国大百科全书》第二版，中国大百科出版社2009年版，第26—27页。

② 查有梁：《蜀学浅议》，载《蜀学》第二辑，巴蜀书社出版2007年版，第15—19页。

办公立学校“石室学堂”得到汉景帝、汉武帝“下旨表彰”而“推广全国”的文翁；还有世界杰出的天文学家落下闳；出现过“赋圣”司马相如，出现过“诗仙”李白，“诗圣”杜甫在成都生活多年，出现过大“文豪”苏轼。这些诗人，都是有世界影响的大诗人。

扬雄生活创作的年代，在李冰、文翁、落下闳之后，在李白、杜甫、苏轼之前。扬雄是古代巴蜀的一位卓越全才，其学问，贯通“天地人”。

扬雄在《法言》中提到“浑天”，明确地指出是“落下闳营之”。扬雄原来是相信“盖天说”，在与桓谭辩论后才接受“浑天说”，并成为“浑天说”的坚定支持者。历史经典的考察可以确信，落下闳是开创“浑天说”最早的代表人物。

扬雄在《法言·重黎》中写道：“或问浑天，曰落下闳营之，鲜于妄人度之，耿中丞象之，几乎几乎，莫之能违也。”（《隋书·天文志》）

这里的“浑天”即指“浑天仪”。“浑”字有圆球的意思，“立圆为浑”。浑仪是由许多同心圆环组成的天文观测仪，整体上看像是包在一个圆球里，又称圆仪。浑象则是一个真正的圆球。浑天仪和浑天象都是反映“浑天说”的仪器。在早期常统称为“浑天仪”。“浑天仪”是“物化”了的“浑天说”。“浑天说”是研造“浑天仪”的理论基础。也可以说，“浑天仪”是“浑天说”的物理模型①。

由扬雄的论述可知，落下闳（约前156—前87）是最早研制“浑天仪”的天文学家。同时，我们也得知扬雄在天文学方面有很深的研究，也是一位天文学家②。扬雄批判“盖天说”的天文论著《难盖天八事》记载于《隋书·天文志》。从《难盖天八事》，我们了解到，扬雄深入钻研过天文学问题，由支持“盖天说”到批判“盖天说”，有力地肯定了“浑天说”，推动了中国古代天文学的进展③。

《太平御览》卷二引《桓子新论》里的一段话“扬子云好天文，问之于黄门作浑天老工，曰我少能作其事，但随尺寸法度，殊不达其意……”这段话，在后来的历史文献中，误传为：扬雄问落下闳。现已得到纠正④。在公元10年前后，那时落下闳已诞生160多年，实是作古之人了。这个历史故事至少说明，扬雄非常关心“浑天仪”的制作，亲自到浑天仪制作的现场去调查研究。这是扬雄不耻下问、善于学习的一个故事。

2017年，扬雄被评选为“四川十大历史名人”之一。称扬雄为“学圣”，有利于

---

① 查有梁：《世界杰出天文学家落下闳》，四川辞书出版社2009年版，第18页。

② 王青：《扬雄评传》，南京大学出版社2000年版，第308—319页。

③ 陈久金主编：《中国古代天文学家》，中国科学技术出版社2008年版，第65页。

④ 吕子方：《落下闳并非黄门老工考》，见吕子方《中国科学技术史论文集》上册，四川人民出版社1983年版，第269—272页。

引导学生和学者们知道，在当今“我们应当向扬雄学习什么”“怎样学习扬雄”，简单明了说：要学习扬雄学圣的“勤奋、审是、迁善、精深”的学习精神，学习扬雄“学问思辨行，智慧集大成”的学习方法。

二、成都七中，酌古准今①

中国的“书院”创始于唐末五代。它是具有成人高等教育性质的学校组织。书院在宋代得到很大发展。四川早在唐贞元年间，在遂宁就创建了“张九宗书院”。在明代，成都在文翁石室的地址建立了“锦江书院”（1704）。嘉庆六年（1801），成都创建了“芙蓉书院”。“芙蓉书院”紧邻的是成都人民为纪念西汉大学者扬雄而建立的“墨池书院”，因书院内有扬雄的“洗墨池”而得其名。

扬雄在成都，曾经师从严君平（前86—前10）。如今成都文庙后街、文翁路附近，人民公园旁，还有一条纪念严君平的“君平街”。有人夸奖扬雄会找好导师：“扬子云果然有知人之明呵！”

扬雄练习书法，留下洗笔的“墨池”，这是他“勤奋学习”的证明。

扬雄融合《易经》《道德经》作《太玄》，效法《论语》作《法言》等，这是他“审是学习”的证明。

扬雄原本相信“盖天说”，通过与学友桓谭辩论，转而坚信“浑天说”，这是他“迁善学习”的证明。

扬雄历经多年积累钻研，写成《方言》一书，叙述西汉时代各地方言，被誉为中国方言学史上第一部“悬之日月而不刊”的著作，在世界方言学史上也具有重要地位。这是他“精深学习”的证明。

成都县立中学（简称“成都县中”）于1905年，在“墨池书院”和“芙蓉书院”的基础上创建近代学校。这就是成都七中的前身。在一百多年前，位于成都青龙街的成都县中，一进门就有一石刻的楹联：

酌古准今　　阐扬学界
明体达用　　陶铸国民

酌古准今，就是要继承传统，参酌古法，但学者必须以当今现实为准则，古为今用，学校应当用这种方法来发展学术，阐扬学界；明体达用，即要明白应以“中学为体，西学为用”，要西为中用，以及要认识本质，达到学以致用，学校应当用这些方法

① 查有梁：《科教华章》，成都时代出版社2009年版，第56—58页。

来陶冶培育新一代的国民。

1938 年，在全国升大学统考时，成都县中的升学率获得全国第一名，有"全国优良学校"之称。成都县中的教学质量在全国处于第一流水平。教育部部长陈立夫颁发亲笔书写的四个字："启迪有方"，以兹鼓励。陈立夫（1900—2001）在 94 岁时，又为成都七中题词：

> 大而能容，刚而不屈，中而无偏，正而远邪。斯四者为中华民族之特性，亦即学校培养青年之德行也。

20 世纪 80 年代，中国进入"改革开放"的时代。历经 40 年，成都七中，不仅是四川的卓越学校，还是四川省首批评定的"国家级示范性高中"之一，而且，逐渐成为有全国影响的卓越学校，其校友在世界上，也有一些顶尖的贡献。

成都七中明确提出有前瞻性的办学理念："以人为本，重在发展"的"三体"教育思想。"三体"是指："整体""个体""主体"。"整体"——着眼整体发展；"个体"——立足个体成才；"主体"——充分发挥学生主体作用。"三体整合"是科学的教育思想。

同时，成都七中提出了"以师为本，重在激励"的教育思想。教师真正有效的教育方法，其实可以简单扼要地归结为两个字："激励"。成都七中的办学理念，抓住了重点，突出了关键，有力地促进了学校的发展。成都七中前瞻性地开展"网上教育"，在全国都产生了很大的影响。

成都七中的"三体"教育思想，正是继承了"墨池书院"的"酌古准今，阐扬学界。明体达用，陶铸国民"的优良传统。成都七中的校园文化精神可以从扬雄的治学精神中找到根脉，那就是："和而不同，学无止境。"①

成都七中的"三体"教育思想，可以在扬雄的哲学思想中找到历史的学术渊源。扬雄在《太玄》中仿《周易》的"阴阳二分法"，提出"天地人三分法"。这是受到老子在《道德经》精炼提出的哲学思想"道生一，一生二，二生三，三生万物""人法地，地法天，天法道，道法自然"的深刻影响。

扬雄的《太玄》也受到《太初历》数理结构的影响。《太初历》被刘歆改编为《三统历》。扬雄与刘歆是好朋友，自然也理解《太初历》以"八十一分法"为基础。扬雄认为："玄"产生阴阳二象，进而分化为天、地、人。天有"始、中、终"，地有"下、中、上"，人有"思、福、祸"。合而有"九据"。

现代物理学告知我们，"二体问题"可以给出"确定的解"；"三体问题"，有"不

---

① 查有梁：《中学之精神》，四川教育出版社 2009 年版，第 57 页。

确定性”，导致“复杂性”。教育系统是“复杂系统”，具有复杂性。中国在解决教育问题上，不必“一刀切”，要“因材施教”“因地制宜”“与时俱进”，要重视教育生态的“多样化”。

成都七中在进入21世纪之后，将“校训”按照扬雄的学术思想确定为：“审是迁善，模范群伦。”

成都七中校训释义如下：

“审是迁善，模范群伦”是为我校之校训，溯其发端于扬子。视日月而知众星之蕞也，仰真理而知众说之小也，故为学为德，必审其是，必取其大。世象纷纭，学说杂陈，若无“审是”，必乖大道。扬子为学，宗仰孔孟，抉择诸子。于老子取其道德，而弃其“绝灭礼学”；于庄子取其少欲，而弃其“荡而不法”。“审是”之则，由是而开我七中之学统也。人非圣贤，孰能无过？学海无涯，孰能无惑？知过能改，有惑即解，是为“迁善”。人生不息，迁善不止，此君子日日新，又日新之义也。扬子实好斯文，不屑篆刻，默然好深湛之思，决然以迁善为务，由是而启我七中为学之法也。修身以道，笃志向学，昂扬精进，自强不息，是我七中学子必由之途也。道德纯粹，学问渊博，模范群伦，奉献家国，是我七中学子必臻之境也。扬子久幽不改其操，博览无所不见，学究天人，超越荀孟，浩然见其正，渊然见其深，由是而导我七中学子为人之则也。七中学子，为学为德，必以审是为本，以迁善为法，以模范群伦为鹄的。是我先贤之教诲，而为后进之法则也。

扬雄的学习精神和学习方法，将继续影响成都七中的莘莘学子。

三、学圣基因，遗传至今

一所卓越的学校，必有学术的传承。可以类比为“基因”（DNA），具有“遗传”的成分。我是成都七中的校友和家长，我的亲身体验是扬雄的“学圣精神”：“勤奋、审是、迁善、精深”的学习精神，以及“学问思辨行，智慧集大成”的学习方法，或隐或显，从古至今，一直传承。

我曾在成都初七中（原华阳县中学的初中部，1950年改为成都三中的初中部）读初中，那里曾经是成都华阳县文庙。这所学校的旁边就是成都府文庙，也就是石室中学所在地。现在这两座纪念孔子的文庙，都已经完全包含在石室中学之内。从汉代文翁兴学，创办“石室学堂”，到今天的石室中学，已历经2160年的辉煌岁月。

《中国大百科全书》教育卷中，列选了中国古代教育家29人，其中“文翁”这一条目中写道：

中国西汉蜀郡太守、汉代郡县学的发轫者。姓文，名党，字翁仲（一说仲翁），庐江舒（今安徽庐江西南）人。少好学，至长安授业，通《春秋》，先任郡县小吏，景帝时，由察举为蜀郡太守。

文翁兴学的成就，不仅培养了一批吏材，如张叔，汉武帝时征为博士，官至侍中、扬州刺史；而且推动了邻近属县的兴学，如“巴汉亦立文学”。蜀地此后出现司马相如、扬雄等知名才学之士，与文翁兴学造成的社会风气亦不无关系。景帝嘉奖文翁兴学，“令天下郡国皆立文学”，至武帝，又下令“天下郡国皆立学校官”。文翁兴学，实为中国历史上地方政府设立学校之始①。

在文翁兴办石室学府1200年之际，《新唐书》的主要编著人，宋祁（998—1061），北宋官员，著名文学家、史学家、词人，他撰写了一首非常有历史价值的长诗：《府学文翁祠画像十赞》，使我们得知那时的“文翁石室府学”内有十大历史名人的画像，他们是：文翁、司马相如、王褒、庄君平（即严君平）、张宽、李仲元、何武、扬雄、高眹、蒋堂②。

《府学文翁祠画像十赞》里，文翁、司马相如、王褒、严君平、李仲元等人都对扬雄在成都的求学经历产生了深刻影响。

首先是由于文翁倡导的、以儒家思想为主的蜀地教育系统使得扬雄有可能早年便受到严格的儒家教育，其次扬雄从郑子真、导师严君平以及乡贤李仲元等人那儿接受了道家思想以及人生态度的熏陶，再次是司马相如和王褒的文学创作与实践为扬雄指明了一条以辞赋求取声名的途径。这些，都对扬雄以后的生活经历与学术创作产生了深远的影响，从此以后，扬雄形成了他“清静亡为，少耆欲；不汲汲于富贵，不戚戚于贫贱，不修廉隅以徼名当世”的人生态度③。

在辞赋方面，扬雄最佩服司马相如（约前179—前118），“每作赋，常拟之为式”④，其构思用词，华丽壮阔，与他心目中的老师司马相如之赋很相类似，故后世有“扬马”之称。从古至今，学术基因，在代代传承。

高中，我在石室中学读书，人生学识得到极大的提高。我的拳拳之心里蕴藏着深深的“文翁石室”情结。故我写了一本24万字的书《中学之精神》，献给母校成都石室中学。在《中学之精神》中，我论述了成都七中的办学成就。我在成都七中当了八

---

① 《中国大百科全书》教育卷，中国大百科全书出版社1885年版，第390页。
② 徐敦忠：《文翁石室诗词选》，四川教育出版社2000年版，第25—40页。
③ 王青：《扬雄评传》，南京大学出版社2000年版，第56页。
④ ［汉］班固：《汉书·扬雄传》，中华书局2007年版，第3515页。

年的教师，我实实在在有“扬雄墨池”情结。

“文翁石室”和“扬雄墨池”，文脉相承。

1963 年，我从西南师范大学（现为“西南大学”）物理系毕业之后，被分配到成都七中当了中学物理教师。成都七中名教师、老教师多，能够学到“活的教育学”。最有意思的是，我到学校不久，学校发给教师一篇学习文章是荀子的《劝学》，有原文，还有白话文的译文。50 多年了，至今，我仍然保存这份在蜡纸上刻写、然后油印出来的《劝学》。历代读书人都学习过《劝学》这篇名作。扬雄、韩愈当然也读过《劝学》。文化基因，千年流传，古人今人，同学一篇。

荀子（约前 325—前 238），名况，时人尊而号为“卿”，故又称荀卿，战国末期赵国（今山西南部）人，先秦著名思想家。唐代大学者韩愈将扬雄与孟轲、荀况相提并论，称赞荀况和扬雄是“大醇而小疵”。韩愈写道：“孟氏，醇乎醇者也。荀与扬，大醇而小疵。”[①] 现在成为一个成语“大醇小疵”，意思是大体纯正，而略有缺点。这种评价是“实事求是”的。

我的文化基因中，也有深深的以文翁为代表的儒家文化基因，也有以扬雄为代表的“易、儒、道”融合的文化基因。我自认为，这是我在学术道路上取得一些成果的重要内因。感恩文翁，感恩扬雄。

文翁石室（石室中学）的优良传统可概括为：爱国利民、因时应事、整齐严肃、德达材实[②]。文翁石室的办学特色是：师资高超，学风严格，教育精当，思维活跃。简化为四个字：高、严、精、活。

扬雄墨池（成都七中）的办学宗旨可概括为：酌古准今，阐扬学界。明体达用，陶铸国民。扬雄墨池的办学特色是：勤奋学习，审是学习，迁善学习，精深学习。简化为四个字：勤、审、善、深。

我的女儿查宇，儿子查星，都是考进成都七中的，从初中直到高中毕业。感谢成都七中老师的教诲。他们不是特别冒尖的学生，综合起来算是平均水平的学生。在他们的身上，我明显发现有“扬雄学圣”的“文化基因”。

查宇考上南京大学外国语言文学系，在四川省电视台工作之后，又考入北京大学获得国际文化交流专业“第二学位”；又到加拿大麦吉尔大学获得“传播学”硕士学位；在美国俄亥俄州立大学取得“工商管理”硕士学位，共取得 4 个学位。这都是她的自我选择，是接受了继续学习的观念。查宇的特点是会写电影评论。她出版了一本

---

① ［唐］韩愈：《读〈荀子〉》。

② 杜学钊：《继承和发扬文翁石室的光荣传统》，见《石室教育文萃》第二辑，四川教育出版社 1999 年版，第 96—100 页。

书《网络文化与电影快评》，送给了成都七中校友。

查星考上四川大学生物系，毕业工作之后，自学计算机，从事计算机的工作。他的动手能力强，自学能力强。接受过游泳的专业训练，游泳水平高。在游泳比赛时，虽然单项游泳拿不到冠军。但是，蝶泳、仰泳、蛙泳、自由泳四项混合赛，常常拿冠军。这是游泳整体的实力强。查星在成都七中时，获得成都市中学生游泳比赛200米混合泳冠军。在四川大学读书时，又获得四川省大学生运动会200米混合泳冠军。

我现在手机电脑玩不好，都是查星来教。我讲学的PPT、PDF做得不好，也都是查星帮助的，他的水平高。后来居上，这是普遍现象。

我在物理学、科学史、教育学、人才学方面有一些创新的研究成果。主要归功于我得到了非常卓越的学校教育，遇见了非常优秀的老师，他们传承了中华优秀传统文化精华，同时，认真接受和学习了世界其他国家先进文化。

学圣扬雄的“勤奋，审是，迁善，精深”的学习精神，“学问思辨行，智慧集大成”的学习方法，将永远激励和指引我们大家终身学习。

（作者单位：四川省社会科学院）

中国文学史中的扬雄书写考察

刘咏涛

内容提要： 本文对从民国至今的、主要供高校中文专业学生使用的、以《中国文学史》《中国古代文学》《中国古代文学史》为名的、各种较有代表性的《文学史》教材进行逐一排查扫描，从中找出所有关于扬雄的书写即介绍、论述、评价的文字，并做简要的评点。最后对扬雄的文学史书写进行了简短的总体评价。

关键词： 扬雄；中国文学史；书写考察

一

本文拟对从民国至今的、主要供高校本专科学生使用的、以《中国文学史》《中国古代文学》《中国古代文学史》为名的、各种较有代表性的《文学史》教材进行逐一排查扫描，从中找出所有关于扬雄的书写即介绍、论述、评价的文字。然后将这些文学史按时间进行梳理排比，简单分析其如此安排描述的原因道理，得出结论。限于条件，笔者不可能找全所有"有代表性"的《文学史》来进行考察研究，不当之处还望谅解。另外，笔者在进行本文写作时，深感从图书馆浩如烟海的资料中找出那几十本有代表性的大作，再从数十本大作里一一找出扬雄的所有信息，实非易事！

二

下面就以出版和写作的时间先后为序，对找到并选中的二十种《中国文学史》进行一一列举。

郑振铎《插图本中国文学史》（77 万字），人民文学出版社 1957 年出版（1982 年印刷）。此书实际上写于 1932 年，中华人民共和国成立后只是重印。上卷第七章辞赋的时代之三，说道："但那时最重要的赋家却要算是扬雄……他是典型的一位汉代作家，以模拟为他的专业。既没有独立的思想，更没有浓挚的情绪，他所有的仅只是汉代辞人所共同具有的遣丽辞用奇句的功夫而已。然韩愈诸人却以他为孔孟道统中的承前启后的一员，真未免过于重视他了。雄所作，几乎没有一书一文不是以古人为模式的。""而雄的赋，如《甘泉》《羽猎》《长杨》等，也是以司马相如诸赋为准则，除堆砌美辞奇字，行文稳妥炫丽之外，便什么也没有了。"郑振铎先生记扬雄书写的篇幅倒还不算很少，但是其对扬雄赋作的评价实在是极为低下，可谓认为扬雄一无是处，乏善可陈。

钱基博《中国文学史》（上），上海世纪出版集团 2007 年出版。钱本《中国文学史》（上古至隋唐之部），1939 年作为湖南蓝田国立师范学院教材由湖南蓝田袖珍书店陆续印行。1993 年由中华书局出版，全三册。华中师范大学出版社也是据中华书局本重新排版出版。第三编中古文学，第二章两汉，第七节题目为王莽、扬雄。该节用一页介绍书写王莽以后，以整两页篇幅书写扬雄。在介绍其生平事迹后，介绍扬雄的《太玄》《解嘲》《反离骚》《法言》，将王褒与扬雄做比较。叙述了扬雄初喜作赋，后"辍不复为，非圣哲之书不好也"。还将《法言》的《吾子》篇全文照录。评价扬雄："为文章多方仿依。其初摹长卿以追楚《骚》，纵横铿訇；继而诵仲尼以袭经言，简古奥峭。"

本书扬雄一节引用扬雄的话或其著作中的话较多，而评论的话少。还有一个有趣的问题是，该书专门用一页篇幅介绍书写王莽，且有较好评价，这是笔者所见的《文学史》里唯一的。

刘大杰《中国文学发展史》（上册），高等学校文科教材，上海古籍出版社 1982 年出版。该书为刘大杰先生 1957 年编写，1962 年修订的。第五章汉赋的发展及其流变三汉赋的发展趋势有扬雄一段。在介绍了扬雄的生平事迹，并引用了《汉书》有关文字后说道："扬雄虽喜事模拟，究因其才高学博，还能独成一个局面，能在模拟的生活中，运用他的才学，表现出自己的特色。"然后该书叙述其对辞赋观点的改变，并加以肯定："这是他对汉赋确切的批评"，"批评得相当深刻"。该书还对《法言》中的"许多进步性文学理论"加以肯定。

《中国文学史》，中国科学院文学研究所中国文学史编写组编写，高等教育文科教材，人民文学出版社 1962 年出版（1978 年"局部修订"），第一卷秦汉文学，第四章西汉末叶到东汉末的辞赋和散文，第二节刘向、扬雄、班固，用了近一半的篇幅来书写扬雄，先介绍其《法言》《太玄经》，说《法言》：“它刻意模仿，笔法生硬，也开了后来复古派生搬硬套之风。”对扬雄的这类作品，评价不高。后面主要介绍扬雄的辞赋。“他作赋模拟司马相如，但有他自己的特色”，“他的赋也力求写得‘沉博绝丽’”。还介绍了《解嘲》《解难》《逐贫赋》，评价基本是肯定的。还介绍了扬雄的辞赋评论，说“他对赋的一些见解颇有影响，班固《汉书·艺文志》等多采用他的说法”。评价更加肯定。

游国恩、王起、季镇淮、费振刚主编《中国文学史》，人民文学出版社1964年出版（1979年印刷），其第二编秦汉文学，第三章西汉后期及东汉的散文和辞赋，第一节西汉后期的散文和辞赋。介绍书写扬雄的篇幅近一页，首先就说，扬雄“是西汉末年最著名的辞赋家”。然后，将“四赋”做了介绍。认为他的赋“还是有自己的特点的，如《羽猎赋》《长杨赋》都还写得比较流畅，有气魄”。在介绍《解嘲》后，说《解嘲》纵横驰说，善为排比，辩锋颇锐利，虽受东方朔《答客难》的影响，但在思想和艺术上仍有自己的特点。最后，该书介绍了一些对赋体看法的变化，“要求辞赋合于讽喻的正道，即所谓‘则’。这样的文学观点在当时是较有进步意义的”。总的看来，对扬雄及其作品的评价多为积极，也比较高。

于非主编《中国古代文学教程》（上册），全国高等师范专科学校教材，高等教育出版社1989年出版。第二编秦汉文学，第一章汉赋，第二节汉赋的发展和主要作家，该节书写介绍了汉赋的历史和主要的作家作品，用主要的篇幅，约一页半写了司马相如及其赋作，对扬雄的介绍只有一句：“（汉赋）代表作家作品，有司马相如的《天子游猎赋》，扬雄的《甘泉赋》和《羽猎赋》，班固的《两都赋》，张衡的《二京赋》，最有代表性的作家是司马相如。”该书修订版基本沿用老版的表述。

于非主编《中国古代文学教程》（上册，第三版），全国高等师范院校教材，高等教育出版社2014年出版，第二编秦汉文学，第一章汉赋，第二节汉赋的发展和主要作家，在贾谊占了一页、枚乘占了两页篇幅书写之后，只用了一句将扬雄（加上班固、张衡）带过：“西汉末的扬雄、东汉初的班固和东汉中期的张衡等人，都模仿过司马相如这篇赋（笔者按：指司马相如的《天子游猎赋》）的体制。尽管他们也是汉赋大家，但未能超越《天子游猎赋》的形式。”本书承认扬雄是汉赋的“大家”，但是扬雄具体有哪些作品，这些作品有哪些艺术成就成就了扬雄大家的地位，都没有说。该书对赵壹倒是用了近半页的篇幅书写。这样分配使用篇幅，《文学史》里是少见的。

章培恒、骆玉明主编《中国文学史》（上），复旦大学出版社1997年版，第二编秦汉文学，第四章西汉后期至东汉前期的诗赋与散文，第二节辞赋的新特点与新题材，一开始就说到扬雄。第二段：“西汉后期最著名的赋家是扬雄……是继司马相如和王褒之后蜀地出身的又一位杰出文人。”给予扬雄较高地位和评价后，还将其与司马相如、王褒并列一起书写，相当于给巴蜀文学赋作以整体性的介绍和高度评价，在其他同类的《中国文学史》中，这样书写几乎仅见。章培恒先生此书在后面对扬雄创作总体介绍之后，说道：“（扬雄四赋）但虽是模仿，仍显示了相当高的才华。他的赋不但有司马相如式的宏伟气魄，而且更注意锤炼语言。如‘碎轒辒，破穹庐，脑沙幕，髓余吾’（《长杨赋》），这种短促强劲的句子显得很特别，同时又杂以气势遒劲的长句，总体上显示出瑰丽奇谲的风格。故向来‘扬、马’并称。”对扬雄四赋的语言艺术给予较高评价。下段又说：“扬雄晚年改变了对赋的看法，认为赋‘劝百讽一’‘劝而不止’，本质上不符合儒家教义。因此转向学术性的著述……这一转变，反映了当时社会中儒家思想统治的深化。”这里，《文学史》没有说扬雄在赋体创作上不再有为，而是转而介绍其学术著作，其“儒家思想统治的深化”云云，评价也是公允而不偏不倚。总之，章版《中国文学史》给予了扬雄以“汉赋四大家”之一的正常的书写评价，该书的书写与扬雄在汉赋史上的地位相匹配。

章培恒《中国文学史新著》，复旦大学出版社 2011 年版，为上书的修订版。该书在将司马相如和扬雄做比较后说道：“就想象力、创造力而论，司马相如均在扬雄之上”，“然而，扬雄的讽谏意识却在司马相如之上”。然后，对扬雄的赋观进行了叙述，说明扬雄停止作赋的原因和意义。修订版对扬雄的评价没有那么高了，尤其是在扬雄赋的艺术表现上。

郭预衡主编《中国古代文学简史》，高等学校文科教材，首都师范大学出版社 2000 年出版，第二章秦汉文学，第四节赋体文学的产生与演变之二“散体之赋”，说：“扬雄是成、哀之世的又一著名赋家，……并提出‘诗人之赋丽以则，辞人之赋丽以淫’的批评标准，而他自己则不再作。”金启华《新编中国文学简史》，中州古籍出版社 1989 年版，其“蔚成大国——汉赋”这一专题里，在书写司马相如，稍提了一下东方朔、淮南小山之后，用较多的篇幅介绍了扬雄。先介绍了扬雄生平及其“对赋的看法，是先后有改变的”，并重点介绍了《羽猎赋》《长杨赋》，后引用班固《汉书·扬雄传赞》的话，最后金启华先生评论道：“这一评论是公允的。扬雄的赋，虽有模仿的一面，但也有其独特的面貌，含讽之意较多，不尽是颂夸之辞。在这一时期的赋家中，他是佼佼者。”金先生对扬雄赋的评价显然较高，所用篇幅一页半还多。大大超过枚乘、东方朔、淮南小山。

罗宗强、陈洪主编《中国古代文学史》两卷本，全国高等教育自学考试指定教材，高等教育出版社 2000 年出版。第二编秦汉文学，第三章汉代辞赋，第二节司马相如、扬雄，直接将马、扬并列，司马相如用了近四页篇幅，扬雄用了两页半篇幅。在全面介绍扬雄作品后，提出“其中《蜀都》《甘泉》《河东》《校猎》《长杨》五篇大赋，是扬雄辞赋的代表作”。专门将《蜀都赋》拉出来和“四赋”放在一起，可见其对《蜀都》的看好。进一步论道：五篇大赋“拓展了大赋的题材范围”，“进一步加强了大赋‘劝百讽一’的‘劝’的色彩”。“扬雄的大赋在写作上还有一些新的变化。首先是篇幅相对缩短，其次是表现手法有含蓄委婉之处。”对扬雄的赋作及其艺术特点做了较为细致的分析和较高的评价。最后，书写道：“扬雄在司马相如赋作的基础上，写法上有了拓展，使大赋的创作达到又一高峰。同时也应看到，他并未根本改变枚、马大赋铺张扬厉、劝百讽一的基本模式。”

郭英德、过常宝《中国古代文学史》，中国著名高校文科教材，四川人民出版社2003年出版，其上册，第三编雄风飞扬，第四章第五节宏富藻密，先引用《汉书》并加以己说，介绍扬雄及其四赋。然后指出：“扬雄辞赋在内容上拓展了大赋的题材范围。”还介绍了《蜀都赋》“开始描摹都市、郡邑的繁华，开京都赋的创作先河，影响了班固《两都赋》、张衡《二京赋》、左思《三都赋》等”，从影响的角度对《蜀都赋》做了好评。只是篇幅还不到一页，不过也算不少了。

骆玉明《简明中国文学史》，普通高等教育“十一五”国家级规划教材，复旦大学出版社2004年版，第四章秦汉的辞赋二秦与西汉的辞赋，说到扬雄时，该书说：“扬雄是汉代流传文学作品数量最多的作家之一，所以在旧时影响颇大。”从数量上对扬雄做了可读性的结论。“他虽然也显示了语言方面的才华，但终究是缺乏创造力。”从文学创作的创新性上对扬雄评价较低。后文也对扬雄赋观转变做了介绍，虽然也是不偏不倚，但是终究没有肯定性的话了。而且，书写的篇幅，仅仅和班婕妤的大致相当。

刘黎明主编《中国文学》（修订版，先秦两汉卷），四川人民出版社2006年出版，秦汉文学部分之第二编汉赋，第二节散体大赋有“扬雄”专题，作者介绍部分，主要据《汉书·扬雄传》对扬雄的为人道德做了介绍。选了扬雄的《解嘲》，作注释讲解。基本没有编者的主观评价。不过，其篇幅四页半，居然超过了司马相如的近三页。

郁贤皓主编《中国古代文学教程》，高等教育出版社2007年版，“汉代文学之汉赋概说”，有扬雄书写介绍，说：“他的赋作不但驰骋想象，铺陈夸饰，同时又能注意锤炼语言，呈现出有别于司马相如赋意气风发、雄肆奔放的另一种瑰丽奇谲的风格。他另有《蜀都赋》，引导着东汉时期京都赋的大量涌现。”篇幅接近司马相如，评价很高，而没有指出扬雄赋作的缺点。

马积高、黄钧主编《中国古代文学史》（三卷），人民文学出版社2009年出版，上卷第二编秦汉文学，第二章汉代辞赋，第四节西汉后期至东汉后期的辞赋，在总体介绍扬雄文学创作后，对四赋进行分析评价，“它们都是针对汉成帝腐化奢侈的生活进行讽喻的”，“扬雄大赋有模拟司马相如的痕迹。但扬雄赋用意婉曲，词多蕴藉”，“这四篇赋艺术上也有创新。它们打破了大赋主客问答的陈规。……又《甘泉赋》铺叙处基本上用骚体，也别致而不落俗套”。后文对《逐贫赋》专门介绍，无论是对其思想内容还是艺术特点，都给予了较高评价；还指出其对韩愈《送穷文》、柳宗元《乞巧赋》等影响颇大启发颇深。

陈文新主编《中国古代文学》（上），高等院校中文专业创新性学习系列教材，北京大学出版社 2010 年版，第二编第三章汉赋，第三节散体赋，在介绍了扬雄的经历、创作过程和著作情况后，着重对四大赋进行介绍评价，认为扬雄赋不如司马相如赋的“创造性”强，虽然也“驰骋想象，铺陈夸张，具有散体大赋的典型特征”，但专门指出：“就扬雄在赋史上的地位而言，他对赋的反思与批评更有意义，他深刻地认识到赋的内在缺陷，提倡诗人之赋，反对辞人之赋，这些都对东汉以后的辞赋创作与批评产生了较大的影响。”以长远的视野对扬雄的赋观和在赋史上的地位大加肯定。

郭兴良、周建忠主编《中国古代文学》（第二版，上），高等教育出版社 2009 年版，第二编第三章汉代辞赋，第三节扬雄、班固、张衡。介绍扬雄生平创作后，将其与司马相如相提并论，加以肯定，指出：“他的作品比司马相如的作品更多形式主义的因素。”“扬雄的作品还敢于揭示现实的阴暗面，并且感情激越，因而能够给后来的抒情小赋一定的影响。”也指出扬雄后来的赋观，“实际上是对追求形式的大赋的否定”，对扬雄的肯定是较多的。

袁行霈主编《中国文学史》（第三版，第一卷）面向二十一世纪课程教材，高等教育出版社 2014 年版，第二编第二章第四节“扬雄四赋”，对扬雄的四赋，尤其对《甘泉赋》大加肯定，指出其三大优点。对其他作品，也有介绍和评价，总体还是不错的。

马克思主义理论研究和建设工程重点教材《中国古代文学史》（第二版，上册）高等教育出版社 2016 年版，第六节“其他辞赋创作”中介绍“扬雄及其辞赋”，重点介绍了《羽猎赋》《长杨赋》，对其体现出的“人文关怀”“理性精神”加以肯定。篇幅较多。

教育部中文学科教学指导委员会组编，刘跃进、陈洪主编《中国古代文学史》（上册），高等教育出版社 2013 年版，第二编第五章文化守成与西汉后期文学，第四节扬雄的辞赋观与辞赋创作。该书对扬雄及其赋作、赋观均有较大篇幅的书写和评价，肯定扬雄的道德品质，说：“扬雄在模仿的同时也注意创新。”肯定了扬雄的赋观，说：“扬雄对前人及自己的辞赋创作实践进行总结，并进而形成了明晰的辞赋观，其赋论主要集中在《法言》中。”“扬雄对赋体的问题类型有深入分析”，“提出了完美的作赋标准”。但也指出晚年扬雄“因而事实上完全否定了大赋的文体价值”。对扬雄的赋作较多肯定，尤其在思想内容上，对其赋观的变化也有客观的分析。

三

《汉书·扬雄传》对扬雄及其赋作的评价是较高的。对扬雄的为人，说扬雄“三世不徙官”，“雄复不侯”，是因为扬雄不巴结权豪，不羡慕富贵。说扬雄：“好古而乐道，其意欲求文章成名于后世”而已，就是说，班固认为扬雄道德品质不坏，是一个纯粹的学者。班固还引桓谭的话表示对扬雄的称扬：“今扬子之书文义至深，而论不诡于圣人。”①

万光志在其《汉赋通论》中说：“颂扬了不该颂扬的东西，就很难得到时人或后人的原谅，扬雄乃免不了‘投阁’之讥。幸而班固毕竟了解不独批评，即颂美也是要担风险的，所以在《汉书》中，他尽力为扬雄回避了这一‘历史的污点’。只是在《艺文志》编排赋类时，他不得不维护既定的原则，扬雄因此失去了与屈原同列的资格。”②

（作者单位：成都大学文学与新闻传播学院）

① ［汉］班固：《汉书》卷八七《扬雄传》，中华书局1962年版，第3583—3585页。

② 万光治：《汉赋通论》（增订本），中国社会科学出版社、华龄出版社2004年版，第51页。

扬子生平研究

试论“王音”确实是“荐雄待诏”者

纪国泰

内容提要： 谁是“荐雄待诏”者的争论，已经持续了一千多年。文章在介绍分歧缘起的基础上，从考证扬雄“给事黄门，与王莽、刘歆并”入手，得出扬雄离蜀至京时“年三十余”的结论。这一结论，使有关扬雄生平的诸多谜团涣然冰释，对维护《汉书·扬雄传》的历史权威性，具有相当重要的价值和意义。

关键词：“给事黄门”；“年四十余”；王音；王商；王根；杨庄

据《汉书·扬雄传》记载，扬雄因为少年时“不为章句”，导致他中年时入仕的经历极其坎坷，幸遇大司马车骑将军王音“奇其文雅，召以为门下史，荐雄待诏”①，才终于获得进入仕途的机会。毫无疑问，王音应当是“荐雄待诏”者，是为扬雄开启入仕之门的人。

然而，唐人李周翰，宋人胡三省，清人王先谦、周寿昌，近人陆侃如，当代学者李周龙、王青等众多学者，都在“荐雄待诏”者问题上表示质疑，并且分别提出了不同看法。上述学者在“荐雄待诏”者问题上所持的观点或论据，似乎不无道理，但又总是似是而非，以至于顾此失彼，难以令人信服。笔者不揣浅陋，拟对这一历史悬案再做探讨，试图做出一个自认为合乎情理也近于史实的解答。

一、“荐雄待诏”者问题的缘起

据《汉书·扬雄传·赞》（以下行文简称《传赞》）记载：

---

① ［汉］班固：《汉书》，中华书局2007年版，第3583页。

初，雄年四十余，自蜀来至游京师，大司马车骑将军王音奇其文雅，召以为门下史，荐雄待诏，岁余，奏《羽猎赋》，除为郎，给事黄门，与王莽、刘歆并。哀帝之初，又与董贤同官①。（笔者注：引文标点据中华书局2007年10月版32开本）

根据以上引文的文字和标点，这段引文记载了以下信息：第一，扬雄四十余岁离蜀进京；第二，王音招揽扬雄给自己做幕僚，并且举荐他到宫中做“待诏”；第三，扬雄做待诏一年多以后，便因为奏《羽猎赋》被汉成帝授官黄门郎；第四，扬雄跟同为“黄门郎”的王莽、刘歆一起在黄门署共事；第五，哀帝即位之初，扬雄又跟同为黄门郎的董贤共事。

以上《传赞》内容，最遭后世学者质疑的是第一、二两点，其原因是：据《扬雄家牒》记载，扬雄生于汉宣帝甘露元年（前53）；如果他“年四十余”离蜀进京，则一定不会早于汉成帝永始四年（前13）；而大司马车骑将军王音卒于永始二年（前15）②，哪有召扬雄为门下史和“荐雄待诏”的可能？

因此，后世学者在“荐雄待诏”者究竟是谁的问题上，各持己见，以至于众说纷纭。概括起来，主要有以下几种分歧意见或者不同的解释：

（一）“荐雄待诏”者为杨庄

坚持这种说法的代表人物是唐朝人李周翰。《文选》卷七《甘泉赋》李周翰注云：

扬雄家贫好学，每制作，慕相如之文，尝作《绵竹颂》。成帝时，直宿郎杨庄诵此文，帝曰：“此似相如之文。”庄曰：“非也，此臣邑人扬子云。”帝即召见，拜为黄门侍郎③。

李周翰此说颇有影响。不少介绍扬雄生平的文章也采此说。清人钱绎撰《方言笺疏》，不仅征引李周翰注，并且加按语说：“（李说）与《传》所称互异，当是《传》误也。”④

针对李说，王青先生在其《扬雄评传》中指出：“班固所说与扬雄自述并无矛盾，杨庄的推荐只是使成帝召见扬雄，并对他留下初步印象，并不意味着马上除官。真正任命其为黄门侍郎，要等扬雄上《甘泉赋》之后。《文选》李周翰之注乃想当然之言。”⑤

笔者认为，王青认为“班固所说”（即《传赞》所说王音“荐雄待诏”）与“扬雄

① ［汉］班固：《汉书》，中华书局2007年版，第3583页。
② ［宋］司马光：《资治通鉴》，中华书局2007年版，第1007页。
③ ［清］钱绎：《方言笺疏》卷一，上海古籍出版社1983年影印本，第1页。
④ 同上。
⑤ 王青：《扬雄评传》，南京大学出版社2011年版，第60页。

自述”（即传文所说汉成帝“召雄待诏承明之庭”）是两码事且“并无矛盾”的说法，是很有价值和意义的。要知道，汉代的“黄门郎”与“待诏”是有很大区别的：黄门郎是正式的官员，虽然官阶很低，但由于是皇帝身边的近臣，往往是日后飞黄腾达的基石和阶梯，汉代的不少公侯将相都曾任过黄门郎一职；而“待诏”并非正式官员，有点类似于现代的所谓“工人”或者“以工代干”人员，是没有官阶的。从“扬雄自述”来看，扬雄虽然已经在宫中任“待诏”，但汉成帝还没有召见过他，多亏了杨庄在成帝面前诵读《绵竹颂》，才使扬雄有了“奏《羽猎赋》，除为郎”的机会。但“荐雄待诏”的人并非杨庄。

不过，《文选》李周翰注所云也并非“想当然之言”。李周翰说杨庄是举荐扬雄入仕的人，至少有三点依据：首先是因为《传赞》的说法有矛盾，不足以采信；其次是扬雄《自序》中说“客有荐雄文似相如者……（成帝）召雄待诏承明之庭”；再次，扬雄《答刘歆书》说“蜀人有杨庄者为郎，诵之于成帝。成帝好之，以为似相如，雄遂得以外见”。在李周翰看来，既然班固《传赞》的说法不足采信，我用扬雄本人的记述，应当是可靠的吧！

（二）“荐雄待诏”者为王根

首倡此说者为胡三省。《资治通鉴·考异》卷一“扬雄待诏”条下，胡三省注云：“时王音卒已久，盖王根也。”

针对胡三省的说法，台湾学者李周龙在其《扬雄学案·年谱》中说：

> 温公以为“音”乃“根”之误字，以孚合“雄年四十余，自蜀来至游京师”之说。然根之拜大司马骠骑将军在元延元年十二月庚申，考陈援庵《二十史朔闰表》，元延元年十二月庚申是二十七日；而子云则于次年正月即从上甘泉作赋，距根拜大司马仅三日。夫子云素无捷才，而《甘泉》一赋篇幅广大，铺陈其事不厌其详，岂是三日之内所能写就？温公之说，显为失实。况“车骑”与“骠骑”不同，误认“冯京”为“马凉”，亦难免贻笑后人也①。（笔者注：“温公”司马光应为“胡三省”。）

李周龙对胡三省说法的反驳，很有道理，是值得采信的。

然而，竟有不少学者采信胡三省说法，以为《传赞》中的“王音”应当是“王根”之误。王青即认为《传赞》的记载有误，并且说“我主张王音为王根之误”，甚至将“车骑将军”的头衔加到王根头上，他说：“我们现在已经无法知道扬雄与当时的大司马车骑将军王根有什么关系，可能就是凭借他出众的才华和宏丽的文章，得到了

---

① 李周龙：《扬雄学案》，台湾师范大学国文研究所1979年版，成都市郫都区子云学校2006年翻印，第45页。

这位显赫无比的贵族的青睐，召其为门下史，并荐其待诏。”① 如此对待历史文献的态度，是否显得孟浪了呢?

（三）“荐雄待诏”者为王商

倡此说者为近人陆侃如。陆侃如在《扬雄与王音、王商之关系》一文（载《大公报·文史周刊》第39期）中，提出“王音乃王商之误”的说法，其主要依据是“音与商形近易讹”②。

针对陆侃如的说法，李周龙评论指出：

> 商、音二字固形近易讹，然“卫”字恐难误作“车骑”，盖二者实不相侔也。职是之故，王音不可改作王根或王商，否则，证据不足，难免失之武断。况班固时近扬雄，亲见扬子云《家牒》与刘歆《七略》，所言必不差谬矣！谓其以王根或王商误作王音，骠骑将军或卫将军误作车骑将军，岂情理之常？能取信于人乎③?

李氏所云甚近情理。汉成帝阳朔三年（前22）八月，大司马大将军王凤卒，九月，王音继任大司马，封车骑将军；扬雄时年32岁。成帝永始二年（前15）正月，王音卒，三月，王商继任大司马，封卫将军；扬雄时年38岁。成帝元延元年（前12）十二月辛亥，王商卒，十二月庚申，王根继任大司马，封骠骑将军；扬雄时年41岁。可见，胡氏、陆氏为合于扬雄“年四十余”离蜀进京的记载，故有王根或王商误作王音之说。但以其不合情理，是难以令人信服的。

（四）坚持“荐雄待诏”者为王音的几种理由

尽管《传赞》的说法明显有误，但是相信王音是“荐雄待诏”者的学者仍然不少。对于《传赞》存在的矛盾，这些学者各有看法，概括起来，其代表性说法有以下几种：

1.“约辞”说

持此说法者为清人王先谦。王氏在其《汉书补注》中说：

> 《三史拾遗》曰：“雄以天凤五年卒，年七十一，则成帝永始四年，年始四十有一。而王音之薨，乃在永始二年正月。使果为音所荐，则游京师之年，尚未盈四十也。”窃以为雄之至京师，当在音卒之前年，固未及四十，而史称四十余者，

① 王青：《扬雄评传》，南京大学出版社2011年版，第58页。

② 李周龙：《扬雄学案》，台湾师范大学国文研究所1979年版，成都市郫都区子云学校2006年翻印，第45页。

③ 同上。

约辞也[①]。

笔者按：王音卒时，扬雄年三十八；若雄至京之年果真“在音卒之前年”，则扬雄至京时不过三十六岁。将三十六岁称作“年四十余”实在不近情理，绝非史家笔法。王氏之“约辞”说断难成立。

2.“时日讹乱”说

持此说者为李周龙。李氏在《扬雄学案·年谱》中说：

> 子云自蜀来游，当在三十八岁，王音召以为门下史，又荐为待诏。疑其时手续繁杂，行政迟缓，故久久未见召，于是蜀人杨庄乃复为之荐。及雄赴待诏之时，或已永始三年。时音死已久，而子云亦已年届不惑矣！事后追忆，人名易记，而时日则难免讹乱，遂含胡言之，谓“年四十余”[②]。

笔者按：此说与“约辞”说相近，但更加不近情理。其不近情理者有三：其一，“待诏”非正式官员，何用“手续繁杂”方得见召？其二，王音乃一人之下、万人之上的朝廷重臣，对他所引荐的区区“待诏”一事，焉有“行政迟缓”、尚需“蜀人杨庄乃复为之荐”的道理？其三，修史无不是“事后追忆”，《汉书》所载他人事迹尚且年月日分明，鲜有“讹乱”；而扬雄是最受班固推崇的前辈，且扬雄之殁距班固之生仅十五年，岂有“时日则难免讹乱，遂含胡言之”的道理？

3.“三”字误作“四”字说

倡此说者为清人周寿昌。周氏在其《汉书注补正》中说：

> 古“四”字作“亖”，传写时由“三”字误加一画。应正作“三十余”始合[③]。

针对周说，李周龙评论指出：“使子云果于三十二岁游长安，则与下文‘岁余，奏《羽猎赋》’不符。此其失审也明矣！”[④]

笔者按：若“四”字果真作“亖”，则“误加一画”将“三十余”写作“四十余”的可能性最大，这应当是解释《传赞》记载矛盾的最有力的理由。但是，诚如李周龙所说，如果扬雄是32岁离蜀进京，那就应当是在汉成帝阳朔三年（前22）或者阳朔四年（前21），而“奏《羽猎赋》”是在成帝元延二年（前11）[⑤]，那么，扬雄奏

---

① 李周龙：《扬雄学案》，台湾师范大学国文研究所1979年版，成都市郫都区子云学校2006年翻印，第44页。

② 同上，第45—46页。

③ 同上，第45页。

④ 同上，第45页。

⑤ 纪国泰：《亦论“扬雄至京、待诏、奏赋、除郎的年代问题”》，载《西华大学学报》（哲社版）2017年第4期。

《羽猎赋》的时间，就不是“荐雄待诏”后的“岁余”，而是“十岁余”了。故李氏谓周说“其失审也明矣”。

如此看来，“荐雄待诏”者究竟是谁，还真的成了一个一千多年来悬而未决的大问题。

二、试论“荐雄待诏”者确实是王音

此前讨论“荐雄待诏”者问题的学者，无不就事论事，仅仅从讨论扬雄游学京师的时间和王音卒年之间的矛盾来分析问题，以至于总是顾此失彼，很难自圆其说。

笔者认为，要弄清《传赞》是否有误、误在哪里以及致误原因，就必须认认真真地解读《传赞》全文，了解《传赞》究竟传达了什么样的信息和怎样传达的；在此基础上，对与扬雄游学京师年代密切相关的信息做具体深入的分析，这样才有可能探索到问题的真相，才可能找到令人信服的答案。

下面让我们全面地探讨与“荐雄待诏”者相关的几个方面的问题：

（一）确证扬雄“年三十余”游学京师

古今学者对《传赞》所载扬雄“给事黄门，与王莽、刘歆并”无异议，那么，考察王莽什么时候任黄门郎、任了多久的黄门郎，便成为考察扬雄游学京师时的年龄和王音是否有可能“荐雄待诏”的关键。

《汉书·王莽传》载：

> 阳朔中，世父大将军凤病，莽视疾，亲尝药，乱首垢面，不解衣带连月。凤且死，以托太后及帝，拜为黄门郎、迁射声校尉①。

《资治通鉴·成帝纪》载：“阳朔三年八月丁巳，凤薨；九月甲子，以王音为大司马、车骑将军。”② 不难看出，汉成帝阳朔三年（前22），王音拜大司马、车骑将军，王莽任黄门郎。

王莽当了多长时间的黄门郎呢？最多一年多时间。为什么这么肯定？因为他“拜为黄门郎、迁射声校尉”都是在“阳朔中”；“阳朔”这个年号用了四年，王莽拜黄门郎是在阳朔三年，那他“迁射声校尉”，最晚也是在阳朔四年（前21）。换言之，阳朔四年以后，王莽就不再“给事黄门”了。因此，王莽只当了一年或者一年多时间的黄门郎。

明确王莽任黄门郎“给事黄门”的时间之后，扬雄游学京师的时间便不难确定了。

---

① ［汉］班固：《汉书》，中华书局2007年版，第4039页。

② ［宋］司马光：《资治通鉴》，中华书局2007年版，第990页。

笔者认为，扬雄离蜀至京的时间，不会早于阳朔二年（前23），也不会晚于阳朔四年（前21）。这又是为什么呢？

首先，据《汉书·扬雄传》记载，其《反离骚》《广骚》《畔牢愁》等多篇辞赋作品，均为在蜀时所作。其中《反离骚》中尚有“汉十世之阳朔兮，招摇纪于周正”的说法，颜师古引苏林注云：“言己以此时吊屈原也。”又引晋灼注云：“成帝八年乃称阳朔。”可见，阳朔初年，扬雄尚在蜀地。以他之后写作《广骚》《畔牢愁》等其他作品所需时日计算，扬雄写作《反离骚》之后，应该还在蜀地待了大约一年时间。因此，阳朔二年，扬雄尚未游学京师。

其次，如前所述，王莽于阳朔三年（前22）秋拜为黄门郎，阳朔四年即迁射声校尉；如果扬雄晚于阳朔四年至京，他就没有可能跟王莽一起“给事黄门”。因此，扬雄游学京师的时间，只能是在阳朔三年，并且是阳朔三年的年底；因为如果是在春夏，王音尚未拜为大司马车骑将军，《传赞》亦不便书作“大司马车骑将军王音”。

阳朔三年（前22）时的扬雄多大年纪？三十二岁。因此，我们完全有理由认为，《传赞》中的“年四十余”，确系“年三十余”之误。换言之，班固主观上要表达的扬雄游学京师时的年纪，应当是“年三十余”，而不是“年四十余”。

（二）确证扬雄任待诏“十岁余”

按照现今版本《传赞》记载，扬雄任待诏后“岁余，奏《羽猎赋》，除为郎”。

根据上文的考证结论，扬雄任待诏是在阳朔三年或者四年；“岁余”，便是阳朔四年或者鸿嘉元年（前20）。然而，扬雄奏《甘泉》《河东》《羽猎》三赋，都是在元延二年（前11）①，相差了整整十年时间。这应当作何解释呢？

笔者认为，这是因为扬雄任待诏的时间不是“岁余”，而是“十岁余”。

扬雄跟王莽、刘歆一起“给事黄门”的时候，仅仅是“待诏”，而不是“黄门郎”。其实，《传赞》已经传达了这样的信息。《传赞》在介绍扬雄跟王莽、刘歆的“同事”关系时说“给事黄门，与王莽、刘歆并”；而在介绍扬雄跟董贤的“同事”关系时，则说“哀帝之初，又与董贤同官”。要知道，“并”在这里是“在一起”的意思，而“同官”则是说他跟董贤都是“黄门郎”。如果不是因为有这样的区别，《传赞》只需将“董贤”放到上句中的“刘歆”之后，完全没有必要另起一句来介绍扬雄跟董贤的同事关系了。遗憾的是，《汉书》原文没有标点，后世学者在点校《汉书》的时候，竟然忽略了这一层的意思，以至于用错标点，使得人们在阅读时产生错误理

① 纪国泰：《亦论“扬雄至京、待诏、奏赋、除郎的年代问题”》，《西华大学学报》（哲社版）2017年第4期。

解，以为扬雄是以黄门郎的身份跟王莽、刘歆共事。《扬雄评传》就是这样理解的[1]。

扬雄在侍从汉成帝游甘泉、河东和观羽猎的时候，还只是一个“待诏”而不是“黄门郎”。根据《甘泉赋·序》的叙述，直至元延二年（前11）“从上甘泉”之前的十年间，京城长安，除杨庄之外，还没有其他人知道扬雄是辞赋高手。足见王音“奇其文雅”中的“文”，不是指扬雄的辞赋；否则，成帝这个“好文辞”的风流天子[2]，绝不至于对已经“待诏”十年的扬雄的辞赋才干，竟然一无所知。应当说，写作“四赋”之前的扬雄，简直是默默无闻的。他的得以“外见”（崭露头角），完全得力于杨庄。因此，扬雄对杨庄的举荐之恩一直念念不忘，他不仅在《甘泉赋·序》中说“客有荐雄文似相如者”，还在《答刘歆书》中介绍了杨庄举荐的具体情况：“雄始能草文，先作《县邸铭》《王佴颂》《阶闼铭》及《成都城四隅铭》。蜀人有杨庄者为郎，诵之于成帝。成帝好之，以为似相如，雄遂以此得外见。”[3] 奏《甘泉赋》之后，可能因为讽谏的意味太浓、讽谏的事也太过敏感（谏成帝莫太宠幸赵飞燕姐妹），所以仍然没有被授官。稍后所奏《羽猎赋》合了成帝口味，扬雄这才被“除为郎”，结束了“待诏”的临时工生涯，正式步入了仕途。

阳朔三年（前22），王音“荐雄待诏”，使一介布衣的扬雄得以“给事黄门”；元延二年，杨庄荐雄辞赋，使扬雄得以“外见”而被授官黄门郎。这两件事相隔了整整十一年。所以从“荐雄待诏”至“奏《羽猎赋》”，应当是“十岁余”，而不是“岁余”。

还应当了解的是，“岁余，奏《羽猎赋》，除为郎”不合乎班固撰写《传赞》的文意和题旨。

与《汉书》其他人物的“传赞”相比较，扬雄《传赞》最显著的特点是“寓赞于记”。之所以寓赞于记，是为了弥补扬雄“自序”的缺失，故其“赞曰”的文字比那些数人合传的赞文还多了好几倍。

班固在扬雄《传赞》中“记述”了六件大事：扬雄入仕道路的坎坷、“三世不徙官”的仕途、主要的著述、“投阁”事件的来龙去脉、凄凉的晚境、时人的评判。通过补记的这六件大事，“赞扬”了扬雄“恬于势利”的人格、“好古而乐道”的追求、敢于挑战权威的精神、在学术上的成就和影响。与本文议题相关的是赞扬扬雄“恬于势利”的人格，这一写作意图是通过记述第一、二两件事来实现的。

如果依照现在版本的《传赞》来理解，扬雄的入仕道路应当说是“一帆风顺”

---

① 王青：《扬雄评传》，南京大学出版社2011年版，第60—61页。

② ［宋］司马光：《资治通鉴》，中华书局2007年版，第1011页。

③ ［清］钱绎：《方言笺疏》卷一三，上海古籍出版社1983年印本，第53页。

的：一介布衣又没有“明经”资历的扬雄，凭借权臣王音的举荐，很顺利就进入宫中当了待诏；一年多以后，因为奏《羽猎赋》，就被授官黄门侍郎，正式进入仕途。果真如此，还能说扬雄的入仕道路“非常坎坷”吗？

要知道，十年“待诏”的临时工生涯，使扬雄经济上和精神上都受尽了煎熬。

“待诏”是编外人员，薪俸很少且没有保障，使扬雄无法安下心来做他想做的事。十年时间，光阴虚度，“时不我待”的焦虑在随时折磨着他。他虽然没有政治上飞黄腾达的欲望，但是他自少年时起，就怀着“欲求文章成名于后世”[①] 的抱负和愿望。对他来说，当上黄门郎，有了固定收入，不为衣食担忧，就是为实现自己的人生追求提供了保障。有人说他是“朝隐”（做官只是为了挣饭钱），实在是有些道理。然而，为了这一天，竟耗费了他十年的光阴，能不让他痛苦吗？从他在《甘泉赋序》和《答刘歆书》中多次提到蜀人杨庄使他得以“外见”而当上黄门郎的事来看，便不难想象“待诏十年”多残酷，给他带来的痛苦有多巨大了。

记述扬雄“入仕的坎坷”并不是《传赞》的目的，目的是赞扬扬雄“恬于势利”“好古而乐道”[②] 的高尚人格。《传赞》采用对比手法，用王莽、刘歆、董贤后来的“权倾人主，所荐莫不拔擢”跟扬雄的“三世不徙官”[③] 相对比，扬雄“恬于势利”“好古乐道”的形象便跃然纸上了。

（三）探讨《传赞》误“三”漏“十”的原因

笔者认为，造成《传赞》讹误的最根本的原因，应当是《汉书·扬雄传》最早的刻本将“年三十余”误作“年四十余”所致。诚如周寿昌所云，若古文献中“四”字果真可以写作“亖”，那么“三”字多写一画误作“四”字的可能性就太大了。即使“四”不作“亖”，古代文献上数目字发生讹误的现象并不鲜见。甚至可以假设，班固一时笔误，在“三”字上多加一笔，将“三”误作“亖”，也不是没有这样的可能。

至于将“十岁余”误作“岁余”，最大的可能是：在将“年三十余”误作“年四十余”之后，《汉书》最早的编校者发现，如果是“十岁余，奏《羽猎赋》”，则包括《羽猎赋》在内的“四赋”的写作时间，便应当是在汉哀帝建平年间（前6—前3），这显然说不过去，于是便以为“十”字是衍文而将它删去。这样，原文的“十岁余”便成了后来的“岁余”。

古代学者则因为古代文献不使用新式标点，所以只能顺着文字看下去，根据误

---

① ［汉］班固：《汉书》，中华书局2007年版，第3583页。
② 同上。
③ 同上。

“三”漏“十”后的文字来理解这段话，虽然发现了“年四十余”与王音“荐雄待诏”之间存在的矛盾，却受“岁余，奏《羽猎赋》”这句话的影响，而很难发现“年四十余”与扬雄“给事黄门，与王莽、刘歆并”之间也存在矛盾，于是只能把质疑的焦点放在“荐雄待诏”者身上。这就出现了“荐雄待诏”者是杨庄、是王根、是王商的分歧意见；或者虽然肯定是王音，但是解释矛盾产生原因的理由，却总是顾此失彼、左右失据而很难令人信服。

根据以上的考证，前面所引《传赞》那段文字及其标点，应当做如下订正和改动：

> 初，雄年三十余，自蜀来至游京师。大司马车骑将军王音奇其文雅，召以为门下史，荐雄待诏。十岁余，奏《羽猎赋》，除为郎。给事黄门，与王莽、刘歆并；哀帝之初，又与董贤同官。

上文标点改动，最关紧要的是两处：一处是改“除为郎”后面的逗号为句号，一处是改“与王莽、刘歆并”后面的句号为分号。为什么说这两处标点的改动“最关紧要”？综观《传赞》全文，从“初，雄年三十余”至“恬于势利乃如是”为第一部分，这部分包含两层意思：第一层止于“除为郎”，是客观介绍扬雄入仕经历的文字；第二层从“给事黄门”至“恬于势利乃如是”，是历举事例以赞扬雄“恬于势利”高尚人格的评论性内容。不在“除为郎”后面用句号，不仅层次不分明，而且极易使读者产生扬雄跟王莽一起“给事黄门”时就已经“除为郎”的错觉。将“与王莽、刘歆并”后面的句号改为分号，具有显示层次的作用，避免将“给事黄门，与王莽、刘歆并”归入上一个层次去理解。因此，这两处标点改动“最关紧要”。至于前面两处改逗号为句号，仅仅是为了使意思更加显豁；即使不改动，也不至于使读者产生误解。

三、结论

如果没有人能够否认扬雄曾经跟王莽一起“给事黄门”，也没有人能够否认王莽于汉成帝阳朔三年（前22）“拜为黄门郎”和“阳朔中”迁射声校尉；那么，班固《传赞》所载大司马车骑将军王音“荐雄待诏”，就是一个毋庸置疑的事实。换句话说，扬雄游学京师时应当是“年三十余”，绝不可能是“年四十余”；扬雄在宫中任“待诏”应当是“十岁余”，绝不可能是“岁余”。

对于扬雄生平研究来说，本文这个发现的意义和价值是重大的。它不仅揭露了“荐雄待诏”者究竟是谁这一持续了千年之久的争论的真相，而且有助于消除人们在

“四赋”写作年代问题上长达千年的分歧[1]；而尤为重要的是，它还能消除人们对《汉书》所产生的误解和偏见。

至于本文的结论是否可靠，还是请读者朋友稍加关注之后参与讨论，更希望能得到同行及时贤的批评指正。

（作者单位：西华大学文学与新闻传播学院）

① 纪国泰：《亦论“扬雄至京、待诏、奏赋、除郎的年代问题”》，《西华大学学报》（哲社版）2017 年第 4 期。

扬雄“失节”辩

孙宗烈

内容提要： 从西汉到北宋，扬雄在儒学界的地位比孟子高，程颐和朱熹要提高孟子在儒学界的地位，就以“仕莽”“美新”批判扬雄“失节”，以扫除孟子升格的障碍。后来，明太祖和清康熙也以“失节”批判扬雄，致使扬雄被湮没千年。本文认为，扬雄“仕莽”“美新”没有错，因为王莽夺取刘汉政权符合儒家“君轻民贵”的政治理念（《孟子·万章下》：“君有大过则谏；反复之而不听则易位。”），王莽改革符合扬雄的改革主张（《法言·问道》：“道有因无因乎？可则因，否则革。”），也符合扬雄主张社会公平的政治理念（《太玄》：“饶者取子，罄者与之。”），也符合当时的农民利益。所以，批判扬雄“失节”是不公正的。扬雄被评为四川省首批历史名人之一是对扬雄所蒙受冤屈的彻底洗雪。

关键词： 扬雄；仕莽；美新；没错

2017 年 7 月，扬雄被评为四川省首批历史名人之一，这位被湮没了千年的中国文化巨擘终于重见天日。扬雄为什么会被湮没千年呢？本文就此做一些探讨，请研究扬雄的方家不吝赐教。

一、扬雄被湮没的缘由

扬雄被湮没的缘由，要从程颐和朱熹批判扬雄“仕莽”“美新”说起。

扬雄在王莽夺取刘汉政权后，非但没有殉国死节，反而写《剧秦美新》赞美王莽的改革。东汉以后就有人非议过扬雄“仕莽”“美新”的失节行为，如隋代颜之推在他的《颜氏家训·文章》里说“扬雄德败美新”，北宋的程颐和南宋的朱熹更是以“仕莽”“美新”对扬雄大加挞伐。由于程颐和朱熹在中国学术界的地位很高，他们的批判影响力很大，对扬雄的杀伤力也很大，所以本文就只针对程颐和朱熹对扬雄“失节”的批判进行辩驳。

历史学界有这样一个共识：要真正做到公正地评价历史人物确实困难。造成这种现象的原因很多，其中一个重要原因是，要评价历史人物就一定要或褒或贬，或褒或贬中就一定会有评价者个人的感情色彩或者政治立场，而感情和理智常常会发生矛盾，政治与是非又往往冲突，因此评价历史人物就不可能做到真正的公正。所以，作为一个对历史人物有责任心的人，为了避免评价不公，最低限度应该做到对历史人物不故意吹捧或贬抑，如果以此为出发点，并这样做了，在评价中即使出现一点偏差也是可以理解的。不过，事实上有的评论者对历史人物的评判有失公允，以致造成这个历史人物蒙受多年冤屈，这就不对了。理学大师程颐和朱熹批判扬雄因“仕莽”“美新”而“失节”，最后导致扬雄被淹没千年，这就是因不公正的批判造成的。

二、程颐和朱熹否定扬雄的原因

程颐和朱熹否定扬雄的原因是要扫除孟子升位路上的障碍。

王莽取代刘汉政权建立新朝后，扬雄没有为刘汉殉节，留在新朝继续当“图书管理员”。程颐和朱熹就以“仕莽”为由猛烈批判扬雄“失节”。可是，汉朝大臣在王莽新朝做官的大有人在，有的还是二千石薪俸的高官，程颐和朱熹为什么偏偏把“失节”这顶帽子扣在小人物扬雄头上而对他大肆批判呢？我们认为，这是因为程颐和朱熹要大力抬高孟子在儒学界的地位，而扬雄此前在儒学界的地位是比孟子高的，他们必须推开扬雄这个障碍。

为什么这样说呢？这个问题还得从北宋时期儒学各派一场关于“尊孟”与“疑孟”的学术争论说起。

“五代”时期，天下四分五裂，君不君，臣不臣，礼崩乐坏，社会失序。所以，宋太祖赵匡胤建立宋朝后，在政治上和军事上加强中央集权的同时，在思想上也要寻求一种理论，以说明皇权的不可侵犯性，于是他看上了以纲常伦理为主要内容的儒家意识形态，就让它担当起社会思想的主角。他提倡读儒家经典，增修国子监，修饰先圣“十哲”像，画七十二贤及先儒二十一人像，并亲自为孔子、颜渊撰写赞辞。又立下誓规：“不欲以言罪人。”他的这一表态对宋代出现“百家争鸣”的局面起了非常重要的作用，兴起了儒学界知识分子自由言论的风气，形成了“疑传尊经”的思潮。到宋神宗时期，出现了王安石的新学、程颐的洛学、苏轼的蜀学及司马光学派等诸家围绕“尊孟”与“疑孟”展开的学术争论，而扬雄自然就成为这个争论漩涡里的中心人物——因为“尊孟”与“疑孟”双方的参照人物都是曾经被尊称为“西道孔子”的扬雄，而扬雄当时在儒学界的地位比孟子高，所以被“疑孟”派推崇，也就被“尊孟”派贬斥。

当时关于是“尊孟”还是“崇扬”的争论大致情况是这样的：

程颐尊孟而非扬。宋代新兴的理学推崇孟子的心性理论，程颐是理学的代表人物，当然尊崇孟子。而当时，唐代兴起的“孟子升格运动”（《中国儒学》）正受到儒学界中“崇扬”派（如司马光）的质疑。程颐为了进一步提高孟子在儒学界的地位，就必须扫除孟子升格道路上的障碍，而那时挡在孟子前面的只有扬雄，扬雄当然就成为程颐批判的目标。

王安石尊孟又崇扬。他认为扬雄之学属于正统儒学的“道统”体系，孔子去世后儒学衰微，能够支撑儒学的只有扬雄，所以他有诗句说：“儒者陵夷此道穷，千秋止有一扬雄。”

司马光推崇扬雄，认为扬雄在儒学界的地位高于孟子。他在《说玄》里说：“呜呼，扬子真大儒耶！孔子既没，知圣人之道者，非扬子而谁？荀与孟殆不足拟，况其余乎？”明明白白地把扬雄排在孟子和荀子之前。

苏轼是一个天生的造反派，他在政治上既反对王安石又反对司马光，在学术上反儒家“道统”，既不看好孟子，又不看好扬雄。他在《与谢民师推官书》里说：“扬雄好为艰深之辞……屈原作《离骚》……乃以赋鄙之，至与司马相如同科，雄之陋如此比者甚众。”他认为扬雄“大节有亏”。

这四派各是其是，非难对方，争论不休，非常热闹。在这场混战中，扬雄并没有因为程颐和苏轼的否定而吃亏，相反，还凭着他在儒学界的学术地位和威望，在神宗元丰七年（1084）被朝廷请进文庙，列入孔庙的“先贤”行列，配享祭祀。这样一来，更引起理学门人的强烈不满，他们非把扬雄彻底批倒不可。

扬雄成了“孟子升格”的障碍。那么，当时扬雄在儒学界的地位是不是真的高于孟子呢？

三、北宋以前孟子和扬雄在儒学界中的地位

先说孟子。

春秋时期，孔子的学生很多，有“弟子三千，贤人七二”之说。由于孔门弟子对

孔子思想的理解不尽相同，难免会产生歧见，因此孔子逝世以后，孔门弟子各持己见，开始分化，到了战国的后期，儒门分裂为若干个派别，有“儒分八派”之说（其实不止八派）。此说始见于《韩非子》的《显学》篇：“自孔子之死也，有子张之儒，有子思之儒，有颜氏之儒，有孟氏之儒，有漆雕氏之儒，有仲良氏之儒，有孙氏之儒，有乐正氏之儒。”

在唐代韩愈提倡“孟子升格”之前，“孟氏之儒”在儒学界只被视为一般的学派，《孟子》这部书并没有列入儒家的“经书”行列，汉代的“五经”“六经”中没有它，唐代的“九经”和五代的“十一经”中也没有它。《汉书·艺文志》《隋书·经籍志》《旧唐书·经籍志》都把《孟子》列在“子”部。

扬雄推崇孟子，在《法言》里多处赞扬孟子思想。

唐代的儒学大师韩愈推崇孟子思想，倡导提高孟子在儒学界的地位（《中国儒学》称之为“孟子升格运动”），由此孟子思想渐渐受到儒学界的重视，地位渐渐高升，到了北宋，孟子学说受到朝廷推崇，宋太宗把《孟子》列入了“经”部，宋神宗把孟子和扬雄请进了文庙。

再说扬雄。

从西汉到北宋，扬雄以其在儒学上的巨大贡献，在儒学界都有很高的地位。

《汉书》作者班固对扬雄充满敬意。表现之一是，班固在《汉书》中为六位西汉文化界的大师级人物立了传，他们是贾谊、董仲舒、司马相如、司马迁、东方朔、扬雄，其中，只有《司马相如传》和《扬雄传》有上、下篇，篇幅最大，而记述扬雄的文字，比记述司马相如的文字还要多；表现之二是，班固在《汉书》中，多处以赞美之词提及扬雄。《扬雄传》的“赞”里说：“刘歆及范逡敬焉，而桓谭以为绝伦。”在《叙传》里称赞扬雄“渊哉若人，实好斯文。草《法》纂《玄》，斟酌《六经》，放《易》象《论》。潜于篇籍，以章其身”。在《司马相如传》的“赞”里引用扬雄的话来评价司马相如的赋：“扬雄以为，靡丽之赋，劝百而讽一，犹骋郑、卫之声，曲终而奏雅，不亦戏乎？”在《匈奴传》里夸赞扬雄的外交才能，并全文记载扬雄的《谏不受单于来朝书》。《汉书·扬雄传》的“赞”里还记载了大司空王邑与桓谭的一段对话：大司空王邑听说扬雄去世了，对桓谭说：“你先生经常夸赞扬雄的书，扬雄的书难道能传于后世吗？”桓谭回答说：“一定会传于后世。只不过你和我看不到那一天罢了。”

扬雄是儒学史上唯一被冠以“孔子”尊称的儒学大师。桓谭的《新论》里记载有他与张子侯的一段对话，张子侯说：“扬子云是西道孔子，竟然贫困到这般程度。”桓谭回答说：“扬子云也是东道孔子啊。孔子仲尼难道仅仅是鲁国的孔子吗？”桓谭的意思是，扬雄不仅是“西道孔子”，也是“东道孔子”，也就是当时全中国的“孔子”。

桓谭还说：“子云所造《法言》《太玄》，经也。玄经，数百年其书必传。”认为扬雄的《法言》《太玄》可称为“经”，是儒家的经典著作。

王安石尊崇扬雄，他的《扬子》诗有“儒者陵夷此道穷，千秋止有一扬雄”之赞。

司马光十分推崇扬雄，他的《说玄》说：“孔子既没，知圣人之道者，非扬子而谁？荀与孟殆不足拟，况其余乎？”

《宋史·礼八》记载，宋神宗熙宁七年（1074）“判国子监常秩等请立孟轲、扬雄像于庙庭，仍赐爵号，又请追孔子以帝号”。

由此可知，北宋以前，扬雄在儒学界的地位高于孟子。即使理学大师们竭力推崇孟子，孟子的地位也没有超过扬雄。所以，程颐和朱熹要提升孟子在儒学界的地位，就必须搬开扬雄这个绊脚石。

那么，他们用什么理由来否定扬雄呢？

四、程颐和朱熹批判扬雄失节

理学大师程颐和朱熹是中国儒学的重要代表人物，他们在中国儒学的发展上做出过非常重要的贡献，在中国儒学史上有很重要的地位。本文在说到他们对扬雄的否定性评判时，只列举事实，不敢（也没有学术资格）对两位理学大师的学术思想做任何评判。

理学的主导思想是强调儒家的伦理秩序，维护皇帝至高无上的权威，视逆臣为罪犯。所以，程颐和朱熹都抓住扬雄在王莽的新朝做官这条辫子，批判扬雄不忠于刘汉，是失节的逆臣。

（一）程颐批判扬雄失节

1. 程颐批判扬雄失节的依据

程颐对扬雄的批判，记录在程颐弟子杨时所著的《二程粹言》里，杨时引用程颐对扬雄批判的话：“扬子云之过，非必见于‘美新’‘投阁’也，夫其黾勉于莽、贤之间不能去，是安得大丈夫哉？”

在程颐看来，扬雄在董贤、王莽专权时期，没有因为两个奸臣当权而弃官还乡，仍旧在朝廷为官，是失掉臣子的节操，因此不是一个大丈夫。

程颐此说大谬不然。他没有说明，董贤靠汉哀帝的宠爱掌握了朝廷大权，扬雄为什么就该弃官而去；也没有说明，王莽靠姑妈的扶持掌握了朝廷大权，扬雄为什么就该弃官而去。何况，董贤、王莽专权期间没有弃官而去的大官多的是，其中不少大官还是刘家的人，程颐怎么只批判一个小小的“图书管理员”扬雄呢?

就说扬雄“美新”吧。扬雄在王莽篡位时非但没有弃官而去，还写文章赞美王莽的改革，那是因为王莽取代刘汉政权是符合儒学伦理观念的，王莽施行惠民措施符合民意，也符合扬雄主张社会公平的社会理想。

在儒家的伦理观念中，民贵君轻是天经地义的。《孟子・尽心》里有一句传诵千古的名言：“民为贵，社稷次之，君为轻。”《孟子・万章下》也说：“君有大过则谏；反复之而不听则易位。”这话的意思是不合格的君王是可以更换的。可见王莽夺取刘汉政权并不违背儒学伦理。王莽的惠民政策符合民意，也符合扬雄的政治理想，所以扬雄要“美新”。况且，即使以“忠君”标准要求汉朝的臣子死节，也数不到扬雄名下。因为扬雄在西汉朝廷里是一个微不足道的小官。《孟子・离娄下》说：“君之视臣如手足，则臣视君如腹心；君视臣如犬马，则臣视君如国人；君视臣如土芥，则臣视君如寇仇。”扬雄在黄门侍郎这个的职位上，经历了成、哀、平、孺子婴四代共二十多年，还是一个小小的黄门侍郎，怎么能要求他自认为是国之重臣而为汉朝尽忠死节呢？再说，在那个时代，扬雄除了在皇家图书馆当“管理员”挣钱养家糊口，还有什么途径或方式来挣钱维持生计并在活命的前提下实现自己的人生抱负呢?

2. 程颐批判扬雄用了双重标准

如果真的拿“忠君死节”这个标准来衡量历史人物，程颐更是千不该万不该拿“黾勉于莽、贤之间不能去”这个理由来批判扬雄，因为，他的祖先在“节”字上是说不过去的。

理学大师们都很“重节”，一贯用“饿死事小，失节事大”（《程氏遗书》）这个标准来要求别人，评判别人。可是，就在这个“节”字上，程颐对扬雄的批判使用的是双重标准——对扬雄严，对自家宽。

程颐的高祖父程羽（913—984），字仲元，五代时期晋国的进士，曾任阳谷县主簿、新都县县令等职。他在 47 岁前经历了晋、汉、周三个朝代，在三个朝代的皇帝下面当臣子。960 年赵匡胤发动政变夺取周的政权，程羽时年 47 岁，后在宋朝做官，历任兴州知府、成都知府，最高职位是文明殿学士。就是说，程颐的高祖父在四个皇帝下面做过官，如果用程颐批判扬雄的标准来判断，他的高祖父就做了三次“逆臣”。况且，程羽所经历的四个朝代是如何更迭的呢？是在血淋淋的杀戮中更迭的——936 年，后唐被石敬瑭所灭，皇帝李从珂自焚而亡，石敬瑭建立了后晋。时隔 11 年，947 年，契丹灭掉后晋，扶持李从益为中原之主，刘知远又杀死李从益，建立后汉。仅隔四年，郭威杀死后汉隐帝刘承佑建立后周。960 年，赵匡胤夺取后周政权建立宋朝。从 936 年到 960 年，短短的 24 年间，朝代换了四个，皇帝死了四个，程羽接连做了四个朝代的官（比扬雄的官大得多），并没有为哪个被灭的国家殉节，他有三次“失节”行为。程颐为什么对自己的祖先失了三次“节”闭上一只眼，不置一词，而对扬雄在王莽的新朝做官就睁大一只眼，大加指责呢？

不过，扬雄非但没有被程颐批倒，反而和孟子一起被北宋朝廷请进了文庙。于是，到了南宋时期，否定扬雄的历史重任就落在程颐的四传弟子朱熹的肩上。

（二）朱熹批判扬雄“失节”

1. 朱熹批判扬雄“失节”的依据

朱熹批判扬雄“失节”的依据有两条，一是与程颐的一样，扬雄“仕莽”；二是扬雄“美新”——写过一篇赞美王莽新朝的文章《剧秦美新》。朱熹对扬雄最致命的诛语是《通鉴纲目·汉纪》的一句话：“莽大夫扬雄死。”如果仅从字面上看，这句话并没有什么杀伤力，但这个“死”字出自朱熹之口就大有名堂了，因为在朱熹的字典里，使用“死”字是有严格界定的：凡逆臣之死皆书曰“死”，他用“莽大夫扬雄死”这句话，就判定了扬雄是汉朝的逆臣，以“失节”之罪把扬雄彻底否定。

说扬雄当“莽大夫”，没错。因为王莽发动宫廷政变夺取刘汉政权建立新朝后，扬雄没有为汉家王朝殉节，也没有弃职离去留在王莽的新朝，王莽“以耆老久次转为大夫”。扬雄后来在《剧秦美新》中也自称“中散大夫雄”。中散大夫是那时朝官中的闲职，没有实权，薪俸仅有六百石，相当于黄门侍郎薪俸三个等级（四百石、五百石、六百石）中的最高级别。

而当时刘汉朝廷的皇亲国戚重臣们在王莽新朝继续当大官的多的是，朱熹为什么单单挑出刘汉朝廷并不看中的小小黄门侍郎扬雄，要求他为这个王朝殉节呢？正如元末明初与刘伯温、宋濂齐名的大学者叶子奇在他的《草木子》中所说：“书‘莽大夫扬雄死’，所以病扬子也。然，为莽大夫者，不知其几矣，不书。又所以因贬而见褒也。”此语信然。

扬雄“美新”，指的是扬雄写《剧秦美新》赞美王莽的新朝。由于此文并不见于《汉书》而见于后来的《文选》，所以关于《剧秦美新》是不是扬雄所作、他为何而作这两个问题，历来存在争议。

儒学界历来对扬雄的《剧秦美新》是批判的多，辩护的少，更没有人肯定扬雄该写此文。这很正常，因为在皇权专制时代，王莽的“篡位”行为肯定是大错特错的，该批判；扬雄为篡贼王莽涂脂抹粉，当然也是大错特错的，也该批判。批判者中最有代表性也最有杀伤力的，是宋代的程颐和朱熹，以及明太祖朱元璋和清朝的康熙皇帝。

辩护者虽然少，但毕竟有人替扬雄说几句好话——尽管显得苍白无力。有人辩解说，连《汉书》都没有记载《剧秦美新》，可见扬雄没有写过此文。（《后汉书·班固传》：“以为扬雄《美新》，典而不实。”）其他还有这样一些辩辞：讥讽说，不得已说，冤枉说，张冠李戴说，等等。

持“讥讽说”的如宋代古文运动先驱者柳开（947—1000），他在《汉史扬雄传论》中，认为扬子“剧秦美新”，意在讥讽王莽而不是向莽献媚讨好，并且认为扬雄著书立说、拟作经典，亦近于圣人。

持“不得已说”的如南宋著名学者洪迈，他在被誉为“南宋笔记小说之冠”的《容斋随笔》中说：“齐庄公之难，晏子不死不亡，曰：‘君为社稷死则死之，君为社稷亡则亡之；若为己死而为己亡，非其私昵，谁敢任之？扬雄仕汉，亲蹈王莽之变，退托其身于列大夫中，不与高位者同其死，抱道没齿，与晏之同科。世儒或以《剧秦美新》贬之，是不然，此雄不得已而作也。”

持“冤枉说”的如明代范涞，他公开为扬雄叫屈，说《剧秦美新》是一个与扬雄同时代姓谷名子云的人写的，对扬雄不满的人故意张冠李戴诬陷扬子云。还有酉阳贡生田世醇，他在《读范涞平反子云》诗说：“莽大夫成三字狱，误他多少应声虫。”认为朱熹说子云是“莽大夫”持论不公，误导许多随声附和的“应声虫”。还有清道光拔贡冉瑞岱，他在《书扬子云传后》里说：“扬子文章载汉书，美新一帙本来无。甄刘假托称符命，千古沉冤莽大夫。”指出《汉书》不载《剧秦美新》，说明扬雄没有写过这篇文章。

鲁迅在《门外文谈》中说，刘歆想借扬雄的《方言》稿子，扬雄拒绝，几乎要跳黄浦。像扬雄这样爱惜羽毛的人，不可能去写“拍王莽马屁”的文章的。近代学者刘师培也写过为扬雄辩冤屈的诗：“吾读华阳志，雄卒居摄初，身未事王莽，兹文得无诬!”等等，不一而足。

认为《剧秦美新》确实是扬雄所著的也大有人在，宋代有苏东坡、洪兴祖、程颐等人，而调门儿最高、语言杀伤力最强的，要数南宋理学大师朱熹。他认为《剧秦美新》是扬雄的最大污点，因为，王莽是篡汉的奸贼，扬雄美化篡位奸贼建立的新朝，就是乱臣贼子，而乱臣贼子人人得而诛之，扬雄“失节”之罪是铁案一桩，谁也翻不了。

本文虽然为扬雄“失节”作辩，但还是以扬雄写过《剧秦美新》为前提而辩。

2.《剧秦美新》的写作背景

公元8年的农历十二月（9年2月），王莽搞一次宫廷政变，夺取了刘汉王朝的政权建立新朝，国号叫“新”，年号叫“始建国”。随即大封群臣。经历了西汉成帝、哀帝、平帝、孺子婴四代帝王共约二十年没有得到一次升迁的扬雄这次也沾了光，被王莽封为中散大夫。《汉书·扬雄传下》班固对此是这样说的：“及莽篡间，谈说之士用符命称功德获封爵者甚众，雄复不侯，以耆老久次转为大夫，恬于势利乃如是。”

班固的话明明白白——扬雄并没有像那些“谈说之士”一样向王莽讨好求官，而是王莽同情他年老久未升迁，才给他一个中散大夫，提高一点待遇。据《北堂书钞》引《扬雄集》说，扬雄的中散大夫是个闲职，无固定职务，他的工作乃是“校书天禄阁上”，是一个有“大夫”头衔的古籍整理工作者罢了。

后来扬雄写了一篇《剧秦美新》。该文前部分指出秦二世快速而亡的原因是秦始皇施行暴政，后部分赞美王莽的新朝施行的一系列改革政策。就是这篇《剧秦美新》引起了轩然大波，以致毁了扬雄。

扬雄写《剧秦美新》的时间大约是在王莽新朝始建国三年（11）。王莽夺权建立新朝后，百官纷纷献上了贺章朝贺，扬雄既然未曾受过刘家的重恩，当然就不可能为了刘家去和王莽作对，并且，他与王莽共事多年，王莽诛除异己的手段他是清楚的（《汉书·王莽传》说王莽“附顺者拔擢，忤恨者诛灭”），于是同朝中百官一样，做了新朝的臣子。始建国二年（10），扬雄因受刘棻事件牵连投阁自杀未死，王莽知道扬雄与刘棻事件无关，就让他仍然在朝当官。扬雄此后就写了一篇《剧秦美新》。“剧秦”，就是论证秦朝因为施行暴政而短命；“美新”，就是赞美王莽新朝所采取的一系列改革措施。

3.《剧秦美新》的基本内容

为什么反对扬雄的人总是把《剧秦美新》视为扬雄失节的铁证呢？要回答这个问题，就要看扬雄在《剧秦美新》里面到底说了些什么。

《剧秦美新》全文如下。（重要语句下面加了横线）

诸吏中散大夫臣雄稽首再拜上封事皇帝陛下：臣雄经术浅薄，行能无异，数蒙渥恩，拔擢伦比，与群贤并，愧无以称职。臣伏惟陛下以至圣之德，龙兴登庸，钦明尚古。作民父母，为天下主。执粹清之道，镜照四海。听聆风俗，博览广包。参天贰地，兼并神明。配五帝，冠三王。开辟以来，未之闻也。臣诚乐昭著新德，光之罔极。往时司马相如作封禅一篇。以彰汉氏之休。臣常有颠眴病，恐一旦先犬马填沟壑，所怀不章，长恨黄泉，敢竭肝胆、写腹心，作《剧秦美新》一篇。虽未究万分之一，亦臣之极思也。

臣雄稽首再拜以闻，曰：权舆天地未祛，睢睢盱盱，或玄而萌，或黄而牙，玄黄剖判，上下相呕。爰初生民，帝王始存。在乎混混茫茫之时，舋闻罕漫而不昭察，世莫得而云也。厥有云者，上罔显于羲皇，中莫盛于唐虞，迩靡着于成周。仲尼不遭用，春秋困斯发。言神明所祚，兆民所托，罔不云道德仁义礼智。独秦屈起西戎，邠荒岐雍之疆，因襄文宣灵之僭迹，立基孝公，茂惠文，奋昭庄，至政破纵擅衡，并吞六国，遂称乎始皇。盛从鞅仪韦斯之邪政，驰骛起剪恬贲之用兵。划灭古文，刮语烧书。弛礼崩乐，涂民耳目。遂欲流唐漂虞，涤殷荡周，燹除仲尼之篇籍，自勒功业。改制度轨量，咸稽之于秦纪。是以耆儒硕老，抱其书而远逊；礼官博士，卷其舌而不谈。来仪之鸟，肉角之兽，狙犷而不臻。甘露嘉醴，景曜浸潭之瑞潜。大茀经贾，巨狄鬼信之妖发。神歇灵绎，海水群飞。二世而亡，何其剧与！

帝王之道，兢兢乎不可离已。夫能贞而明之者穷详瑞，回而昧之者极妖愆。上览古在昔，有凭应而尚缺，焉壤彻而能全。故若古者称尧舜，威侮者陷桀纣。况尽泛扫前圣数千载功业，专用己之私，而能享祐者哉。会汉祖龙腾丰沛，奋迅宛叶，自武关与项羽戮力咸阳，创业蜀汉，发迹三秦。克项山东而帝天下，擿秦政惨酷尢烦者，应时而蠲，如儒林刑辟历纪图典之用稍增焉。秦余制度，项氏爵号，虽违古而犹袭之，是以，帝典阙而不补，王网弛而未张，道极数殚，暗忽不还。逮至大新受命，上帝还资，后土顾怀。玄符灵契，黄瑞涌出。泮渟汭潏，川流海渟。云动风偃，雾集雨散。诞弥八圻，上陈天庭。震声日景，炎光飞响。盈塞天渊之闲，必有不可辞让云尔。于是乃奉若天命，穷宠极崇。与天剖神符，地合灵契。创亿兆，规万世。奇伟倜傥诡谲，天祭地事，其异物殊怪。存乎五威将帅班乎天下者，四十有八章。登假皇穹，铺衍下土。非新家其畴离之，卓哉煌煌，真天子之表也。

若夫白鸠丹乌，素鱼断蛇。方斯蔑矣，受命甚易，格来甚勤。昔帝缵皇、王缵帝，随前踵古，或无为而治，或损益而亡。岂知新室委心积意，储思垂务，旁作穆穆。明旦不寐，勤勤恳恳者，非秦之为与。夫不勤勤，则前人不当；不恳恳，则觉德不恺。是以发秘府，览书林，遥集乎文雅之囿，翱翔乎礼乐之场。胤殷周之失业，绍唐虞之绝风。懿律嘉量，金科玉条，神卦灵兆。古文毕发，焕炳照曜，靡不宣臻。式軨轩旗旗以示之，扬和鸾肆夏以节之，施黼黻兖冕以昭之，正嫁娶送终以尊之。亲九族淑以穆之。夫改定神只，上仪也；钦修而祀，咸秩也；明堂雍台，壮观也；九庙长寿，极孝也；制成六经，洪业也；北怀单于，广德也。若复五爵，度三壤。经井田，免人役。方甫刑，匡马法。恢崇只庸烁德懿和之风，广彼搢绅讲习言谏箴诵之涂。振鹭之声充庭，鸿鸾之党渐阶。俾前圣之绪，布濩流衍而不韫韣，郁郁乎焕哉。天人之事盛矣，鬼神之望允塞。群公先正，莫不夷仪。奸宄寇贼，罔不振威。绍少典之苗，着黄虞之裔。帝典阙者已补，王纲弛者已张。炳炳麟麟，岂不懿哉。厥被风濡化者，京师沈潜。甸内匝洽，侯卫厉揭。要荒濯沐，而术前典。巡四民，迄四岳。增封泰山，禅梁父，斯受命者之典业也。

盖受命日不暇给，或不受命，然犹有事矣。况堂堂有新，正丁厥时。崇岳渟海通渎之神，咸设坛场，望受命之臻焉。海外遐方，信延颈企踵，回面内向，喁喁如也。帝者虽勤，恶可以已乎？宜命贤哲作帝典一篇，旧三为一袠，以示来人。摛之罔极，令万世常戴巍巍。履栗栗，臭馨香，含甘实。镜纯粹之至精，聆清和之正声，则百工伊凝，庶积咸喜。荷天衢，提地厘，斯天下之上则已。庶可试哉。

《剧秦美新》的前部分“剧秦”，论述了秦灭亡很快的原因：始皇“盛从鞅仪韦斯之邪政，驰骛起翦恬贲之用兵，刬灭古文，刮语烧书，弛礼崩乐，涂民耳目。遂欲流唐漂虞，涤殷荡周，燓除仲尼之篇籍……二世而亡，何其剧与！”扬雄在文中谴责了秦始皇施行“刬灭古文，刮语烧书。弛礼崩乐，涂民耳目”的残暴政治，所以“二世而亡，何其剧与！”

批判者们对这部分内容不置一辞，而对《剧秦美新》“美新”（赞美王莽新朝）大加鞭挞。

《剧秦美新》后面部分赞美新朝：“逮至大新受命，上帝还资，后土顾怀。……岂知新室委心积意，储思垂务。旁作穆穆，明旦不寐，勤勤恳恳者，非秦之为夫。夫不勤勤，则前人不当；不恳恳，则觉德不恺。……制成六经，洪业也；北怀单于，广德也。若复五爵，度三壤。经井田，免人役。方甫刑，匡马法。恢崇只庸烁德懿和之风，广彼搢绅讲习言谏箴诵之涂。”

引文用辞赋的夸饰手法，夸赞王莽为政“旁作穆穆，明旦不寐，勤勤恳恳者”，“懿律嘉量，金科玉条”。这段文字是批评家炮轰的内容。而参照《汉书·王莽传》的记载，王莽当权时有十次“大赦天下”，他尊崇儒家礼教，在政治、经济上进行一些改革（制六经，怀单于，经井田，免人役。方甫刑，匡马法），扬雄的这些赞誉都是有事实依据的。

五、扬雄该不该“美新”

要回答这个问题，就须先看一看西汉末期的社会状况是怎样的，再说一说王莽进行了哪些改革，然后判断扬雄该不该“美新”。

（一）西汉末期的社会状况——“七无七死”

西汉末年哀帝时，有个叫鲍宣的谏大夫，向皇帝奏上一封《谏书》，鲍宣在《谏书》里提出了有名的“七无七死”说。我们从这“七无七死”里可以窥见西汉当时社会状况之一斑，窥一斑而知全豹。

《汉书·王贡两龚鲍传》记录了鲍宣的这封《谏书》：

凡民有七亡：阴阳不和，水旱为灾，一亡也；县官重责更赋租税，二亡也；贪吏并公，受取不已，三亡也；豪强大姓，蚕食亡厌，四亡也；苛吏徭役，失农桑时，五亡也；部落鼓鸣，男女遮列（更），六亡也；盗贼劫掠，取民财物，七亡也。七亡尚可，又有七死：酷吏殴杀，一死也；治狱深刻，二死也；冤陷亡辜，三死也；盗贼横发，四死也；怨仇相残，五死也；岁恶饥饿，六死也；时气疾疫，七死也。

这段文字所暴露的西汉末期社会状况是这样的：土地兼并严重、官吏腐败成风，恶霸横行无忌，贫富悬殊，饥饿，冤狱，压迫……一言以蔽之，老百姓处在水深火热之中，社会矛盾不断激化，统治危机日益加深，已经酿成非常严重的社会问题。

“七亡七死”并非鲍宣危言耸听，而是有事实依据的。关于这类问题的记载，《汉书》中屡见不鲜。例如土地和奴婢问题，《汉书·哀帝纪》说：“诸侯王、列侯、公主、吏二千石及豪富民多蓄奴婢，田宅无限，与民争利，百姓失职，重困不足。”百姓失去土地，生活无着，不是卖身为奴，就是成为流民，社会动荡不安。

再如官吏腐败问题，《汉书·佞幸传》记载，汉哀帝的宠臣董贤，22 岁就位列三公，后来自杀。死后查抄他的家产，“卖董氏财凡四十三万万”。四十三亿钱相当于现在多少人民币呢？据《汉书·食货志上》记载，西汉末年，“谷价翔贵”，“雒阳以东米石二千”。汉代的“石”是重量单位，一“石”重 120 斤，那么每斤米价值约 17 钱，43 亿钱就能买 2 亿 4 千万斤大米，汉代的“斤”比现在的“斤”要轻一些，2 亿 4 千万斤大米至少也相当于现在 1 亿 2 千万斤大米，约值 2 亿 4 千万人民币。而与此形成鲜明对比的是，“贫者积蓄无有”“人或相食”（《汉书·食货志下》）。

鲍宣在《谏书》中所揭露出来的情况，正是王莽夺取帝位时西汉的社会状况。也如《汉书·王莽传中》记载：“汉氏减轻田租，三十而税一，常有更赋，罢癃咸出，而豪民侵陵，分田劫假，厥名三十，实什税五也。父子夫妇终年耕耘，所得不足以自存，故富者犬马余菽粟，骄而为邪；贫者不厌糟糠，穷而为奸，俱陷于辜，刑用不错。”这段文字揭露了西汉末期土地兼并，贫富悬殊，“强者规田以千数，弱者曾无立锥之地”。如此深重的社会矛盾，造成了贫富对立和斗争；官吏腐败，民不聊生，激化了社会矛盾冲突，加上水、旱、霜、蝗等自然灾害连年发生，灾民流离失所，流民问题更加严重，成为危及西汉统治秩序最严重的问题。《汉书》记载，成帝阳朔二年（前 23），“关东大水，流民欲入函谷、天井、壶口、五阮关”。哀帝建平三年（前 4），“阴阳错谬，岁比不登，天下空虚，百姓饥馑，父子分散，流离道路，以十万数”。破产流亡的农民究竟有多少，难以准确统计。这个庞大的饥饿群体如果得不到政府的赈济和安置，对政府的最后一丝希望也破灭了，就会为了生存铤而走险，暴动就成为他们向政府表达不满的主要手段。哀、平年间，流民暴动非常频繁，而此起彼伏的流民暴动又证明了西汉政权已经彻底丧失人心。统治阶级的腐化堕落，导致统治集团内部分崩离析；农民破产流亡或卖身为奴婢，形成与地主阶级无法调和的矛盾。西汉皇帝都认为“亦极乱耳”，汉成帝也哀叹“不救之患日寝屡深”。西汉王朝已日薄西山，走到了历史的尽头——这就是王莽取代刘汉时的社会状况，也就是王莽夺位所得到的腐朽不堪的烂摊子。为了新朝政权的稳定和长治久安，王莽在政治和经济上进行全方位的制度改革是历史的必然。

贫民问题、流民问题，是政治上最严重的大问题，必须首先解决。而西汉政府没有能力也不可能解决如此严重的流民问题。

西汉末年汉平帝时期，皇帝只是个名号，“政自莽出”，王莽必须设法解决国家所面临的种种社会矛盾，特别是他干脆废掉孺子婴代汉称帝后，更是要全面担当起肃清种种社会弊端、稳定社会秩序的责任，于是他在政治、经济制度上进行一系列的改革。

公元 9 年，王莽搞宫廷政变夺取了刘汉政权，建立新朝。历史是怎样评价王莽夺权的呢？毫无疑问，在帝王专制时代，特别是把理学作为国家正统意识形态的朝代（元、明、清），一定要把王莽夺权视为非法，称之为“篡位”，不承认王莽建立的新朝是一个历史朝代；中华人民共和国成立后，史学界以历史主义的观点来看待王莽的新朝和武则天的周朝，把它们与其他朝代同等看待，视为中国历史中的一个朝代。我们认为，今天对新朝的历史地位的认定才是正确的。

国家政权的更迭不外乎两种方式：或者武力夺取，或者和平演变。无论哪种方式，都一定是某个朝代的臣民取代当朝统治者的统治地位，都是正常的历史更迭，不能说武力夺取的才合法，不流血“篡位”为非法。其实“篡”的意思是“夺”，“篡位”就是夺取皇位，它本来是个中性词，后来被用于贬义。

说王莽是篡位的另一个原因是推翻王莽的人叫刘玄，刘秀夺取刘玄的政权建立的也叫汉朝，王莽的新朝夹在两个汉朝之间，故称为“篡位”。我们设想，假如王莽是用流血的手段夺取的政权呢？假如推翻王莽的人不是刘玄而是李玄呢？王莽还叫不叫“篡位”？如果叫“篡位”，那么历史上那些身为臣民而夺取皇上政权的就都该叫“篡位”了，如是这样，历史学就乱套了。

可是从古到今，认为王莽夺取刘家江山为非法的大有人在，这不足为奇，因为，历来称王莽为“篡贼”的以下这几类人往往占有舆论优势：

一是汉代皇帝和汉代以后各朝代的皇帝以及皇亲国戚们，因为他们都怕“鱼从腹烂”，在自己朝廷内部出现像王莽那样搞宫廷政变的野心家。

二是皇帝的御用文人。他们想通过讨好皇帝来挣碗饭吃，或求取更大的政治利益，当然要顺从皇帝的心意来评价王莽。

三是那些偏执信奉儒家“五伦”的人。因为在他们的思想骨髓里，“皇帝神圣不可侵犯”这一信条根深蒂固。

四是现在那些脑袋长在别人肩头上的人，他们似乎没有读过孟子的“民为贵，社稷次之，君为轻”，又似乎对现在已经不是专制皇帝而是民主社会视而不见，只知道拾古人之牙慧，像范涞所说的“应声虫”，人云亦云地说王莽是篡位奸臣。

（二）王莽的改革顺乎民意

有的人没读过《汉书》，对王莽的认识仅仅停留在传说中的坏人形象上。王莽到底是不是传说中那样的坏人呢？我们还是看一看班固在《汉书·王莽传》里的记述吧。

《汉书·王莽传》记载，王莽在“莽秉政”和当皇帝时期，为了解决日益严重的社会问题，他进行了一系列改革，主要是内政改革和经济改革。

1. 内政改革：“免人役”“方甫刑，匡马法”

“免人役”是王莽为了防止当时大量流民卖身为奴而采取的禁止奴隶买卖的措施。王莽宣布天下奴婢叫“私属”，不得买卖，防止饥饿的游民卖身为奴，以限制奴隶的数量继续扩大。凡无业游民，每人每年罚布帛一匹，无力缴纳的，由政府强迫劳役，在劳役期间，由政府供给衣食（《汉书·王莽传》）。

“方甫刑，匡马法”是为了制止官吏滥用刑律而制订的条律。“匡”和“方”，都是使动用法，意思是规范地执行国家刑法“甫刑”和“司马法”。

在汉平帝时期，“大司马莽秉政”，“政由莽出”，王莽还做过两件值得称道的事。

第一件事是关于妇女权利的。汉平帝元始元年（公元1），王莽规定“天下女徒已论，归家，雇山钱月三百”。意思是，已经定罪的女犯，每月出三百钱请人伐木代替自己服劳役，本人就可以回家居住。汉平帝元始四年（4），诏令指责当时“苛暴吏多拘系犯法者亲属、妇女老弱，构怨伤化，百姓苦之”，于是“明敕百僚，妇女非身犯法，及男子年八十以上七岁以下，家非坐不道，诏所名捕，它皆无得系。其当验者，即验问。定着令”。就是说，妇女和八十岁以上的男子以及七岁以下的儿童，非本人犯罪不得株连囚禁（《汉书·平帝纪》）。王莽尊重妇女老幼的人身权利，这在中国古代史上实属难能可贵。

第二件事是关注贫苦人民生活。汉平帝元始元年，“政由莽出”，下诏“太皇太后省汤沐邑十县，属大司农，常别计其租入，以赡贫民”。汉平帝元始二年（2），安汉公等人“为百姓困乏献其田宅，以口赋贫民”，“又起五里于长安城中，宅二百区，以居贫民”（《汉书·平帝纪》）。

王莽实行的惠民措施还有：王莽共实行了十次“大赦天下”，深得民心。就连《汉书》作者班固，也如实地记录："大赦天下，天下大服。"西汉末年形成的"流民"潮，到王莽时期愈演愈烈，王莽多次开仓赈灾，"开东方诸仓，赈贷贫乏，以施仁道"，"流民入关者数十万人，乃置养赡官廪食之"（《汉书·王莽传下》）。

2. 经济改革

王莽执政期间，实施了多项惠民的经济改革措施，其中主要有三项：

第一，实行土地改革。王莽是个儒门学者型的政治家，他对儒家所描绘的理想社会情有独钟，他的一举一动都要在儒家经典中找得到依据，他为解决日益严重的土地兼并问题所实行的"王田制"，就取法于《诗经·小雅·北山》中的"溥天之下，莫非王土"。

《汉书·王莽传中》载，莽曰："予前在大麓，始令天下公田口井……今更名天下田曰'王田'，奴婢曰'私属'，皆不得买卖……其男口不盈八，而田过一井者，分余田予九族邻里乡党。故无田，今当受田者，如制度。敢有非井田圣制，无法惑众者，投诸死四裔……"这段话的基本意思是，将全国土地收归国有，改称"王田"，不得买卖。规定了重新分配土地的办法：一夫一妇分田100亩，一家男丁不满8口而占田超过一井（900亩）者，要把多余的田地分给本族或者邻里中无地或少地的人；没有土地或者地少的，按一夫一妇百亩田的标准分给土地。违抗者判流放四夷。王莽此举的目的，是变土地私有制为国有制，此举以图一劳永逸地从源头上解决日益严重的土地兼并问题。主观愿望是好的。

第二，实行"五均""六筦"。始建国二年（10）二月，王莽针对豪强富商囤积居奇、操纵物价和高利贷盘剥的恶行，为达到"齐众庶，抑兼并"（《汉书·食货志下》）的目的，先后实行盐、铁、酒专卖，政府铸钱，名山大泽产品收税和五均赊贷等六项经济事业的管制措施，称为"五均""六筦"。

所谓"五均"，是在首都长安和洛阳、临淄、邯郸、宛、成都等市设立"五均司市师"（即"五均官"），其职责主要是负责管理市场、平抑物价和征收工商税。"五均"还建立贷款制度，由国家向人民无息或低息发放贷款，人民因祭祀或丧葬的需要，可向政府贷款，不收利息。如果是为了经营农商事业而贷款，政府则收取纯利十分之一的利息。五均官还负责征收工商业的所得税。从前，所有工商业（渔猎、卜卦、医生、旅馆、家庭养蚕织布等）都是自由经营，不纳税赋，新朝政府都要征收所得税，标准是纯利的十分之一。政府用这项收入作为贷款或平抑物价的资金。

所谓"六筦"就是实行专卖制度，由国家掌握盐、铁、酒、铸钱、五均赊贷等五项事业，不许私人经营。盐、铁专卖和政府铸钱，是承袭汉武帝以来的旧制；酒的专卖在汉昭帝始元六年（前81）的"盐铁会议"后废除，改收酒税。王莽恢复酒专卖，规定卖酒的毛利中，三成作为各种材料、燃料、工具消耗及人工费用，七成作为纯利入官。山上、水里的天然资源都为国家所有，由政府开采。对名山大泽的产品征收赋税，规定：凡开采金、银、铜、锡和捕采作为货币原料的龟、贝，其产品不许在市场上自由出售，都必须卖给政府，政府要征收山川税；从事鱼鳖、鸟兽捕猎的，或从事畜牧业的，政府要收取其利润的十分之一作为“贡”，即“什一之税”。经营者如果不向政府申报，或不如实申报的，则没收产品，并罚一年劳役。这些措施，旨在节制商人对农民的过度盘剥，制止高利贷者的猖獗活动，并增加税收，使国家获得经济效益。

第三，政府控制物价，防止商人操纵市场。政府在每个季度的第二个月，根据实际情况，对粮食、布帛之类的日用品定出合理的价格，作为“市平”，即市场的标准价格。如果求过于供，市场价格超过“市平”时，政府就以平价抛售物资来抑制物价上涨；若供过于求，市场价格低于“市平”时，就任由民众自由买卖。同时还规定，“五谷、布帛、丝锦之物”是直接关系百姓生活的必需品，如有商民囤积拒售，五均官查实其收购价之后，由国家按成本价收买，然后以“市平”价卖出。

以上的改革措施说明，王莽是一位有理想的学者型改革家，他以儒家“古制”为标准，追求的理想境界是“四无”社会：“市无二价，官无狱讼，邑无盗贼，野无饥民。”无论从当时或者现在来看，这样的国泰民安社会哪点不好呢？而改革的结果呢？尽管王莽的出发点是好的，为社会问题把的脉也是把准了的，所开出药方也还是有根有据的，可是改革还没有见到成效国家就灭亡了。如果我们用历史主义观点来看王莽的这次改革，所说的“王莽改革失败”并不完全准确，因为并不是改革失败导致王莽政权垮台，而是王莽政权垮台了改革就无从实现。王莽政权垮台只不过是西汉末年留下的社会烂摊子最后垮在王莽手里而已，这是历史趋势的必然，不是他的“理想主义”改革措施能够改变得了的。

（三）王莽的改革符合扬雄的政治理念

如果要问扬雄该不该写《剧秦美新》来赞颂王莽的改革，回答当然是肯定的了。这是因为王莽的改革与扬雄的政治理念是一致的：

第一，如前所述，扬雄在《剧秦美新》中并没有歪曲事实、吹捧王莽。王莽炙手可热的时候，许多人靠巴结他当上高官，像当时的既是大学者、又是汉家宗室的刘歆，都通过阿谀奉承当上了王莽的“国师”，扬雄如果有心巴结王莽以图升迁的话，凭他与王莽都做过黄门侍郎的亲近关系，凭他那支生花的妙笔，编造几句阿谀逢迎的谶语，造一道哄王莽高兴的符命，弄个二千石的官来当恐怕比其他人容易得多，哪还用等到王莽篡汉之后才着手写《剧秦美新》来讨好呢？

第二，扬雄十分关注民生问题。他在《法言·先知》中表明自己的社会政治理想：

“老人老，孤人孤，病者养，死者葬，男子亩，妇人桑”；“民有三勤”，“政善而吏恶，一勤也；吏善而政恶，二勤也；政、吏骈恶，三勤也”。这是一个社会公平、人民安居的如唐尧时期的清平盛世。而王莽的土地国有、禁止奴婢买卖等改革措施，正符合扬雄的社会政治理想，所以他在《剧秦美新》中赞美王莽的改革举措：“复其井、刑，勉人役，唐矣夫。”扬雄赞美与自己的理想追求一致的美好事物，是再正常不过的事情了。

第三，扬雄尊崇孟子。孟子虽然也如孔子一样讲究“五常”，但他的民本思想是，政治的主体是人民而不是国君，在君臣关系上他做了这样的表述：“民为贵，君为轻，社稷次之”，“君有大过则谏；反复之而不听则易位”。后一句的意思是，不合格的君王是可以更换的。用孟子的这一思想来看，王莽推翻汉刘是合乎儒家伦理观念的，扬雄当然不会以之为非。

关于王莽改革的问题，不是本书的重点，不宜多说。总而言之，王莽夺权没有错，王莽改革没有错，扬雄“美新”当然也没有错。

（四）王莽改革失败的原因

王莽的改革失败了。原因何在呢？班固在《食货志》的“赞”里总结王莽改革失败的原因是：“制度失中，奸轨弄权，官民俱竭。”（笔者注：“轨”通“宄”）这三个判断基本上是对的。

所谓“制度失中”，也就是“不合时宜”的意思，指的是王莽为了解决土地兼并问题颁布“王田令”，搞土地国有化这项改革措施。后来的历史学家们就把班固的这句话推演为王莽“复古”“违背人类历史发展规律”“逆历史潮流而动”等说法，还有人说这叫“历史冒进主义”。这些说法从理论上也似乎讲得通，但它不是“制度失中”最恰当的诠释，应该理解为王莽的“制度”损害了当时仍然拥有强大势力的大地主的利益，这些人当然要拼命反对王莽。

班固说的第二个原因是“奸轨弄权”，也就是“所用非人”的意思。此话信然。

王莽的土地改革，并不是政策不好，而是无法把政策落到实处。我们在《汉书》里没有看到王莽土地改革的实施细则，倒在《汉书·食货志上》里看到“制度又不定”这五个字，就是说，王莽的土地改革依靠谁来实施呢？“不定。”由谁来监督政策的执行呢？“不定。”土地所有者能自觉自愿地把多余的土地交出来吗？当然不会。拥有大量土地的人必然要反对“王田制”，于是他们与政策执行者勾结，“奸轨弄权”，千方百计抵制王莽的土地改革。而另一方面，没有土地的人因为王莽承诺分给自己的土地迟迟没有到手而心生怨恨。于是王莽落得个两头不讨好，好事反而变成了坏事。关于这点，当时一个叫区博的人也是看到了的，他说，即使尧、舜这样圣明的帝王在现在来实行“井田制”，不用上百年时间是行不通的。

任何时代的政治经济改革，必然要损害甚至剥夺某些利益集团的既得利益，因而必然遭到既得利益集团的激烈反对。更可怕的是，王莽“新政”却要由这些既得利益者来执行，那就是与虎谋皮，可想而知，他们必定会千方百计地把损失转嫁到人民群众的头上，许多很好的措施反而成了残害人民的工具，王莽的善政也变成新的暴政，其结果只能是加速灭亡。《汉书·食货志下》说：“羲和置命士督五均、六斡，郡有数人，皆用富贾。”其结果是富商巨贾们“乘传求利，交错天下，因与郡县通奸，多张空簿，府臧不实，百姓俞病”，“奸吏猾民并侵，众庶各不安生”。王莽所任用来负责推行五均六筦的人员，大多是富商巨贾，他没有办法监督、控制这些大商贾，这些大商贾和郡县官吏勾结起来，做假账目，牟取私利，不但没给人民带来好处，反而增加了许多不便和痛苦，其结果与王莽的初衷背道而驰，改革的失败是不可避免的了。班固的分析自有一番道理。

第三个“官民俱竭”是必然的结果。

近些年来，历史学界对王莽败亡原因的分析，都跳不出班固“制度失中”的窠臼，分析王莽改革失败的原因，居主导地位的观点不是“复古说”就是“逆流说”，很少人跳出班固画的圈子仔细地去翻一翻《汉书》。其实，只要认真读《汉书》，从《汉书·食货志》和《汉书·王莽传》的记载中，我们不难发现，导致王莽改革失败的直接原因是王莽政权崩溃，而导致王莽政权崩溃的直接原因是从西汉末起一直延续多年的自然灾害和饥民起义，自然灾害不是王莽造成的，饥民起义也不是王莽改革引起的，而是西汉末期严重的社会危机造成的，只不过在王莽时期来一个总爆发而已。

王莽没有动用一兵一卒就轻而易举地夺下汉家江山，也正是这种宫廷政变式的和平夺权，注定了新莽政权对前朝的政治势力、既得利益集团没有大的触动，仅仅清洗少数坚决反对自己的人，并没有削弱刘氏集团的权势和利益。前朝的官员基本未动，有的还升官加禄，如王莽政府中的辅国重臣王舜、刘歆都曾是西汉的高官。所以，王莽的新政权，从其统治结构上来说，就只不过是不叫“汉”而叫“新”、皇帝不姓刘而姓王而已，统治模式的基本格局没有变，刘氏集团的政治利益基本上没有动；社会矛盾没有解决，土地兼并愈演愈烈，与此相伴而来的必定是更多的农民破产，失去土地的农民要么沦为奴婢，要么成为流民。西汉末年因饥饿造成的流民问题在新莽政权时期不但没有解决，反而因连年的自然灾害而更加严重，数十万饥民、流民最后成为暴民，绿林起义、赤眉起义相继爆发，直接摧毁了王莽政权。《汉书·王莽传上》记载：王莽天凤元年（14）“缘边大饥，人相食”，“三年二月乙酉，地震，大雨雪，关东尤甚，深者一丈，竹柏或枯”。《汉书·王莽传下》记载：天凤五年，“是岁，赤眉力子都、樊崇等以饥馑相聚，众皆万数，不能克”；天凤六年，“关东饥旱数年，力子都等党众浸多，不能克”；王莽地皇二年，“秋，陨霜杀菽，关东大饥，蝗”，“四方皆以饥寒穷愁起为盗贼稍稍群聚，转掠求食”，地皇三年，“赤眉杀太师牺仲景尚。关东人相食”，“夏，蝗从东方来飞蔽天……流民入关者数十万人，饥死者十七八。赤眉别校董宪等众数万人在梁郡”，“四方盗贼往往数万人攻城邑，杀二千石以下”。如此等等。王莽政权没有条件也没有能力解决连年发生的水灾、旱灾、霜灾、蝗灾，数十万受灾饥民组成的起义军势不可挡，这就是王莽政权垮台的直接原因。如果，王莽政权有条件也有能力解决好自然灾害造成的饥饿问题，就可能不会爆发饥民起义，刘氏武装集团就无机可乘。从西汉末期“大厦将倾”的社会情况现实来讲，王莽政权的崩溃，实际是西汉社会崩溃的继续，但取而代之的，却又正好是刘玄。于是，王莽政权夹在两个刘姓政权之间，他就成了篡位的奸贼，前半生所享有的美名风一吹，变成了“矫情虚伪”，留下的当然是“阴谋篡汉”的千载骂名。假如推翻新朝的人不姓刘，不以“汉”为国号，那么，后来的历史学家会不会骂王莽是“篡贼”呢？会不会承认王莽的新朝呢？似乎没有谁去思考这个问题。新朝和秦朝都是短命朝代，都只有十五年，为什么不骂刘邦篡秦呢？还有更短的，五代的后汉才三年，后周才九年，并且都只是地方割据政权，并未统一全国，国土面积也只有王莽新朝的几分之一、甚至几十分之一，不也被我们的历史学家看成正式的朝代、赫然列在中国历史年表中吗？有人说，王莽是外戚篡位登基的，就是乱臣贼子，所以不应承认，那么隋朝的开国皇帝杨坚也是外戚篡位，统一中国后的统治也才十九年，仅仅比莽新多了四年，为何隋朝又算作正式朝代呢？谁也不敢肯定推翻王莽新朝的是刘玄，谁也不敢肯定推翻刘玄的是刘秀，那么，刘秀建立东汉就是一种偶然，而后来的历史学家不知不觉地就把偶然视为必然了，因为“成王败寇”是他们史评的固定思维模式——从结果去推断原因。

总而言之，王莽的政治经济改革，并不是王莽政权败亡的原因，倒是因为王莽政权败亡而使改革中断。即使王莽不改革，新莽政权也会灭亡，因为王莽从刘汉王朝手中接过来的就是一个危机四伏、不可救药的烂摊子，王莽只是西汉腐朽社会的接替人而已。多年的自然灾害造成饥荒，数十万饥民揭竿而起，天下大乱，刘玄趁机摧毁王莽政权——这样来认识王莽的失败，比被班固牵着鼻子走的“复古说”“逆流说”更能让人看清西汉末年的社会本相和历史发展规律。

我们不是研究历史的，不太相信“帝王家谱”的作者所做的历史判语，我们喜欢从历史书的字里行间去寻找真相。作史评的人，在评价历史人物时，功就是功，过就是过，不夸大，也不隐瞒，更不能颠倒黑白。做历史学问的人，一旦怀有“成王败寇”的历史成见，养成“人云亦云”的浅陋习惯，学术思想和学术成果就一定不是健康的。

我们的结论是：王莽以和平方式夺取刘汉政权没有错，王莽的政治经济改革没有错，王莽的改革符合扬雄的政治理念，所以，扬雄“美新”没有错。王莽的灭亡实际上是西汉灭亡的历史必然的继续，我们甚至可以做这样大胆的推测：如果没有王莽篡位，灭掉西汉的人可能不姓刘，也就可能没有东汉的产生。

（五）朱熹批判扬雄使用了双重标准

朱熹批判扬雄“失节”，与他的理学前辈程颐一样使用了双重标准。他对扬雄使用的标准是程颐说的“饿死最轻，失节事最大”，而对他自己则是“失节事最轻，活命事最大”。此话怎讲呢？从朱熹所经历的被“群小乘间谗毁”的“庆元党案”里可以找到答案。

《宋史·朱熹传》记载了一桩历史事件：“群小乘间谗毁，乃因熹再辞，即从其请。”这是怎么一回事呢？

原来，宋宁宗庆元二年（1196），监察御史沈继祖上书弹劾朱熹，一是弹劾他在学术上造假：“剽张载、程颐之余论”[①]，“窃取《中庸》《大学》之说以欺惑斯世”[②]。二是弹劾朱熹有“六大罪行”：其中有“不孝其亲”（“建宁米白，甲于闽中，而熹不以此供其母，乃日籴仓米以食之，其母不堪食，每以语人。”）“不敬于君”（“熹于孝宗之朝，屡被召命，偃蹇不行，及监司郡守，或有招致，则趣驾以往。”）“为害风教”（“用大木巨缆绞缚圣像，撼摇通衢嚣市之内，而手足堕坏。”）等。三是揭发朱熹品行不端：“诱引尼姑二人以为宠妾，每之官则与之偕行”“家妇不夫而自孕”（自家的儿媳妇在儿子死后居然怀了孩子），“诸子盗牛而宰杀”“发掘崇安弓手父母之坟以葬其母”等等。沈继祖在奏章中主张将朱熹斩首。这便是宋代历史上著名的“庆元党案”。

据《宋史》卷三七记载：“十二月，监察御史沈继祖劾朱熹，诏落熹秘阁修撰，罢宫观。”宋宁宗大怒，要贬朱熹的官。不知何故，朱熹就老老实实地向皇帝认了罪，骂自己是“草茅贱士，章句腐儒，唯知伪学之传，岂适明时之用”。宋宁宗最终“准奏”，朱熹被撤掉一切职务。宋宁宗还当朝宣布朱熹宣扬的道学为“伪学”，禁止传播。此后还把道学先生们视作“逆党”，进行清洗，被朝廷列为“伪学逆党”的官吏多达59人，朱熹是这个“伪学逆党”的领袖，自然难避其难。一代大儒朱熹在一夜之间被

---

① 朱熹的父亲朱松和李侗是福建南剑州沙县罗从彦的学生，而罗从彦是二程的二传弟子，李侗又是罗从彦的正式三传弟子。后来，朱熹又正式成为李侗的弟子，所以，从传承上说，朱熹应该算是二程的四传弟子，也就实际上继承了二程的“洛学”的道统了。朱熹的学术思想本来是对二程“洛学”的继承和发展，弹劾书说他“剽程颐之余论”。

② 朱熹从《礼记》中抽出《中庸》《大学》两篇，与《论语》《孟子》合在一起编为“四书”，与“五经”并列。弹劾书说是“窃取”。

整得斯文扫地，声名狼藉，他没过几年就在当时一片“纳二尼为妾”“伪君子”“假道学”的责骂声中去世了。可以说，这是中国古代有成就的文化人之共同悲剧。

后人对朱熹的这件事是如何评说的呢？

范文澜的《中国通史》说，朱熹为了风水掘别人的墓地葬自己的母亲；标榜俭德，却不给自己的母亲吃好米；娶尼姑二人做妾。范文澜最后说：“这些都是南宋人说的，应该可信。”

束景南教授的《朱子大传》对朱熹的“罪状”进行了辩驳，说全是捕风捉影、蓄意诬陷，荒谬得可笑。束教授对朱熹自己认罪的行为是这样分析的：对付可笑的唯一正确方式就是还于可笑，因此朱熹就竟然对这些“罪行”统统招认了。束教授认为，朱熹处于百口难辩的不公平的环境，并且对其中“儿媳无夫怀孕”又无法辩解，所以束教授说，朱熹的做法和今天的一个笑话类似——有人说我：“圆明园是你烧的。”那我的回答就是：“对了，阿房宫还是我烧的。”这就是束教授说的“对付可笑的唯一正确方式就是还于可笑”。

评价出现分歧很正常，因为评价都是人做出的，人都有感情，感情是主观的，与客观事实或多或少有不合之处，或褒或贬也就是自然之事了。

我们也来凑凑热闹。我们赞同有的历史学者的看法，认为“庆元党案”是一场残酷的政治斗争。宋宁宗时，外戚韩侂胄一度把持朝政，而朱熹的挚友、时任宰相的赵汝愚却是韩侂胄独断朝纲的主要障碍。韩侂胄想打击赵汝愚，却又顾忌赵汝愚在朝廷中根深叶茂，势大力强，搞不好会搬起石头砸自己的脚，于是就从赵汝愚的好朋友朱熹头上下手，通过所谓“伪学”之说打击朱熹，同时也就打击了赵汝愚及其门徒。这一判断基本上可信，因为，为了打倒一个人，夸大其辞，无中生有，无限上纲，添油加醋，栽赃陷害等手段，有什么不可以用呢？只要出发点是好的——维护当权者的利益。

朱熹是否“纳尼为妾”，历来争论不休，他的“罪行”很有可能是被诬陷的。但令人奇怪的是，朱熹竟然向皇帝认罪，承认自己“纳其尼女”等数条，还说“深省昨非，细寻今是”，表示要悔过自新。如果此事本属无中生有、捕风捉影，凭朱熹是皇帝的老师这一资格，凭朱老夫子作为当时学术界泰斗的威望，朱熹应该据事反驳，据理力辩，为何老老实实地承认自己“纳尼为妾”呢？这不是自己朝自己的头上扣屎盆子吗？如果朱熹是为了保住老命而做出的妥协，又似乎与朱熹平日所宣扬的“守节”格格不入。不过，无论真相到底是怎样的，这份“认罪书”也一直成为朱熹的反对者抨击朱熹是“伪君子”的主要证据。不要说现代人难以辩解，就是朱熹本人再世恐怕也百口难辩，因为，就用“失节”这个标准来评价他向皇帝认罪这件事，他的表现恰好是为了保命，宁愿失去个人名节。

我们认为，《中国儒学》一书对朱熹的评价是比较客观公正的：朱熹是“南宋儒家学者，中国古代最著名的哲学家、经学家之一，宋代理学的集大成者，南宋‘闽学’的创始人”，“晚年卷入当时朝廷的政治斗争，被夺职罢祠，其学被定为‘伪学’，其人也被定为‘伪学首魁’”。

朱熹作为一代大儒，因卷入政治漩涡而被弄得斯文扫地，实在不值得。有人认为，朱熹在个性上是该负几分责任的。清人王士祯《池北偶语》说：“朱熹与象山争而不胜，又因象山作《王文公祠堂记》为荆公平反，乃激而移怨江西人，并波及荆公，其爱屋及乌，而恶及储胥。”钱锺书也说朱熹“性质欠和平公允”。朱熹在他的《语类》里也说：“某气质有病，多在忿。”

朱熹受辱，扬雄的命运也没有好转——朱熹死后约两百年，他的本家明太祖朱元璋最终把扬雄赶出了文庙。

六、明太祖朱元璋把扬雄赶出文庙

尽管朱熹的一句“莽大夫扬雄死”把扬雄定性为“失节”，使扬雄受到政治上的巨大打击，为文化界所不齿，但扬雄凭借他在辞赋上的巨大成就和“扬马”并称的文学地位，凭借《太玄》《法言》在中国哲学史上重大影响，他在儒学界仍旧保持着较高的学术地位，从宋代到明初的约三百年间，他仍旧在文庙里从祀孔子。

明太祖朱元璋统一中国后，认朱熹为本家，把朱熹的理学提升到官方意识形态的高位。洪武二十九年（1396），朱元璋听从行人司副杨砥“罢扬雄孔庙从祀”的建议，撤掉扬雄在孔庙里的位子。“罢祀”的理由当然是“失节”（判辞是“以事莽黜”）。明太祖此举使扬雄在儒学界的地位受到严重的损害。到了清代，康熙皇帝御笔一挥，就把扬雄打进十八层地狱了。

七、康熙亲笔批判扬雄

据《四库全书·资治通鉴纲目·莽大夫扬雄死》记载，康熙皇帝在批注朱熹的《资治通鉴纲目·莽大夫扬雄死》这个条目时，亲笔写了一则批注：

> 雄三世不徙官，莽篡位，雄以耆老久次转为大夫，恬于势利，好古乐道，以文章成名于后世……莽篡国之后，雄以前朝旧，不于此时亟引而退，乃贪恋爵禄，隐忍不去。虽位非通显，然亦既立其朝而臣事之矣……雄以一身事二姓，大节已

亏，况于称莽功德与？夫《剧秦美新》等作，又君子之所病者。因宜直笔深贬之也……程颐子有言："饿死最轻，失节事最大。"观《纲目》所书"莽大夫扬雄死"，则雄之失身于莽，尽东海之波不足以湔其耻矣，岂不深可叹哉！岂不深可惜哉！

这条诛语把扬雄"打翻在地，再上踏一只脚"，彻底毁掉了扬雄的政治生命和学术生命，决定了扬雄被湮没至今的噩运。康熙写这一段批语时耍了个花招，他让"恬于势利"和"贪恋爵禄"这两个意义截然相反的词语并存，是为了让人们觉得他的话是公允的，从而信服他对扬雄做出的评价——"以一身事二姓，大节已亏"。这比此前所有对扬雄的"诛语"加起来的分量都重，扬雄就休想翻身了。

康熙皇帝为什么要用"以一身事二姓，大节已亏"批判扬雄呢？因为他要警告当时朝廷里那些心怀"以一身事二姓"主意的汉族大臣。关于这个问题，要从清初文化界的思想状况说起。

清朝初期，满族统治者自觉或不自觉地在文化习俗方面开始汉化，顺治皇帝本人就"渐习汉俗，于淳朴旧制，渐有更张"（《清世祖实录》卷一四四），康熙皇帝更是熟读儒家经书，尤其尊崇朱熹，推崇程朱理学，认为"理学之书为立身根本，不可不学，不可不行"（《清圣祖实录》卷二六六），并且在康熙五十一年（1712），特意把朱熹从原来在孔庙东庑"先贤"位置上"升于大成殿十哲之次"，使其成为第十一哲，大大抬高了朱熹在儒学界的声望和在文化界的地位。为了统一中国士大夫的思想，他亲自上阵，选定了一系列重要图书和典籍，作为读书人的教材。

康熙皇帝为什么要高举程朱理学"失节事最大"的伦理旗帜对已经死亡一千六百多年的扬雄"鞭尸"呢？如果我们了解了清朝开国初期的文化政治形势和大清帝王的需要，就知道其中的缘故了。

明末清初有个文人叫钱谦益（1582—1664），号牧斋，是明末文坛领袖，南明时代的礼部尚书。清顺治二年乙酉（1645）五月，清兵近逼南明的首都南京。钱谦益的如夫人、清初三大美女之一的柳如是劝钱谦益以死殉国，她愿与他同殉，钱谦益拒绝了。据《柳如是年谱》记载，当时的情形是这样的："乙酉五月之变，君劝宗伯死，宗伯谢不能。"文中的"君"即柳如是，"宗伯"即钱谦益。钱谦益怕清军屠城，就带领南京百官投降了，清朝封他为礼部侍郎。而钱谦益内心并不屈服于清朝，在降清后的第二年（1646）六月，他就称病请假，带着柳如是返回南京，又回到老家常熟，住在红豆山庄，暗中与反清复明势力来往。《钱谦益柳如是年谱》记载说："冬，江阴反清义士黄毓祺冒雪访红豆山庄，柳如是倾其所有助饷义军。"第二年（1647），黄毓祺起义失败，钱谦益因黄毓祺反清案株连被捕，被羁囚在南京监狱。顺治五年（1648），柳如是全力奔走营救，托人斡旋，四处奔走，救出了钱谦益，但他仍然被朝廷“颂系”（软禁）在苏州拙政园。钱谦益对柳如非常感激，写诗赞叹说：“恸哭临江无孝子，从行赴难有贤妻。”顺治六年（1649），钱谦益回到老家常熟红豆山庄。其间，钱谦益表面上在绛云楼检校藏书，而暗中和各地的反清复明势力联系，曾先后与南明时期的大学士瞿式耜、郑成功（钱谦益的学生）、张名振、张煌言等人保持联系，并和柳如是一起几乎倾尽家产援助抗清义军。1664 年他临死时非常后悔地叹息说：“当初不死在乙酉日，这不是太晚了吗?”乙酉日就是清军兵临南京城下、夫人柳如是劝他殉国的时候，可是他后悔已晚，还是被清廷列在满含羞辱意味的《明史・贰臣传》中。

康熙皇帝非常清楚，尽管清朝一开始就明确地申明，大清天下是得之于李自成而不是崇祯，因为崇祯早在煤山上吊了。但是汉族知识分子还是认为明朝是被清朝灭的，“反清复明”仍然是抗清势力黄宗羲、顾炎武等人的口号。清朝廷中许多高官是明朝大臣投降过来的，其中不少人“身在曹营心在汉”——儒学界以钱谦益为首，文官以洪承畴为首，武官以吴三桂为首（康熙十二年吴三桂起兵反清），康熙皇帝认为，这些人降清都不是真心真意，而是由于各种各样的迫不得已，他对这些人十分警惕。

康熙长大成人后，他鉴于“《明史》案”和钱谦益的“脚踏两只船”，觉得该对那些尚存二心的汉人发出警告，“杀鸡儆猴”的最佳人选本来该是有确凿反清罪证的钱谦益，可是钱谦益已经死了，于是下令禁绝钱谦益的著作，使用一切手段极力贬低钱谦益，以打击那些尚存反清复明思想的汉族文人。康熙在阅读朱熹的《资治通鉴纲目》时发现了“失节者”扬雄，这正好用来影射“双料失节者”钱谦益和庄允诚等人，于是以“失节”来批判扬雄，实际上是想摧毁那些怀有“反清复明”思想的汉族文人的精神意志，他用针对扬雄的那则批语向汉族文人和在朝的汉族文武官员暗示，清王朝把他们视为失节的“贰臣”，警告他们不要当了明朝的“贰臣”又作清朝的“贰臣”。康熙这样做可以达到两个目的：一是羞辱朝中那些投降过来的汉族官员，并打击他们的思想意志——你们原来都是明朝的臣子，你们没有为明朝尽忠死节，成了明朝的“贰臣”。大清朝廷鄙薄“贰臣”，绝对不准许任何人做大清的“贰臣”，应该老老实实地夹着尾巴在清朝做官，当清朝的忠臣。如果你们既没有死节于前朝，又不忠于现朝，那么你们就是双料“贰臣”，比“贰臣”更为可耻，更为大清朝廷所不容。另一个目的是让臣民们明白，理学是大清官方的意识形态，任何人的言论必须遵循理学的伦理标准。可以这样说，康熙此举为清代大兴“文字狱”制造“师出有名”的舆论。中国文化史上的文字狱历朝都有，但清朝最多，惩治最狠，据记载，从康熙到雍正，再到乾隆，较大的文字狱就有十多起，动辄株连几百人。康熙五十年的《南山集》一案就是一个很典型的例子。

《南山集》案是清前期较大的一桩文字狱，是康熙皇帝钦定的。《南山集》又名《戴南山集》，清代戴名世（1653—1713）撰。戴名世是安徽桐城人，清代文学家，他撰写《南山集》时，采用了方孝标所著《滇黔纪闻》里的一些内容。而方孝标曾经在吴三桂麾下做过官。康熙四十一年（1702），戴名世的弟子尤云鹗把自己抄录的戴氏古文百余篇刊刻行世，由于戴氏居住在南山冈，遂命名为《南山集偶钞》，即著名的《南山集》。康熙五十年（1711）十月，左都御史赵申乔以"狂妄不谨"的罪名弹劾戴名世。康熙皇帝想借此诛杀汉族文人，所以受此案牵连人数达三百人之多。

此案最后的判处是：戴名世立刻处斩；方孝标此时已死，但仍被发棺"戮尸"；方孝标的儿子方登峰、孙子方式济等，为此书作序的方苞，以及方家的族人方贞观、方世军等被流放黑龙江。后来雍正、乾隆大兴文字狱就用的这个办法——故意曲解，断章取义，牵强附会，总而言之千方百计从文字中寻找"叛逆"的影子来定人之罪，以致连"清风不识字"也构成大逆不道之罪。朝廷还任意扩大株连范围，法网比"株连九族"更为宽泛。

康熙皇帝当年借批"莽大夫扬雄死"这个条目所玩弄的文化把戏，其影响至今犹存，扬雄至今仍然遭到中国一些文化人的非议，有人仍然在骂扬雄，但又说不出扬雄错在何处。他们非议扬雄，恐怕连自己都不知道是在被人牵着鼻子走。但也有个别的人为了生存而心甘情愿地拾取康熙皇帝"大节已亏"的牙慧，来批判扬雄，以显示自己的见解合符儒学伦理。

明太祖朱元璋和康熙皇帝对扬雄采取的这两次政治打击，充分说明了扬雄的湮没，不是由于文化生态的自然选择，而是因受到刻意的政治打击被排斥出局的；更为重要的是，这正好说明了扬雄的思想是为专制帝王所不容的——不知这算是扬雄的悲哀呢，还是扬雄的荣耀？

（作者单位：成都市郫都区第二中学）

附 录

基于数据库平台的扬雄研究综述

喻世华

内容提要： 研究综述是从事研究的基础，现有扬雄研究综述是对具体研究文本进行的梳理、归纳和分析。从媒体传播角度，利用“中国知网”“中国人民大学复印报刊资料”“万方数据”三个数据库平台，对中国内地学界2006—2017年以来的关于扬雄研究的数量、质量情况进行梳理、归纳和分析，并就其发展趋势进行展望。这将有别于此前的扬雄研究综述，对于深入开展扬雄研究将有所促进和推动。

关键词： 扬雄；研究综述；数据库平台；数量情况；质量情况；发展趋势

研究综述是从事研究的基础，也是相关领域研究者或者相关栏目编辑必修的功课，借此可以对相关领域的研究情况了然于心：哪些问题是前人已经研究过的，为此可以避开低水平重复研究；哪些问题是学界存在争议的，为此可以展开争鸣性或者拓展性研究；哪些问题是目前学界研究的空白，为此可以进行创新性研究。

关于扬雄研究综述，学界已经做过一些梳理，大致可以分为三类。

其一为常规综述。张晓明在《青岛大学师范学院学报》2002 年第 4 期发表《二十年来扬雄研究综述》[①] 就属于此类。作者从“生平研究”“著作研究”“思想成就”（哲学、文学）及“影响”四个方面，较为全面地阐述了扬雄研究的既往情况。

其二为会议综述。吴会蓉、李玉巧在 2018 年第 1 期《西华大学学报》（哲学社会

① 张晓明：《二十年来扬雄研究综述》，《青岛大学师范学院学报》2002 年第 4 期，第 90—93 页。

科学版）发表的《纪念扬雄诞辰 2070 周年暨四川省扬雄研究会第一届学术会议综述》①就属于此类。作者从“生平与著述”“文学”“哲学、经学”“语言文字学”“扬雄的评价”“扬雄与巴蜀文化”及“扬雄遗迹与扬雄文化的传承与利用”七个方面对该次学术会议的参会论文进行了全面评述，信息量很大。

其三为专题类综述。主要是关于《方言》《法言》研究的综述文章，计有魏锦在《重庆广播电视大学学报》2010 年第 5 期发表的《以扬雄〈方言〉为依据的汉代方言分区研究综述》②，雍鹏在《语文学刊》2011 年第 5 期发表的《〈方言〉文献综述》③，华学诚、徐妍雁在《苏州大学学报（哲学社会科学版）》2013 年第 1 期发表的《扬雄〈方言〉及其研究述评》④，韩文娟在《鸡西大学学报》2012 年第 5 期发表的《近三十年来扬雄〈法言〉研究综述》⑤。坦率地说，其中华学诚、徐妍雁的文章学术价值较高、学术信息量较大。

以上综述是就现有扬雄研究文本进行的梳理、归类和分析，为了避免低水平重复研究，笔者以 2006 年为时间节点（与笔者另一篇文章对比方便），对 2006—2017 年的扬雄研究情况做出综述。笔者主要借助“中国知网”“万方数据”“中国人民大学复印报刊资料”三个数据库平台，运用最新的统计数据，力图从媒体传播角度对中国内地学界 2006—2017 年以来关于扬雄研究的期刊论文、博硕士论文的数量、质量情况进行梳理、归纳和分析，并就其发展趋势进行展望。这将有别于此前的扬雄研究综述，对于深入开展扬雄研究将有所促进和推动。

一、勾勒：十二年来扬雄研究的数量情况

随着现代互联网技术的迅猛发展，数据库平台成了知识传播的主要载体，纸质媒体逐渐被边缘化。这成了学术研究和学术传播的一种不可逆转的趋势。期刊论文、博硕士论文借助互联网平台的强大传播功能，造成的影响超过了论著的学术影响——受

---

① 吴会蓉、李玉巧：《纪念扬雄诞辰 2070 周年暨四川省扬雄研究会第一届学术会议综述》，《西华大学学报》（哲学社会科学版）2018 年第 1 期，第 108—112 页。

② 魏锦：《以扬雄〈方言〉为依据的汉代方言分区研究综述》，《重庆广播电视大学学报》2010 年第 5 期，第 73—77 页。

③ 雍鹏：《〈方言〉文献综述》，《语文学刊》2011 年第 5 期，第 31—32 页。

④ 华学诚、徐妍雁：《扬雄〈方言〉及其研究述评》，《苏州大学学报》（哲学社会科学版）2013 年第 1 期，第 149—157 页。

⑤ 韩文娟：《近三十年来扬雄〈法言〉研究综述》，《鸡西大学学报》2012 年第 5 期，第 100—101 页。

众更广，传播更快。

“中国知网”是目前中国内地学界收录期刊论文、博硕士论文最全的数据库①，利用“中国知网”的数据可以对内地学界研究扬雄的总体情况（期刊论文、博硕士论文）做出有效把握。这可以从纵向和横向两个维度展开。

（一）扬雄研究论文数量的历时性纵向回溯

在“中国知网”数据库进行相关检索，对2006—2017年扬雄研究情况进行梳理，可以一目了然看出最近12年扬雄研究的总体情况，见表1。

表1　2006—2017年内地学界发表扬雄研究论文情况一览表

年份	篇名（篇/条）	主题（篇/条）	关键词（篇/条）	参考文献（篇/条）
2006	20	92	36	246
2007	40	92	66	372
2008	16	105	38	357
2009	23	90	51	338
2010	25	92	45	391
2011	21	105	43	409
2012	18	90	41	447
2013	17	83	29	409
2014	21	80	34	415
2015	24	86	40	344
2016	12	87	35	329
2017	26	105	43	364
总计/年均	263/22	1107/92	501/42	4421/68
（附1）最早出现	1（1957）	1954（1）	1962（1）	2（1955）
（附2）1979	1	7	5	9

注：在“中国知网”的检索项目“篇名”“主题”“关键词”“参考文献”等相关栏目输入“扬雄”的结果

从表1的数据可以看出：一是中国内地学界期刊论文中最早引用扬雄著述的为1955年，文章标题最早出现“扬雄”的为1957年；二是“文革”结束后的1979年扬

① 中国知网［EB/OL］.［2018-05-03］http：//www. cnki. net/.

雄研究开始全面复苏，“篇名”“主题”“关键词”“参考文献”四项指标都有“扬雄”名字出现；三是最近这十来年（2006—2017）扬雄研究迎来春天，各项指标都出现比较稳定的状态。

（二）扬雄研究论文数量的横向比较

纵向的历时性数据只能看出扬雄研究的具体变化情况，而横向的比较才能对其研究情况进行准确定位。我们可以将扬雄研究情况与四川首批十大历史名人的研究情况进行比较，见表2。

表2 扬雄研究论文与四川十大名人研究论文情况一览表

人物	篇名（篇/条）	主题（篇/条）	关键词（篇/条）	参考文献（篇/条）
大　禹	1663	3860	887	4862
李　冰	367	1617	408	42882？
落下闳	13	22	5	32
诸葛亮	2655	8031	4171	4280
武则天	1038	3452	2397	2890
扬　雄	431	1795	927	5667
李　白	6277	20077	7933	22951
杜　甫	5781	19389	9227	16269
苏　轼	7078	17829	9878	9878
杨　慎	451	1261	720	9700

注：1. 在“中国知网”的检索项目“篇名”“主题”“关键词”“参考文献”等相关栏目输入“相关人物名字”后的结果；2. 李冰的“参考文献”项夹杂了另外为李冰的内容（2018年5月3日截止）

以四川历史名人文化传承创新工程领导小组审定的“四川首批十大历史名人”大禹、李冰、落下闳、扬雄、诸葛亮、武则天、李白、杜甫、苏轼、杨慎为取样展开比较，是不怎么科学的：一是这个名单本身就招致外界的质疑和批评；二是这些人物身份各异，可比性存在问题。

但如果以文化身份比较接近的扬雄、李白、杜甫、苏轼与杨慎比较，大致还是能够看出一些问题：

一是从研究对象分析，研究对象本身的知名度决定了研究的热度、深度、厚度。李白、杜甫、苏轼一直是中国文学、文化研究的重点和热点，研究者众多，产出的研究论文也很多，“篇名”“主题”“关键词”“参考文献”四项指标涉及三人的论文相对较多，学界对三人的研究在一个量级属情理之中；扬雄与杨慎的研究者与研究论文相对较少，他们与李白、杜甫、苏轼相比，其名气本身存在某些差距是客观存在的事实，而扬雄与杨慎研究在“篇名”“主题”“关键词”“参考文献”四项指标上大致相近，其研究工作在伯仲之间亦在情理之中，也是能够理解的现象。

二是从研究者角度分析，说明扬雄研究还有比较大的拓展空间。李白、杜甫、苏轼研究已经是深度开采的“矿区”，研究者众多，研究成果也很多，取得突破性成就与继续深入研究均存在很大的难度；扬雄研究（也包括杨慎研究）还处在初步开发阶段，研究者相对较少，研究成果也相对较少，有较大的探索空间和发展潜力。

二、梳理：十二年来扬雄研究论文的质量情况

在当前的中国内地学界，研究成果的“重量轻质”是一个非常突出的现象。如何评价论文的质量，究竟是采用定量分析还是采用定性分析，一直是困扰中国内地学界且没有真正解决的问题。

对于扬雄研究文章的质量，当然不可能仅由发表刊物的载体——核心或者非核心、CSSCI 或者非 CSSCI 来评定，同一本刊物发表的文章质量参差不齐是客观存在的事实，“以刊评文”不是科学的评价办法但却是现在流行的评价办法——学位授予、职称评定都以此作为依据。这是中国内地学界面临的非常尴尬的学术评价问题。

学界的共识是更看重文章发表后文献的二次转载。“中国人民大学复印报刊资料”① 数据库对于发表的论文有一个筛选机制，能够为我们提供扬雄研究文章被转载、索引的相关情况。而将二次转载作为衡量文章质量高低的指标是更为靠谱和科学的分析方法，这也是现在中国内地学界普遍承认的做法。

（一）扬雄研究论文质量的历时性纵向回溯

可以从“中国人民大学复印报刊资料”的全文转载和索引两个角度展开分析。

首先看全文转载情况。“中国人民大学复印报刊资料”的全文转载现分为“全文数据库”“专题研究库”“目录索引库”“报刊索引库”及“报刊摘要库”等子库，在标题栏目输入“扬雄”，除“报刊摘要库”无文章显示外，其他库或多或少都有扬雄研究论文出现，其结果见表 3。

---

① 中国人民大学复印报刊资料 [EB/OL]. [2018-05-03] http://ipub.exuezhe.com/index.html.

表 3　扬雄研究论文被“全文数据库”等收录一览表

收录年度	作者	文章名	全文	专题	目录	序号
1983	聂振斌	扬雄文质副称说的美学意义			*	1
1983	郑万耕	扬雄《太玄》中的宇宙形成论			*	2
1983	陈曼平 张　克	试论扬雄的美学观			*	3
1983	王以宪	扬雄著作系年			*	4
1984	徐寿凯	扬雄的文艺观以及关于汉赋评价的歧异			*	5
1985	王以宪	试论扬雄在汉大赋上对司马相如的因革与发展			*	6
1985	郑万耕	扬雄无神论思想的几个范畴			*	7
1986	许　结	论扬雄融合儒道对其文论的影响			*	8
1987	韩　敬	《太玄》与《周易》之比较研究——兼论扬雄在中国哲学史上的地位与作用			*	9
1987	刘树清	略论汉代大赋的讽谏艺术——兼论扬雄的欲讽反劝说			*	10
1987	陶懋炳	论司马光对荀子扬雄的承袭			*	11
1988	傅鉴明	扬雄的《方言》与历史比较语言学			*	12
1988	蔡伯铭	扬雄的逻辑辩说思想与数的演绎逻辑			*	13
1988	许　结	论扬雄与东汉文学思潮			*	14
1989	顾绍炯	绵里藏针，寓讽于颂——扬雄《长杨赋》新探			*	15
1989	黄开国	扬雄《法言》的人论及意义			*	16
1990	徐宗文	诗人之赋丽以则——扬雄文艺思想及其影响探析			*	17
1990	曹大中	屈赋非扬雄所说“诗人之赋”辩			*	18
1990	郭建勋	扬雄及其《反离骚》之再认识			*	19
1990	吴明贤	李白与司马相如和扬雄			*	20
1990	黄开国	论扬雄哲学的玄范畴			*	21
1991	康建常	扬雄的语言观及其《方言》的价值			*	22
1992	张震泽	扬雄生平、作品评价及其他有关问题			*	23
1992	周清泉	扬雄世系考辨			*	24

续表

收录年度	作者	文章名	全文	专题	目录	序号
1994	石晓宁	试谈扬雄《法言》的思想倾向			*	25
1997 年 12 期	雷健坤	扬雄信道的思想特质	*	*	*	26
1998 年 8 期	郑万耕	扬雄的史学思想	*	*	*	27
1998 年 10 期	越振铎 黄　峰	扬雄《方言》里面的外来词	*		*	28
1998 年 12 期	徐宗文	崔为文宗·世禅雕龙	*	*		29
1998 年 12 期	赵振铎 黄　峰	《方言》里的秦晋陇冀梁益方言	*			30
2002 年 8 期	边家珍	论扬雄对先秦儒学的继承与发展	*	*	*	31
2002 年 9 期	蒋文燕	关于《封禅文》《剧秦美新》和《典引》的一点思考	*	*		32
2006 年 2 期	李祥俊	北宋诸儒论扬雄	*	*	*	33
2006 年 3 期	董志翘	扬雄《方言》与中古、近代汉语词语溯源二例	*		*	34
2006 年 12 期	丁四新	世硕与王充的人性论思想研究	*	*		35
2009 年 4 期	杨天保	以《玄》准《易》两乾坤	*	*		36
2010 年 3 期	梁道礼	论儒家诗学的泛化	*	*		37
2012 年 1 期	孙玉文	扬雄《方言》与方言特征词的判定问题	*	*	*	38
2012 年 6 期	孙少华	扬雄的文学追求与文学观念之迁变	*	*	*	39
2012 年 9 期	孙玉文	扬雄《方言》折射出的秦汉方音	*	*	*	40
2013 年 12 期	蔡丹君	西汉赋家的郎官身份对其赋作的影响	*	*		41
2017 年 10 期	蔡方鹿	扬雄的道统思想及其在道统史上的地位	*	*	*	42
2017 年 12 期	王允亮	扬雄官箴创作及经典化问题探讨	*	*	*	43
小计			18	15	36	

注：为“中国人民大学复印报刊资料　全文数据库”的“主题”栏输入“扬雄”的全部结果，“专题研究库”“目录索引库”与“全文数据库”既有重叠又有区别，用*以示区别

全文转载在现在的学术评价体系中，代表了论文较高的影响力和学术质量。这在高校和科研院所的考评中都是认可的。

其次看索引情况。全文转载遴选标准相对严格，索引的标准尺度相对宽松一些，

2006—2017年扬雄研究论文被“中国人民大学复印报刊资料”“报刊索引库”索引的见表4。

表4 扬雄研究论文被“报刊索引库”收录一览表（2006—2017）

索引年度	作者	文章名	序号
2006	李祥俊	北宋诸儒论扬雄	1
2006	杨福泉	扬雄年谱考订	2
2006	陈朝辉	扬雄《自序》考论	3
2006	纪国泰	扬雄“四赋”考论	4
2006	赵为学 王　栋	扬雄研究的源流与不足	5
2006	王　栋	试析扬雄的言意观	6
2006	马宗昌 张淑玉	扬雄《逐贫赋》与汉代民俗	7
2006	郭君铭	论扬雄“在夷貉则引之”的民族思想	8
2006	万志全	扬雄抒情赋的美学特色	9
2006	董志翘	扬雄《方言》与中古、近代汉语词语溯源二例	10
2007	丁光泮	扬雄尊孟思想浅论	11
2007	万志全	扬雄人性论辨析	12
2007	李沈阳	论扬雄的音乐美学思想	13
2007	高　明	扬雄《剧秦美新》考论	14
2007	万志全	论扬雄的音乐美学思想	15
2007	杨福泉	扬雄的历史哲学与人物评论	16
2007	解丽霞	“今古转型”中的扬雄经学观	17
2007	陈　强	略论扬雄思想的理论来源	18
2007	宋皓琨	扬雄四大赋的文本重读	19
2007	万志全	扬雄大赋的美学特色	20
2007	万志全	论“文学的自觉”理论探讨始自扬雄的“丽”	21
2007	秦文萃	《汉书·艺文志》刘歆、班固选扬雄赋考论	22

续表

索引年度	作者	文章名	序号
2008	侯文学	扬雄智论发微	23
2008	董志翘 汪　祎	评《扬雄方言校释汇证》	24
2008	孙玉文	《扬雄方言校释汇证》评介	25
2008	方一新 姜兴鲁	读华学诚《扬雄〈方言〉校释汇证》	26
2008	张丽霞	扬雄《方言》词汇的历史嬗变及其现代意义	27
2009	陈碧仙	扬雄辞赋创作浅论	28
2009	王彩琴	扬雄《方言》联绵词初探	29
2009	魏鹏举	述“事”作“文”：扬雄《太玄》旨意探微	30
2009	王彩琴	试论扬雄《方言》的“用字之奇”	31
2009	万志全	扬雄与“文学自觉”的理论始源	32
2009	陈碧仙	扬雄“文质”美学思想及其对汉赋的评价	33
2010	王　栋	扬雄的因革论	34
2010	王　栋	扬雄的修养论	35
2010	熊良智	扬雄《蜀都赋》释疑	36
2010	马建华	扬雄“四赋”的突破	37
2010	纪国泰	试论扬雄的“幸”与“不幸”	38
2010	汪维辉	《扬雄方言校释汇证》读后	39
2010	谢荣娥	论扬雄《方言》的“楚”与“南楚”	40
2010	苏　芃	《汉书·扬雄传》旧注“超，速也”质疑	41
2010	芜　崧	扬雄《方言》中的荆楚方言词汇释	42
2010	孙少华	扬雄投阁的文化美学与生命悲情	43
2010	汪耀明	扬雄文学思想对东汉文论的影响	44
2011	赵乖勋	再论扬雄《反离骚》	45
2011	郑先兴	论扬雄的史学思想	46

续表

索引年度	作者	文章名	序号
2011	王彩琴	扬雄《方言》用字考论	47
2011	朱秀敏	浅论扬雄散文的艺术特色	48
2011	汪耀明	论扬雄的文学思想	49
2011	刘　浏	扬雄“诗人之赋”辩义	50
2011	解丽霞	正今文倡古学：扬雄与刘歆经学	51
2011	张晓明	广泛性与变革性：扬雄的文体实践	52
2011	杨金平 耿亚军	试论扬雄的功利主义文艺观	53
2011	解丽霞	取《易纬》驳谶符：扬雄与谶纬学说	54
2011	王彩琴	扬雄《方言》中的记音字与方言词	55
2011	魏　锦	以扬雄《方言》为依据的汉代方言分区研究综述	56
2011	张明辉	关于扬雄辞赋观的一点厘清	57
2011	易小平	关于扬雄四赋作年的两个问题	58
2011	王智群	扬雄《方言》词汇与汉代农牧业	59
2011	王德华	扬雄赋论准则及其大赋创作模式	60
2012	谭继和	读懂扬雄与《扬子法言》的现代阐释	61
2012	张培高 张爱萍	扬雄教育思想发微	62
2012	刘　浏	扬雄“诗人之赋”义证	63
2012	闫利春	从玄、气、心看扬雄的性善恶混论	64
2012	王　博	略论扬雄《法言》对韩愈的影响	65
2012	孙玉文	扬雄《方言》折射出的秦汉方音	66
2012	徐玲英	论戴震对扬雄《方言》的贡献	67
2012	孙玉文	扬雄《方言》与方言特征词的判定问题	68
2012	任　强	扬雄、刘向所见《九章》仅五篇辨证	69
2012	孙少华	扬雄的文学追求与文学观念之迁变	70

续表

索引年度	作者	文章名	序号
2012	黄　进	从扬雄辞赋看蜀人的艺术想象与生存智慧	71
2012	陈冬根	王安石与苏轼对扬雄和韩愈的接受及其影响	72
2013	李殿元 刘宗林	应该为扬雄洗冤	73
2013	周桂钿	重评扬雄《剧秦美新》	74
2013	王　博	从《法言》看扬雄的处世哲学	75
2013	杨许波	唐诗中的扬雄形象	76
2013	华学诚 徐妍雁	扬雄《方言》及其研究述评	77
2013	范子烨	“游目汉庭中”：陶渊明与扬雄之关系发微	78
2013	陈　树	从扬雄《方言》看扬州话中的古语遗留	79
2013	王彩琴	试论扬雄《方言》中的楚方言	80
2013	侯文学	中国古典诗歌中的扬雄典事及其主导取向	81
2014	张立文	扬雄的太玄哲学	82
2014	李丹丹	扬雄和王符伦理思想比较论	83
2014	谢秋菊	论司马相如和扬雄作品中出现的同类人物	84
2015	杨清之	论扬雄的隐逸心迹	85
2015	王彩琴	扬雄《方言》里的河洛方言	86
2015	车　瑞 刘冠君	“丽则”：扬雄赋论与汉赋嬗变	87
2015	徐　涓	朱熹对待扬雄与《反离骚》态度及其原因探析	88
2015	钱荣贵	扬雄《方言》的编纂宗旨与编纂方法论	89
2015	谢荣娥	论扬雄《方言》楚地词“革”源自古越语	90
2015	汪文学 刘苏晓	扬雄文学“明道”论之内涵及其对刘勰的影响	91
2015	程　维	从王世贞对扬雄赋论的“误”引看明中期的赋学复古	92

续表

索引年度	作者	文章名	序号
2016	（美）康达维	《扬雄赋研究》导言	93
2016	曹　丹	论扬雄箴文创作类型	94
2016	陈伦敦	朱熹批判扬雄意图探析	95
2016	曹　丹	扬雄官箴文创作考述	96
2016	雷雨婷 王　永	扬雄赋作的生命意识	97
2016	吴春香	汉儒扬雄教育治学观的现代解读	98
2016	杨春宇 王　媛	扬雄《方言》所见的幽燕方言	99
2017	王　瑰	也论扬雄“美新”	100
2017	何易展	扬雄《蜀都赋》“巴賨”考论	101
2017	谢荣娥	论扬雄《方言》楚地词“摩”	102
2017	何易展	扬雄赋“东有巴賨”考辨	103
2017	汪文学	扬雄的“尚智”论及其影响	104
2017	周玉萍	扬雄《法言》语言学思想研究	105
2017	龙文玲	扬雄《甘泉赋》作年考辨	106
2017	梁宗华	论扬雄对儒学的改造和发展	107
2017	董志翘	扬雄《方言》辩证一则	108
2017	王彩琴	扬雄《方言》中的文化词语探析	109
2017	王允亮	扬雄官箴创作及经典化问题探讨	110
2017	王允亮	扬雄《剧秦美新》与汉代的王道观	111
2017	桑　东	从人伦维度探究扬雄思想的体系架构与内在关联辉	112
2017	张树国	扬雄《畔牢愁》与《九章·悲回风》的“附益”问题	113
2017	蔡方鹿	扬雄的道统思想及其在道统史上的地位	114

注："中国人民大学复印报刊资料"之"报刊索引库"输入题名"扬雄"的论文共计209篇（2018年5月3日截止）

从表4可以看出，在扬雄研究论文总发文431篇（表2标题数据）中，索引263篇（"中国人民大学复印报刊资料"数据），索引率为61%；在2006—2017年总发文263篇（表1标题数据）中，索引为114篇，索引率为43.3%，呈下降趋势。这实际上是应该引起相关研究专家注意的。

（二）扬雄研究论文质量的横向比较

有比较才有鉴别，这种比较可以是同一层次比较，也可以是在稍微宏观背景下展开的比较。

首先，同一层次比较。将扬雄与同为四川文化名人、热度在一个层次的杨慎比较。

在迄今发表的篇名涉及"扬雄"的431篇（表2标题数据）论文中，全文转载18篇，转载率4.1%；"专题研究库"转载15篇，转载率3.4%；"目录索引库"转载36，转载率8.3%。而在迄今发表篇名为"杨慎"的451篇论文中，"全文数据库"转载为8篇，转载率1.77%；"专题研究库"转载为6篇，转载率为1.33%；"目录索引库"转载为11篇，转载率为2.43%。

在2006—2017这12年中发表的篇名涉及"扬雄"的263篇（表1标题数据）论文中，全文转载11篇，转载率刚好4.1%；"专题研究库"转载10篇，转载率3.8%；"目录索引库"转载7篇，转载率为0.27%。在2006—2017这12年中发表篇名为"杨慎"的300篇论文中，"全文数据库"转载6篇，转载率为2%；"专题研究库""目录索引库"各转载3篇，转载率均为1%。

综上，扬雄研究论文的转载比杨慎研究论文的转载情况相对要好一些。这从一个侧面说明，扬雄研究论文的学术质量还差强人意。

第二，宏观背景下展开的比较。将扬雄转载情况与四川名人中的文化名人研究论文的转载比较，见表5。

表5　扬雄研究论文与四川文化名人研究论文转载情况一览表

人物	篇名（标题及副标题）			主题			关键词			参考文献		
	总量	转载	率%	总量	转载	率%	总量	转载	率%	总量	转载	率%
扬雄	432	13	3.00	1800	18	1.00	926	15	1.60	5687	48	0.84
李白	6293	98	1.56	20168	108	0.53	7930	64	0.80	23012	116	0.50
杜甫	5795	110	1.90	19465	119	0.61	9262	54	0.58	16321	81	0.50
苏轼	7145	112	1.57	17966	107	0.60	9929	59	0.59	28760	250	0.87
杨慎	451	6	1.33	1266	8	0.63	721	8	1.11	9718	65	0.67

注：1. 在“中国人民大学复印报刊资料”的“全文数据库”检索项目“篇名”“标题及副标题”“关键词”“参考文献”栏目输入“相关人物名字”；2. 用“中国知网”相关数据算出转载率（2018 年 5 月 17 日截止）

从表 5 可以看出，就文章的转载率看，刊发论文最多的李白、杜甫、苏轼，几项指标反而低于扬雄、杨慎，这从一个侧面反映出“量”与“质”的背离。虽然李白、杜甫、苏轼研究论文转载较多，但基数太大，难免鱼龙混杂，这必然影响其转载率；虽然扬雄、杨慎研究论文转载较少，但基数相对较小，转载率反而较高。

三、鸟瞰：扬雄研究发展动态和趋势

扬雄研究的发展动态和趋势究竟怎样呢？笔者将利用“中国知网”和“万方数据”对此展开研究。

（一）研究主题、研究机构、发表载体

“中国知网”为我们提供了研究主题、研究机构、发表载体等一系列数据，有利于我们把握目前扬雄研究的发展动态。

1. 研究主题

“中国知网”排列前 10 位的分别为：司马相如（189）、扬子云（162）、《方言》（151）、《太玄》（127）、《法言》（91）、司马迁（70）、汉大赋（65）、《周易》（57）、秦汉时代（55）、《离骚》（52）。我们就此可以把握目前扬雄研究最热门的问题。

2. 研究机构

“中国知网”排列前 10 位的分别为：山东大学（70）、四川师范大学（47）、南京大学（47）、四川大学（36）、陕西师范大学（33）、山东师范大学（33）、广西师范大学（31）、北京师范大学（30）、中国社会科学院文学研究所（28）、西华大学（25）、东北师范大学（25）[①]。我们就此可以把握目前哪些机构是研究扬雄的主力军。

3. 文献来源及发表载体

“中国知网”排列前 10 位的分别为：文史哲（22）、文学遗产（21）、四川师范大学学报（社会科学版）（20）、文史杂志（19）、山东大学学报（18）、山东师范大学学报（16）、西华大学学报（哲学社会科学版）（16）、中华文化论坛（16）、华中师范大

① 笔者按，西华大学（25）、东北师范大学（25）并列，故取 11 位。

学（14）、东北师范大学（14）。我们由此可以寻找到相应的发表平台。

（二）研究趋势、经典文献

对于研究趋势与经典文献，“万方数据”与“中国知网”各有自己的统计来源和计算方法，因此不尽完全一致。

1. “万方数据”

“万方数据”服务栏目的“知识脉络梳理”[①]，能够为我们提供有关扬雄的研究趋势、经典文献、前沿文献及研究学者更为直观的情况，见图1。

图1　扬雄的研究趋势、经典文献、前沿文献

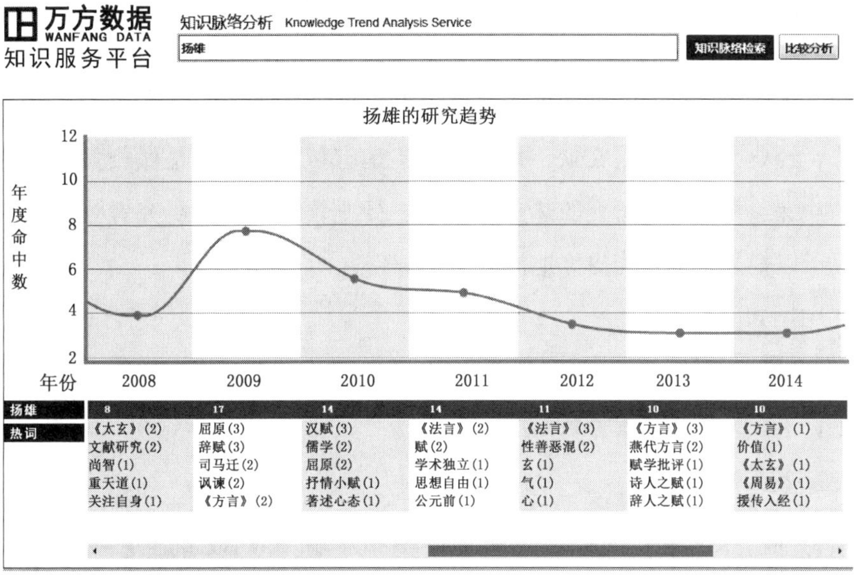

注：为“万方数据”服务栏目的“知识脉络梳理”输入“扬雄”的结果，该图为扫描件（2018-05-08）

从图1“扬雄的研究趋势”可以看出，扬雄研究在2009年形成一个相对的高潮，其后有一个缓慢下降趋势，直到2014年开始有所回升。这与“中国知网”“中国人民大学复印报刊资料”的数据不尽一致，主要与现在对论文的评价机制有关——采用期刊分级制度的“以刊评文”。虽然各年度发表扬雄研究论文的数量变化不大（见表1），但发表刊物的层次决定了其影响力的上升与下降，这也就决定了“研究趋势”的曲线波动。

① 万方数据［EB/OL］.［2018-05-03］http://trend.wanfangdata.com.cn/Vein?wd=%E6%9D%A8%E6%85%8E.

从图1“经典文献”“前沿文献”的内容看，主要集中在研究扬雄的哲学（玄学、儒学）、语言学（《方言》）、文学（赋体文学）三个领域。当然“经典文献”与“前沿文献”是有所区别的，“经典文献”是从历时性角度选取的，“前沿文献”是从即时性角度选取的。换句话说，“经典文献”有变化但变化不大，“前沿文献”则是处于经常变化之中的。

一般说，文章进入“经典文献”“前沿文献”的作者，往往是该领域卓有成效的专业人士和学者。在“相关学者”方面，对扬雄研究做出贡献的，前9位学者有贾卉、刘保贞、张兵、问永宁、王栋、陈碧仙及郑万耕、黄开国、孙玉文、蔡方鹿等，由大数据分析，不可避免地夹带进了许扬雄、温扬雄、扬雄武等其他学科的现当代学者。

虽然“万方数据”提供的数据存在一些瑕疵（“经典文献”“前沿文献”“相关学者”混入了不相干的内容——机器难以准确识别相似的问题），但对于我们了解扬雄的研究趋势、经典文献、前沿文献、相关学者还是有帮助的。这是做相关研究的研究者必须做的功课。只有了解研究的热点、重点、行业领军人物，研究者才能从宏观上对研究情况予以把握，也才能更好地推进相关研究。

2.“中国知网”

“中国知网”就该问题分为“学术关注度”（这近似于“万方数据”的研究趋势）、经典文献、关注文献几个统计数据。

（1）学术关注度

（2）经典文献

题名	作者	来源	年/期	下载	被引
“魏晋文学自觉说”反思	赵敏俐	中国社会科学	2005/02	6088	108
汉赋——文学自觉时代的起点	龚克昌	文史哲	1988/05	894	68
唐宋间的孟子升格运动	徐洪兴	中国社会科学	1993/05	1062	46
论汉赋	龚克昌	文史哲	1981/01	644	44
文士、经生的文士化与文学的自觉	詹福瑞	河北学刊	1998/04	639	40
论司马迁之“爱奇”	刘振东	文学评论	1984/04	509	35
“屈原困境”与中国士人的精神难题	程世和	中国文学研究	2005/01	2116	34
汉赋“凭虚”论	易闻晓	文艺研究	2012/12	448	29
杜甫“沉郁顿挫”本义探原	张安祖	文学遗产	2004/03	2164	27
从郭璞注看晋代的方言区划	李恕豪	天府新论	2000/01	270	26

（3）关注文献

题名	作者	来源	年/期	下载	被引
汉赋——文学自觉时代的起点	龚克昌	文史哲	1988/05	894	68
唐宋间的孟子升格运动	徐洪兴	中国社会科学	1993/05	1062	46
论汉赋	龚克昌	文史哲	1981/01	644	44
文士、经生的文士化与文学的自觉	詹福瑞	河北学刊	1998/04	639	40
论司马迁之“爱奇”	刘振东	文学评论	1984/04	509	35
“屈原困境”与中国士人的精神难题	程世和	中国文学研究	2005/01	2116	34
汉赋“凭虚”论	易闻晓	文艺研究	2012/12	448	29
杜甫“沉郁顿挫”本义探原	张安祖	文学遗产	2004/03	2164	27
从郭璞注看晋代的方言区划	李恕豪	天府新论	2000/01	270	26
“魏晋文学自觉说”反思	赵敏俐	中国社会科学	2005/02	6088	108

“万方数据”与“中国知网”可以互为参照，对于我们了解扬雄的研究趋势、经典文献等相关问题能够提供有益的参考。

数据库平台成为知识传播的主要途径，从方方面面影响研究者的选题，是从事研究的学者必不可少的工具。从媒体传播角度，利用数据库平台对扬雄研究情况展开综述，一方面能够用客观、科学的数据对研究情况进行呈现，另一方面也与现在的评价机制吻合。这是本研究有别于另外的扬雄研究综述的新意所在。当然也存在问题，一方面人文学科不同于技术学科，定量评价不能完全取代定性评价；另一方面，数据还存在出错、人为造假的可能。因此，在利用数据评价扬雄研究时，对这些数据应该客观看待，始终保持理性和清醒的认识。

（作者单位：江苏科技大学学报编辑部）

稿　约

本刊为四川省扬雄研究会会刊。四川省扬雄研究会与成都市郫都区区委、区政府，为了响应党中央、国务院关于传承弘扬中华优秀传统文化的号召，为了落实四川省委、省政府《关于传承发展中华优秀传统文化的实施意见》的指示精神，决定创办《扬子学刊》以推动扬雄研究的深入开展。竭诚欢迎海内外学者赐稿和支持本刊工作。现将来稿的有关事宜敬告作者：

一、本刊为扬雄研究专刊，刊载研究扬雄生平、思想、著述、影响，以及扬雄文化的精髓及其现代价值等内容的论文，由巴蜀书社出版。暂拟一年出版一期。

二、本刊倡导以历史唯物主义为指导的学术态度、探求真知的学术精神、科学严谨的研究方法。鼓励学术创新，要求来稿务必审慎对待所持论点，做到持之有据、言之有理。

三、来稿请严格遵守学术规范，切忌抄袭与敷衍。文章篇幅长短不限，以七千至一万五千字为宜。行文风格不拘，白话、文言均可，但必须语句畅达。文章标题要求平实、准确，能概括正文内容，一般不得另加副标题。引文不宜过长，应核对准确，并注明出处。注释请采用页下注形式，注释一般包括以下内容：作者（译者），书名或文章题目，出版社或刊名，出版日期或刊期；专著须注明页码，报纸须注明年月日和第几版。

四、来稿涉及版权的部分（如图片及较长的引文等），请作者妥善处理；如果产生版权纠纷，本刊不承担版权责任。

五、来稿请用规范的简体文本制作电子稿件，请注明作者姓名、单位、电话、通讯地址，请将电子稿件发往指定电子邮箱。

六、本刊对来稿有权删改，如不愿删改，请在来稿中说明。

七、来稿被刊用后，本刊将参照国家稿酬标准酌付稿酬，并赠送样刊两本。

八、欢迎海内外同仁赐稿。

投稿邮箱：yangxiongyanjiu@126. com

本刊地址：成都市郫都区中信大道二段二号，郫都区文化馆二楼《扬子学刊》编辑部

联系人：卫志中（手机13908076018，邮箱1136702257@qq. com）

购书联系电话：13980006348（杨皓宇）

图书在版编目(CIP)数据

扬子学刊　第二辑/四川省扬雄研究会编. —成都:巴蜀书社,2019.8

ISBN 978-7-5531-1199-5

Ⅰ.①扬…　Ⅱ.①四…　Ⅲ.①扬雄(前 53-18)—人物研究　Ⅳ.①B234.995

中国版本图书馆 CIP 数据核字(2019)第 172693 号

扬子学刊（第二辑）　　四川省扬雄研究会　编

责任编辑	康丽华
出　　版	巴蜀书社
	地址:成都市槐树街 2 号　邮政编码:610031
	总编室电话:(028)86259397
网　　址	www.bsbook.com
发　　行	巴蜀书社
	发行科电话:(028)86259422　86259423
经　　销	新华书店
印　　刷	自贡市华华广告印务有限公司(0813)2308383
照　　排	成都完美科技有限责任公司
版　　次	2019 年 10 月第 1 版
印　　次	2019 年 10 月第 1 次印刷
成品尺寸	260mm×185mm
印　　张	21.5
字　　数	500 千
书　　号	ISBN 978-7-5531-1199-5
定　　价	98.00 元